Dr Jacques Vigne

LA MYSTIQUE DU SILENCE

Albin Michel

Albin Michel
▪ *Spiritualités* ▪

Ouvrage publié sous la direction
de Marc de Smedt

22, rue Huyghens, 75014 Paris
www.albin-michel.fr
ISBN 2-226-13811-0

Je dédie cet ouvrage au Silence
qui mérite d'être écouté
et qui, sait-on jamais, nous écoute ?

Sommaire

Introduction 11

Première partie. ERMITE EN HIMALAYA 19

1. Portraits d'ermites 23
2. Être seul avec le Seul : la vie d'ermite 35

Deuxième partie. « JE SUIS CELUI QUI SUIS » 71

Troisième partie. L'ÉCOUTE DU SILENCE DANS LES TRADITIONS MYSTIQUES 117

1. Ce cœur qui bat au sein du silence 119
2. Le yoga, le son et l'ascension vers le silence vibrant de Brahman 178
3. Vide des paroles et vacuité ultime dans le bouddhisme 222
4. Écoute et éveil dans la tradition soufie 247
5. Élie : l'expérience au sein du Dieu-silence 260
6. La Parole non-parole et la vibration du silence 281
7. Le Verbe, vibration du silence divin 305

Notes 361

Introduction

Les textes qui suivent ont été rédigés pour la plupart en ermitage dans l'Himalaya. La première partie de ce livre évoque ce type de vie, en traçant d'abord le portrait de quelques ermites, puis en indiquant quelques points forts de la tradition érémitique en général, et en discutant — entre autres sujets — des analogies entre la vie solitaire et le shabbat hebdomadaire dans le judaïsme : dans les deux cas, on recherche directement le repos du mental pour ouvrir l'âme au spirituel.

La deuxième partie est centrée sur la déclaration de YHWH à Moïse sur le mont Sinaï : « Je suis celui qui suis » qui représente le Nom divin le plus élevé. Nous préciserons un certain nombre d'interprétations de la tradition juive et chrétienne et ensuite élargirons notre réflexion en y faisant intervenir le point de vue de la non-dualité de l'Inde. La question du rapport de l'ego, de la personne et de ce qu'il y a au-delà est souvent mal comprise. Elle a de multiples niveaux qu'il faut savoir distinguer, et nous en parlerons dans le détail.

La troisième partie est consacrée à « L'écoute du silence ». Avec un tel titre, ce devrait être la plus courte, mais le désir de présenter dans les principales traditions cette pratique que j'effectue régulièrement en ermitage m'a emmené plus loin que je ne pensais au départ, et il se trouve donc que cette partie ne comporte pas moins de sept chapitres : le silence est une nécessité pour notre santé mentale et spirituelle et un facteur d'équilibre écologique de plus en plus reconnu. Il baigne les solitaires et retraitants qui ont décidé de se retirer dans la nature, c'est le même silence de nos jours que dans le passé, éternellement là. Comme l'air que nous respirons sans cesse, le silence qui nous entoure est tellement évident que nous l'oublions. Le yoga a développé toute une science de l'écoute de ce silence, c'est donc par elle que nous commencerons notre étude des traditions. Elle est reliée à la montée de l'énergie vitale dans le corps subtil, dont nous avons parlé dans *Le mariage intérieur*[*][1]. Le bouddhisme est centré sur la Vacuité qui correspond au silence du mental. Parmi les soufis, c'est Rûmî qui, à ma connaissance, a le mieux parlé de l'écoute du son du silence, et j'espère que l'écho de ses poèmes écrits il y a bien longtemps trouvera facilement un chemin dans le cœur du lecteur d'aujourd'hui.

La Bible nous réservera bien des surprises : une fois qu'on sait reconnaître qu'un sens possible de l'expression « Parole de Dieu » est cette « parole implicite » non différente du son essentiel du silence, on lira de façon vraiment renouvelée bien des textes. Pour les chrétiens, le Verbe qui était là avant la création du monde en tant que vibration fondamentale ne sera pas non plus étranger à ce Son originel qui résonne encore en nous et autour de nous instant après instant. Maître Eckhart était sensible à cette présentation du Verbe qu'il considérait comme son engendrement continu dans le fond de notre âme, lui-même non différent du fond de Dieu : « Le fond de l'âme et le fond de Dieu ont le même fond. »

Jean de la Croix est sans doute le mystique chrétien qui a parlé le plus clairement de l'importance de l'écoute du silence, et nous verrons qu'il cherche à circonscrire le même genre d'expériences que les spirituels d'autres traditions. Par ailleurs, j'ai pratiqué pendant neuf ans le chant grégorien, chant qui a constamment en contrepoint la mélodie du silence. On pourrait dire cela de toutes les vraies musiques, mais on le sent avec une clarté particulière dans le grégorien, surtout quand il est chanté au fil des heures dans un environnement monastique. Quelques pensées sur le silence me sont venues dans mon ermitage de l'Himalaya, et j'en fais part au lecteur, avant de conclure ces pages dédiées à la musique intérieure

---

* Les notes sont en fin d'ouvrage.

fondamentale par une méditation sur la symbolique du point d'orgue.

Ramana Maharshi disait : « Les religions sont comme des fleuves qui confluent dans l'océan du silence. » Le silence n'est pas la propriété d'une religion particulière, contrairement à un nom ou un autre de Dieu. En cette période de tension entre les grandes religions constituées, où les conflits prennent des tonalités de guerre religieuse, et où la tolérance pour les nouveaux groupes spirituels n'est guère développée, il est important de réfléchir sur le silence comme plate-forme commune à toutes les religions et spiritualités. J'ai eu la chance de pouvoir organiser un séminaire sur l'écoute du silence, au domaine des Courmettes, dans la montagne juste au-dessus de Nice, en vue de la Méditerranée. Il y avait dans le groupe un musulman, un juif, une chrétienne fervente et un certain nombre de personnes qui suivaient la voie du yoga. Le message que j'ai essayé de faire passer était qu'il n'est pas besoin d'être dans un ermitage en Himalaya pour écouter le silence, notre méditation quotidienne formant notre « ermitage intérieur ».

Il n'y a pas que les idéologies religieuses qui peuvent cristalliser les conflits, les idéologies laïques le peuvent aussi d'une façon tout à fait destructrice, le XXe siècle nous l'a amplement démontré. Quand les êtres humains prennent l'habitude d'entrer en contact directement avec leur silence intérieur, ils acquièrent la capacité de devenir sourds au vacarme des idéologies diverses et variées. C'est une surdité qui est signe de santé. Trouver des moyens de réconcilier les religions est une urgence de notre époque. Bien des gens le pensent.

Le lauréat du prix Booker 2002, Yann Martel, a écrit un roman dont l'héroïne est une jeune fille de Pondichéry à la fois hindoue, musulmane et chrétienne. Yann Martel est canadien, mais il a vécu longtemps en Inde, Iran et Turquie. Il a pu voir que le cœur humain est le même sous des chemises différentes en divers endroits. Raimon Panikkar, un prêtre dont le père était hindou du Kérala et la mère catholique catalane, et qui est connu pour ses ouvrages sur le rapprochement des religions, écrit : « Une des tâches les plus urgentes du monde actuel est l'établissement de ponts entre les religions[2]... » Il parle également ainsi de l'apophatisme absolu dans son rapport avec le silence : « La divinité n'est pas ; son être est au-delà de l'être. Son lieu et méta-ontologique. Elie n'est même pas le non-être. L'apophatisme est absolu. La divinité n'est ni n'existe ; elle n'est ni pensable ni nommable. Le silence est notre unique attitude, non pas du fait que nous sommes incapables de parler d'elle, mais du fait que sa spécificité consiste à être silence. Ce silence ne cache ni ne révèle. La divinité est silence parce qu'elle ne dit rien, parce qu'il n'y a rien à dire[3]. »

Nietzsche disait : « Souffrir de la solitude, mauvais signe ; je n'ai jamais souffert que de la multitude[4]... » On pourrait dire qu'il s'agit d'un stade, celui de l'individu qui veut se séparer du grégarisme du monde. Le sage ne souffre ni de la solitude ni de la multitude, même si par tempérament personnel il peut sentir qu'il excelle dans la solitude. Dans la vie sociale, on est ceci ou cela. Dans la solitude, on a le temps d'être, tout simplement. On a l'occasion aussi de percevoir l'être de la nature et le silence au sein duquel celle-ci travaille. Tous les petits bruits habituels, chants d'oiseaux, bruissement du vent dans les arbres, sont imprégnés du murmure d'un silence beaucoup plus fondamental. Le solitaire baigne dedans, son silence intérieur vibre à l'unisson de ce silence extérieur.

Ce livre est un éloge du luxe : pas le luxe des objets, qui n'est qu'une prolongation de la caisse de jouets trop remplie des enfants gâtés ; il s'agit ici du luxe du temps libre, de l'ampleur dans la durée, de cet espace qui nous met en « grande Vacance ». Cela fait partie de la nature humaine que d'aimer le bruit. Les enfants sont d'autant plus ravis qu'il y a davantage de vacarme autour d'eux. Paradoxalement, chez les adultes, ce sont les groupes religieux qui paraissent aimer le plus les bruits en tous genres : sous prétexte d'assourdir les échos du monde, chacun y va de son prêche, de ses prières, chants, cloches, et autres gongs... Dès qu'il y a quelques secondes de silence dans une assemblée religieuse, quelqu'un se sent obligé de le rompre pieusement, en disant un mot d'édification ou en donnant une information pratique, en annonçant la quête, ou encore en commençant à chanter ou jouer d'un instrument d'une façon plus ou moins harmonieuse. Et plus la masse du peuple rassemblé est nombreuse, plus il y a de haut-parleurs pour diffuser la harangue du prêtre et plus les gens sont contents, affirmant qu'ils ont eu une expérience profonde. En fait, c'est le monde à l'envers. Peut-être est-ce dû au fait que dans le domaine du marketing religieux, le bruit se vend, le silence non. C'est sans doute pour cela que notre société de consommation n'est pas à l'aise avec lui... Le problème des institutions missionnaires — ou contemplatives qui se sentent soudain inspirées de ferveur missionnaire —, c'est qu'elles risquent de perdre le pouvoir de leur silence.

J'aime bien rapprocher — d'une façon plus poétique qu'étymologique — les mots « silence », « soleil » et « Soi », *Self* en anglais ou *Selbe* en allemand. On pourrait dire que le soleil du Soi rayonne au sein d'un espace de silence. Si l'Europe s'est réunie autour d'un hymne à la joie, les religions du monde pourraient s'unir autour d'un hymne au silence. Il est vrai que les bibliothèques sont remplies de livres sur l'expérience de l'essentiel écrits par des mystiques qui disent qu'ils ne peuvent rien en dire. C'est un fait déjà ancien, et je ne prétends pas que ce nouvel ouvrage y fasse exception. Cependant, il est utile de faire une sorte de bilan sur ce que les diverses traditions mystiques enseignent à propos de l'écoute du silence et sur des pratiques mal connues dans la spiritualité occidentale. Même dans le domaine scientifique, au début d'un article de recherche, on fait un bilan sur le sujet pour savoir ce que les autres en ont dit. La spiritualité est la science des sciences. Même si chacun de nous doit faire son expérience personnelle de façon renouvelée, il est bon d'avoir fait un bilan, étudié et réfléchi, sur ce que les meilleurs représentants des générations passées ont découvert avant nous.

Le manque de silence et de solitude peut être fatal : les souris vivant en cages surpeuplées meurent plus jeunes que celles qui ont toute leur place. Dans le domaine des souffrances humaines, les schizophrènes se portent mieux quand on les laisse en silence ; même s'ils ne guérissent pas, ils se rééquilibrent. Cela peut se comprendre quand on sait que leur maladie vient probablement d'un double lien, c'est-à-dire d'une contradiction entre leur ressenti profond et les commentaires aussi incessants qu'insidieux de l'entourage.

Dans notre société actuelle, il ne semble y avoir que deux catégories de personnes : les soignés et les soignants. Le postulat de base du système, c'est que plus on parle, mieux la thérapie marchera. Comme le fait remarquer Jacqueline Kelen de façon incisive, on peut se demander si les patients ne prolifèrent pas à cause de l'augmentation du nombre de thérapeutes[5]. Ce « thérapeutisme » ambiant néglige les effets curatifs du silence, mais le développement de l'enseignement de la méditation dans différents groupes rééquilibre le phénomène.

Une expérience spirituelle mûrie ne consisterait-elle pas à mettre une conscience infinie dans les actes, paroles, pensées de la vie quotidienne qui en eux-mêmes sont plutôt limités et finis ? Par exemple, notre perception des sons extérieurs s'attache exclusivement à eux ; mais par l'écoute du silence, on élargit la conscience à un son omniprésent, on repousse aux confins de l'espace le rebord du vase qui reçoit la grâce, on devient *capax Dei,* pour reprendre l'expression de la théologie médiévale : on a la capacité, le volume suffisant pour accueillir Dieu en nous-mêmes.

Les voies non dualistes sont libérées par définition de la question plutôt cruelle du silence de Dieu face aux souffrances et aux appels de l'homme. Par contre, c'est une question qui hante les voies qui se réfèrent à un Dieu personnel. André Neher a évoqué ce problème avec acuité dans son ouvrage sur le silence dans la Bible : *L'exil de la parole*[6].

Il faut distinguer, quand on parle de solitude, les petites retraites qu'on fait pour se reposer du bruit du monde, pour pouvoir écrire et lire tranquillement en fréquentant les grands esprits du passé ; et la grande solitude pour des durées prolongées et avec très peu de support de livres, qui doit être faite d'après la tradition sous la direction d'un maître spirituel qui en a l'expérience. Sinon il y a risque de folie ou de dépression. Même des auteurs spirituels ont tendance à présenter la solitude avec une aura de sentimentalisme dépressif, parfois de type postexistentialiste fatigué : « Toute quête est solitaire », « Il faut aller de l'autre côté du désespoir », « Il faut passer par la mort pour arriver à la Réalisation »... Il faudrait éviter que la solitude ne soit réduite à un simple thème littéraire.

La sage de l'Inde du XXe siècle Mâ Anandamayi a eu une longue période de silence dans sa jeunesse pendant cinq ans, autour de vingt-cinq ans. L'année de ses quatre-vingts ans, elle est entrée dans un an de silence. Ses disciples pensent qu'elle a fait cela pour les préparer à son départ, survenu six ans plus tard. Par ailleurs, quand elle disait qu'elle ne faisait que transmettre la grande tradition mystique de l'Inde et n'y ajoutait rien, c'était aussi une forme de silence.

Swami Vijayananda, ce Français avec lequel je suis en contact depuis dix-sept ans, a passé seize ans solitaire en Himalaya, soit dans un ermitage complètement isolé, soit dans de petits ashrams. J'écris ces lignes à l'ermitage de Dhaulchina où il a passé six ans, et où un autre disciple de Mâ Anandamayi, un ancien enseignant à l'université de Calcutta, Swami Nirgounananda, fait retraite depuis une quinzaine d'années. Il s'agit de quelques maisonnettes sur une crête à 2 200 mètres d'altitude, d'où l'on peut voir le massif de la Nanda Dévi qui domine le nord de l'Inde de ses 7 860 mètres d'altitude. Quand le temps est clair, le panorama s'ouvre sur environ quatre cents kilomètres de chaîne himalayenne. Après plus d'un demi-siècle en Inde, Vijayananda se définit comme au-dessus des religions, et je me retrouve bien aussi dans cette position, sans angoisse particulière, sans complexe ni de supériorité ni d'infériorité.

Il ne faut pas croire que, dans l'ermitage, le silence soit absolu. Il y a les bruits de la nature, il y a aussi un gardien qui reçoit des visites de sa famille qui habite dans une ferme en contrebas, il y a un chien qui aboie certains jours assez souvent. Mais comme ces bruits restent peu fréquents, il est plus facile de s'entraîner à percevoir en eux la mélodie du silence qui imprègne l'atmosphère.

Le fait de vivre à l'étranger, dans un pays dont ne connaît pas la langue — où plus précisément les gens qu'on rencontre pensent que vous ne connaissez pas la langue — favorise le silence. Les Pères du désert appelaient cela la *xénitéia*, le fait de vivre à l'étranger, et ils le recommandaient pour favoriser la solitude et le silence. Un adage ancien dit : *Peregrinatio est tacere,* « C'est un pèlerinage que de se taire ». Pour comprendre cela, il suffit de se remettre par l'imagination dans l'ambiance du pèlerinage à l'ancienne, à pied pendant des mois, souvent seul, en récitant une prière répétitive. Même si l'on devait parler en route, cela n'entamait pas le silence émotionnel, car on n'avait pas de relation proche particulière avec les personnes que l'on rencontrait.

Préparer en ermitage des livres comme *La mystique du silence* et auparavant *Le mariage intérieur* a été pour moi une forme de *lectio divina,* cette « lecture divine » que font les moines quotidiennement. Alternent des périodes de retraite où je ne fais que méditer toute la journée, avec des phases de travail, de lecture et d'écriture, que je cantonne en général à la matinée, laissant le reste du temps à la pratique de la méditation. Les puristes pourront dire que cette activité intellectuelle à mi-temps est un échec de l'effort érémitique où l'on ne devrait absolument rien faire d'autre que livrer bataille au mental pour remporter une victoire complète sur lui. Cependant, il est fréquent dans les traditions que les moines ou les ermites aient une activité quotidienne, le plus souvent manuelle, mais aussi intellectuelle. Il y a différentes vocations, il y a aussi différentes phases dans son évolution spirituelle. Et puis, si l'on veut quand même considérer cela comme une défaite, on pourrait dire, comme un homme célèbre : « Nous avons perdu une bataille, mais nous n'avons pas perdu la guerre... »

On me reprochera peut-être d'avoir trop cité les enseignements traditionnels sur la manière dont il est sied d'écouter le silence, et de ne pas avoir parlé assez de mon vécu. Il est vrai que je répugne à faire étalage de mes états intérieurs. Après deux ans et demi de vie d'ermite, je peux dire par expérience qu'on passe par toutes sortes d'états. La sagesse que j'ai apprise de mon maître spirituel qui, comme je le disais, a passé seize ans en solitaire, c'est de ne pas me mettre dans tous mes états à propos de mes états, et a priori de ne même pas en faire état...

La conscience ordinaire de l'être humain et la conscience de l'Absolu sont comme des cordes tendues à proximité l'une de l'autre. Quand elles vibrent en résonance, la connaissance surgit.

Première partie

Ermite en Himalaya

Ce sujet de l'érémitisme en Himalaya me tient particulièrement à cœur : en effet, cela fait quinze ans que je vis en Inde. J'ai passé sept ans à Hardwar, là où le Gange sort de l'Himalaya, et j'ai déjà mentionné que depuis quelques années je vis souvent en ermitage dans un petit bâtiment sur une « colline » à 2 200 mètres d'altitude d'où l'on a une vue panoramique sur la grande chaîne himalayenne. Il m'est aussi arrivé de guider des groupes de Français et Françaises à la rencontre d'ermites en l'Himalaya. J'ai attendu le dernier jour d'une période intensive de méditation dans les montagnes pas très loin des sources du Gange pour écrire la majeure partie du chapitre ci-dessous.

Les Himalayas sont une chaîne de montagnes où des solitaires ont vécu depuis des temps immémoriaux. C'est à ses pieds, à Lumbini, qu'est né le Bouddha, qui disait : « L'homme naît seul, vit seul, et meurt seul », c'est là qu'ont habité les *rishis* et *mounis* des temps anciens et qu'ils se sont immergés dans leurs pratiques : *Tapasâ brahma jijijnâsasva,* « Par la pratique intensive, cherche à connaître l'Absolu », dit la Taittiriya Oupanishad (2, 1). L'ermite désire se connaître lui-même, car il est convaincu que « qui se connaît soi-même connaît toutes les créatures ». Les Himalayas enserrent aussi les hauts plateaux du Tibet où ont vécu tant de moines, y compris le grand ascète et poète Milarépa. Il déclarait : « Si un yogui a peur de rester en solitude dans une grotte ou une caverne, il n'aura même pas goûté au parfum du yoga[1]. » Je suis entré en contact avec les ermites dont je parle ici depuis de nombreuses années. Je commencerai par brosser leurs portraits, puis poursuivrai par une réflexion sur ce que la vie d'ermite m'apporte et pourquoi elle est tenue en haute estime dans la plupart des traditions spirituelles. Pour finir, je donnerai quelques paroles sur la solitude qui me sont venues en solitude même ; peut-être feront-elles vibrer une corde sensible, bien que souvent plutôt cachée, dans le cœur de l'un ou l'autre.

Chapitre 1

Portraits d'ermites

Nani Mâ

Anglaise, Nani Mâ est arrivée en Inde à l'âge de vingt ans et y réside depuis presque trente ans maintenant. Elle a d'abord passé une quinzaine d'années auprès de son gourou Mastaram Baba, un yogui réputé qui vivait dans une grotte ouvrant sur une plage du Gange à Rishikesh. Elle a passé ensuite cinq ans été comme hiver à Gangotri, le village juste en contrebas de la source du Gange, à 3 000 mètres d'altitude. Elle habite à présent toujours sur les bords du Gange himalayen, mais plus bas, à vingt kilomètres en amont d'Uttar-Kashi, et c'est là que nous l'avons rencontrée. Elle est responsable d'un ashram constitué d'une dizaine de maisonnettes où les gens — assez souvent des femmes occidentales qui connaissent bien l'Inde — viennent faire retraite.

Elle a eu une enfance normale. Elle avait des intuitions mystiques et en même temps sentait au fond d'elle-même le manque d'expérience intérieure des chrétiens qui lui enseignaient le catéchisme et leur religion. Elle sait qu'il y a parmi l'ensemble des chrétiens de vrais mystiques, mais le fait est qu'elle n'a pas été en contact avec eux. À partir de l'adolescence, elle a eu une vie plutôt matérialiste qui l'a amenée à des déceptions. Elle était suffisamment « perceptive » pour ne pas se résigner à cette morosité comme le font trop de gens. Elle est partie en Inde avec un espoir plutôt confus, car elle avait entendu dire qu'il y aurait peut-être là-bas des gens qui pourraient répondre à ses questions.

Au bout d'une quinzaine de jours sur place, elle a rencontré une femme indienne qui a senti sa demande spirituelle et lui a lu le second chapitre de la Bhagavâd-Gîtâ : « Le néant ne devient pas ; le devenir ne se néantise pas. Entre les deux, la frontière est bien vue, par l'intuition des philosophes, comme infranchissable. Indestructible, sache-le, est la trame de tout ; personne ne saurait détruire l'impérissable. Dans les corps périssables, l'incarné (le Soi présent dans le corps) s'éternise, indestructible, infini. Aussi, (...), combats... Nul ne naît, ni ne meurt, ni nul ne cesse d'être. Non né, permanent, éternel, l'Ancien (le Soi) n'est pas tué quand son corps l'est... Miracle si on le voyait, miracle si on le disait, miracle s'il nous était révélé : mais même révélé, qui le reconnaîtrait[2] ? » Elle a soudain retrouvé exprimé dans ces versets quelque chose qu'elle avait toujours su et senti, mais que personne jusque-là n'avait pu lui exprimer si clairement.

Ensuite sont venus les versets où l'on parle du *sthita-prajna,* celui qui a la Connaissance établie, le savoir absolu. Arjouna demande : « Quand dit-on, ô Krishna, que quelqu'un possède le savoir absolu, et qu'il connaît l'enstase ? Comment parle-t-il alors, celui-là ? quelle est sa situation, sa démarche ? » Bhagavat répond : « Quand quelqu'un s'est affranchi de tous les désirs qui hantent sa pensée, quand il se contente de ce qu'il est, on dit qu'il a atteint le savoir absolu... Telle une tortue rentrant ses membres sous sa carapace, qui rétracte ses sens des objets sensibles, tel est celui qui parvient au savoir absolu. Ces objets s'évanouissent pour l'incorporé (le Soi présent dans le corps) qui n'en fait pas son aliment, reste le goût qui s'évanouit à son tour, quand le regard se porte au-delà » (2, 54 ; 55 ; 58 ; 59). Nani Mâ s'est mise à pleurer à la pensée que de telles personnes pouvaient exister et qu'il fallait absolument qu'elle en rencontre. Comme elle avait entendu dire que le détachement était important sur cette voie, elle a pris ce conseil au pied de la lettre, a distribué le peu d'affaires qu'elle avait dans son sac à dos, puis est partie en quête. Deux semaines plus tard, elle a rencontré Mastaram Baba sur les bords du Gange. C'était un *avadhout,* quelqu'un qui n'a pas de possessions et vit pratiquement nu. Plusieurs années plus tard, celui-ci lui a confié : « Quand tu es venue, j'ai senti que ton désir de trouver un enseignant était tellement intense que ce n'était tout simplement pas possible pour moi de refuser de t'accepter comme disciple. » Pendant plusieurs années, elle a très peu étudié dans les livres, se contentant de l'enseignement oral. Puis Mastaram Baba lui a conseillé de se mettre au sanskrit, ce qu'elle a fait avec beaucoup d'enthousiasme, et elle est rapidement parvenue à un haut niveau, elle aurait pu devenir une savante en ce domaine. Mais un jour, il l'a mise devant un choix : « Qu'est-ce que tu souhaites vraiment : devenir professeur de sanskrit ou avoir une réalisation dans ta pratique spirituelle ? » Elle a choisi la pratique, et lorsqu'elle lit maintenant en sanskrit, c'est simplement un petit peu chaque jour pour soutenir sa méditation.

Quand elle nous a dit qu'elle avait eu une « bonne » jeunesse, elle nous a expliqué en quel sens elle entendait cela : elle y avait ressenti suffisamment de souffrances pour comprendre que la course aux biens de consommation et aux plaisirs extérieurs n'avait guère de sens. Elle s'est retournée ainsi vers elle-même afin d'y trouver la perle cachée, c'est-à-dire la joie sans objet.

Un jour, des visiteurs sont venus voir son maître et lui ont confié qu'ils étaient très attirés par Ramana Maharshi, mais que malheureusement ils ne pouvaient pas le prendre comme gourou puisqu'il était mort. Mastaram Baba a éclaté de rire et leur a dit : « Si vous en êtes encore à croire que le gourou est limité au corps ! Si vous le sentez, concentrez-vous complètement sur Ramana Maharshi, asseyez-vous en face de sa photo, méditez jour après jour son enseignement et il deviendra réellement votre gourou. » Plusieurs années après la mort de son maître, Nani Mâ s'est aussi sentie très attirée par Ramana Maharshi, percevant la communauté entre son enseignement et celui de Mastaram Baba, et elle a décidé de le prendre comme référence dans sa *sadhana.* Elle a donc eu également ce lien important dans son itinéraire intérieur, dont la validité lui a d'ailleurs été confirmée en rêve.

Comme elle est arrivée jeune en Inde et a toujours vécu dans le milieu des ashrams, elle s'est adaptée aux coutumes hindoues. Elle aime les multiples méthodes qu'elles offrent pour intégrer le sacré au quotidien. Par exemple, si un ou une Occidentale achète un vêtement neuf, son premier réflexe sera de le mettre pour la prochaine soirée, alors qu'en Inde, on le mettra à l'occasion de la prochaine fête religieuse. Par ailleurs, chaque jour de la semaine est consacré à un dieu ou une déesse qui ont leurs types de plats préférés. Une femme hindoue aura tendance à préparer ce type de plat et à l'offrir au dieu du jour avant de le manger en famille. En tant qu'Occidental vivant en Occident, il ne s'agit pas d'imiter les coutumes hindoues, mais on peut s'en inspirer librement et de trouver des façons diverses et variées d'intégrer le sacré à la vie familiale quotidienne. N'est-ce pas après tout une manière de réenchanter le monde ?

J'ai emmené des groupes de Français rencontrer Nani Mâ. Parmi eux, un juge d'instruction a été fort impressionné par son rayonnement, ainsi que celui d'autres ermites que nous avons rencontrés dans l'Himalaya. Il s'est trouvé qu'il a été nommé par la suite comme juge au Tribunal pénal international de La Haye. Il était chargé de recueillir les dépositions des témoins et victimes de la guerre de Yougoslavie pour l'instruction des procès. Je l'ai revu après cette période. Il m'a dit qu'il venait de traverser les moments les plus difficiles de sa vie. Lui qui arrivait à méditer auparavant, il en était devenu incapable, tellement l'horreur à laquelle il était confronté quotidiennement lui faisait douter de la nature humaine et de la stabilité des institutions démocratiques. Il m'a confié qu'en ces moments où il sentait qu'il pouvait perdre espoir et raison, ce qui l'a soutenu le plus, c'est de savoir que des êtres comme Nani Mâ et ces autres ermites de l'Himalaya qu'il avait rencontrés existaient. Au milieu de toute cette violence insensée, c'était eux qui à ses yeux donnaient le plus un sens à l'existence de l'être humain sur terre. Je lui ai demandé si je pouvais citer son témoignage, et il m'a dit qu'il en serait content, qu'il était bon que le public le connaisse. Ceux qui sont en première ligne de la lutte contre la violence occidentale et les solitaires paisibles de l'Himalaya peuvent se rencontrer : il en est un bon exemple.

Prémananda

Engagé très tôt dans la voie spirituelle, il est devenu disciple de Shivananda vers la fin de la vie de celui-ci. Contrairement à beaucoup de ses condisciples qui ont choisi d'aller ouvrir des centres de yoga en Occident, il a préféré partir juste après la mort de son maître, en 1963, pour plusieurs années comme ermite dans une région très solitaire de l'Himalaya, cette montagne dont le nom signifie la « demeure des neiges » et qui est aussi appelée *Devbhumi,* la « demeure des dieux ». Puis il s'est installé à dix kilomètres en amont d'Uttar-Kashi sur la route de Gangotri, à une dizaine de kilomètres de là où vit Nani Mâ, et c'est là qu'il vit encore actuellement.

Il nous a raconté une histoire qui s'est déroulée durant ses débuts à Rishikesh ; il avait une grande intensité dans sa relation au Divin, mais manquait d'équilibre. Dans la biographie de certains saints, on voit qu'ils ont parfois menacé Dieu en disant : « Si tu ne m'apparais pas, je me suicide ! » Le problème avec Prémananda, c'est qu'il en était arrivé à un tel niveau de tension intérieure qu'il en était capable. Il avait déjà tout prévu et préparé pour aller sauter d'un rocher en surplomb sur le Gange près de l'ashram durant la nuit. Le soir, il a été à la réunion quotidienne avec Shivananda pour lui dire adieu de l'intérieur. Il s'est assis au fond, s'est couvert entièrement le visage et s'est mis à pleurer silencieusement. Au bout d'un certain temps, il a senti que quelqu'un le poussait du bout de son bâton. C'était un vieux moine errant qui lui fit signe de le suivre. Sans lui dire grand-chose, il l'a conduit dans un endroit solitaire sur les bords du fleuve et a sorti de son bagage une moustiquaire qu'il a installée. Ils se sont assis dessous et il a commencé à lui parler. Il avait bien deviné son état de désespoir et lui a redonné courage par toutes sortes de conseils et d'images, lui disant par exemple que la *sadhana* était comme la culture d'un champ : le jour des moissons ne survenait pas dès le lendemain des semailles, la patience était primordiale, etc. Il continua ainsi durant toute la nuit ; et ses paroles se sont gravées profondément dans le cœur de Prémananda. À l'aube, le vieux moine a plié ses bagages et est parti, et Prémananda s'est mis à le suivre. À un moment, le vieux moine s'est retourné et lui a dit : « Ne viens pas avec moi, retourne vers ton gourou. » Pour le jeune aspirant spirituel, c'était en fait le gourou sous un autre aspect, ou le Divin sous forme humaine qui lui avait sauvé la vie et l'avait instruit cette nuit-là.

Comme Prémananda est depuis trente-cinq ans moine au milieu des ermites en Himalaya, je lui ai demandé s'il croyait aux histoires extraordinaires qu'on raconte à leur propos. Il m'a répondu que dans l'ensemble, il y croyait. De plus, les solitaires que j'ai rencontrés dans ces régions m'ont parlé comme d'une expérience commune du fait qu'ils recevaient des aides subtiles qu'ils interprètent comme des interventions des ascètes et yoguis qui les ont précédés sur ces lieux. Ils développent également une relation étroite avec « Mère Gange », Gangâ Mâtâ comme les hindous appellent leur plus grand fleuve. Il s'agit de bien plus que d'aller seulement prendre un bain quotidien pour se purifier. Quand on médite sur les bords du Gange himalayen, on sent bien qu'on est enveloppé par son grondement torrentiel, une sonorité continue qui évoque le *nâda,* ce son intérieur qu'on entend quand on écoute le silence. Pour les yoguis, ce *nâda* n'est autre que Brahman, la base de tout, l'Absolu. Nous reviendrons là-dessus avec quelque détail dans la troisième partie sur « L'écoute du silence ».

Dans l'esprit de son maître Shivananda, Prémananda combine la retraite avec le service social. Bien que son ashram ne soit pas bien grand, il s'est arrangé avec un chirurgien ophtalmologiste réputé de Delhi, qui vient y opérer les gens pauvres des montagnes atteints de cataracte. Lors du dernier camp il y a quelques mois, le chirurgien a procédé à trois cents interventions dans une pièce ordinaire nettoyée et convertie en bloc opératoire pour la circonstance, le tout sans demander le moindre salaire. Prémananda a aussi un contact spirituel fort avec les enfants des villages des environs ; il mérite bien ce nom que lui a donné Shivananda signifiant « félicité (*ananda*) de l'amour spirituel (*préma*) ».

Jñanananda

Il s'agit d'un *swami* d'origine suisse qui est venu à l'âge de vingt ans, au début des années cinquante, en Inde, et qui y est resté depuis. J'en parle dans mon ouvrage *Le maître et le thérapeute* consacré à la tradition de gourou à disciple en Inde et à la psychologie de la relation d'aide spirituelle en général[3].

Il avait reçu en cadeau, alors qu'il vivait encore en Suisse, le livre de Yogananda Paramahamsa, *Autobiographie d'un yogui,* qui l'avait particulièrement touché, d'autant plus qu'il avait appris par la suite que Yogananda était décédé le jour même où il avait reçu son livre. Il est parti en Inde où il s'est mis à l'école d'Atmananda, ami d'enfance et disciple de Yogananda. Ils ont été quatre à prendre le *sannyas* (l'habit monastique) de cet Atmananda. L'un d'eux maintenant décédé, Brahmananda, était venu en France où il avait fondé l'ashram de la Fleur d'Or près du Mans, consacré à l'enseignement et la pratique du kriya-yoga. Contrairement à la plupart des enseignants spirituels, Atmananda se répétait peu. Un jour, ses disciples lui ont demandé pourquoi. Il leur a répondu : « Si vous ne comprenez pas maintenant, vous comprendrez dans la vie suivante. » C'est-à-dire que ceux qui veulent la libération dès cette vie doivent apprendre à saisir au vol et mettre en pratique les moindres bribes d'enseignement que laisse échapper leur maître.

Au début, la mère de Jñanananda était fort malheureuse que son fils tarde à revenir. Comme elle habitait Zurich, elle est allée voir l'autorité en psychologie de l'époque, Jung, pour lui demander quand rentrerait son enfant. Il lui a répondu : « Ne vous en faites pas, madame, c'est sa crise d'adolescence, l'Inde n'est pas adaptée aux gens de culture occidentale, il va bientôt revenir. » Pourtant, cela va bientôt faire un demi-siècle, qu'il n'est toujours pas revenu... En plus des pratiques du kriya-yoga qu'il transmet à ses disciples, il a composé des chants religieux dans un style mixte indien et occidental qui ont un grand succès auprès du public local ainsi qu'auprès des groupes de Français avec lesquels je venais le visiter. Dans la pratique spirituelle courante de l'hindouisme, on n'hésite pas à associer le chant ainsi que la musique au védanta le plus dépouillé ; cela ne choque personne, on trouve au contraire qu'il y a là un équilibre. Jñanananda vient d'achever son autobiographie qui contient nombre d'anecdotes peu ordinaires tirées de son expérience de près d'un demi-siècle de yogui en Inde. Elle sera publiée simultanément en anglais et en allemand[4].

Vandana Mataji

Vandana, dont le nom signifie « adoration », est une Indienne d'environ soixante-quinze ans d'origine parsie. Il s'agit des « persans », la communauté des zoroastriens d'Inde qui ont fui les persécutions musulmanes en Iran, leur pays d'origine. Vandana s'est convertie au christianisme quand elle était jeune fille et elle est devenue religieuse. Elle a été particulièrement influencée par le Père Le Saux[5], un Bénédictin qui a passé les vingt-cinq dernières années de sa vie en Inde et qui a développé une conception non dualiste du christianisme semblant prendre racine là-bas, au moins chez ces chrétiens qui comprennent l'utilité d'une vie mystique. Après la mort de Le Saux en 1973, Vandana a connu le Père de Mello dont les écrits et histoires spirituels sont maintenant disponibles en français[6]. Celui-ci lui a conseillé d'aller faire une longue retraite à Rishikesh, le grand centre hindou sur les bords du Gange à l'endroit où celui-ci sort de l'Himalaya. Elle a commencé par passer trois ans à l'ashram de Shivananda où elle a approfondi sa connaissance de l'hindouisme grâce à son successeur, Swami Chidananda, qu'elle considère comme un saint authentique, et elle est maintenant installée tout près de Rishikesh, dans un joli petit ashram qui donne sur les bords du Gange himalayen.

Elle est engagée depuis longtemps dans le dialogue chrétien-hindou, a écrit un livre sur la récitation du nom de Dieu dans l'hindouisme et le christianisme[7] et elle a aussi réuni dans un gros ouvrage collectif de multiples témoignages de chrétiens vivant en Inde et d'hindous ouverts sur la façon dont ils concevaient les rapports entre les deux grandes religions[8].

Dans un Parlement des religions organisé en 1993 à Calcutta dans l'esprit de Vivekananda, je l'ai entendue déclarer devant quelque cinq mille personnes, dont l'évêque de Calcutta qui était sur le même podium : « Je ne sais plus si je suis une chrétienne hindoue ou une hindoue chrétienne », ce qui lui a valu les ovations de la foule dont l'humeur était visiblement œcuménique. Récemment, dans un article de la revue *Newsweek*[9] sur les nouvelles formes de christianisme dans les pays du Sud, on parlait d'elle et de sa manière œcuménique de faire le rituel quotidien (*pujâ*).

En mai 1998, elle a été invitée à une conférence à Rome portant sur l'Église en Inde. Elle a eu l'idée de commencer son intervention par la célèbre prière hindoue *Asato Mâ sat gamaya...*, « Mène-nous du non-être à l'être, mène-nous des ténèbres à la lumière, mène-nous de la mort à l'immortalité ». Elle pensait qu'elle pouvait réciter cette prière puisque son sens était universel, tout en se disant qu'à Rome cela risquait tout de même de jeter un froid ; mais à peine avait-elle prononcé les premiers mots que les autres chrétiens et chrétiennes indiens qui connaissaient bien sûr les paroles ont fait chœur avec elle, ravis d'apporter un peu de la lumière de l'Inde dans les cieux romains.

Nirgunananda

Nirgunananda est un disciple de Mâ Anandamayi qui vit depuis douze ans à l'ermitage de Dhaulchina. C'est en fait là que j'écris car j'y réside maintenant une bonne partie de mon temps pour une méditation intensive. *Dhaulchina,* qui signifie « clairière brillante », est un petit village situé sur un col à 2 000 mètres d'altitude environ, en face du pic de la Nanda Devi (littéralement la « déesse qui réjouit ») qui, nous l'avons dit, domine le nord de l'Inde de ses 7 860 mètres ; on dit que c'est le quatrième sommet du monde. L'ermitage est sur une crête dans les pins au-dessus du village. L'endroit avait été choisi avant sa mort, en 1936, par Bhaïji, l'un des premiers grands disciples de Mâ, celui qui lui avait donné son nom d'Anandamayi, « pénétrée de joie [10] ». C'est là également qu'a vécu Vijayananda, dont j'ai déjà parlé, un médecin français venu en 1951 en Inde qui a rencontré Mâ à Bénarès et a décidé de rester auprès d'elle. Jamais rentré en France depuis, il demeure à l'ashram de Mâ Anandamayi à Kankhal, aux environs immédiats d'Hardwar, dans l'Uttaranchal ; j'ai vécu auprès de lui pendant sept ans, et encore maintenant je suis assez souvent auprès de lui. Ses expériences avec Mâ, son séjour de six ans en solitude à Dhaulchina ainsi que ses réflexions sur l'Inde spirituelle et ses réponses aux questions sur la *sadhana* sont réunis dans un livre paru en français, auquel je renvoie le lecteur[11].

Nirgunananda, pour en revenir à lui, était un brillant chercheur en biochimie médicale avec une formation de médecin. Il était incroyant, considérant que les religions entretenaient les superstitions et empêchaient les progrès de la science, mais il était malgré tout intéressé par les conférences de Krishnamurti. Quand il l'écoutait, il voyait que la vérité était là, mais quand il revenait chez lui, il ne savait pas comment s'y prendre — comme beaucoup d'autres auditeurs — pour mettre en pratique l'enseignement du « maître qui ne voulait pas l'être ». Il avait lancé une société de biochimie médicale qui l'avait rendu riche rapidement. Un soir, il a organisé une fête avec ses collègues pour arroser leur succès commun. Paradoxalement, en revenant chez lui cette même nuit, il a rédigé sa lettre de démission de la société. Il désirait très fort le succès, il l'avait eu, maintenant il voulait passer à autre chose. Bien qu'incroyant, il était malgré tout indien et il pressentait qu'il trouverait sans doute des réponses à ses questions en allant dans l'Himalaya.

Dans le train, juste après être parti de Calcutta, il s'est fait voler tout l'argent qu'il avait. Il est donc arrivé à Vrindavan, le plus grand centre de pèlerinage de Krishna en Inde, sans un sou en poche et s'est mis à avoir faim, mais ne savait comment mendier. C'était le jeu divin : en une journée il était passé de la situation de directeur dans une grande ville à celle de mendiant dans un centre de pèlerinage.

On lui avait conseillé d'aller voir un saint ermite dans la jungle près de la petite ville de Vrindavan. Il a traversé une sorte de lande en empruntant un sentier solitaire pour parvenir à sa cabane, a reçu sa bénédiction rapidement mais pas de nourriture, car l'ermite lui-même n'en avait pas d'avance. En revenant par le même chemin cinq minutes plus tard, il a trouvé un grand sac contenant des gâteaux locaux tout à fait nourrissants. Il était physiquement impossible que quelqu'un ait eu le temps de les apporter là et de s'éloigner en cinq minutes, car on pouvait voir très loin dans la lande. Il a considéré ce gros paquet comme un cadeau divin, en a partagé le contenu jour après jour avec un jeune Allemand avec lequel il s'était lié et qui, comme lui, n'avait guère de ressources à ce moment-là. Ce qu'il y a d'intéressant, c'est que ces vivres ont duré trois semaines et se sont terminés juste le jour où ils ont rencontré Mâ Anandamayi et où elle a admis Nirgunananda à vivre auprès d'elle. Les événements se sont enchaînés de la façon suivante : en arrivant à Rishikesh, la porte des montagnes, il fut reçu chez un ami de son ami, un autre Allemand qui avait chez lui une photo de Mâ Anandamayi prise lorsqu'elle était jeune. Il fut frappé par la beauté de ce visage. L'Allemand lui dit qu'ils allaient la voir le lendemain dans la ville d'à côté et lui proposa de l'accompagner. Le lendemain, les voilà qui arrivent à l'ashram de Mâ. Un *swami* leur dit d'attendre, que Mâ va les recevoir ; après un long moment, le *swami* revient leur annoncer que finalement, Mâ n'aura pas le temps de leur accorder une entrevue. Nirgunananda traite le *swami* de menteur. Dans l'enseignement de l'Inde en général et de Mâ en particulier, dire la vérité est une qualité fondamentale. Piqué au vif, ledit *swami* se ravise et Nirgunananda se retrouve finalement devant Mâ. Il est impressionné : bien que Mâ ait quatre-vingts ans passés, il retrouve en elle exactement la même présence que sur la photo de Rishikesh quand elle avait un demi-siècle de moins. Il lui demande de pouvoir rester à l'ashram. Mâ l'admet, mais lui demande d'observer un vœu de silence. À partir de ce moment même, il n'ouvrira plus la bouche — pas même une seule fois — jusqu'à la mort de Mâ trois ans plus tard. Pourtant, il était très sociable, il avait été enseignant et le dernier d'une famille de dix enfants, et était donc habitué aux échanges nourris, voire à parler plus qu'il ne fallait. Si besoin, pendant cette période de silence, il communiquait par écrit.

Pendant leur premier entretien, Mâ lui avait demandé s'il fumait. Fumeur invétéré, il fut bien obligé d'avouer qu'il fumait beaucoup et que par exemple ce jour-là (il était seulement 11 h 30 du matin) il avait déjà fumé deux paquets de cigarettes ; mais ayant senti un léger reproche dans la voix de Mâ, il ajouta tout de suite : « Mais je vais arrêter ! » De fait, il avait essayé de nombreuses fois d'arrêter, tout son entourage l'en avait supplié, mais en vain. Pourtant, après cette question de Mâ — elle ne lui avait même pas demandé directement d'arrêter de fumer —, il cessa complètement de le faire, et, ce qu'il y a de plus étonnant, c'est qu'il n'en eut plus du tout envie. Nirgunananda voit dans ces deux situations des exemples de *shakti-pat,* de transmission d'énergie psychique et spirituelle par un maître à travers des mots tout simples.

Après avoir travaillé pendant trois ans comme secrétaire privé de Mâ jusqu'à sa mort, il est resté trois autres années dans l'ashram principal de Kankhal dans la plaine, puis est monté en ermitage en 1986. Bien qu'il ait là-bas un fond important de solitude, il n'est pas coupé complètement de la société. Pour donner un exemple parmi d'autres, il a été invité par un gourou ami de Mâ dans le centre de l'Inde pour un rituel solennel consacré à une petite statue que Mâ lui avait confiée à l'époque, quand il était son secrétaire. Six mille personnes sont venues pour l'occasion. Ainsi, quand on parle des ermites en Inde et de leur solitude, il faut comprendre que, bien qu'isolés la plupart du temps, ils forment un constituant important de la texture sociale et religieuse du pays, et ils ont de multiples façons d'interagir avec les laïcs. Cette interaction ne se limite pas à l'Inde car, depuis quelques années, Swami Nirgunananda est invité à animer des retraites en France et ailleurs en Occident durant l'été [12].

Chapitre 2

Être seul avec le Seul : la vie d'ermite

Solitude et Absolu

Le mot « moine » vient du grec *monos* qui signifie « seul ». Par ailleurs, l'Absolu étant unique, il peut être évoqué par le terme « Seul » : en sanskrit par exemple, *kevalam* signifie à la fois « Seul » et « Absolu ». Il s'agit d'un phénomène qu'on peut qualifier d'universel [13].

A priori, la solitude correspond à une période intensive de l'itinéraire spirituel, permettant d'atteindre un certain niveau. De même, un étudiant qui prépare un examen se concentre sur ses livres et a tendance à rester isolé pour travailler intensivement. Reste à savoir quel niveau on veut atteindre. Les étudiants en troisième année de médecine peuvent travailler comme infirmiers, mais la plupart choisissent de continuer jusqu'au diplôme de médecin, car ils savent qu'ils pourront alors rendre des services que ne peuvent rendre des infirmiers. Certains même décident de devenir médecins spécialistes et ils deviennent capables d'intervenir, en opérant par exemple à cœur ouvert ou dans le cerveau, comme ne peuvent le faire des médecins ordinaires.

Il y a un certain nombre de gens qui rêvent de pouvoir passer des périodes en solitude. Dans mon cas, ce rêve se réalise.

On reproche souvent aux ermites de fuir le monde et sa lutte pour la vie. Certes, cela peut être parfois vrai, les misanthropes existent, mais ce genre d'apprentis solitaires ne tient général pas longtemps dans ce type de vie. Le souvenir de leurs échecs dans le monde devient très intense et ils ne supportent pas le choc de se retrouver à temps plein face aux côtés sombres d'eux-mêmes. Ceux qui prétendent que la vie de solitaire est une solution de facilité prouvent simplement par là qu'ils ne s'y sont pas essayés sérieusement. Il faut comprendre aussi que dans le monde la plupart des gens se fuient eux-mêmes, qui dans les plaisirs de la consommation, qui dans le travail ou le désir, voire la névrose de reconnaissance sociale ou dans des actions qui paraissent assez nobles de l'extérieur mais qu'ils utilisent comme prétexte pour ne pas faire face à eux-mêmes. Il y a une très belle ode mystique de Rûmî dont le refrain dit simplement : « Arrête-toi ici ! [14] » C'est ce que fait l'ermite. Il sait « se déposer » — comme on dit dans certaines provinces pour « se reposer »...

Dans la vie habituelle, on est entouré de toutes sortes de supports qui tiennent la place symbolique de la mère nourricière. Le mari est ainsi entouré par sa femme qui elle-même est également soutenue financièrement par son époux. Les religieux ont tendance à se regrouper dans une institution mère, qui les nourrit et les protège. L'ermite, lui, mange seul ce qu'il a préparé de ses propres mains. Il n'a pas l'illusion d'être pour cela complètement indépendant du reste du monde, car il sait bien qu'il n'a pas cultivé tout ce qu'il mange, et que peut-être il vit de donations de fidèles. Mais il a quand même plus d'indépendance que beaucoup d'autres.

S'il monte en solitude, ce n'est pas par orgueil, c'est par humilité. Il ne fait que se laisser aller à une inspiration forte comme une aspiration, un courant d'air ascendant qui le porte comme l'oiseau près d'un col en montagne. À partir d'un certain niveau d'intensité intérieure, il s'aperçoit qu'il ne peut être au four et au moulin à la fois, qu'il a les pieds dans deux barques qui s'écartent, et il décide de s'asseoir dans celle de la solitude pour la grande traversée. À ce moment-là il se retire — s'il a la chance d'en avoir la possibilité, mais à long terme, ne crée-t-on pas sa propre chance ? N'invente-t-on pas ses propres possibilités ? On parle traditionnellement de passer « quarante jours », c'est-à-dire de nombreux jours dans le désert. Il s'agit aussi d'une « mise en quarantaine » : on veut être sûr qu'on n'a pas développé certaines maladies de l'âme, et le fait de rester « quarante jours » à s'observer nous permet de vérifier ce que nous avons ou non comme maladie en germe au fond de nous. Dans l'Église grecque vers le Ve siècle, on avait tellement confiance dans les moines et ermites que c'était parmi eux qu'on recrutait les évêques. C'est une tradition qui a tendance à perdurer jusqu'à nos jours dans l'Église copte d'Égypte.

Pourquoi être ermite en Himalaya particulièrement ? Il y a en fait deux sources principales pour les religions du monde : Jérusalem et l'Himalaya. De nos jours, Jérusalem n'est pas si paisible, les tensions locales occupent une bonne place des nouvelles internationales. Pour les non-dualistes, les védantins, les bouddhistes, l'Himalaya est la source. L'Himalaya tibétain fait moins parler de lui que Jérusalem, mais connaît en fait de sérieux problèmes avec l'occupation chinoise, qui ne seront vraiment résolus que quand il retrouvera son indépendance complète[15]. L'Himalaya népalais et indien continue une vie traditionnelle, et même la région des montagnes au-dessus de Delhi a gagné un statut de province indépendante en novembre 2000 sous le nom d'Uttaranchal, la « région nord », ce qui lui permettra de mieux protéger sa personnalité. Parler de vie traditionnelle ne veut pas dire que tous les *sadhous* de l'Himalaya soient des saints, loin s'en faut. Comme les paysans locaux, la plupart fument beaucoup de marijuana, le chanvre poussant un peu partout. Comme eux également, ils sont souvent illettrés et ne connaissent guère leurs propres Écritures sacrées. Certains sont même des délinquants ou d'ex-agitateurs politiques qui se cachent de la police sous un habit de *sadhou* dans des régions reculées de montagnes. Mais de même que les mauvaises herbes servent de terreau aux fleurs et font ressortir leur beauté, de même cette masse de *sadhous* en eux-mêmes peu recommandables créent une toile de fond de vie solitaire d'où se détachent quelques vrais saints.

Des fenêtres de mon ermitage, je vois des pics à 6 000 ou 7 000 mètres qui sont à la frontière du Tibet. Juste derrière, on sent sa présence formidable. Même si, comme nous l'avons dit, le bouddhisme en tant que tel subit les persécutions chinoises, il semble que des ermites discrets y poursuivent assez bien leur tradition. J'avais rencontré il y a deux ans à Svayambunath un tibétologue américain qui revenait d'un voyage en équipe à la rencontre des ermites du Tibet ; il m'a dit avoir eu nombre d'entretiens passionnants. Le Bouddha et Shankaracharya, chacun à leur manière, ont prêché une voie de la Connaissance. Le Bouddha est né à Lumbini, juste au pied de l'Himalaya, et Shankaracharya est mort près d'une source du Gange et de la frontière du Tibet, à Jyosimath, nom qui signifie le « monastère de lumière ». Ceux qui souhaitent avoir une description détaillée d'une expérience brève dans un ermitage de l'Himalaya peuvent lire le livre de Paul Brunton récemment traduit en français : *Ermite en Himalaya*[16]. C'est un livre paru en 1936, deux ans après le succès de *L'Inde secrète.* Brunton a voulu communiquer au grand public un intérêt et un respect pour l'expérience de solitude à des fins spirituelles.

Une existence intense

Si l'on monte en solitude, comme on disait au Moyen Âge, c'est qu'on recherche une intensification de la vie spirituelle. Le rayon de la lumière intérieure, de dispersé et déphasé qu'il était, devient cohérent comme un rayon laser et il acquiert à ce moment-là l'énergie nécessaire pour être utilisé dans la « microchirurgie » des zones reculées du psychisme. Une imprégnation par le spirituel a lieu toute la journée, qui continue pendant la nuit, selon la parole du Psaume : « Je m'éveillais, et j'étais encore avec Toi » (Ps 139,18). Bien que l'essentiel soit la qualité, la quantité de temps consacré à la pratique a son importance, et pour cela une solitude où l'on est libéré des travaux extérieurs est une grande aide. Si on met du linge à tremper, il faudra attendre un certain temps pour que la saleté s'en détache facilement. Si on allume un feu, il faudra attendre aussi un peu de temps pour que tout le bois prenne, y compris les grosses bûches. Si on cherche à éliminer des mauvaises herbes en les privant d'eau, il faudra aussi patienter un certain nombre de jours pour qu'elles meurent complètement ; sinon, elles reprendront vie dès qu'on les arrosera un minimum. Si on veut purifier une cruche qui était remplie d'eau sale, il faudra un certain temps avant d'y verser de l'eau propre afin que la saleté disparaisse progressivement.

L'éveil de la lumière intérieure est le grand compagnon du solitaire. On raconte que Bodhidharma a fait sept jours de retraite auprès du tombeau de son père, un homme juste qui venait de mourir d'une maladie douloureuse, ce qui avait fortement frappé son fils. On lui demanda après cette semaine ce qui s'était passé, il a répondu de la façon laconique qui sied aux maîtres du t'chan : « J'ai voulu voir où avait été mon père, mais je n'ai rien vu d'autre que le soleil qui brille sur la terre et dans le ciel [17]. » C'est la manière dont l'ermite résout ses deuils et autres frustrations. Les mots mêmes « solitude » et « soleil » semblent s'appeler mutuellement. L'écoute du son du silence dans la solitude peut devenir aussi intense et évidente que le soleil dans le ciel ; on y entre cependant progressivement, comme un pèlerin parvenant sur un haut plateau se trouve immergé de plus en plus dans le son du vent qui le balaye.

L'ermite n'est pas porté à l'introversion, mais à l'introspection. Par là, il faut comprendre que son sens de la vie intérieure n'est pas le résultat d'un trait de personnalité auquel il ne peut rien, l'introversion, mais au contraire le fruit d'un choix conscient et libre de regarder vers le dedans, l'introspection. Certes, Dieu ou le Soi sont pareils partout, mais le chercheur spirituel, lui, ne l'est pas ; il est beaucoup plus réceptif dans la solitude. De même, l'eau du caniveau et l'eau de source sont composées d'une même molécule, mais on préfère quand même boire de l'eau de source.

Plus encore que s'il agissait dans le monde, l'ermite a le sens du travail bien fait et la volonté de réussir dans ce qu'il a entrepris, c'est-à-dire la maîtrise de son mental et l'union au Divin. Quand on est seul dans une nature belle et paisible, il devient évident que la souffrance et l'agitation qu'on ressent viennent du mental, et cette prise de conscience est le début de la sagesse. On développe alors un sens aigu de l'absurdité de ce manège intérieur qui couvre le bonheur absolu qui est là, présent par-dessous, aussi proche qu'une pierre blanche dans le creux de la main. Le sens du bonheur absolu est favorisé par une relation directe avec la nature environnante, mais surtout par une communion intime avec notre vraie nature sous-jacente.

L'ego est sans cesse renforcé par le jeu relationnel, bien qu'il puisse s'atténuer parfois jusqu'à un certain point si les relations sont bien comprises. La raison d'être de l'ego, sa manifestation première, c'est de prouver qu'on est supérieur aux autres. Quand on est seul dans la nature à long terme, tout ce jeu factice tombe de lui-même. Comme dans un mélange au repos, l'ego décante, se dépose au fond. Le psychisme, composé d'agrégats comme disent les bouddhistes, une fois au silence, se dé-compose en éléments simples, et ce à la plus grande joie du sujet. On dit de quelqu'un qui pense trop vite qu'il a « un petit vélo dans la tête ». Si on réussit à arrêter complètement le « vélo » ne serait-ce que quelques secondes, il s'effondrera de lui-même. Il en va de même avec le mental, qui ne tient debout que grâce à son mouvement perpétuel.

Le peuple a dit à Moïse lors d'une phase difficile de l'Exode : « Laisse-nous servir les Égyptiens, car nous préférons servir les Égyptiens que mourir au désert » (Ex 14,12). L'ermite, lui, préfère « mourir au désert » que de servir les Égyptiens, car il sait qu'en fait ce n'est que l'ego qui meurt. Cela dit, il faut des bases spirituelles solides pour pouvoir vraiment bénéficier de longs temps libres. Pour beaucoup, le proverbe « L'oisiveté est la mère de tous les vices » a plutôt valeur de loi : même les ermites confirmés m'ont dit qu'ils arrangeaient leur emploi du temps pour ne pas avoir une minute d'oisiveté du matin au soir. Leurs activités, y compris les pratiques spirituelles, s'enchaînent selon une succession serrée, moyennant quoi le mental a moins l'occasion de tourner à vide. Ainsi, Vijayananda, dont j'ai parlé, disciple de Mâ Anandamayi, a pu rester six ans dans une maisonnette en pleine montagne. Au début, il passait quelques heures par jour à écrire un petit livre, mais rapidement il n'a plus fait que méditer et marcher dans la montagne, ne lisait ni les nouvelles ni des textes spirituels. Il dit que la solitude a deux grands intérêts : ralentir le mental, le rendant ainsi beaucoup plus facile à maîtriser, et vaincre la peur, car dans la solitude complète on reste exposé aux agressions ; même en Inde où la religion est assez respectée, il arrive que des solitaires se fassent assassiner pour quelques centaines de roupies et des ustensiles de cuisine.

À l'opposé des moines, il y a malheureusement trop de gens qui ne savent pas bénéficier de leur temps libre : me revient à l'esprit une statistique de divorces chez les ouvriers de Volkswagen quand les usines ont réduit de cinq heures ou plus le temps de travail hebdomadaire ; les cas de séparation avaient augmenté, ce qui signifie que les ouvriers et ouvrières avaient utilisé leur temps libre au retour de l'usine pour se créer des problèmes et se chamailler encore plus qu'auparavant, ou bien aller voir « ailleurs ».

Ceux qui suivent une voie de *bhakti* (dévotion) ou de *jñana* (connaissance) peuvent faire leurs pratiques dans le monde ; mais ceux qui souhaitent l'éveil de la *kundalinî* sont bien mieux en solitude. L'érémitisme est pareil à un barrage sur la rivière, permettant à l'eau de monter et de former le lac de l'énergie intérieure. De plus, il faut que l'aspirant apprenne à distinguer un éveil authentique de cette énergie d'une réaction des émotions perturbatrices de base comme la colère ou le désir. Les deux mouvements suivent en fait le même axe mais en sens inverse. Pour ce faire, le pratiquant en solitude n'a personne sur qui projeter sa colère ou son désir et il devient évident à ses yeux qu'il est le seul responsable de ce qui se passe en lui, qu'il est le seul *primum movens* des perturbations émotionnelles qu'il doit traverser.

Du point de vue de la non-dualité également, la vie d'ermite peut être très enrichissante. Se désidentifier de la conscience du corps pour être immergé dans la joie intérieure n'est pas une mince affaire. Il faut une pratique intensive pour arriver par exemple au niveau de ce moine errant qui s'était fait assommer par un malfaiteur : quelqu'un qui le connaissait un peu le recueille, le fait revenir progressivement à la conscience et lui donne du lait à boire ; pour savoir s'il reconnaissait le monde extérieur, il lui demande : « Qui est en train de te donner à boire ? », et le moine, un védantin pur, de répondre : « Celui qui m'a assommé est celui qui est en train de me donner à boire. »

Quand Milarépa a commencé à vivre dans une grotte, il a dit : « Maintenant, je peux commencer à être enfin continûment avec mon gourou. » C'était paradoxal, car juste avant il habitait dans la maison même de ce gourou, Marpa, avec la famille de ce dernier et quelques condisciples ; pourtant, dans la grotte, le souvenir du gourou extérieur et le contact avec le gourou intérieur qui n'est autre que le Soi pouvaient être continus, alors que dans la maison de Marpa il était sans cesse troublé. De plus, le maître spirituel a eu aussi cette expérience de solitude, qui représente la source d'où jaillissent les paroles qu'il adresse au disciple. Quand celui-ci se retrouve dans la même situation de pratique intensive, le souvenir des moindres paroles de son maître résonne dans sa conscience comme un mantra, elles sont grossies comme au microscope et il peut en percevoir les tenants et les aboutissants. C'est dans ce sens qu'on dit en Inde : *Mantra-mulam gourou-vakyam,* « La racine du mantra, c'est la parole du gourou ».

L'Absolu est une masse infiniment dense de conscience-bonheur. Les gens du monde l'oublient, le mystique s'en souvient ; il veut s'y replonger. Certains psychologues pourraient critiquer cette vision comme un désir de fusion régressive, mais celle-ci est le résultat d'un attachement pur, alors que la véritable fusion mystique est la conséquence spontanée d'un détachement non moins pur. Fusion et détachement sont comme les deux rênes d'un cheval : si on les tient fermement en main, la progression se fera dans la bonne direction. Sans fusion il n'y a pas de joie, et sans joie il n'y a pas de mystique ; mais sans détachement il n'y a pas de liberté, et sans liberté il n'y a pas non plus de mystique.

Tout le monde peut avoir des expériences de joie intense, des « expériences de sommet » comme les a appelées A. Maslow, mais un état de joie permanente est une réussite rare — et qui se mérite. Un travail prolongé dans la solitude est une grande aide en ce sens. « Ascèse » signifie au départ en grec « exercice sportif » : dans les deux cas, il y a un dépassement de soi-même qui réveille la joie intérieure. On savait déjà que la sensation euphorique qui, dans le sport, vient après un effort soutenu était liée à la production d'endorphines ; depuis, j'ai établi un début de preuve (dans *Méditation et psychologie*), par une auto-expérimentation simple, qu'il y avait un lien entre endorphines et expérience de joie intérieure en méditation. La régularité et le silence sont le pain quotidien de l'ermite. Pour les gens du monde, l'absence de bruit et de stress crée une sorte de panique, et ils sont pris dans un cercle vicieux à la façon des drogués, où l'absence de stress est un stress supplémentaire qu'on fuit en se plongeant dans davantage de stress...

C'est en d'autres termes une addiction à l'adrénaline. Ils ont peur de couper les « connexions » avec les autres car ils pensent qu'on leur dira à ce moment-là : « Tu déconnectes », au sens de : « Tu deviens fou ». Ils ne réalisent pas qu'une « connexion » réelle à l'Absolu est le meilleur gage de santé.

Eugen Drewermann a écrit un livre intitulé *La parole qui guérit* : du point de vue du thérapeute, c'est vrai que la parole a un pouvoir de guérison ; mais si je devais rédiger un ouvrage sur la vie d'ermite, je l'intitulerais plutôt « Le silence qui guérit ». Pour ceux qui sont mûrs, il n'est pas de maux que le silence ne finisse par soigner. Il s'agit d'une idée fondamentale du monachisme ancien. Saint Antoine, le « père des moines » et le fondateur de la vie monastique chrétienne, avait un disciple, saint Arsène, qui vivait au désert. Une des questions qu'il se posait régulièrement à lui-même, comme un koan, était : « Qu'est-ce que je suis venu faire ici ? » C'était un moyen simple mais efficace de faire en sorte que sa vie d'ermite ne s'assoupisse pas dans l'habitude, mais puisse rester intense.

Contemplation et action

Le rapport de ces deux pôles de l'existence est une question âprement débattue depuis fort longtemps. Dans le Mahabharata (dans le *Shanti Parva,* la « Partie sur la paix »), il y a de longues discussions pour savoir s'il vaut mieux verser le sang des membres mêmes de sa propre famille dans une guerre juste ou abandonner la partie et partir pour la forêt. En résumé, les chefs du clan des bons, les Pandavas, résolvent la question en suivant leurs devoirs de chevalier (*kshatriyas*), c'est-à-dire en se battant et en remportant la victoire. Ensuite, ils renoncent aux biens du royaume qu'ils ont reconquis, partent dans l'Himalaya et meurent près de la source du Gange à Badrinath. Seul Youdhisthira, le frère aîné, obtient la grâce d'aller dans son corps au ciel à cause de son sens aigu de la vérité et de la fidélité.

Dans l'Évangile, le Christ dit clairement que des deux sœurs, Marie la contemplative et Marthe l'active, « c'est Marie qui a choisi la meilleure part ». Malgré tout, ceci n'a pas empêché ses disciples d'être fort actifs, à part probablement saint Jean. Tout cela est une question de vocation. Un véritable ermite est en harmonie non seulement avec la nature, mais aussi avec la société. Dans ce sens il prie chaque jour pour le bien du monde, et il croit à l'efficacité de sa prière. Comme dit le Bouddha : « En se protégeant soi-même, on protège les autres et en protégeant les autres, on se protège soi-même. »

Beaucoup d'ermites, après une période de solitude, veulent consacrer une partie de leur temps au service social ou à l'enseignement, et pour cela se lancent dans la construction de centres ou ashrams. Souvent, ils se font piéger dans l'enchaînement des réalisations matérielles et sombrent dans l'activisme. Il y a une histoire célèbre à ce propos, celle d'un novice auquel son maître conseille d'aller méditer douze ans dans la forêt. Il lui donne un mantra, l'installe à un endroit et lui dit qu'il repassera après cette période pour savoir s'il a des questions. Au début tout va bien, le novice va mendier sa nourriture une fois par jour au village, et sinon fait ses pratiques. Le soir, il lave son seul vêtement, un *koupinam* (une sorte de caleçon), à sécher sur un rocher, dort nu et s'habille de nouveau le lendemain matin. Mais voilà qu'un jour il s'aperçoit qu'il y a un trou dans son *koupinam* ; il le répare comme il peut, mais les trous se répètent les nuits suivantes, faits par une souris qui passait par là. Finalement, les villageois lui offrent un nouveau *koupinam,* mais celui-ci se fait aussi grignoter. De *koupinam* en *koupinam,* on lui propose de lui donner un chat pour faire fuir la souris. Comme le novice ne sait pas dire non, il accepte. Puis il se met à mendier chaque jour du lait pour nourrir le chat... On finit par lui donner la vache pour le lait, le champ pour la vache, les ouvriers pour le champ et, finalement, une femme pour gérer toute cette entreprise. Au bout de douze ans, le gourou revient, ne reconnaît rien du paysage de forêt car tout a été défriché. Il interpelle un ouvrier et lui demande : « Dis donc, tu n'as pas vu un ermite qui était dans ce coin ? Sans doute a-t-il dû s'enfuir à cause de la foule qu'il y a ici à présent ! » L'ouvrier répond : « Je ne sais pas ; je viens d'être embauché, mais demandez au patron, il est là depuis longtemps. » Quand le « patron » reconnaît son gourou, il réalise en un éclair ce qui s'est passé, tombe à ses genoux et lui dit : « Pardon, pardon, tout ça, c'est à cause d'un trou dans mon *koupinam* ! »

En Russie soviétique, il était illégal de ne pas travailler : le stakhanovisme était l'idéal, et la productivité était quasi divinisée au sein de cet univers sans Dieu. Dans la société de consommation occidentale, quelqu'un qui n'est pas productif extérieurement est aussi considéré comme un gêneur car il oblige indirectement les gens à remettre en question leur traintrain quotidien. Il est vécu comme un « empêcheur de tourner en rond », ce qui peut sembler une insulte mais est en fait dans son cas un éloge... Pourquoi les gens passeraient-ils leur vie à tourner en rond comme des chevaux de bois dans le carrousel social, en répétant toujours les mêmes tours et le même manège qui n'amuse même plus les enfants ?

Le besoin de reconnaissance sociale peut aussi faire dévier un ermite du travail qu'il a à faire sur lui-même. Pour devenir connu, il faut savoir tirer un certain nombre de ficelles. Celui qui a compris cela n'a pas obligatoirement envie de les tirer toute sa vie pour devenir de plus en plus connu. Il peut aussi décider d'arrêter ce jeu-là, de s'extraire de l'engrenage, de se consacrer à son travail intérieur et de devenir par exemple solitaire. On raconte à ce propos que Nasrudin, qui était à cette époque-là bien tranquille dans son coin, a reçu la visite de gens qui l'ont supplié de venir parler à la mosquée le vendredi. Il a d'abord refusé, mais ils l'ont imploré en lui disant : « Avec toutes les pratiques spirituelles que tu as faites, tes discours seront merveilleux. » Finalement, il a bien été obligé d'accepter. Quand il a été devant l'assistance, il leur a demandé : « Savez-vous de quoi je vais vous parler ? — Non ! Non ! — Alors, pourquoi m'avez-vous fait venir ? » Le vendredi suivant, on réussit à le décider à retourner à la mosquée. Il repose la même question à l'assistance. Cette fois, les fidèles s'étaient donné le mot d'avance ; la moitié répond : « Non ! Non ! » tandis que l'autre moitié répond : « Oui ! Oui ! ». Et Nasrudin de conclure en s'en allant : « Que ceux qui savent enseignent ceux qui ne savent pas ! »

On reproche parfois aux ermites de se donner beaucoup de mal pour rien par leur renoncement. Mais quand je vois la quantité d'énergie et d'anxiété que dépensent les gens dans le monde juste pour survivre, payer les factures à la fin du mois, avoir quelques distractions et rendre service uniquement aux gens qui leur rendent service en retour, quand je constate aussi le peu de temps qu'ils ont pour leur vie intérieure, je me dis que ce sont eux les renonçants, et non pas les ermites. Il n'est pas contradictoire pour un solitaire de se tenir un peu au courant de la marche du monde, en lisant rapidement un quotidien par exemple. S'il est réellement un avec le monde, il ne doit pas être complètement coupé de ce qui s'y passe. En revanche, je ne vois pas l'utilité qu'il aurait par exemple de posséder la télévision. La plupart des gens qu'on y voit, pris dans les feux de l'actualité, transmettent une vibration de stress ou d'agressivité — ou tout simplement de bêtise — dont l'ermite n'a pas besoin. Il souhaite connaître les nouvelles objectives, mais ne recherche pas les émotions qui y sont d'habitude associées. Il y a à la fois opposition et complémentarité entre la spiritualité des ermites et les sociétés avec leurs religions. Comme les forêts vierges, les solitaires absorbent les gaz nocifs émis par les sociétés et leur renvoient de l'oxygène ; sur un plan d'écologie ou de physiologie subtiles, on pourrait dire que la communauté des hommes est un corps, et les ermites les poumons.

Le fait de marcher dans la nature et la montagne donne en soi une inspiration. Nietzsche partait à pied et montait sur les crêtes avec un carnet de notes en poche ; il a eu ainsi de nombreux éléments pour rédiger son *Zarathoustra.* Il y a même une base physiologique à cela : lorsqu'on marche, les deux narines s'ouvrent, ce qui provoque une libération d'endorphines dans le cerveau. Ce sont les neurotransmetteurs à la fois de l'effort intensif et de la joie intense. D'où une inspiration pour la méditation ou la création littéraire.

Transmettre

Il ne manque pas d'exemples d'enseignants spirituels qui, avant de communiquer, sont passées par de longues périodes de solitude, ou au moins de silence. Mâ Anandamayi a vécu cinq ans en silence entre vingt et trente ans, et trois ans dans la solitude à Dehra-Dun vers trente-cinq ans. Krishnamurti, entre le moment où il abandonné son rôle de messie appointé par la Société théosophique au début des années trente et celui où il s'est mis à enseigner régulièrement en Inde et de par le monde, a vécu environ dix-sept ans tranquillement à Ojhai en Californie, ayant comme principale activité des promenades dans la forêt. C'était une forme de vie d'ermite. Il y a aussi l'exemple d'un enseignant religieux indien peu connu en France, Shri Ram Sharma. Fondateur d'un mouvement religieux important au sein de l'hindouisme, il était un combattant de l'indépendance indienne et un réformateur social. Il a décidé, pour mûrir ses projets, de passer quatre ans en solitude dans l'Himalaya et ensuite a développé son mouvement appelé Shantikunj, basé à Hardwar au nord de Delhi. C'est une organisation qui a quatre mille branches, surtout en Inde, mais aussi dans quatre-vingts pays, et dont le journal est lu par environ un million de personnes. Quand, après sa mort, il y a une dizaine d'années, on a organisé un rituel funéraire, sept cent mille personnes sont venues y assister. Dans son autobiographie, Shri Ram Sharma attribue clairement ce succès aux *tapasyas* (pratiques spirituelles intenses) qu'il a faites dans sa jeunesse, en particulier dans l'Himalaya.

La vie d'ermite est une aventure, saint Jean de la Croix parlerait de *buenventuranza,* à la fois bonne aventure et félicité. Si on demande au solitaire quand s'achèvera sa période de retrait du monde, il ne pourra pas répondre. Il cherche à laisser se révéler en lui la Pure Conscience. Quand celle-ci se manifestera, c'est elle qui décidera que faire ou ne pas faire.

La plupart des gens ne comprennent pas l'utilité et la sagesse de la vie des ermites. Tant mieux pour ceux-ci, car sinon ils seraient envahis par des foules qui viendraient leur demander conseil et ils ne pourraient plus en pratique être solitaires. On demandait un jour à un soufi qui lisait la nuit dans une grande chambre pourquoi il avait mis une petite bougie près de son livre et la grande lampe de l'autre côté de la pièce. Il a répondu : « Afin que les moustiques et papillons aillent de l'autre côté et me laissent lire tranquillement. » Le défaut de beaucoup d'Occidentaux, c'est qu'une fois qu'ils ont eu deux ou trois expériences spirituelles, ils veulent se mettre à les communiquer *urbi et orbi.* Nisargadatta Maharaj, qui en voyait passer un certain nombre dans sa petite pièce de Bombay, disait d'eux à peu près ceci : « Dès que les Occidentaux ont un début d'éveil de la *kundalinî,* au lieu d'aller en solitude pour la développer et stabiliser, ils se marient et ouvrent un centre d'enseignement spirituel... »

On raconte l'histoire de Swarnakesha, nom qu'on pourrait traduire par Boucle (*kesha*) d'Or (*swarna*). Il avait été longtemps un ermite tranquille dans la vallée du haut Gange. Un jour cependant, il a eu envie de descendre dans la plaine, ce qu'il fit. Là-bas, il s'est mis à prêcher un peu, avec un certain succès dû en partie à sa belle chevelure blanc-doré. Un jour une jeune femme qui venait de perdre son enfant est venue le voir en lui disant : « Tu es un grand ascète, tu peux ressusciter mon fils unique, c'est sûr et certain ! » Plutôt ennuyé et ne sachant que faire pour se débarrasser de la mère, Swarnakesha s'est arraché une boucle de cheveux et l'a donnée à la femme en lui disant de la ramener chez elle et de la poser sur le front de l'enfant. Sitôt dit, sitôt fait, et voilà le garçon qui ressuscite ! Le bruit se répand et des gens de plus en plus nombreux viennent demander des « boucles d'or » magiques. L'ex-ascète, amusé au début, se prête au jeu, mais finalement s'énerve, essaie de se dégager ; la populace ne veut rien entendre et, dans son avidité pour les grigris, se jette sur lui de façon si brutale que son pauvre crâne saigne abondamment et est souillé par la poussière du sol dans la bagarre. L'infection s'y met, elle dégénère en septicémie puis en abcès au cerveau et le pauvre homme décède en trois jours, victime de son succès — et, d'une certaine manière, de sa propre ambition.

Le shabbat, ou l'ermitage hebdomadaire

Le judaïsme n'a pas développé la vie érémitique, mais son insistance sur le shabbat est à mon sens un désir d'introduire les qualités principales de ce type d'existence à l'intérieur même de la vie dans le monde. Les durées du repos du samedi et des retraites d'ermite ne sont bien sûr pas les mêmes, mais les deux démarches ont beaucoup en commun, animées par la reconnaissance de l'importance du repos spirituel. Même dans notre société moderne, il arrive qu'on prenne des mois ou des années sabbatiques pour faire autre chose, ou ne rien faire, ce qui est en fait le plus difficile. (Nous illustrerons cela par quelques réflexions et citations à la fin de cette première partie.) Pour ce qui est de la tradition du shabbat lui-même, nous nous appuierons sur le livre d'Abraham Joshua Hershel [18], responsable religieux et écrivain connu et respecté du judaïsme américain.

Hershel commence par une constatation de bon sens mais qu'il est utile de rappeler dans une société matérialiste obsédée par la productivité : l'être humain n'est pas une bête de somme, il a le droit au repos. La capacité de s'arrêter à intervalle hebdomadaire dans sa lutte pour la vie est une caractéristique importante de sa conscience humaine. En fait, dans le shabbat traditionnel, les bêtes de somme ont d'ailleurs elles aussi droit au repos... Bien que le shabbat ait été dernier jour dans la création, il a été le premier en intention, car c'est le repos qui est la base et matrice de tout travail et de toute activité. Tous les jours sont bons, mais le septième est sacré, c'est-à-dire étymologiquement « mis à part », séparé. Le shabbat n'est pas un interlude, mais un sommet de l'expérience de vie qui revient régulièrement. Il est comme une cathédrale taillée dans la pierre du temps, un espace vide où la prière a la capacité de résonner. Le shabbat est aussi bien sûr une célébration de l'unité familiale. Même si le père parcourt toute la semaine des villes de province comme représentant et couche dans des hôtels, il se fera une règle d'être présent à la maison dès le vendredi soir pour le dîner avec le plat de poisson et dire la bénédiction sur le vin. C'est quand il y a des quartiers juifs séparés — comme celui qui rassemble les juifs conservateurs à New York dans Brooklyn ou comme dans certaines villes arabes — que l'arrêt complet du shabbat est spectaculaire. Les gens n'utilisent plus les voitures et se promènent à pied, en famille, de façon tranquille. Là où les juifs sont dispersés, le shabbat passe en revanche plutôt inaperçu.

Une tradition rapporte que « les anges ont six ailes, une pour chaque jour de la semaine, avec lesquelles ils chantent leurs chants ; mais elles restent silencieuses le jour du shabbat, car c'est alors le Shabbat lui-même qui entonne un hymne à la louange de Dieu [19] ». Le silence en soi-même est louange pour celui qui le vit avec une conscience spirituelle. « Le monde sans shabbat serait un monde sans vision. Ce repos est une fenêtre dans l'éternité qui s'ouvre en direction du temps [20]. » Il est un conduit par lequel le souffle de l'âme peut s'engouffrer : les mots *nefech,* âme, et *nafach,* se reposer, sont pratiquement les mêmes en hébreu [21]. Quand on dit : « Et le septième jour, il chôma et se reposa » (Ex 31,17), c'est le terme *nafach* qui est utilisé, avec donc une nuance de « il a repris son souffle, il a pu enfin souffler » ou « il est revenu à son âme ». Cependant, les meilleures choses peuvent avoir aussi leur ombre. Dans ce même texte de l'Exode, YHWH répète par deux fois : « Quiconque profanera le shabbat sera mis à mort » (Ex 30,14-15) et répète cette condamnation une troisième fois en 35,2. Cet ukase est mis à exécution en Nb 15,32-36 : quand un pauvre quidam a osé ramasser du bois un jour de shabbat, il est traîné hors du camp par la populace excitée par Moïse, lui-même inspiré directement par YHWH — au moins d'après ce que soutient le texte — et lapidé jusqu'à ce que mort s'ensuive. La conclusion que je tire de cette histoire, c'est que les meilleures lois spirituelles deviennent nuisibles quand elles sont imposées avec rigidité, voire fanatisme.

L'histoire de Siméon bar Yohai et de son fils est intéressante. Ils avaient condamné sans appel la civilisation matérialiste de l'occupant romain, au IIe siècle de l'ère chrétienne. Peu enclin au dialogue, le gouvernement de l'époque les avait fait rechercher pour les exécuter. Ceux-ci se sont réfugiés pendant douze ans dans une grotte et ont étudié la Torah, mais quand ils en sont ressortis, ils avaient une telle colère contre le monde extérieur que tout ce qu'ils regardaient était détruit par le feu ; à tel point qu'une voix céleste a dû intervenir et leur demander : « Êtes-vous sortis pour détruire ce monde que J'ai créé ? Retournez encore douze mois dans votre grotte pour bien examiner cette question ! » Au bout d'un an supplémentaire de retraite, les voilà de nouveau dehors une veille de shabbat. Ils rencontrent un vieil homme avec deux bouquets de myrte en main. Celui-ci leur explique que c'est en l'honneur du shabbat (le myrte est l'herbe utilisée aussi pour les mariages, le jour de repos est comparé à une jeune mariée qu'il faut accueillir avec tous les honneurs possibles). À ce moment-là, ils réalisent qu'il ne manque pas d'êtres spirituels craignant Dieu parmi ceux qui vivent dans le monde, et ils retrouvent la paix de l'esprit. Il faut se souvenir que Siméon bar Yohai est considéré par la tradition comme le père de la Cabbale, même si celle-ci n'a atteint la forme que nous connaissons qu'un millénaire plus tard. Quelque chose d'aussi important que cette science ne pouvait pas être attribué à quelqu'un d'autre qu'un ermite, car passer treize ans dans une grotte donne le droit d'être appelé ermite, même si la tradition juive ne reconnaît pas le monachisme en tant qu'institution. Certains rapprochent d'ailleurs le mot « cabbale » de « caverne », la racine commune indiquant la capacité de contenir.

Le shabbat est pour beaucoup de ceux qui l'observent le seul jour de la semaine où les heures ne se bousculent pas les unes les autres. Il est le couronnement de la création, mais il l'a en quelque sorte aussi précédée, car la grande paix qui régnait alors était une forme de Shabbat éternel. Le shabbat hebdomadaire représente une plage de temps libre nous permettant de nous replonger à intervalle régulier dans l'océan du son primordial qui n'est pas différent du silence présent.

Le mot *menuha* en hébreu signifie plus que « repos », il signifie aussi « contentement », « bonheur », « vie épanouie » et finalement « vie éternelle ». En cela, c'est une notion proche de *shanti* en sanskrit qu'on traduit en général par « paix » mais qui a en fait un sens plus global. Le psaume 23, de David, commence ainsi : « Le Seigneur est mon berger, rien ne me manque. Sur des prés d'herbe fraîche il me fait reposer. Vers les eaux du repos il me mène, il y refait mon âme. » Ici, « repos » traduit le pluriel *menuhot.*

Même les symboles se mettent au repos le jour du shabbat, on n'a pas besoin d'objets rituels pourtant courants les autres jours de fêtes, on ne porte même pas les phylactères signes de l'Alliance[22] : ce jour-là, c'est le shabbat lui-même qui en est le signe.

Nous avons vu qu'Israël accueille la journée du shabbat comme une jeune reine qui vient pour le jour de ses noces. Quand on dit à la fin de la journée de repos sacré : « Vous êtes un », cela évoque le rituel de mariage. Le mot correspondant au « mariage » en hébreu signifie aussi « sanctification », qui est utilisé aussi pour le shabbat[23]. Celui-ci est un temps mis à part régulièrement pour que les fidèles puissent progresser degré par degré vers la consommation du mariage intérieur[24]. On pourrait rapprocher cet accueil de la réception de la reine de Saba par Salomon. En sachant recevoir la quiétude (reine de Saba) quand elle vient, la conscience supérieure (Salomon) fait preuve de sagesse. La loi du shabbat entraîne pour l'être humain une attraction automatique vers le haut, de même que la loi de gravitation entraîne toute chose vers le bas. Le shabbat est une sorte de désert qui appelle la grâce divine pour le rendre fertile : « Oui, YHWH aura pitié de Sion, il a pitié de toutes ses ruines, il va faire de son désert un Éden et de ses steppes un jardin de YHWH. On y trouvera la joie et l'allégresse, l'action de grâce et la musique » (Is 51,3).

Même quand je suis en ermitage, j'éprouve du bénéfice à mettre une journée de côté pour des pratiques plus intensives ; il va sans dire que lorsque je vis auprès d'une institution religieuse plus grande avec plus de contact avec les visiteurs et plus de responsabilités pratiques, le repos hebdomadaire prend encore plus d'importance. Il s'agit d'une fenêtre vers l'Absolu, il faut savoir l'ouvrir en grand au moins une fois par semaine. Même un ermite vivant dans une montagne reculée n'est pas dispensé de l'action, il faut qu'il prépare sa nourriture, aille faire un marché de temps à autre, répare ses vêtements ou sa cabane, etc. Simplement, au lieu d'agir six jours et de se reposer le septième, comme le font les gens pieux qui vivent dans le monde, il travaille une journée et se repose pendant les six autres — et il ne s'en plaint pas...

Hershel dit en substance dans l'épilogue de son livre sur le saint jour qu'il n'y a que peu d'idées dans le monde de la pensée qui contiennent autant de pouvoir spirituel que l'idée de shabbat[25]. Pourquoi cela ? Parce que, à mon sens, le shabbat est le signe extérieur d'un phénomène plus intérieur, l'arrêt du mental qui est lui-même à la base des expériences mystiques les plus profondes. Patanjali redit par exemple cette vérité dans sa définition bien connue du yoga : « Le yoga, c'est l'arrêt des tourbillons du mental[26]. »

Prométhée, l'enchaînement à la montagne et la pratique spirituelle

L'ermite immobile sur sa montagne en train de sonder les profondeurs de Dieu a quelque chose à voir avec Prométhée : celui-ci avait volé le feu de Zeus et l'avait offert aux hommes, qui, de ce fait, le considèrent père de la civilisation ; mais Zeus a condamné Prométhée à être enchaîné sur une montagne : un aigle venait lui ronger le foie le jour, mais celui-ci repoussait chaque nuit. L'histoire se termine bien et après mille ans d'immobilité Prométhée rejoint la société des dieux sur le mont Olympe. Cela peut arriver grâce, entre autres, au sacrifice de Chiron, le centaure médecin qui lui-même souffrait d'une blessure au pied et qui offre sa vie pour le « rachat » de Prométhée. Par ailleurs, le frère de celui-ci, Épiméthée, épouse Pandore mais a toute sorte de malheurs quand il cherche à regarder avec son épouse à l'intérieur d'une boîte qu'on avait confiée à celle-ci en lui recommandant bien de ne pas chercher à l'ouvrir pour en examiner le contenu.

Celui qui est capable de rester longtemps immobile sur la montagne est un moine : en Chine, on appelait les premiers moines bouddhistes les « moines-montagne ». Du point de vue spirituel, on peut suggérer que Prométhée a eu un éveil de l'énergie intérieure mais qu'il en a parlé trop tôt (il a passé le feu aux hommes), c'est-à-dire avant qu'elle ait pu faire son ascension vers le divin. C'est pour cela qu'il doit « être enchaîné dans la montagne », c'est-à-dire immobiliser le corps en méditation pour de longues durées (en tout « mille ans »). Les nuits d'un solitaire ne sont pas dépourvues de ruminations amères — avant la généralisation de l'électricité les nuits étaient longues : les lampes ou chandelles étant rares et chères, les ermites les utilisaient le moins possible. En d'autres termes, ces solitaires avaient le temps de « broyer du noir » et de « se faire de la bile » dans l'obscurité prolongée, ce qui peut rappeler le foie de Prométhée qui repousse chaque nuit. Cependant, cette « bile » peut être nettoyée au fur et à mesure par le travail de la conscience lumineuse durant le jour. C'est le rôle de l'aigle, oiseau solaire par excellence, messager de Zeus, ce dieu dont le nom signifie d'ailleurs jour (*dyaus*).

D'un point de vue plus yoguique, le pratiquant rééquilibre constamment les latéralités de son corps pour obtenir l'équilibre des paires d'opposés au niveau psychique. Le cœur bat tout le temps à gauche mais on ne sent d'habitude rien à droite au niveau du foie. Des sages comme Ramana Maharshi conseillent, sans doute dans un but de rééquilibrage fondamental des latéralités, de se concentrer sur un « cœur subtil » à droite, c'est-à-dire la région supérieure du foie, et d'en faire une sorte de siège du Soi, tout en rappelant que le Soi ne peut de toutes façons être localisé nulle part, ni dans le corps ni au-dehors. Nous avons parlé de ces questions dans la première partie du *Mariage intérieur*[27].

Être attaché à la montagne évoque la conscience du méditant qui tourne autour de l'axe central du corps, et l'assomption au sommet de l'Olympe en compagnie des dieux au bout de mille ans suggère l'ascension de l'énergie au sommet de la tête, en ce lieu qu'on appelle précisément le « lotus au mille pétales » en Inde ou les « mille réunions » en acupuncture. Le fait d'être enchaîné sur ordre du dieu du jour, Zeus, suggère que la méditation la plus directe pour diriger le feu intérieur vers le divin consiste à se concentrer sur la lumière au niveau du « ciel », c'est-à-dire dans la correspondance corporelle habituelle au niveau du front. L'intensité de la lumière supérieure attirera alors et absorbera l'énergie inférieure, en une alchimie qu'il vaut mieux expérimenter par soi-même car elle est pratiquement impossible à décrire.

Chiron, le vieux médecin malade qui offre en quelque sorte sa vie pour le progrès de Prométhée, renvoie aussi à la difficulté de la montée de l'énergie par des pratiques uniquement énergétiques, de santé ou thérapeutiques. Tant qu'on n'a pas dépassé les désirs (pied blessé, moitié inférieure du corps encore animale sous forme de cheval), tant qu'on reste identifié au plan physique ou purement énergétique, l'esprit ne pourra voir loin, c'est d'ailleurs le sens du mot : *pro* (en avant, loin) *méthée* (penser, voir avec l'esprit). Par opposition à Prométhée, son frère Épiméthée a une pensée (*méthée*) superficielle (*épi*). Il veut avoir en même temps « tous les cadeaux », c'est le sens de Pandore, en un mot il souhaite obtenir, comme on dit familièrement, le beurre et l'argent du beurre. Il croit qu'on peut piéger l'énergie spirituelle dans une boîte alors qu'en fait c'est nous qui sommes contenus dans cette énergie. Celle-ci s'éveille trop tôt alors que ni lui ni sa femme ne sont préparés ni d'accord pour suivre une ascèse du style de celle de Prométhée sur son rocher, d'où toutes ces misères qui leur arrivent.

Pour les gens des plaines, le sort de l'ermite Prométhée sur sa montagne peut paraître une punition, mais l'inverse est encore plus vrai : en effet, même si Prométhée a le corps enchaîné, son esprit peut déjà voler vers l'Olympe et il est conscient du travail de purification qui s'opère jour après jour en lui grâce à la conscience supérieure (l'aigle qui le débarrasse des excroissances hépatiques). À l'opposé, les gens des plaines semblent avoir le corps libre, mais leur esprit est solidement enchaîné à des montagnes de soucis, ou plus exactement à des soucis qui sont des grains de sable mais dont ils se font des montagnes. Quant à leur foie, il est comme rongé par la souris de l'anxiété, en d'autres termes, ils « se font de la bile » constamment. Et, au bout du compte, ils ne parviendront pas à l'Olympe, ils basculeront plutôt dans les mondes inférieurs, de l'autre côté du fleuve de l'oubli, le Léthé, là où l'on ne peut plus concevoir l'Inoubliable, *aléthéia,* c'est-à-dire la Vérité. Par l'immobilité de son corps comme plongé en extase, Prométhée se libère du pouvoir de Cronos, le Temps, et obtient la capacité de retourner vers Ouranos (à la fois dieu de la montagne et de l'origine), la divinité primordiale, le grand-père de Zeus.

Héphaïstos est aussi relié au feu intérieur et représente une sorte d'ermite alchimiste. Dans sa forge, il peut enchaîner Aphrodite et Arès, c'est-à-dire le désir et la colère, les deux forces principales capables de perturber le mental. La forge correspond au cœur ; si les instincts de base sont capables de monter à ce niveau-là, c'est déjà un grand progrès. Cela contribuera à compenser un déséquilibre de base entre les latéralités : Héphaïstos est boîteux, mais son travail l'aide à se rééquilibrer. Il pourra même donner le coup de hache sur le sommet de la tête de Zeus, permettant ainsi la naissance d'Athéna tout armée : quand l'énergie du cœur monte jusqu'au sommet de la tête, on dit dans le yoga qu'on atteint une conscience universelle, capitale pourrait-on ajouter — pour jouer sur la notion de tête (*caput* en latin) et d'Athènes, capitale de la Grèce. Héphaïstos a donc su à sa manière maîtriser de façon utile et spirituelle le feu de l'énergie intérieure.

Je vois un archétype proche de l'ermite et de Prométhée dans le personnage de Jacob. Lui aussi « se bat avec Dieu » dans un contexte symbolique qui éveille la montée de l'énergie : il y a d'abord le songe où, se reposant dans un endroit solitaire, il voit l'échelle qui relie ciel et terre avec les anges qui montent et qui descendent, signe prémonitoire de l'ouverture du canal central du corps (Gn 28,10-22) ; ensuite, l'épisode de la rivière est intéressant puisqu'il faut qu'il passe ce cours d'eau dont le nom correspond à « Jacob » inversé. Il fait passer d'abord tout le groupe qui l'accompagne et reste seul (Gn 32,25) : si on reste avec les hommes, on se bat avec eux, mais si on veut lutter avec Dieu, mieux vaut demeurer seul. Nous avons vu dans *Le mariage intérieur*[28] que le travail spirituel pouvait être considéré globalement comme l'inversion du cours d'une rivière, celle de l'énergie dans le corps, en particulier dans le canal central. Il se produit alors un retournement de soi-même comme un doigt de gant ; l'énergie qui descendait se met soudain à remonter, le corps subtil se redresse et se met à avoir la capacité de se mesurer, de « lutter avec Dieu », et de le voir en face, d'où le nouveau nom du gué sur la rivière de Jacob, Penuel (Gn 32,29-31).

La tourterelle, évocation de la solitude et de l'amour dans le christianisme

La tourterelle a la réputation de vivre en couple mais dans des endroits solitaires. Par association, les ermites chrétiens qui vivaient dans l'amour du Christ au désert l'ont prise comme emblème. Voici ce qu'en dit par exemple Jean de la Croix dans le *Cantique spirituel :*

En soledad vivía
Y ensoledad ha puesto ya su nido

Y en soledad la guía
A solas su Querido
También en soledad de amor herido[29].

« En solitude elle vivait, en solitude elle a son nid ; en solitude aussi la guide seul à seul son Amant chéri, lui qui, seul aussi, vivait d'Amour blessé. »

De façon plus générale, il y a un lien symbolique entre le solitaire et l'oiseau, ils sont libres et vivent dans les hauteurs, des arbres pour les oiseaux et du corps subtil pour l'ermite[30]. Jean de la Croix défend sans hésitation la valeur de l'amour contemplatif solitaire pour ceux qui sont mûrs : « Il faut en tirer cette conclusion : tant qu'une âme n'a pas atteint cette union d'amour, il lui est bon d'exercer l'amour tout à la fois dans la vie active et dans la vie contemplative. Mais lorsqu'elle y est arrivée, il lui deviendrait nuisible de s'occuper d'œuvres ou d'exercices extérieurs qui puissent lui faire perdre un seul instant de son amoureuse attention à Dieu, ces œuvres fussent-elles très importantes pour son service. La raison en est que la moindre parcelle de pur amour est plus précieuse aux yeux de Dieu et de l'âme, elle est plus profitable à l'Église, dans son apparente inaction, que toutes les autres œuvres ensemble... Alors que Dieu conjure les créatures de ne pas tirer cette âme de son sommeil d'amour (Ct 3,5), qui sera, je demande, assez hardi pour le faire ? Et qui, le faisant, restera irrépréhensible ? Après tout, c'est pour exercer cet amour que nous avons été créés... Sans oraison, tout se réduit à frapper des coups de marteau, pour ne produire à peu près rien, voire absolument rien, et parfois plus de mal que de bien. Dieu nous garde de voir le sel commencer à s'affadir (Mt 5,13)... Qu'il y aurait à écrire sur ce sujet ! Mais ce n'est pas ici le lieu[31]. »

Rester assis tranquille mène à une élévation intérieure, Jérémie dit : « Le solitaire s'assiéra et se taira, car il s'est élevé au-dessus de lui-même » (Jr 3,8). Il peut sembler vivre enfermé dans une cellule, mais intérieurement il est au ciel : l'association entre *caelum,* le « ciel », et *cella,* la « cellule », était courante chez les auteurs du Moyen Âge. Voici ce qu'en dit par exemple Guillaume de Saint-Thierry, ami de saint Bernard, dans sa fameuse *Lettre d'or aux frères de la chartreuse du Mont-Dieu* : « La cellule et le ciel sont des habitations apparentées, de même que ciel et cellule se rapprochent par le nom. Ainsi, par la piété, le ciel et la cellule semblent tirer leur nom du même verbe “céler”, et ce que recèle le ciel, c'est ce que recèle la cellule, ce qui se pratique au ciel se pratique dans la cellule. Quelle est cette œuvre ? C'est de vaquer à Dieu, de jouir de Dieu[32]. » La tristesse que beaucoup ressentent dans une solitude un peu prolongée vient de ce qu'ils n'ont aucune idée de ce que peut être le mariage intérieur avec le Divin. À l'opposé, Jean Climaque disait : « Il y a des aspirants qui, étant altérés de l'amour de Dieu et trouvant dans cet amour des délices et douceurs ineffables, épousent pour ainsi dire cette sainte solitude[33]. » Le problème, qui a été remarqué depuis bien longtemps, c'est que tous veulent la paix, certes, mais que tous ne veulent pas de ces facteurs qui conduisent à la paix.

On dit que la nature a horreur du vide, il en va ainsi dans le domaine spirituel : si on opère réellement un vide du mental, ce qui n'est pas si facile, il va se remplir de conscience pure, il ne sera pas totalement vide, mais il sera au moins dépourvu de formes. Bergson avait bien senti cela : « Les mystiques ne demandent rien, ils n'ont pas besoin d'exhorter, ils n'ont qu'à exister, leur existence est un appel[34]. »

Nous avons pris pour cette étude une orientation comparatiste, nous pouvons donc nous arrêter un peu sur les éléments communs de la symbolique de Jean-Baptiste et de Shiva, tous les deux étant considérés comme protecteurs et inspirateurs des ermites dans leurs traditions respectives. Ils vivent eux-mêmes dans la solitude, le premier dans le désert, le second dans l'Himalaya ou la forêt. Ils sont figurés comme vêtus d'une peau de bête : au-delà de l'évocation d'une vie simple qui ne s'embarrasse même pas des complications du tissage, être vêtu de la peau d'un animal a un sens bien connu — on s'approprie son énergie, en clair on maîtrise l'animal en soi-même. Dans le même sens, les serpents autour du cou ou des bras de Shiva suggèrent une maîtrise complète de la force sexuelle ; Jean-Baptiste de son côté semble avoir aussi une maîtrise des forces ophidiennes, quand il traite son audience de pharisiens et de sadducéens d'« engeance de vipères » (Mt 3,7).

La solitude nous met en contact direct avec la rivière sacrée de l'énergie qui s'écoule en nous : Jean-Baptiste est directement relié au fleuve sacré de son pays, le Jourdain, il en verse même l'eau sur la tête des gens pour les baptiser ; Shiva est quant à lui complètement associé au Gange — on dit que le fleuve, pour éviter d'inonder les plaines, tombe d'abord sur la chevelure de Shiva pour être freiné. Cela évoque une maîtrise de l'éveil de l'énergie intérieure — qui peut sinon noyer ceux qui ne sont pas préparés — et une capacité de la faire monter jusqu'au sommet de la tête. Un autre signe de cette maîtrise est le bâton, qui est agrémenté d'un étendard dans la représentation traditionnelle de Jean-Baptiste ou d'un trident pour Shiva : les trois pointes évoquent les trois canaux d'énergie dans lesquels circulent les « vents » (*vayu,* synonyme de *prâna*)[35], l'étendard est aussi associé au vent, il fait en réalité le lien entre la mobilité de l'air et la fixité du mât.

Le conflit des deux solitaires avec le pouvoir temporel s'exacerbe à cause des femmes : dans le cas de Shiva, son épouse Sati, qui était aussi fille du roi Daksha, et Hérodiade ainsi que Salomé dans le cas de Jean-Baptiste (celles-ci ne lui ont pas vraiment rendu service, puisqu'elles l'ont fait décapiter). Dans le cas de Shiva, à l'inverse, c'est lui qui a décapité son beau-père Daksha, puis lui a finalement rendu la vie, mais en lui remettant une tête de bouc.

Il n'y a pas lieu d'aller rechercher des emprunts historiques pour expliquer ces similarités, la logique archétypale du personnage du solitaire suffit à mon sens à rendre compte des analogies. Elle est construite dans le cas de Jean-Baptiste sur une base d'événements a priori historiques, mais certainement enrichis d'une symbolique plus universelle.

L'ermite : universellement seul et seulement universel

Dans la plupart des traditions spirituelles, l'ermite est à l'honneur : on sait que sa solitude inclut le monde, et c'est en ce sens qu'on peut dire qu'il est universellement seul. Par ailleurs, grâce à son silence et l'arrêt de son mental, il peut facilement communiquer avec les solitaires d'autres traditions, ce que ne peuvent guère faire les théologiens trop conditionnés et encombrés par toutes sortes de doctrines. En ce sens, l'ermite est seulement universel, il peut facilement s'entendre avec ses amis silencieux de par le monde, illustrant en ce sens la belle parole de Péguy : « Heureux les amis qui s'entendent assez pour pouvoir se taire ensemble. »

Le solitaire se fonde sur la tradition et le savoir de son maître spirituel, pourtant il est comme projeté dans le vide, seul face à lui-même. Il est avec appui-sans appui.

Il peut se reposer un temps sur le Dieu personnel ; pourtant, plus il pénètre dans la Déité, plus il plonge au-delà, avec appui-sans appui.

Il peut avoir les pieds solidement posés sur les pierres de son désert ou les rochers de sa montagne, mais pourtant son esprit est suspendu dans l'espace, avec appui-sans appui.

Dans la tradition chrétienne, de grands solitaires comme saint Bruno ou saint Séraphim de Sarov insistent sur la joie. La devise de Bruno était : *O beata solitudo, o sola beatitudo,* « Ô bienheureuse solitude, ô seule félicité ». Quant à Séraphim, il disait : « Un homme qui a trouvé la paix peut en convertir mille, mais celui qui a trouvé la joie, dix mille. » Les juifs ne reconnaissent pas officiellement l'érémitisme, bien que des groupes comme les esséniens l'aient pratiqué et aient probablement influencé le Christ. Cela dit, la vie dans les yeshivas (écoles traditionnelles où l'on étudie la Loi et où l'on suit les 613 Commandements) est tellement réglée qu'elle en devient quasiment monastique. Des personnes qui ont un certain intérêt pour la spiritualité se servent de la tradition juive pour repousser l'idée même de vie solitaire consacrée et se marier quoi qu'il advienne. Mais s'ils veulent suivre sérieusement la voie du judaïsme, il faudrait qu'ils s'intéressent aussi profondément aux autres commandements que celui bien connu et suivi partout dans le monde — même par les incroyants d'ailleurs : « Croissez et multipliez. »

On demandait à un rabbin pourquoi Dieu s'était révélé dans des déserts inaccessibles, il répondit que c'était pour éviter que quiconque puisse dire : « Son enseignement m'appartient »...

L'islam ne recommande pas non plus officiellement la vie érémitique, cependant le développement des soufis a pu être relié entre autres à de discrets mouvements d'ermites. Les fous de Dieu, comme Medjnoun, erraient dans le désert à la recherche de l'Amour divin ; quant aux Bédouins arabes à l'origine de l'islam, ils n'avaient pas besoin de « monter au désert » comme les ermites chrétiens venant des villes, puisqu'ils y étaient déjà nés, ils y vivaient et allaient sans doute y mourir. Il y avait aussi les *malamatis* qui suivaient la « voie du blâme » pour être mis en marge de la société et avoir ainsi la paix. On dit dans la tradition : « La sagesse se compose de dix choses, dont neuf se trouvent dans le silence et la dixième dans le fait de s'isoler des gens. Je me suis exercé à garder le silence, mais j'ai constaté que je n'étais pas aussi ferme que je le désirais, c'est pourquoi je me suis avisé que la meilleure des choses était la dixième, c'est-à-dire le fait de s'isoler des hommes[36]. » L'ermite, aussi parfait soit-il, ne pourra éviter les critiques, même le Dieu Très-Haut ne peut y échapper. On raconte que Jean-Baptiste aurait demandé ceci à son Seigneur : « Mon Dieu ! Fais que je reste sauf dans la bouche des hommes et qu'ils ne disent de moi que du bien ! » Et Dieu lui révéla cette réponse : « Jean ! Comment ferai-je pour toi ce que je n'ai pas fait pour Moi-même[37] ? » Contrairement à la plupart, l'ermite n'a pas besoin de nouer de relations intimes avec les gens. Il suit l'avis de Dhû-l-nûn l'Égyptien : « Chercher à nouer des relations intimes avec les gens, c'est faire preuve d'indigence[38]. » L'ego et son hypocrisie se développent dans les relations sociales. En revanche, « celui qui aime la retraite s'agrippe au pilier de la sincérité totale », disait le même Dhû-l-nûn.

La maladie qui tient à l'écart de la société est une forme d'ermitage qui pousse à une pratique intensive. Hakuin, un maître zen du XVIIIe siècle au Japon, écrit une longue lettre à un moine malade dans laquelle il va dans ce sens : « Dans le passé, les sages habitaient dans une grotte ou dans une vallée ou bien ils se cachaient dans une montagne profonde. C'était pour s'éloigner des conditions mondaines et pour quitter les “affaires poussiéreuses”. Leur but était de s'efforcer assidûment à la pratique pure et unie de la Voie. Donc, considérez votre état de malade comme un environnement montagnard ou vallonné et prenez-le pour une montagne profonde[39]. »

L'essentiel du zen se trouve dans le maintien de la conscience authentique. Hakuin dit que, même pour un solitaire, ce n'est pas chose facile. Dans cette même lettre à un moine malade, il donne l'exemple de son propre itinéraire, dans un paragraphe qu'il vaut la peine de citer in extenso : « Maintenant, je suis un vieux moine, mais à treize ans j'ai cru en cette Chose, à seize ans j'ai brisé l'état naïf qui était le mien depuis la naissance, à dix-neuf ans je suis sorti de ma famille et à vingt-cinq ans je m'installai en ermite dans cette montagne. Cette année, j'ai eu soixante-cinq ans. Au cours de cette quarantaine d'années qui a séparé ces deux âges, j'ai tout abandonné, j'ai rompu mes relations avec le monde, j'ai concentré mon effort exclusivement sur le maintien de la conscience authentique, et enfin je pense être parvenu à la continuation véritable de cet état depuis cinq ou six ans[40]. »

Pour Hakuin, l'exercice principal de l'ermite est de « forger le cinabre ». « À l'origine, cette méthode avait été établie par l'Ermite d'or (le Bouddha historique, Sakyamuni)[41]. » Il s'agit de réveiller l'énergie vitale à partir du *Hara* grâce à l'intériorisation complète des sens et du mental : ce processus de barrage fait comme monter l'eau à l'intérieur, alors « l'Énergie spirituelle unique, originelle et pourtant variée remplit tout devant vos yeux[42] ».

Un autre ermite japonais de renom, Ryôkan, qui avait dix ans à la mort de Hakuin en 1768, est célèbre pour ses poèmes. L'un d'eux évoque la vie solitaire dont le Bouddha et lui-même ont fait l'expérience : « C'est la Voie pour fuir le monde, c'est la Voie pour y retourner. Moi aussi, je vais et viens le long de ce Chemin sacré qui fit le pont entre vie et mort et traverse l'illusion[43]. » Ryôkan, qui est reconnu comme un des plus grands poètes de la tradition chinoise et japonaise, sait nous faire partager discrètement quelques moments privilégiés de sa vie d'ermite, comme dans le poème ci-dessous :

Dans le calme près de la fenêtre
Je suis assis en posture de méditation vêtu de ma robe de moine
Nombril et nez alignés
Oreilles parallèles aux épaules,
Le clair de lune inonde la pièce.

La pluie s'arrête mais l'eau continue de couler goutte à goutte des montants de la fenêtre.
Parfait, ce moment —
Dans la vaste vacuité, ma compréhension s'approfondit[44].

Ryôkan aimait jouer avec les enfants qu'il rencontrait lors de ses pérégrinations ou lorsqu'il allait mendier quotidiennement sa nourriture selon la tradition des moines bouddhistes. Parfois, cependant, il se fatiguait. Il avait alors une manière bien à lui de les faire partir : il s'allongeait par terre et faisait le mort ; les enfants tournaient un peu autour de lui et finalement s'apercevaient qu'il ne voulait plus jouer et donc s'en allaient ; à ce moment-là, il se relevait et retournait à ses méditations. Ce jeu est un beau symbole de l'attitude de l'ermite : en se retirant de la foule il « fait le mort » et, alors, ces enfants que sont la plupart des gens dans la société s'en désintéressent et le laissent tranquille.

Pour avoir plus d'informations sur les ermites dans différentes traditions, on peut lire le livre de Michel Jourdan, *La vie d'ermite*[45] qui mène lui-même une vie retirée du monde, et, sur l'expérience spirituelle de la marche dans les forêts ou dans le désert, notre ouvrage commun *Marcher, méditer*[46]. Michel Jourdan exerce l'érémitisme avec passion, il m'a écrit récemment que depuis trois ans il n'a pas passé une nuit hors de son ermitage ; s'il a des visiteurs, il les rencontre à l'extérieur car l'endroit est trop petit pour les loger. Je recommande aussi l'ouvrage récent de Dominique du Moizon qui a paru sur les ermites actuels en France[47] (il en a dénombré environ trois cents).

Pour en revenir aux solitaires de l'Himalaya, je voudrais signaler qu'on y trouve le pire et le meilleur. Il en a probablement toujours été ainsi. J'ai présenté au début de cet article quelques personnalités authentiques, on peut bien sûr en trouver d'autres, mais si on ne veut pas être frustré en s'en allant à leur recherche, il vaut mieux s'informer avant de partir. Moyennant cette mise en garde, on peut affirmer que la tradition des ermites de l'Himalaya se poursuit. Pour ma part, je peux dire que j'ai beaucoup appris, et je continue à beaucoup apprendre d'eux. Certes, tout le monde ne peut être ermite près du Toit du monde, mais tout le monde peut, me semble-t-il, trouver un coin un peu tranquille chez lui et s'y asseoir un temps donné chaque jour pour s'intérioriser dans la « grotte du cœur » — *hridaya-gupha* comme disent les Oupanishads —, un lieu de retraite idéal, et ancien s'il en est. À défaut d'être en ermitage, on a toujours la ressource d'avoir l'ermitage en soi ou, en d'autres termes, d'être dans l'ermitage du Soi.

Paroles de solitude

L'ermite est celui qui sait partir à l'extérieur du monde extérieur pour pouvoir plonger à l'intérieur du monde intérieur.

J'ai eu la joie de rencontrer de ces ermites chez lesquels un état surnaturel était devenu naturel.

La vie en solitude est comme un séjour linguistique au pays du dedans, durant lequel on apprend vite et bien la langue du cœur.

Le voile de l'ego s'atténuant durant la retraite, la nature devient transparente à l'être humain, ainsi que l'être humain à la nature ; et qu'est-ce que la transparence, si ce n'est un autre nom pour la joie ?

Partir en solitude, c'est « prendre la tangente », comme on dit familièrement. La société et la plupart des gens tournent en rond, il y a un moment où on a la liberté de décider pour soi-même, de se mettre à aller tout droit, ce qui est vécu par les autres comme « prendre la tangente » : tout est relatif !

Les journées de méditation intensive sont comme de grands seaux d'eau qu'on jette sur le sol du psychisme pour le laver. On n'a pas besoin de se préoccuper du détail de tout ce qui a été rincé ; on a versé suffisamment d'eau pour être sûr du résultat.

Nous sommes enserrés en permanence par une cotte de mailles de désirs, de colères et de peurs entremêlés. L'ermite ne fait qu'enlever cette cotte de mailles, la déposer et respirer.

Dans le regard du solitaire, l'Être pur transparaît dans la nature et à travers tout et tous : il ne s'agit pas d'épiphanie, il faudrait plutôt parler de « diaphanie ».

Dans la solitude, le temps n'est ni long ni bref. Il n'est plus un axe longitudinal, il s'enroule au contraire sur lui-même comme une spirale, convergeant vers un centre qui n'est autre que le Non-temps.

Le vrai moine a fait face à sa propre solitude, et grâce à cela il peut rencontrer les autres dans leur solitude cachée, c'est-à-dire en un lieu de souffrance enfouie où eux-mêmes n'osent guère aller.

Le solitaire consume le léger voile qui sépare sa joie de la source de sa joie.

Pour le débutant, il est certain que l'oisiveté est la mère de tous les vices ; mais pour celui qui est plus avancé, il est non moins certain que la tranquillité est la mère de toutes les vertus.

Dans la vie habituelle, on court après le temps, ce n'est peut-être pas par hasard qu'on parle de la « vie courante ». Dans la vraie retraite, par contre, c'est la perception même qu'on a du Temps qui cesse de courir.

Le soleil, haut dans le ciel, est solitaire : serait-ce à dire que le solitaire est solaire ?

Dans la méditation du yoga royal (râja-Yoga), *on fait revenir l'énergie à la Racine en quatre phases successives : des extrémités des membres jusqu'à leur racine, puis jusqu'à la racine des nerfs, puis jusqu'à cette racine de la moelle qu'est le cerveau, puis jusqu'à la racine de la tête qui est symboliquement le Ciel. La vie de solitude peut aussi être considérée comme un retour à la Racine.*

Si des vêtements sont difficiles à laver, on les laisse tremper un certain temps, ensuite la saleté s'en va pratiquement d'elle-même. Notre psychisme, notre ego sont les vêtements du soi, et les « laisser tremper » pourrait être synonyme de « vivre en retraite ». On s'aperçoit au bout d'un certain temps que des problèmes presque insolubles au départ ne se posent plus guère, ils sont tout simplement dissous.

Le solitaire ne l'est que d'un côté : de l'autre, il conserve un regard sur la société, il est « au bord » de celle-ci comme un point d'interrogation situé au bout de la phrase.

Les liens sociaux font danser la marionnette de l'ego comme s'ils étaient des fils qui la tenaient : l'ermite, en tranchant ces liens, coupe les fils, et la poupée s'effondre au sol comme un tas de chiffons.

Le grand avantage de l'ermitage, c'est qu'il ne s'y passe rien à l'extérieur. Tous les événements sont à l'intérieur, et quand eux-mêmes s'apaisent, c'est alors que peut survenir le grand Événement.

L'ermite est un expert en gestion du temps libre — de son temps libre — et c'est un métier qu'il exerce avec grande joie.

La solitude ressemble à la Mort dans la fable bien connue où le bûcheron l'appelle. Quand elle n'est pas là, que les gens sont emmêlés dans les problèmes relationnels et la réclament à cor et à cri, elle arrive pour de bon ; la peur remonte alors et ils font en sorte que cette solitude reparte au plus vite.

Le « recueillement » est un terme évocateur. C'est comme si on cueillait ces fleurs que sont les prises de conscience et qu'on les rassemblait en un bouquet appelé « expérience intérieure ».

« Le renonçant est comme suspendu dans le vide », disait Mâ Anandamayi. Cela peut faire peur, mais en réalité cet état sans support, « in-supporté », n'est pas insupportable, il correspond tout au contraire à un soulagement, un allégement et une libération intime.

Le passé dépassé, serait-ce la Réalisation ?

Au début de la vie de solitude, le passé remonte en force, comme en criant. Il faut toute l'habileté de l'ermite pour que réellement, ce passé soit « passé sous silence ». Il ne s'agit pas de refoulement, mais de dissolution, comme une vague qui s'arrête, cesse d'être vague et se dissout dans le lac.

Alain disait : « L'homme isolé est un homme vaincu. » Le solitaire, lui, est vaincu par l'Absolu, et il considère cela comme une cause de jubilation constante.

Le mental a une forte tendance naturelle à tourner en rond, surtout dans la solitude. La lecture méditative apporte une amélioration : elle l'entraîne dans sa danse tournoyante et le fait monter en spirale.

« Sacré » signifie « séparé » : l'ermite, en quittant le monde, ne se sacrifie pas au sens masochiste du terme, mais certainement il se sacralise.

Le jeu social favorise l'apparence, la solitude la transparence.

Respirer l'univers.

Si la plupart des prophètes sont passés par le désert, il doit y avoir une raison : elle est à mon avis simple à saisir : se taire suffisamment pour avoir réellement quelque chose à dire.

*L'homme ordinaire attend des consolations de la religion, mais on peut dire paradoxalement que l'ermite, lui, console Dieu (*consolare, *« être avec celui qui est seul »), car il tient complètement compagnie à cet Unique qui sinon demeure dans une demi-solitude ; les gens du monde en effet ne lui consacrent qu'une demi-attention.*

L'ermite est un professionnel du non-faire, un spécialiste de l'universel et, par-dessus tout, un docteur en ignorance.

La rivière du silence a d'autres fonctions plus nobles que de seulement faire tourner le moulin à paroles ; malgré tous les méandres possibles, elle s'écoule inéluctablement vers l'océan.

Il est des solitaires qui retournent vers le monde pour se mettre à donner des réponses ; il en est qui restent en retraite pour continuer à poser question.

Deuxième partie

« Je suis celui qui suis »

(méditations sur Exode 3,14)

Si nous nous intéressons aux liens possibles entre Bible et védanta, il est naturel que nous développions particulièrement ce Nom que Dieu lui-même s'est donné en répondant à Moïse lors de l'épisode du Buisson ardent : « Je suis celui qui suis » (Ex 3,14) : Ramana Maharshi disait que s'il devait retenir une seule phrase de la Bible, ce serait celle-là.

Nous commencerons par rappeler quelques interprétations juives puis chrétiennes de ce passage, ainsi qu'une série de citations éclairantes de Maître Eckhart sur le sujet. Nous laisserons par contre les méditations sur le *Ehyeh* selon la Cabbale et le système des *séphirot* dont nous avons parlé d'une façon ou d'une autre dans la partie sur le judaïsme de notre livre *Le mariage intérieur*[1]. Nous continuerons par une discussion de la relation du Je et du Tu en partant de la manière dont l'a présentée Martin Buber et parlerons des différentes facettes du rapport de la personne avec l'Absolu, et de la question de savoir s'il peut exister une personne absolue. Nous soulignerons au fur et à mesure les rapports principaux avec le védanta. Quand on a compris que, par rapport à l'ego, le Soi est tout autant Tout-autre que le Divin, on a moins tendance à radicaliser l'opposition entre dualisme et non-dualisme.

Pour ce qui est de la connaissance des commentaires traditionnels du « Je suis celui qui suis », nous sommes redevables à l'ouvrage collectif *Celui qui est*[2], ouvrage collectif réuni par E. Zum Brunn et Alain de Libéra, ce dernier étant aussi un spécialiste de Maître Eckhart. Nous avons aussi publié une étude générale sur mystique chrétienne et non-dualisme[3] ainsi que sur la méditation dans l'hésychasme (l'école spirituelle des Pères du désert fondée sur le repos complet de l'esprit) par rapport à la méditation dans le védanta[4].

Être et devenir : interprétations juives du Nom divin

Le sens principal de ce nom divin est clair : « Je suis celui qui suis » est l'Être absolu. Il y a un Être absolu avec lequel on peut communiquer ; cette notion est commune à la Bible et au védanta. Reste maintenant à savoir si cet Être est statique et dynamique et comment interpréter cette communication et le Je. À la première question, on pourrait répondre que l'Être absolu est au-delà des contraires, il n'y a donc pas à le limiter à son aspect statique ou à celui qui est dynamique. Il est vrai, cependant, que le texte hébreu signifie plutôt « Je serai celui que je serai », insistant sur un aspect évolutif de l'accompagnement d'Israël par YHWH dans l'histoire, alors que la traduction grecque *Ego eimi ho ôn* signifie « Je suis l'Étant » et a donc une nuance plus statique. Il y a en fait deux tendances : celle de l'ontothéologie, la théologie essentialiste qui insiste sur le « suis », sur l'Étant, et celle plus personnaliste qui se centre sur le « Je », sur l'existant. On peut aussi noter que la forme française la plus courante de la traduction, « Je suis celui qui suis », est en fait un archaïsme (on dirait plutôt aujourd'hui « Je suis celui qui est »), mais comme il s'agit du Tétragramme du Nom divin principal, la tradition conserve l'archaïsme. La traduction anglaise classique, *I am that I am,* est intéressante, car elle peut être entendue *I am That — I am,* « Je suis Cela — Je suis », ce qui devient une formulation complètement védantique.

L'expression hébraïque *Ehyeh asher ehyeh* utilise la forme inaccomplie, imperfective d'*haya* qui signifie « être », mais avec une nuance d'action, de devenir. Le sens est donc proche de : « Je continuerai à être régulièrement ce que je suis ». Là-dessus viennent se greffer des interprétations plus personnalistes. Elles se basent entre autres sur le fait que le verbe *ehyeh* est utilisé six autres fois dans la Bible en dehors de ce passage, à chaque fois avec la préposition *im* (avec) dans un contexte du genre « Je suis avec toi... Je suis avec ta bouche ». À chaque fois, c'est YHWH qui parle[5]. Rashi, le grand sage juif du Moyen Âge français, approuve cette interprétation selon laquelle l'Éternel est toujours présent pour aider Israël[6]. Buber l'a reprise dans son livre *Moïse* publié en 1944, à une époque extrême où effectivement Israël avait grand besoin d'aide[7]. La traduction « Je serai ce que je serai » se réfère à une notion de devenir indéfini et de création continue mais l'emploi du futur représente quand même un choix qui ne fait pas justice au présent éternel du « Je suis constamment ce que je suis ». Ailleurs dans la Bible, l'éternité divine est souvent soulignée comme sa qualité principale, comme par exemple dans Malachie 3,6 : « Oui, moi, le Seigneur, je ne change pas ! »

En fait, au lieu d'affirmer « Je suis celui qui suis », l'Éternel aurait pu se contenter de dire Je. Cela aurait suffit, car si une entité est capable de dire je, cela veut dire qu'elle est, et même plus : qu'elle est ce qu'elle est. Le point délicat est de savoir s'il faut considérer ce Je comme personnel ou non. Pour le védanta, il est clair que le Je fondamental n'est je que de nom, il est en fait un avec le Soi, mais on lui garde cette appellation de Je car c'est en déconstruisant progressivement le je individuel qu'on arrive au Soi. Maître Eckhart considère aussi que ce Je fondamental correspond à la Déité, une notion, nous l'avons vu, qu'en fait rien ne peut distinguer du Soi. La plupart des théologiens chrétiens n'insistent pas sur ce qu'on appelle l'*appropriation,* c'est-à-dire le fait de réduire le Je d'Ex 3,14 à une des personnes de la Trinité. Ils acceptent que c'est le Dieu Un qui s'exprime, même s'ils discernent dans son Nom une répartition trinitaire possible à laquelle nous reviendrons. Saint Thomas insiste sur le fait que l'évidence de l'Être n'est pas suffisante pour prouver l'existence d'un Dieu personnel. Celle-ci reste une matière de foi.

Cela nous ramène à la question de savoir comment comprendre le Je qui parle dans Ex 3,14. Certaines traditions rabbiniques acceptées par Jérôme interprètent la parole adressée à Moïse comme prononcée par un ange[8]. Dans la perspective du yoga, on l'attribuerait volontiers au Maître intérieur. Je sais que les croyants traditionnels critiqueront cette idée en disant que cela dénie le

Tout-autre divin ; mais celui qui a vraiment compris la nature du Maître intérieur sait qu'il est de fait tout autre que l'ego. N'est-ce pas suffisant à le rendre fondamentalement *Tout autre* ?

Il y a un point faible dans l'interprétation personnaliste du « Je suis celui qui suis ». Si une personne se définit comme l'Être pur, en quoi reste-t-elle une personne ? N'est-ce pas pour aider le croyant à faire le saut au-delà de la personne que ce Nom-là précisément a été transmis en priorité à Moïse ? En fait des cabbalistes avisés font remarquer que Moïse n'a sans doute pas transmis ce Nom au sens traditionnel du terme, car nulle part on ne le décrit en train de l'utiliser dans des formules de prières, de bénédictions ou tout simplement pour le communiquer à quelque disciple lors d'une initiation. C'est sans doute que l'évidence de l'Être pur dans toute sa force est difficile à recevoir pour le commun des croyants. Il s'agit finalement d'une expérience qui doit venir de l'intérieur.

Dans la Cabbale encore, on interprète aussi « Je suis celui qui suis » comme « Je suis comme celui avec qui je suis[9] », c'est-à-dire que Dieu s'adapte aux projections que les fidèles font sur lui et y répond en les respectant. On retrouve cette idée dans la Bhagavâd-Gîtâ quand Krishna dit : « Quelle que soit la façon dont on m'approche, c'est de cette façon que je vais vers les fidèles. » Saint Paul parle dans le même sens mais au niveau du fidèle parfait, de la nécessité d'être tout à tous. Pour un sage dépourvu d'ego, on retrouve la même notion. Mâ Anandamayi déclarait par exemple en réponse à la question « Mâ, qui êtes-vous ? » : « Je suis comme un instrument de musique, selon la manière dont vous en jouez, de cette même manière vous en entendrez le son », ou encore plus laconiquement : « Je suis ce que vous pensez que je suis. » Un sage hassidique du XVIIIe siècle, Zousya, a eu cette réflexion célèbre : « Quand j'arriverai devant Dieu au jour du Jugement, il ne me demandera pas : "Pourquoi n'as-tu pas été Moïse ?" mais : "Pourquoi n'as-tu pas été Zousya ?" »

André Neher parle de l'Être corrigé par le Peut-être et n'hésite pas à dire : « *Peut-être* nous est apparu comme le mot-clé de la pensée juive[10]. » L'Être et le Non-être jouent éternellement une fugue à deux thèmes, l'un en mode mineur, celui de la prudence qui correspond à l'idée : « rien n'est gagné », et l'autre en mode majeur, celui de l'espérance, qui affirme : « Rien n'est perdu ». L'histoire, l'évolution est d'une impermanence fondamentale, même l'Être tel que nous le concevons de façon limitée peut disparaître, j'aimerais dire : *dispar-être.* Cela dit, il est pas illogique de dire que la prise de conscience de son impermanence même indique une présence qui demeure, celle qui est le témoin de l'*apparêtre* et du *dispar-être*.... On pourrait rapprocher ce Peut-être, cette espérance qu'il y a au-delà de l'Être et du Non-être, du noble silence de Bouddha sur les grandes questions métaphysiques.

Même un théologien comme Karl Barth qui aime relier le « Je suis celui qui suis » au Christ évite d'employer le mot de « personne » pour les membres de la Trinité[11]. Il pense que ce terme, correspondant à *prosopon* en grec, a été délaissé non sans raison pour celui d'« hypostase » par les Pères des conciles d'Asie mineure. Les personnes de la Trinité n'ont pas grand-chose à voir avec notre notion psychologique, affective, voire émotionnelle et revendicative de la personne qui a eu cours au XXe siècle. Barth parle plutôt de « manière d'être » (*topos tes uparxeos, Seinswesen*).

Résurrection et expérience de l'Être pur : interprétations chrétiennes

Cela nous amène à aborder les interprétations chrétiennes d'Ex 3,14. Dans les matines de Pâques de certaines liturgies médiévales, la première parole qu'on attribuait au Christ ressuscité était « Je suis celui qui suis ». Dans les icônes, l'auréole du Christ transfiguré contient souvent, à côté de l'Alpha et de l'Oméga, les trois lettres grecques *OΩN*, *ho ôn,* l'Étant, correspondant à Ex 3,14 et à Ap 4,8. Les Septantes, c'est-à-dire la version grecque de la Bible, ont en effet pour texte *Ego eimi ho ôn,* « Je suis l'Étant », traduction que certains critiquent comme trop statique et trop pénétrée de platonisme. D'autres font remarquer qu'il suffit d'ajouter un *chin* (*s*) au Tétragramme YHWH pour en faire YSHWH, c'est-à-dire *Ieshouah,* le nom araméen de Jésus. Malgré cela, la tradition chrétienne reste prudente quand il s'agit d'approprier le Nom divin d'Ex 3,14 en le réduisant à la personne de Jésus. Certes, celui-ci dit plusieurs fois dans les Évangiles « Je suis », dont l'affirmation célèbre « Avant qu'Abraham fût, je suis », et on parle également dans l'Apocalypse de l'Agneau comme de « celui qui était, qui est et qui sera » (1,8). Cependant, les théologiens restent conscients que le « Je suis celui qui suis » concerne principalement le Dieu Un. Alexandre de Halès, le maître de saint Bonaventure à Paris au XIIIe siècle, affirme même : « Seul un pronom au neutre est apte à désigner l'essence divine. Au masculin ou féminin, il ne le peut pas[12]. » Ce n'est pas sans rappeler le *tat,* le Cela, qui désigne l'Absolu dans les Oupanishads.

Des auteurs faisant partie du mouvement de la *devotio moderna* au XVe siècle, comme Henri de Pomerio et Heimeric de Campo, ont une interprétation intéressante du début du *Notre Père* : ils incluent « qui es » dans la première formule après « Notre Père », ce qui donne : « Notre Père qui es / aux cieux que ton Nom soit sanctifié / sur terre que ta volonté soit faite. » Cette interprétation met en valeur le « Je suis » fondamental du Père. Comment comprendre alors « aux cieux que ton Nom soit sanctifié » ? Les cieux représentent ici le cœur des saints, on prie donc pour qu'ils parviennent à une vision divine complète[13]. Cette compréhension a aussi l'intérêt de réveiller l'attention à propos d'une prière souvent répétée. Ces interprétations neuves, spirituelles du texte sacré sont par rapport à son sens littéral comme les flammes du Buisson ardent : elles l'entourent et le font resplendir sans pour autant le détruire[14].

Rûmî, le mystique soufi du XIIIe siècle à Konya en Turquie, parle ainsi du mont Sinaï : « Maintes fois, le mont Sinaï a été ravagé à cause de l'amour, car c'est l'écho du Seigneur Shams-ud-din qui a résonné sur le Sinaï. L'éclat entourant son visage est devenu pour Dieu lui-même un objet d'envie. L'âme de Mohammed par amour pour lui s'écrie : "Oh, quel désir !" » (allusion à une tradition prophétique selon laquelle Mohammed a dit : « Oh, combien grand est le désir de voir mes frères ! »[15]). Ici, Rûmî identifie complètement son maître Shams (le Soleil) de Tabriz au maître intérieur et en fait à l'Être pur. Ce qui est choquant pour le milieu biblique est une attitude courante dans la tradition hindoue, et se trouve conseillé dans le soufisme.

Venons-en maintenant aux correspondances corporelles possibles du « Je suis celui qui suis » en méditation : on peut se représenter le « Je suis » du Père par un côté du dos répondant en miroir au « Je suis » du Fils de l'autre côté. L'Esprit correspondrait alors au « celui qui suis » faisant le lien entre les deux, c'est-à-dire à la colonne. Une autre visualisation possible est de mettre le « Je suis » du Père au niveau de la tête, le « celui qui » cette fois rapporté au Fils en tant qu'axe liant le Père et le monde dans la colonne, le « suis » évoquant la diffusion de l'Esprit dans l'être du monde de chaque côté du dos.

Karl Barth parle de la relation d'unité dans la Trinité comme l'union de celui qui se révèle (*Offenbarer,* le Père), de la révélation (*Offenbarung,* le Fils) et de ce qui est révélé (*Offenbarc,* l'Esprit). Cette fusion des trois termes sujet, action et objet évoque fortement ce qu'on appelle le *triputi* dans le védanta. Barth critique l'ontothéologie en disant : « La pensée biblique préfère carrément recourir aux pires anthropomorphismes plutôt que de se laisser séduire par cette manière raffinée et définitive (celle du platonisme et de sa distinction entre la réalité de l'immutabilité de Dieu et l'apparence de ses actions, qui retrouve en fait spontanément le védanta) de donner congé à Dieu. » On peut déjà dire que l'Ancien Testament n'avait de toutes façons guère d'occasions de se laisser séduire par Platon, car sa partie la plus importante a été composée bien avant le philosophe et même les livres sacrés datant d'après n'impliquent pas que leurs auteurs aient eu connaissance de la pensée platonicienne. De plus, le fait que l'ontothéologie voie un stade, celui de la Déité, au-delà du Dieu personnel ne signifie pas qu'elle donne congé ou qu'elle déclare automatiquement la mort de celui-ci. Si l'ontothéologie n'a pu se développer comme une voie de connaissance complète à la manière du védanta en Inde, c'est dû à mon sens moins à une faiblesse intrinsèque qu'à l'intolérance des partisans de la dévotion personnaliste. Il faut aussi rappeler que la théologie négative de Denys, qui est une ontothéologie, a fortement influencé la grande mystique et théologie médiévales, fait que Karl Barth semble oublier trop facilement.

Le sens principal du « Je suis celui qui suis », c'est que l'Être ne peut être un objet, ni un *quid* ni un *aliquid,* mais est le Sujet pur. Cela a amené à dire que « Dieu ne sait pas ce qu'il est parce qu'il n'est aucune chose [16] ». Le védanta dit aussi quelque chose dans ce sens à propos du sage qui a dépassé son ego. On peut remarquer de plus que quand YHWH-Adonaï parle de lui-même, il peut répéter deux fois la forme emphatique du *Je, anori, anori,* à la place du simple *ani.* Cela évoque le *Je* universel de la voie de la Connaissance. Job dit : « Si Lui n'est pas, qui donc est ? » (Jb 9,24), « Toi qui seul es » (Jb 14,4), « Lui seul est » (Jb 23,13), et la Sagesse affirme (23,13) : « *Ils n'ont pu Le comprendre, Lui qui est.* » Que reste-t-il alors de l'être du monde ? Est-il comme dévoré par le Je absolu ? On ne peut pas dire qu'il n'existe pas puisque nous le voyons sous nos yeux. La seule solution logique est de comprendre qu'il n'existe qu'en apparence, à travers le filtre puissant de notre mental, ce que dit le védanta. Saint Thomas d'Aquin acceptait cette possibilité quand il disait : « Il se peut que tout ce qui n'est pas Dieu n'existe pas [17]. »

Maître Eckhart, lui aussi, allait dans ce sens : « Il est l'être de lui-même et de toutes choses et ainsi, en quelque façon, lui seul est qui est son propre être et l'être de toutes choses [18]. » Il affirme cela à la suite de saint Augustin et de saint Bernard : « Dans le *sum qui sum* (Je suis celui qui suis), le *sum* signifie en dernière analyse que l'Être pur et nu est le sujet lui-même [19]. » Nous sommes ici en plein védanta. Le Je est antérieur à la distinction des personnes divines, il surplombe, inconnu, sa propre apparition sous forme du Père, on dirait qu'il est *ajâta,* « non-né » [20]. Eckhart inverse la proposition des théologiens antérieurs « Dieu est l'Être » en en faisant « l'Être est Dieu ». Cela semble sage et avisé, car le premier point d'appui solide dans la recherche intérieure n'est-il pas le fait même qu'on existe, alors que la présence d'un Dieu personnel reste du domaine de la foi ?

Nous faisons souvent référence dans cet ouvrage, en lien avec le yoga, à la notion d'énergie qui fonctionne comme une force divine à la fois à l'intérieur de l'être humain et dans l'univers. Maître Eckhart sentait-il cela ? Il développe en effet un parallèle entre *bullitio,* le bouillonnement de l'amour intratrinitaire, et *ebullitio,* son débordement bouillonnant vers la création [21]. Nous avons aussi parlé du Je fondamental qui n'est pas différent du Soi. Regardons ce que Maître Eckhart en dit en nous aidant du travail d'Alain de Libéra sur la question.

Le plus souvent, Je est le nom impersonnel d'une place sans emplacement, qui n'est « ni dans le monde ni hors du monde », « ni dans le temps ni dans l'éternité », qui n'a « ni extérieur ni intérieur ». C'est à partir de cette place que Dieu, le Père éternel, diffuse la plénitude et l'abîme de toute sa déité. Maître Eckhart dit : « Tout demeure l'Un qui jaillit en lui-même. » *Ego,* le mot Je, n'appartient en propre à personne sinon à Dieu seul dans son unité. « Il n'existe pas de séparation entre Dieu et toutes choses, car Dieu est en toutes choses : il leur est plus intime qu'elles ne le sont à elles-mêmes. Ainsi, il n'existe pas de séparation entre Dieu et toutes choses. » Cette tâche est une tâche ontologique : « Dieu doit absolument devenir moi et moi absolument devenir Dieu, si totalement que ce « lui » et ce « moi » deviennent et soient un "est", et opèrent éternellement en une seule œuvre, dans l'être-Lui[22]. »

Le Je et le Tu, ou les paradoxes non dualistes de Martin Buber

En apparence, Martin Buber a écrit *Ich und Du* (1923), pour défendre la croyance biblique dans le Tu divin contre les conceptions orientales non dualistes. Mais quand on a la curiosité de lire le texte de bout en bout, une image toute différente en ressort. Si l'on prend la peine de traduire quelques notions non pas d'après les mots mais d'après le sens que leur donne Buber dans son écrit, on s'aperçoit que la plupart de ses idées rejoignent les conceptions du védanta. Le malentendu est venu du fait que lui-même ne semblait pas avoir une idée claire du non-dualisme de l'Inde, malgré ses connaissances de la philosophie occidentale et bien sûr du hassidisme[23]. Comme cette méconnaissance persiste dans un certain nombre de cercles chrétiens — en dépit de la plus grande quantité et qualité de textes disponibles —, j'ai pensé qu'il pourrait être utile de reprendre en quelques pages cette distinction du Je et du Tu, et de voir quelle est leur relation avec la non-dualité.

Il faut d'abord mentionner que 90 % des hindous suivent une voie dualiste : ils adorent un Dieu personnel et ils Lui demandent sa grâce comme on fait dans la Bible. Cependant, ils sont ouverts à une transition vers le non-dualisme à partir d'un certain niveau d'intensité de l'expérience, une transformation qui a certes plus de mal à s'exprimer au sein des religions du Livre.

Nous pouvons commencer par examiner ce que Buber dit : « La parole de la Révélation, c'est *Je suis celui qui suis.* Ce qui se révèle, c'est ce qui se révèle. L'être est, rien de plus. La source éternelle de force jaillit, le contact éternel nous attend, la voix éternelle résonne — rien de plus[24]. » Dès cette première citation, on s'aperçoit que le Je de Buber est moins personnel, plus universel que ce à quoi on aurait pu s'attendre.

Il soutient aussi que le Je ne peut être séparé du Tu : ils sont en fait les deux pôles de la même entité[25]. Même s'il maintient ici un dualisme, il faut remarquer qu'il tend clairement vers la non-dualité. C'est bien parce qu'on reconnaît en Inde l'évidence habituelle du je et du tu dans le monde relatif qu'on parle de non-dualisme et non de monisme. On dépasse constamment la paire de contraires je et tu, expérimentée au quotidien, pour aller vers une unité qu'on peut plus expérimenter que concevoir.

Buber insiste en fait sur une recherche d'un Je universel, qu'il baptise « personne » par opposition à l'individu, mais qui semble plus proche du Je universel du védanta que de la notion habituelle et occidentale de personne : « La personne dit : *je* suis ; l'individu dit : *je* suis ainsi. Connais-toi toi-même, cela signifie pour la personne : connais-toi toi-même comme être et pour l'individu : connais ton mode d'être. L'individu, en se distinguant des autres êtres, s'éloigne de l'Être[26]. » Cet individu non distingué des autres êtres n'est-il pas bien proche du Soi védantique ? Le « revirement » vers Dieu vient, d'après Buber, d'une phase de désespoir qui survient en faisant la différence entre le Je réel et le Je irréel[27]. C'est la voie même de la Connaissance, avec en plus cependant la notion de désespoir.

Il faut attendre les deux tiers du livre pour que l'auteur émette sans ambages une idée fondamentalement védantique : « Le *Je* est ici la périphrase d'un mot que nous n'avons pas et qui désignerait un Soi sans *je*[28]. » C'est bien parce qu'il n'y a pas de mots pour désigner exactement cette transition du petit je individuel vers le Soi qu'en sanskrit on parle dans les deux cas d'*âtma,* « soi-même », les traducteurs utilisant une majuscule (il n'y en a pas en sanskrit) quand ils sentent d'après le contexte qu'il s'agit du Soi.

La voie contemplative est une dissolution progressive du moi individuel : si Buber ne souscrivait pas à cette notion, pourquoi dirait-il : « Nous ne pouvons parler avec Dieu que lorsque plus rien ne parle en nous ? » Est-ce que la première chose qui a tendance à s'exprimer lorsque l'on sort du silence complet de la méditation profonde n'est pas le je, par exemple ce je corporel qui s'impose à notre conscience automatiquement quand on se réveille, qu'on se pince et qu'on se dit : « Moi, c'est moi ! » ?

Le Tu est en fait un appât pour amener le poisson de la conscience à sortir de la mare de l'ego, cela ne veut pas dire qu'il est complètement personnel : « Crois à la simple magie de la vie, crois que l'on peut vivre au service du Tout... Toute parole fausserait les faits : les êtres vivent autour de toi, et quel que soit celui dont tu t'approches, tu arrives toujours à l'Être[29]. » En d'autres termes, nous pouvons dire que, certes, le Tu existe, mais il est en dernière analyse impersonnel, puisqu'il débouche à chaque fois sur l'Être fondamental.

Il faut bien comprendre qu'il y a deux Cela : le Cela en deçà désigne le monde matériel et inerte, et c'est celui dont parle Buber dans son langage. Par contre, le Cela du védanta se trouve au-delà, il désigne la conscience pure. En dernière analyse, les deux se rejoignent en une seule prise de conscience, mais en pratique, le premier est *mâyâ,* couverture qui voile le second qui, lui, est conscience fondamentale. Celle-ci est désignée dans le langage de Buber par le Tu qui est à la base de tout mais a cependant du mal à percer la « croûte de la réalité matérielle[30] », c'est la « haute mélancolie de notre destinée[31] » et ce que les védantins appellent *mâyâ.* À ce moment-là, quand Buber affirme que le Cela est une allégorie et le Tu la Réalité consciente, il est d'accord avec les non-dualistes à condition de savoir traduire, non pas les mots, mais les concepts que l'auteur met dessous, c'est-à-dire à condition de parler du Tu comme Réalité consciente (*tat,* littéralement « cela ») et du Cela au sens de Buber comme *mâyâ.* Tout cela est une question de prise de conscience, de compréhension et de connaissance spirituelle. Buber le reconnaît quand il dit : « Cesser de croire à la servitude, c'est devenir libre[32] », ou encore : « On peut se rendre maître d'un cauchemar en l'appelant par son nom véritable[33]. »

Le Tu est en quelque sorte la quintessence des relations : « La continuité du monde du Tu est faite de ce privilège : les moments isolés de la relation se groupent pour former une vie universelle de liens réciproques[34]. » Y a-t-il une grande différence entre cette sorte de Tu universel et le Soi dont parle par exemple la Brihad-Aranyaka Oupanishad : « Ce n'est pas pour l'amour du mari que le mari est cher, mais pour l'amour de l'*Atman* (et ainsi de suite à propos de la femme, des enfants, etc.) » (Br. Ar. Oup. 4.5.5).

C'est pour cela que je parle de paradoxe à propos de Buber : ni le Je ni le Tu qu'il met en avant ne sont réellement personnels. Pourquoi alors insiste-t-il tant dessus, et avec lui ceux qui suivent une voie dévotionnelle ? Il s'agit à l'évidence d'éveiller la force de l'amour spirituel, ce qu'il dit d'ailleurs clairement : « C'est en vertu de sa capacité de relation seulement que l'homme peut vivre en esprit. » En Inde on l'appelle la *kundalinî shakti,* et cette force vitale fondamentale ne devient active pour assister le travail spirituel que lorsque son courant s'inverse et se dirige vers le haut.

C'est ce que Buber appelle le « revirement » ; Mme Guyon, elle, parlait dans le même sens de « recoulement » : « Le dogme du cours inéluctable des choses ne laisse pas de place à la liberté ni à sa révélation la plus concrète, celle dont la force paisible change la face de la terre : le revirement... La seule chose qui puisse devenir fatale à l'homme, c'est de croire à la fatalité[35]. » Buber parle de l'amour comme d'une « radiation cosmique[36] ». Nous sommes proches de la notion de champ unifié chère au védantins modernes. L'amour semble rajouter un côté personnel, mais si on suit l'image de Buber, une radiation cosmique est là pour tout le monde et peut difficilement être considérée comme personnelle.

À certains moments, Buber tombe dans la polémique, par exemple quand il reproche au concept de non-dualité d'être trop influencé par l'idée d'union sexuelle et qu'il dit : « La fiction, si noble qu'elle soit, n'est que fétiche, la croyance la plus sublime n'est qu'un vice. » Il s'agit d'un argument qu'on pourrait facilement retourner si on le voulait contre sa présentation du Je et du Tu. Par ailleurs, il essaie d'associer automatiquement la notion de Soi à celle de repliement sur soi ; ceux qui connaissent un minimum de non-dualisme savent bien que le Soi correspond au contraire à l'idée d'expansion maximale. Ce genre d'associations n'aide pas à la discussion.

En fait, Buber en arrive à une extension de la notion de relation qui évoque fort la non-dualité : « Dans la relation pure, tu t'es senti plus libre que tu ne l'as jamais été auparavant ni nulle part ailleurs, créature et créateur[37]. » En d'autres siècles, il aurait pu facilement être brûlé pour de telles affirmations confondant la créature et son auteur. La meilleure façon de réconcilier tous ces paradoxes est à mon sens de comprendre que l'intensité du « personnel » et celle de l'« impersonnel » peuvent croître en même temps. Les sages de l'Inde insistent là-dessus : quelqu'un comme Jñaneshwar, qui vivait au Moyen Âge au Maharashtra, était une grande figure du non-dualisme ; cependant, en même temps, il avait une dévotion sans bornes pour son gourou, Nivrittinath, qui n'était autre que son frère aîné. Cela montre que les deux pôles du personnel et de l'impersonnel peuvent aller de pair, surtout si le mystique a atteint un niveau suffisamment élevé. Même dans les mots français, on pourrait faire remarquer que « tu » et « tout » sont proches. Si on introduit dans le Tu a priori personnel plus d'universel (le cercle du *o*), il deviendra sa propre origine et sa propre fin (répétition du *t*), il se transformera dans le Tout non pas par opposition au Je mais en union avec lui.

Raimon Panikkar et l'expérience cosmothéandrique

La rencontre des religions et des cultures, en particulier de l'hindouisme et du christianisme, est un sujet de réflexion central dans la pensée de Panikkar, à l'image de ses origines puisque son père est du Kérala, province qui constitue la pointe sud-ouest de l'Inde, et sa mère d'Espagne, plus précisément de Catalogne, région elle-même multiculturelle et géographiquement aussi bien que linguistiquement à cheval entre l'Espagne et la France. J'ai rencontré Raimon Panikkar en décembre 1999 à Sarnath, lieu de la première prédication du Bouddha, près de Bénarès. Il venait présider un séminaire de la Fondation Abhishiktananda (le Père Henri Le Saux) organisé à l'Institut tibétain, et dont la dernière séance publique s'est déroulée en présence du dalaï-lama. Panikkar était venu à sa rencontre malgré ses quatre-vingt-un ans et des problèmes de santé. Il s'agissait de retrouvailles, car il faisait partie du comité qui avait accueilli le chef des Tibétains à Sarnath quand il venait de fuir Lhassa et l'occupation chinoise en 1959.

Panikkar a publié une trentaine de livres et environ trois cents essais, dont un ouvrage de référence sur les Védas[38], il a vécu longtemps à Bénarès comme prêtre catholique, était ami du Père Le Saux et a enseigné les religions comparées aux États-Unis. Il sait de nombreuses langues, au point qu'on le qualifie de « pierre de Rosette » car il est capable de traduire non seulement les mots, mais les notions clés d'une culture à l'autre. Il proposait par exemple, dans une lettre qu'il m'a envoyée récemment de Catalogne, de traduire *advaita* non par « non-dualisme » comme on le fait d'habitude mais tout simplement par « adualisme ». En effet, il y a une idée d'opposition dialectique dans l'expression « non-dualisme » alors qu'en réalité, il s'agit d'une absence ou d'un au-delà du dualisme qui est mieux rendu par le terme « adualisme » que nous utiliserons donc maintenant de préférence.

Panikkar a appelé un de ses derniers ouvrages de synthèse *L'expérience cosmothéandrique*[39]. Il souligne que la nouvelle conscience religieuse, comme les diverses traditions, doit sans cesse revenir sur le rapport entre trois pôles : Dieu ou l'Absolu, le monde et l'homme. En pratique, elle devra aller dans le sens de l'unité sans confusion de ces trois expériences, d'où le terme « cosmothéandrique », *andros* correspondant à l'homme. Il y a eu trois phases dans l'histoire humaine : préhistorique où l'être humain adorait diverses forces personnalisées de la nature et les ancêtres, en ce sens il y avait une orientation vers le passé ; l'époque historique avec l'émergence du culte d'un Dieu personnel est caractérisée par un regard tourné vers l'avenir, l'eschatologie et le salut futur ; nous en arrivons maintenant à la période de conscience transhistorique :

« Dans la vision transhistorique et théanthropocosmique de l'univers, l'être humain se trouve, avec des degrés variés d'harmonie et de tension, au sein d'une réalité cosmothéandrique dans laquelle toutes les forces de l'univers — de l'électromagnétique jusqu'à l'énergie divine, de l'angélique jusqu'à l'humaine — sont enchevêtrées. Il vit surtout dans le présent. Il est très prudent à propos de l'adoration. S'il doit révérer quelque chose, ce sera l'intersection du passé et du futur, du divin et de l'humain [40]. »

Panikkar a une conception élargie de la Trinité : « Et pourtant, la vision trinitaire de la réalité n'est rien moins qu'un invariant humain que l'on trouve, implicitement ou explicitement, dans pratiquement toutes les traditions de l'humanité. Ce fut une certaine conception élitiste et autosuffisante de la Trinité chrétienne qui propagea l'idée du monopole chrétien de la Trinité, pour la réduire ensuite à un jeu d'adresse intellectuelle. Dieu, l'homme et le monde sont en liens, ni deux ni trois. Il n'y a pas trois choses ni non plus une seule. Il y a une relativité radicale, une interconnexion irréductible entre la Source de ce qui Est, ce qui Est et son propre dynamisme ; Père, Fils et Esprit ; *Sat, Chit* et *Ananda ;* le divin, l'humain et le cosmique ; la réalité est trinitaire, adualiste, ni une ni deux. Ce n'est qu'en niant la dualité (*advaita*), sans réduire à l'unité, que nous pouvons consciemment nous approcher d'elle [41]. »

Nous pourrions ajouter à ces triades fondamentales que cite Panikkar la triple polarité, *triputi* si importante dans la pensée de l'Inde : celui qui connaît, *jnâtâ,* la connaissance, *jnâna,* et l'objet connu, *jneya.* On peut aussi parler de l'amant, l'amour et l'aimé. Quand ces trois pôles ne font plus qu'un, la réalisation survient. De façon élargie, on peut voir la communication intratrinitaire, *périchorèse,* comme une « danse tournante » (c'est le sens du mot « périchorèse ») entre le divin, l'humain et l'univers.

Il ne s'agit plus alors d'avoir une foi dogmatique, mais une « confiance cosmothéandrique » : il y a trois pôles pour l'humanité, elle-même par rapport à l'Absolu et à l'univers. Ces trois pôles peuvent communiquer harmonieusement. Pour réussir dans ce sens, elle peut apprendre beaucoup de l'expérience traditionnelle des générations passées. Dans ce sens, la différence entre croyants et non-croyants n'a qu'une portée limitée. En fait, tout le monde croit en quelque chose à sa manière. Même le nihiliste convaincu croit dans sa théorie, et il pense même souvent qu'il est le seul à avoir raison...

Le christianisme a beaucoup fait pour associer Dieu à l'Être pur, en lien avec la philosophie grecque. En ce sens, il se rapproche de l'hindouisme. Par contre, « dans le bouddhisme, les choses sont, mais l'être pur figé est une contradiction. L'être n'est ni un attribut ni un sujet, ce qui est, c'est la fluidité du verbe "être"[42] ». Panikkar est d'avis que l'interprétation d'Ex 3,14, « Je serai ce que Je serai », qu'ont développée des penseurs du XXe siècle en soulignant qu'elle était plus proche de l'original hébraïque pourrait se rapprocher du bouddhisme, mais est en fait entachée de la conscience historique qui a marqué le siècle qui vient de s'écouler ; maintenant nous évoluons vers une conscience transhistorique, sans pour autant régresser aux cultures primordiales d'avant l'écrit qui n'avaient guère de notion de temps historique. Panikkar recherche une voie du juste milieu entre « la paranoïa du monisme et la schizophrénie du dualisme[43] ». On pourrait parler aussi de mégalomanie du monisme mal compris quand l'ego, au lieu de se dissoudre dans l'un, se gonfle et enfle ses défauts du même coup. Les gens du commun et les sages ont toujours perçu cette voie du milieu, mais les théoriciens et chefs religieux ont eu tendance à tomber dans des positions extrêmes. Ils se croient les seuls serviteurs autorisés de Dieu. L'ego individuel se mêle aux échos des institutions, mouvements religieux et Églises, confessions et autres « persuasions », comme disent les Anglais.

Une théologie saine de devrait pas avoir peur du panthéisme : « L'absence d'une expérience d'*advaita* (bien qu'elle soit la clé pour une vision philosophique de la Trinité) a conduit le christianisme à se laisser envahir par une peur panique du soi-disant panthéisme. Pour éviter le monisme on tombe dans le dualisme. Dieu et le monde se séparent radicalement, ce qui fait que le Dieu transcendant devient de plus en plus superflu, relégué dans un ciel qui n'est même pas le ciel des astronomes. Le créateur, le septième jour, non seulement s'est reposé mais s'est, semble-t-il, retiré dans un empyrée, a arrêté de créer en laissant connecté un "superautomatisme" évolutionniste[44]. »

Les théologiens grecs préfèrent parler d'hypostase plutôt que de personnes divines ; d'ailleurs Panikkar se dit convaincu que la personne divine unique, c'est le Christ, ce en quoi il suit la conception hindoue courante selon laquelle celui-ci est la manifestation personnelle de la divinité invisible[45].

Comment l'être humain se situe-t-il par rapport au pôle « au-dessus » de lui ? Cet autre est-il quelqu'un d'autre, un *alter,* dans une relation duelle à Dieu, ou alors un *altud* fondamental et non personnel ? Ceux qui suivent la voie dualiste diront bien sûr qu'il s'agit d'un *alter.* Il faut comprendre que dans la tradition védantique, le Soi garde la position de l'*altud,* on laisse le gourou occuper la position personnelle qui fait face au disciple et devenir ainsi son *alter* ; comme son ego est très atténué on pourrait le surnommer « l'alter non-ego »...

Panikkar a une interprétation intéressante de la grande parole des Upanishads « Tu es Cela » : il y voit une insistance sur le fait que le Cela, l'Absolu, est dans l'autre, le Tu. Quand nous prenons conscience de notre contingence, elle nous fait toucher l'infini, elle nous fait « prendre la tangente » (*con-tangere*), cesser de tourner en rond sur nous-mêmes et commencer à aller vers l'infini. Cela évoque l'adage zen : « Quand on accepte ses limites, on devient sans limites. » En résumé, prendre conscience de sa contingence, c'est prendre la tangente vers l'infini.

Pour conclure cette partie sur Panikkar, j'aimerais citer des réflexions qui clôturent son livre *L'expérience de Dieu* : « Nous répétons que l'expérience d'un Dieu transcendant n'est pas possible. Nous souillerions son immaculée transcendance. L'expérience exige l'immédiateté. Ce qui se passe et que "ce" Dieu n'existe pas ; il est une projection de notre esprit, d'une civilisation monarchique... L'expérience de Dieu consiste à toucher la totalité de l'être avec la totalité de notre être — sentir dans notre corps, notre intellect et notre esprit la réalité entière en nous et à l'extérieur de nous. Et c'est, paradoxalement, l'expérience de la contingence : nous touchons en un point l'infini (*cum tangere*). L'expérience de Dieu est l'expérience du mystère qui dirige nos vies de l'intérieur et de l'extérieur[46]. »

Être en soi, être en paix

Comme nous l'ont montré les réflexions de Panikkar, nous vivons actuellement dans un siècle plus ouvert où l'on peut discuter des questions profondes en se heurtant moins qu'auparavant à des réactions émotionnelles-dévotionnelles qui limitent les échanges et comparaisons.

Il faut d'abord signaler que j'aurai tendance à parler de « non-dualité » plutôt que d'*advaita* ou de *védanta,* car la pensée non duelle a une assise bien plus large que l'Inde elle-même (le dzogchen tibétain ou le zen par exemple sont des pensées typiquement non duelles en dehors de la terre indienne). En Inde, on appelle *astik* celui qui est « religieux », et *nastik* le « mécréant ». *Asti* signifie en fait « il est » : sont donc religieux fondamentalement ceux qui croient en l'Être.

Il y a un certain nombre d'avantages à insister sur l'*être* de Dieu, comme l'a fait la théologie médiévale et encore plus l'« adualisme » indien dans ses formes intermédiaires qui donnent une place à un Dieu personnel (l'« adualisme » « mitigé » de Ramanuja par exemple) : le philosophe et l'homme de bon sens peuvent croire en un tel Dieu facilement, personne ne doute qu'il soit ou que le monde soit, et donc il peut prendre appui là-dessus pour sa réflexion métaphysique. Comme le reconnaissent les théologiens eux-mêmes, la croyance au Dieu personnel restera toujours du domaine de la foi. Si Dieu est l'Être fondamental, cela signifie que le monde est son corps, et que nous ne pouvons pas fondamentalement aller contre Dieu puisque nous sommes une partie de lui-même. De plus, les différents dieux sont tous les manifestations du même Être. Cela pose évidemment la question de l'existence du mal, que le dogme chrétien estime éternel et auquel il assigne un lieu, l'enfer. En Inde, il y a une sorte de consensus pour dire qu'au cours de l'itinéraire que mène une personne de réincarnation en réincarnation, le mal est une manifestation temporaire qui sera finalement résolue quand elle arrivera à la libération.

Peut-on aimer l'Être, puisque nous sommes déjà une partie de celui-ci ? Oui et non : tant que nous sommes dans l'ignorance et l'oubli, il est bon d'aimer l'Être pour mieux s'en souvenir, mais une fois que l'on baigne dans l'expérience d'unité, le mouvement de l'amour s'apaise en un repos pur. Certes les gens qui suivent la voie de la dévotion diront qu'ils préfèrent rester indéfiniment en mouvement, mais l'expérience même de l'amour ordinaire montre que celui-ci mène à un repos lorsqu'il est satisfait. L'amour est un feu qui brûle, il y a moment où l'on sera entièrement consumé. C'est ce que suggère le texte latin de Jn 17,22-23, durant le discours de la dernière Cène : « Je leur ai donné la gloire que tu m'as donnée pour qu'ils soient un comme nous sommes un : moi en eux et toi en moi, afin qu'ils soient consumés dans l'Unité » (*ut sint ipsi consumati in unum,* dit la Vulgate). Être consumé dans l'Unité, n'est-ce pas le mouvement même de la non-dualité ?

Une autre parole importante de Jésus dans le même discours peut soutenir une théologie de l'Être : *Expedit vobis ut ego vadam,* « Il est bon pour vous que je m'en aille » (Jn 16,7). Il s'agit en fait d'une parole fondatrice de la théologie apophatique. La forme physique de Jésus va disparaître des yeux des apôtres, ce qui va les pousser à se rattacher plus directement à l'Être pur, même s'ils le perçoivent dans leur cas par le canal du Christ cosmique.

Cette question de l'unité est à la base de la quête mystique : voici ce qu'en disait par exemple Rabindranath Tagore, ce poète prophète et prix Nobel de littérature que nombre de Bengalis aiment encore appeler *gurudev* : « Ce principe d'unité est le mystère des mystères. L'existence de la dualité nous fait immédiatement nous poser une question, et nous cherchons la solution dans le Un. Quand enfin nous trouvons une relation entre les deux, et donc les voyons comme un en essence, nous sentons que nous sommes parvenus à la vérité. Et alors nous énonçons ce paradoxe des plus stupéfiants, selon lequel le Un apparaît comme multiple, que l'apparence est l'opposé de la vérité et pourtant qu'elle lui est inséparablement associée[47]. »

Le passage vers le Dieu en tant qu'Être pur est certainement plus facile pour des juifs que pour des chrétiens : ceux-ci sont attachés à l'aspect personnel de Jésus, tandis que YHWH, même s'il s'exprime abondamment dans l'Ancien Testament et éprouve même des émotions semble-t-il, n'a aucune forme physique et reste celui qui s'est directement défini comme « *Je* suis celui qui suis ». Voici comment Rabbi Nahman de Braslav (1722-1810) évoque cette unité divine : « Il faut s'inclure soi-même dans l'unité de Dieu, laquelle constitue l'Existence impérative. Une personne ne saurait être digne d'une telle dimension — à moins qu'elle n'anéantisse son ego — et ceci ne peut s'accomplir sans l'aide de la méditation (*hitbodédout*). Lorsqu'un être médite et exprime ses pensées devant Dieu, il est à même de supprimer tous ses désirs et traits diaboliques. Ainsi peut-il enfin dépasser son corps physique et rejoindre la Racine absolue. »

Siméon bar Yochai, que la tradition présente comme l'inspirateur du Zohar, se place d'un point de vue typiquement « aduel » au début d'un de ses discours : « *Je* ne dis pas au ciel de prêter l'oreille ni à la terre d'entendre, car nous sommes nous-mêmes le fond qui supporte les mondes. » La cabbalistes désignent souvent la Réalité suprême par *En Sof.* Voici ce qu'en dit Sholem : « Cette dernière désignation révèle le caractère impersonnel de cet aspect du Dieu caché selon le point de vue humain, aussi clairement et peut-être même plus clairement que les autres expressions. Elle signifie « l'Infini » comme tel ; non pas, comme on l'a souvent suggéré, « Celui qui est infini », mais « *ce* qui est infini ». Il est clair qu'avec ce postulat d'une réalité fondamentale en Dieu, qui ne devient personne, ou n'apparaît comme personne, que dans le processus de la création ou de la révélation, le cabbalisme abandonne la base personnaliste de la conception de Dieu dans la Bible[48]. »

D'après le Zohar, le mystique doit rechercher l'Être lui-même, et ne pas s'attacher ou idolâtrer des visages de l'Être qui ont pu l'aider à un moment ou à un autre de son évolution. On y raconte l'apologue suivant : « Un roi voulut protéger son serviteur. Il lui dit : Façonne un sceau à l'image de mon sceau, aussi longtemps que cette image apparaîtra sur toi, tout le monde te craindra et te redoutera. Ensuite, à cause d'un amour plus grand par lequel le roi se mit à le chérir, il remit entre ses mains son propre sceau de cire très éminent ; dès que (le serviteur) eut entre les mains le sceau très éminent du roi, il abandonna la copie qu'il en avait faite. Si ce serviteur avait repoussé le sceau très éminent du roi au profit du sceau qu'il avait façonné, à l'évidence ce serviteur aurait été passible de la peine de mort, parce qu'il eût déshonoré le sceau du Roi d'en haut qui réside sur nous au profit de l'image que nous en avons fabriquée[49]. »

Nous avons vu que Moïse, semble-t-il, n'a pas transmis de Nom divin, « Je suis celui qui suis », en initiant des disciples comme on le fait traditionnellement. Peut-être est-ce à chacun de faire l'expérience par lui-même de l'Être pur. Moïse a reçu le Nom car il a lui-même expérimenté jusqu'à la dernière fibre de son cœur son propre être, alors que les autres savaient intellectuellement qui ils étaient, mais ne faisaient pas de cette conscience une expérience stable et continue. Les autres sentaient à propos de Dieu qu'il est, mais Moïse savait au plus intime de lui-même qu'Il est « Je suis ». Cela a entraîné sa déification jusqu'à un certain point qu'on ne peut préciser. YHWH lui dit dans l'Exode : « Vois, j'ai fait de toi un dieu pour Pharaon, et Aaron, ton frère, sera ton prophète » (Ex 7,1). Il faut rappeler qu'il n'y a pas de majuscule en hébreu. En esprit, le contemplatif s'identifie à Moïse, c'est son corps lui-même qui devient le Sinaï et au sommet de lui-même résonne le « *Je* suis celui qui suis ».

Nous sommes aussi nous-mêmes le bon berger qui abandonne ses quatre-vingt-dix-neuf brebis pour s'en aller à la recherche de la centième qui s'est perdue, c'est-à-dire la conscience de notre être que nous perdons si facilement : c'est quand nous pouvons mettre celle-ci, tout joyeux, sur les épaules (Lc 15,6) que nous progressons dans la voie spirituelle. De même, il ne faut pas hésiter à allumer une lampe, balayer la maison et chercher avec soin (Lc 15,8) pour pouvoir retrouver la drachme perdue, c'est-à-dire toucher le fondement de l'Être grâce au discernement entre ce qui est réel et ce qui ne l'est pas, entre la pièce d'or et la poussière du sol.

On a tendance à trop opposer l'immanence et la transcendance : la première est comme l'intérieur du cercle, et la seconde son extérieur ; on peut d'un seul coup d'œil embrasser les deux. Il y a un bonheur inhérent à la réunion des deux en un : cela est perceptible par exemple dans le réflexe de taper dans ses mains de joie, consistant à faire se rencontrer les deux latéralités, la gauche et la droite, en un lieu unique qui est celui du contact entre les paumes.

L'Être pur est comme un océan capable de digérer et dissoudre ces organismes mentaux que sont les questions. En cela, il n'est pas sans rapport avec le sommeil profond, car quelle question peut soutenir son pouvoir dissolvant ?

Il y a une affirmation de Paul qui revient souvent sous la plume de mystiques chrétiens : « Celui qui s'unit à Dieu n'est avec Lui qu'un seul esprit » (1 Cor 6,17). Comme on ne décrit pas Dieu avec un corps — ce serait de l'idolâtrie car Il est pur esprit —, on peut dire qu'être un seul esprit avec Dieu revient à être Dieu, il y a une logique difficilement contournable dans ce raisonnement simple. Comme le dit Jean de la Croix, il existe un niveau où « l'âme est tellement spiritualisée, illuminée, affinée que la divinité transparaît à travers. Le tissu n'est plus qu'une toile d'araignée, c'est même beaucoup moins encore. Voyant les choses comme Dieu les voit, elle les apprécie comme Dieu les apprécie[50] ». J'ai donné d'autres aperçus de la tendance « aduelle » des grands mystiques chrétiens ailleurs[51]. On pourrait multiplier les citations, mais autant résumer en une image à quoi tend ce qu'ils indiquent à mi-mot : lorsque l'inondation de l'expérience « aduelle » survient, il n'y a pas lieu de s'attacher aux étangs ou bassins du dualisme qui sont de toutes façons en train d'être submergés.

Si on médite sur le symbole de l'union de l'eau et du vin pendant la messe ou en général, l'eau est certes différente du vin avant qu'on l'y verse, mais ensuite, qui pourrait les distinguer ? Comment serait-il possible d'affirmer que l'eau est devenue vin par participation seulement ?

La langue française nous fait une sorte de clin d'œil « adualiste » si on sait remarquer que le nom « Jésus » et « Je suis » ne diffèrent en fait que par un *i* : comme si Jésus voulait nous faire comprendre sa déclaration bien connue « *Je* suis la Voie, la Vérité est la Vie » comme « « *Je* suis » est la Voie, la Vérité et la Vie ». Une fois de plus, il s'agit d'oser faire le pas du personnel vers ce qu'il y a au-delà. On trouve un autre clin d'œil « adualiste », non seulement en français, mais dans la grammaire de nombreuses autres langues : quand on dit « vision de Dieu », cela peut signifier la vision qu'on a de Dieu, mais aussi la vision qu'a Dieu de nous. D'un point de vue plus élevé, les deux regards ne seraient-ils pas un ?

Jean de la Croix, influencé par Plotin, a rendu acceptables un certain nombre des idées de ce néoplatonicien aux chrétiens de l'ère moderne. Il dit par exemple dans son commentaire du *Cantique spirituel* : « Il n'y a pas d'autres termes pour "voir Dieu" que cela (*aquello*)[52]. » Parler du Divin comme « cela » nous renvoie directement au *tat* (signifiant aussi « cela ») du védanta. C'est la nature même de la conscience et de l'amour de dévorer à la fois le sujet et l'objet comme le feu gagne deux bûches contiguës.

Marguerite Porète écrit à ce propos : « Il n'y a pas de nature de feu qui n'attire en elle quelque matière, car le feu fait une seule chose de lui-même et de la matière — non pas deux mais une seule —, il en va de même de ceux dont nous parlons : Amour attire toute leur matière en lui, et c'est une même chose qu'Amour et que ces âmes — non pas deux — car il y aurait discorde entre elles, mais une seule chose, et pour autant il y a concorde[53]. » Plus loin il y a tout un développement qui dit en substance : « Il n'y a rien d'autre que Dieu, je suis donc aussi Dieu[54]. »

Il est intéressant de rapprocher un grand principe de la scolastique médiévale : *Quidquid est in Deo Deus est,* « Quiconque est en Dieu est Dieu », et ce que dit Paul à Athènes quand il s'adresse à l'Aréopage : « Dans ce divin nous avons la vie, le mouvement et l'être » ; si notre être est part du divin, c'est qu'il est divin, il y a là une logique difficile à contourner.

Cette unité entre Dieu et la créature ne peut survenir que par l'abandon du moi fondamental, il y a un accord ici entre l'Orient et l'Occident. Voici ce qu'en dit par exemple l'anonyme anglais auteur du *Nuage d'inconnaissance* : « Rien ne me mène si près de Dieu, et si loin du monde, que cette expérience simple et directe, cet abandon de mon moi fondamental[55]. » À ce moment-là je pourrai « adorer Dieu avec toute ma substance[56] ». Cette disparition de l'ego permet de résoudre un paradoxe important de la Bible. YHWH dit dans l'Exode à Moïse : « Tu ne peux pas voir ma face, car l'homme ne peut me voir et vivre » (Ex 33,20) et une bénédiction du livre des Nombres est ainsi formulée : « Que YHWH te découvre sa face et t'apporte la paix » (Nb 6,26). Il n'y a qu'une seule solution, me semble-il, à ce dilemme : il faut que l'ego meure afin qu'on puisse enfin voir Dieu et en même temps demeurer dans la paix.

On présente comme modèle de la dévotion ce paysan que le curé d'Ars voyait régulièrement dans son église en face du saint-sacrement. Il lui a demandé un jour ce qu'il faisait là, et l'homme lui a répondu : « Je Le regarde, et Il me regarde. » Il et sûr qu'il y a dans cet échange visuel le signe d'une relation d'amour, mais elle implique néanmoins une distinction qui demeure entre l'objet et le sujet et donc une trace d'ego qui persiste. Le mot même « regard » implique l'idée de « garder à nouveau ». Quand on re-garde, on prend une image et on la conserve, on la thésaurise en soi. Pour dépasser cette attitude, le mieux paraît être de méditer sur le fait que c'est Dieu qui se regarde lui-même à travers nos yeux, ainsi la racine de la thésaurisation disparaîtra.

Une objection qu'on fait souvent à la voie de la Connaissance consiste à dire qu'une conscience continue du « Je suis » est concrètement très difficile, et donc que cette voie est à peine praticable. Cependant, un souvenir continu de l'amour de Dieu est aussi le fruit d'un travail de très longue haleine, cela n'empêche pas de se mettre à l'œuvre ici et maintenant. La voie de la dévotion a pour « ombre », au sens jungien du terme, la dépendance et l'intolérance, celle de la connaissance, l'arrogance et l'indifférence. La coexistence des deux crée des frictions qui ont été évoquées avec un grand sens de l'humour et de la profondeur par Douglas Harding dans son ouvrage *Le procès de l'homme qui disait qu'il était Dieu*[57]. L'indifférence que peut entraîner une doctrine « aduelle » chez quelqu'un qui n'y pas préparé a certainement contribué à ce que les enseignants de Védanta et des Oupanishads et des périodes postérieures gardent leur doctrine dans le cadre de l'initiation. Le mot même *Oupanishads* fait référence à un enseignement privé entre gourou et disciple. Lorsque Vivekananda a répandu l'enseignement « aduel » dans les masses à la fin du XIXe siècle, il a pris soin de l'équilibrer par un sens aigu du service social : la Mission Ramakrishna est un ordre de moines actifs dans toutes sortes de domaines.

Aller vers la simplicité de l'unité est la première preuve de sagesse ; le livre de la Sagesse ne s'ouvre-t-il pas d'ailleurs sur la demande suivante : « Cherchez Dieu dans la simplicité du cœur » ? Dans le domaine spirituel, ce qui est juste est simple, ce qui est faux est compliqué. La science tend à diviser, mais l'aspirant cherche à travers ses pratiques non pas une science, mais un sens de l'Absolu.

Certains théologiens sont tellement rationnels et organisés dans leur approche qu'ils donnent l'impression de vouloir informatiser le ciel, de le faire passer au moulin de leurs « théo-logiciels »... Pourtant, un Dieu défini serait un Dieu fini. Un vrai théologien s'intéresse plus au Logos qu'à la logique, et plus au souffle de l'Esprit qu'aux jeux du mental. On disait au Moyen Âge que la philosophie devait être la servante de la théologie, mais pourquoi ne pas faire le pas suivant et ne pas souhaiter que la théologie devienne la servante de la mystique ?

Peur de l'Être, peur d'être

La Taittiriya Oupanishad relie directement la non-peur à l'expérience de la plénitude de l'être : en effet cette expérience cause réellement la félicité. Quand on trouve l'absence de peur comme fondation de ce qui est invisible, sans corps (*anâtmya*) non défini, sans support, alors on a trouvé l'absence de peur. Quand par contre on y crée une cavité, un intervalle, on se met à avoir peur. Mais c'est en fait la peur de quelqu'un qui se considère comme celui qui observe (dans une relation duelle avec l'objet d'observation) (2,7). La faille — parfois perçue comme une véritable fracture qui sépare le Créateur des créatures — peut être le chemin par lequel la peur s'infiltre. Dans le livre de Qohelet, on dit : « Nul ne sait s'il est digne d'amour ou de haine devant Dieu » (Qo 9,1). Voilà qui n'est pas rassurant, et le pardon divin ne semble d'ailleurs jamais acquis : « Ne sois pas sans crainte au sujet des péchés pardonnés » (Si 5,5). Après tout, si on accepte le fait que Dieu est émotion, pourquoi ne serait-il pas capricieux, puisque les deux se tiennent ? Il y a une circularité dans laquelle le fidèle semble pouvoir être pris au piège. Jean de la Croix disait : « Sans Sa grâce, nul ne peut mériter Sa grâce [58]. »

Pour se référer au Nouveau Testament, on pourrait distinguer deux sortes de peur, celle de Pierre et celle de Paul. La première est survenue dans des conditions plutôt compréhensibles : on avait déjà arrêté Jésus et on soupçonnait Pierre d'être son bras droit. Il a dénié son lien à Jésus, ce qui lui a sauvé probablement la vie. On peut dire que cette terreur a eu l'utilité de lui permettre de survivre au Christ et continuer son œuvre par la suite. Il semble finalement avoir surmonté cette peur liée à l'instinct de conservation en mourant en martyr. La seconde peur, plus subtile, celle de Paul, a rarement été présentée comme telle, mais à mon sens à tort : quand il évoque une expérience extatique qu'il a eue, il dit en parlant de lui à la troisième personne : « Il fut ravi jusqu'au Paradis et il entendit des paroles ineffables qu'il n'est pas permis à un homme de redire » (2 Cor 12,4). Ces paroles illicites pour l'être humain sont selon moi toujours de la même espèce dans une culture dualiste : il s'agit du témoignage de l'unité complète de soi-même et du Divin. Les mystiques postérieurs, nous l'avons vu, ont beaucoup tourné autour de cette notion et le clergé petit ou grand, quelle que soit l'époque, a eu souvent tendance à les poursuivre de ses condamnations. Pourtant, le sens le plus élevé qu'on pourrait donner au commandement du Christ « Ne jugez pas » (Mt 7,1) n'est-il pas justement de ne pas re*je*ter ces paroles qui peuvent sembler « illicites » ?

Paul a eu une expérience dualiste du Christ sur le chemin de Damas — il a vu sa lumière, il a entendu sa voix, il a été projeté à terre — et il a engagé sa vie et sa mission sur cette expérience. Même s'il avait pu accepter pour lui-même l'expérience d'une Réalité « aduelle », cela aurait entraîné de la confusion dans les nouvelles Églises qu'il avait fondées : celles-ci semblaient aux prises avec des perturbations plus terre-à-terre. L'Apôtre écrit à la fin du même chapitre aux Corinthiens : « Je crains qu'à mon arrivée il y ait discorde, jalousie, animosité, disputes, calomnies, commérages, insolence, désordres... et que je n'aie à mener le deuil sur plusieurs de ceux qui ont péché précédemment et ne se sont pas repentis pour leurs actes d'impureté, de fornication et de débauche » (2 Cor 12,20-21). Dans notre interprétation, cette peur non résolue de Paul vis-à-vis de l'expérience « aduelle » serait passée à l'Église postérieure, qui a dépensé beaucoup de temps et d'énergie mentale à traquer ces paroles des mystiques qu'« il n'est pas permis de dire afin de les réduire au silence ».

Certes, dans la voie dévotionnelle, on cherche à combler par l'amour la faille, la dualité qui sépare le Créateur de ses créatures. Cependant, la peur ne s'envole pas pour autant, elle revient sous forme de dualité inexplicable entre les moments de grâce et de non-grâce. La grâce est par définition gratuite, mais à cause de quels divins caprices est-elle présente à certains moments et absente à d'autres ? Quand le psalmiste dit : « Mon âme se presse contre Toi » (Ps 63,9), cela évoque bien sûr le petit enfant qui se presse sur le sein de sa mère. L'image est plutôt rassurante, mais on sait en psychologie l'intensité des sentiments de terreur qui envahissent le nourrisson quand il a l'impression que sa mère l'abandonne, même momentanément, et plus encore si elle est une mère indigne et le maltraite pour de bon.

Faut-il personnaliser le mal ? Certains penseurs modernes seraient tentés d'abandonner le Dieu personnel, mais voudraient quand même conserver une place à Satan, Prince des ténèbres, prenant comme raison tout ce qui ne va pas dans le monde contemporain. Je ne vais pas dans ce sens. Il y a déjà assez de mal dans le monde, il n'est pas besoin de le figer, en lui donnant l'honneur d'un statut personnel. On peut faire remarquer qu'en psychiatrie, un paranoïaque devient vraiment dangereux lorsqu'il centre sa hargne sur un « persécuteur désigné ». Tant que ses idées de complot extérieur dirigé contre lui restent diffuses, il ne deviendra pas violent car il ne saura pas en fait à qui s'en prendre. Ce n'est que lorsqu'il saura le nom de son ennemi qu'il pourra défouler sa violence contre lui et se rendre réellement nuisible.

De plus, si l'on personnalise le Mal, il formera un couple avec le Bien qui s'associera automatiquement au couple femme-homme, c'est-à-dire que la femme sera « naturellement » associée au Mal. Le Mal est un pôle de l'individu, une force à transmuter, il y a dans ce sens « une doctrine hassidique qui affirme le « rachat » de Satan lors de la Rédemption [59] ». Un des intérêts de la personnalisation de l'obstacle est de stimuler la volonté de lutte de l'individu ; cela peut d'ailleurs être valable non seulement à propos de Satan, mais de l'envoyé de Dieu : les cabbalistes disent que le combat de Jacob avec l'Ange au gué de Penuel sur les bords de la rivière Jaboc était en fait une sorte de rapport amoureux. Jacob s'en est tiré avec une hanche handicapée, mais avec un nouveau nom important, Israël, celui qui lutte avec Dieu (Gn 32,29). Dans mon ermitage m'était venue une réflexion qu'il vaudrait le coup d'approfondir : ce serait certes une caricature de dire que tous ceux qui croient en Satan sont des fanatiques religieux, mais on peut raisonnablement estimer que tous les fanatiques religieux croient en Satan...

La dualité permet une relation d'amour, mais son corollaire spontané, son ombre dirait Jung, est la peur. Juste avant d'assurer les Corinthiens de la grâce divine et de son amour à lui, Paul déclare : « Si quelqu'un n'aime pas le Seigneur, qu'il soit anathème ! » (1 Cor 16,22). Si quelqu'un impose son « amour » à une autre personne sous la menace, y compris la menace de lui « faire un enfer », il ne s'agit plus d'amour, il s'agit de viol. Ces tensions et déviations multiples peuvent trouver un remède un, le souvenir de l'Un. À ce moment-là, la Connaissance « aduelle » remplacera l'ignorance, et la parole des Écritures pourra s'accomplir : « Quittez l'ignorance, et vous vivrez. » (Pr 9,6).

« Qui est là ? — Personne ! » ou le mythe de l'individu

La langue française entretient une ambivalence intéressante entre « la personne » et « personne » dans une phrase négative qui signifie absence. Serait-ce à dire que cette personne à laquelle nous donnons tellement d'importance, sur laquelle nous nous reposons sans cesse, pourrait dans un contexte différent briller par son absence ?

Panikkar n'hésite pas à qualifier la notion d'individu de « grand mythe de l'Occident ». Comme les autres mythes, ils sont d'autant plus efficaces qu'ils ne sont pas perçus comme tels, mais qu'on les considère comme des postulats qu'on ne peut remettre en question, en somme comme des vérités révélées. Si on remet en cause la notion d'individu, le membre de base de la société de consommation protestera en pensant qu'on lèse ses intérêts. Ceux qui ont un minimum de culture spirituelle accepteront qu'individualisme rime avec égocentrisme et il y a donc là quelque chose à dépasser. Mais ils déplaceront le problème d'un cran vers le haut en développant un concept de personne rassemblant en lui tous les bons côtés de l'individu, et, à l'inverse, en chargeant l'individu de tous les mauvais côtés de la personne. Est-ce que cette distinction est valide ? Ne vaudrait-il pas mieux dire simplement que l'individu est de l'ego grossier et concentré, alors que la personne correspond à un ego plus dilué et subtil ?

Je dois dire d'emblée que je suis favorable au développement de la notion de personne au niveau social pour rééquilibrer le pouvoir des machineries étatiques, qu'elles soient dictatoriales ou tout simplement écrasantes par leur propre inertie. La personne doit avoir des responsabilités légales claires, mais doit être défendue aussi face à toutes sortes de risques de bricolages de la science, et pour cela les comités d'éthiques ont un rôle important à jouer. La personne doit surtout être défendue par rapport à la culture de masse qui habitue les foules à se nourrir des mêmes aliments mentaux préfabriqués, comme le bétail en étable industrielle avale de la naissance à la mort la nourriture qu'on lui met sous le museau.

La société de consommation encourage le culte de l'individu, car c'est lui finalement la « cible » qu'il faut toucher par tous les moyens pour le pousser à acheter et dépenser. Un symbole clair de cette tendance est l'habitude d'envoyer des publicités personnalisées : on met au début d'une lettre imprimée par ordinateur le nom du client potentiel qu'on a extrait de n'importe quel listing, et celui-ci peut avoir l'illusion momentanée qu'on s'intéresse à lui personnellement. Je ne peux m'empêcher de penser à cette technique de marketing quand je vois la propagande d'un certain nombre de groupes religieux dont un des arguments principaux est de mettre en avant qu'il y a quelqu'un qui vous aime, le nom de l'entité aimante variant selon les sectes. Devant l'intensité de l'individualisme engendré par la société de consommation, on se demande si les penseurs chrétiens qui ont réfléchi sur la notion de personne ont été les initiateurs d'un mouvement, ou en ont été plutôt les suiveurs — certes à un niveau moins terre-à-terre — au niveau de la personne plutôt que de l'individu pour respecter leur vocabulaire.

Du point de vue religieux, on peut souligner un fait qui n'est pas clair pour la plupart des Occidentaux : il peut y avoir une Révélation qui ne soit pas personnelle ; pour l'Inde, les Oupanishads par exemple sont des textes révélés, mais on y parle du Soi impersonnel et pratiquement pas de la dévotion à un dieu personnel. De nos jours, la psychologie transpersonnelle a bien montré que la capacité d'aller au-delà du personnel n'était pas réservée à une tradition particulière, elle pouvait survenir spontanément dans de multiples contextes. Nous pouvons mentionner par exemple ce témoignage de Tennyson, poète anglais du XIXe qui raconte dans ses mémoires : « J'ai eu fréquemment une sorte d'extase éveillée depuis l'enfance lorsque je me retrouvais seul. Cela m'est généralement venu en répétant deux ou trois fois mon propre nom silencieusement : tout d'un coup, c'était comme si l'individualité semblait se dissoudre et s'effacer dans un être sans limites, à cause de l'intensité même du sentiment d'individualité. Ce n'était pas un état de confusion, mais le plus clair qui soit, le plus sûr qui soit, le plus sage qui soit, totalement au-delà des mots, où la mort était une impossibilité qui faisait rire et où la perte de la personnalité (s'il en était ainsi) apparaissait être la seule vie authentique. J'ai honte de la faiblesse de ma description. N'ai-je pas dit que cet état était totalement au-delà des mots[60] ? »

La critique de la notion de personnalité vient même d'auteurs juifs perspicaces, comme Abraham Hershel : « Pour la plupart d'entre nous une personne, un être humain semble atteindre un maximum d'être, le plafond de la réalité ; nous pensons que personnifier, c'est glorifier. Pourtant, certains d'entre nous ne réalisent-ils pas parfois qu'une personne en soi n'est pas un absolu, et que personnifier ce qui est réel spirituellement, c'est le rapetisser ? Une personnification peut être à la fois une distorsion et une dépréciation[61]. »

Les poètes et prophètes de la Bible avaient tendance à parler d'eux-mêmes à la troisième personne[62]. De même, les sages de l'Inde contemporaine parlent d'eux-mêmes d'une façon impersonnelle : Ramdas se désignait sous le terme même de Ramdas, Ramakrishna disait souvent « ici » en parlant de lui et Mâ disait *ei sharir*, ce qui signifie en bengali « ce corps ». À propos de l'au-delà de la personne, Jean de la Croix parle de déification *endiosamiento* : « Mais il y a plus : cette déification, cette élévation en Dieu par laquelle l'âme demeure comme ravie, absorbée dans l'amour et comme toute changée en Dieu, ne lui permet pas de s'arrêter à quoi que ce soit dans le monde. Elle se trouve comme étrangère à toute chose et plus encore à elle-même, comme anéantie, comme toute réduite et fondue en amour, en d'autres termes comme toute passée en son Bien-Aimé[63]. »

Paul et tous les auteurs chrétiens à sa suite affirment que Dieu ne fait pas acception de personnes. Pourquoi donc accepterions-nous que la notion de personne vienne s'interposer entre Lui et nous ? Dans l'Évangile même, le Christ ne manque pas d'indiquer un au-delà de la personne, déjà de sa personne. Nous avons mentionné auparavant sa parole lors de la dernière Cène (Jn 16,7) : « Il est bon que je parte », et quand il guérissait des infirmes, il leur disait souvent : « Va, ta foi t'a sauvé. » Même quand il parle de la loi fondamentale de la prière, il l'exprime de façon plutôt impersonnelle : « Frappez, et l'on vous ouvrira. »

Lamprecht de Regensburg définissait les béguines dont le mouvement prenait son essor vers 1 250 comme « libres d'elles-mêmes et de toutes choses » et comme désirant « voir Dieu sans intermédiaire » (*ohn mittel*)[64]. On retrouve le mouvement de base de la mystique : détachement global, et en particulier de l'ego, afin que l'Être divin puisse se révéler immédiatement. Une mise à distance de l'attachement personnel n'empêche pas le service des autres, au contraire il l'aide en purifiant la façon dont il est effectué. Hadewich d'Anvers conseille à une correspondante : « Soyez prompte et zélée en toute vertu — et ne faites rien de particulier. Soyez bonne et pleine de compassion envers toute misère — et ne prenez soin de personne[65]. » La distance vis-à-vis de la notion de personne s'étend pour la béguine à la Trinité également, ce qui est une tendance de la mystique essentialiste : « Dans la Trinité, nulle apparence de personne : les Trois dans l'Un sont nudité pure[66]. »

Grégoire de Nysse explique clairement que les concepts eux-mêmes sont des idoles. Une idole est une forme qui ressemble à un être humain, à un individu. Dans ce sens, que peut-il y avoir comme concept plus proche de l'idole que celui de personne ? C'est ainsi également qu'on peut comprendre l'humilité de Moïse qui retire ses sandales devant le Buisson ardent. Pour celui qui a réalisé « Je suis celui qui suis », l'endroit où il est, le moment où il se trouve deviennent instantanément sacrés, absolus. Il a un contact direct avec le fondamental, sans les sandales des concepts qui lui ont permis de faire des promenades intéressantes, mais pas d'être ici, debout, pieds nus sur l'Essentiel. Le « Je suis celui qui suis » peut être considéré comme solitaire, car il absorbe tout en lui. En Inde, un des noms de l'Absolu est *kaivalyam,* le « Solitaire ».

Il y a une histoire de Abu Yazid (Bayazid Bistami) qui est centrale, car elle est répétée trois ou quatre fois dans ses Dits : « Un inconnu vint frapper à sa porte. Abu Yazid dit : "Que veux-tu ? — Je cherche Abu Yazid. — Moi aussi, je suis à la recherche d'Abu Yazid depuis vingt ans !" [67] » Dans une autre version, il répond : « Fais attention, ici tu ne trouveras que Dieu[68]. » On pourrait dire en d'autres termes qu'en recherchant la base de son être, Abu Yazid trouve l'Être. Rûmî met en valeur, dans *Le livre du dedans,* un paradoxe qui a de quoi faire réfléchir les dualistes : « *Ana'l Haqq* (Je suis la Vérité) révèle une grande modestie, car ceux qui disent "Je suis le serviteur de Dieu" attestent de deux existences, l'une pour soi, l'autre pour Dieu. Mais celui qui a dit : *Ana'l Haqq* s'annihile. Il dit : "Je ne suis pas, tout est Lui ; excepté Dieu, il y a d'existence pour personne, je suis un pur néant, je ne suis rien." [69] » En Occident, la tentation est forte d'immortaliser l'ego. Cela peut être par la création artistique, intellectuelle qui confère une sorte d'immortalité. Même des mystiques comme Kierkegaard n'en sont pas exempts, lui qui souhaitait pour seule épitaphe : « Cet individu singulier ». Il se peut que Goethe ait aussi cédé à cette tentation quand il a utilisé cette formule superbe : « Accéder à la seigneurie de soi-même[70] ».

La question « Qui suis-je ? » est comme une bombe à retardement qui va finir par faire exploser l'ego pour ne laisser que l'espace de l'être. Antonio de Mello raconte à ce propos le fait divers suivant : un peu après la seconde guerre mondiale, un Londonien trouve par hasard dans son jardin une bombe allemande qui n'avait pas explosé ; discipliné, il décide de l'emmener au commissariat de police pour la remettre aux autorités, et pour cela il prend le bus avec la bombe sur les genoux ; le contrôleur lui demande ce qu'il y a dans son paquet et, apprenant de quoi il s'agit, lui dit que ce genre d'article n'est pas autorisé par le règlement ; le passager proteste, ils discutent et finalement trouvent une solution négociée en mettant la bombe sous le siège...

Il y a un paradoxe intéressant à propos de la notion de personne : la pensée occidentale inspirée par la Bible donne une sorte de valeur absolue à la personne, mais ne reconnaît pas qu'elle puisse atteindre la perfection complète, l'opinion courante étant que tout le monde, même les saints, restent sujets à la tentation et au risque de chute jusqu'à la mort. Dans le védanta où l'on dit que la personne est une notion relative, on admet par contre la possibilité de perfection totale de l'être humain sous le nom de « libéré vivant », *jivan mukta.* Un mystique chrétien comme Jean de la Croix s'approche cependant de cette notion quand il met au sommet de son dessin de l'ascension au mont Carmel placé au début d'une édition de son texte la phrase suivante en vieux castillan : *Ya por aqui no ay camino por que para el Justo no ay ley...*, « Il n'y a plus par ici de chemin car pour le Juste il n'y a pas de loi[71] ».

L'exacerbation de la notion de personne peut être synonyme de dispute : pour traduire cette notion, on dit en népalais *main-main tou-tou,* c'est-à-dire « moi-moi toi-toi ». À l'inverse, la mise à distance du moi a un effet pacifiant même chez des patients perturbés qui ont souffert par exemple d'une bouffée délirante aiguë. Une étude d'Ellen Corin, une psychanalyste québécoise spécialiste en psychiatrie culturelle et élève du Pr Raymond Prince, montre que ces patients avaient un bien meilleur pronostic de guérison, quelle que soit la culture, quand ils avaient la capacité de prendre la position de l'observateur détaché. Cela peut revêtir des formes concrètes comme s'installer tranquillement à une table de restaurant sans chercher spécialement de contact avec les gens mais simplement être là à les observer. Cette position de témoin, orientée vers l'intérieur, peut aider à sortir du délire par une mise à distance du moi.

Cela peut sembler contredire l'idée habituelle selon laquelle le schizophrène doit renforcer son moi. Il faut lire attentivement le témoignage de ce patient qui avait été délirant et qui nous explique comment il a pu enclencher son processus de guérison : « Enfin les monstres énormes m'assaillaient, les démons montaient de l'abîme comme des gardiens, des Cerbères, je résolus de mener la lutte décisive... À cet instant vint l'illumination, je perçai à jour la vraie nature des tentateurs et m'abstins de leur nourriture. Ils étaient à la fois les gardes et les envoûteurs de mon cher Moi personnel. Mais celui-ci m'apparaissait aussi illusoire et inexistant qu'ils l'étaient eux-mêmes. Et lorsque la lumière d'un Moi plus grand et plus étendu commença à poindre, les démons s'évanouirent, moururent[72]. » On retrouve ici l'idée de base de l'« adualisme » : passer d'un je individuel à un Je universel, qui n'a en fait de commun avec le je individuel que la conscience d'être. On voudrait que son je individuel soit le nombril du monde, mais ce n'est pas la réalité : il ne faut pas être comme ceux qui délirent dans le domaine de leur désir, selon l'expression bien connue des thérapeutes. Certains cherchent à défendre une conception absolue du je individuel de façon plutôt émotionnelle. Il semble bien que ce soit un signe du je qui défend le je, créant un processus circulaire dont il est difficile de s'extraire.

Considérons maintenant la question de façon plus sociale et globale : au niveau de la famille en Occident, le tableau a de nombreuses ombres : le « personnalisme » a souvent dégénéré en individualisme puis en égoïsme pur et simple, avec toute l'instabilité que l'on sait. L'éclatement de la famille semble bien relié à cette évolution. Du point de vue politique, l'individualisme à outrance risque de paralyser le système de protection sociale mis sur pied à grand-peine durant le XXe siècle. L'hypertrophie de la notion de personne dans son sens négatif d'accroissement de l'ego est en fait directement liée à une dégradation du contrat social et familial ; cela n'est pas difficile à comprendre, les égoïstes ont toujours été difficiles à supporter en société.

Examinons maintenant l'Inde : la notion de relativité de l'ego y est beaucoup plus répandue dans la sagesse pratique comme dans la métaphysique. Cependant, cela n'empêche pas ce pays d'être la plus grande démocratie du monde avec quatre cent cinquante millions de votants aux élections générales, donc de personnes qui expriment librement leur choix et prennent leurs responsabilités politiques même si on peut questionner parfois leur discernement. La structure familiale est beaucoup plus solide qu'en Occident, les individus assument leurs responsabilités même si les problèmes ne manquent pas — à commencer par la pauvreté et l'analphabétisme encore trop répandus. Les Indiens sont capables d'intégrer les progrès scientifiques qui leur sont utiles et, du point de vue légal, ils sont considérés comme aussi responsables de leurs actes que les individus en Occident et partout ailleurs —, je ne vois guère de différence à ce niveau-là depuis quinze ans que je vis dans ce pays.

La mauvaise compréhension de la question de la personne vient d'une confusion des niveaux : il est clair qu'un adolescent doit affirmer sa personnalité pour trouver sa véritable vocation et ne pas juste répéter les erreurs de ses parents ou imiter les défauts de la bande d'amis à laquelle il a tendance à s'identifier. Il est clair également que, comme nous l'avons dit, face à un État impersonnel et envahissant même s'il n'est pas dictatorial, la notion de personne doit être sauvegardée comme une valeur sacrée, la société ayant la responsabilité de la protéger et chaque personne ayant en contrepartie des devoirs à assumer envers cette société. En cela, on peut voir comme un bien le développement du personnalisme chrétien en réaction aux dictatures de masse qui ont mené à la seconde guerre mondiale. Tout cela est cependant bien différent du niveau mystique où l'égoïsme doit être retiré jusqu'à sa racine qui est ego lui-même. On a souvent du mal à comprendre comment il est possible de fonctionner dans la vie sans ego, par exemple de se défendre contre une agression injustifiée ; il suffit de recourir à la notion de Loi juste : il n'est pas juste que telle personne m'agresse sans raison, il y a donc une force en moi qui le remet spontanément à sa place et lui évite ainsi de s'enfoncer plus avant dans l'erreur. Ce processus est naturel et peut se passer de l'ego et de ses calculs indéfinis. Par contre, il requiert d'être à chaque instant en lien avec ce Pouvoir supérieur dont un des noms est « Loi juste ».

Pour terminer, nous pouvons maintenant examiner la question

de l'organisation pratique de la vie mystique dans le christianisme et en Inde. Il y a déjà toute une part du christianisme, le protestantisme, qui met de côté la vie monastique. Pour les autres Églises qui l'acceptent, elles insistent sur la vie cénobitique, à tel point que dans le catholicisme des XIXe et XXe siècles jusqu'à Vatican II, il était pratiquement impossible de devenir officiellement ermite. Et l'idéal du cénobite est d'effacer sa petite personne devant la grande institution monastique ou ecclésiale qui a elle-même un ego collectif plutôt bien affirmé. Celui-ci se manifeste souvent sous forme d'une administration impersonnelle, voire dépersonnalisante. On reproche parfois au système de l'Église catholique d'être un grand broyeur de personnalités, avec tout le gâchis de possibilités de développement spirituel des individus qui s'ensuit. À l'inverse, en Inde, la relation de l'apprenti mystique est d'abord avec le gourou, donc au départ personnelle. Certes, il sait qu'il doit voir de plus en plus de Divin impersonnel à travers lui, mais cela n'empêche que la relation quotidienne est de type assez familiale comme entre parent et enfant. De plus, on peut supposer que si les hindous avaient eu une idée plutôt rigide et monolithique de la Personne divine comme on la trouve dans les religions monothéistes, ils auraient été en proie à des guerres religieuses sans fin étant donné le nombre de dieux qu'ils ont. En résumé, à propos du respect de la personne dans le domaine de la transmission spirituelle ainsi que de l'organisation pratique de la vie mystique, je ne pense pas que le christianisme, en particulier le catholicisme, soit un modèle à toute épreuve. Il a aussi ses points faibles. Pour des réflexions plus approfondies sur ces questions, le lecteur pourra se référer à mon étude publiée dans la revue *Question de* n° 100[73].

Ceux qui suivent les formes habituelles de religion croient ou paraissent croire en un Dieu personnel ; mais de temps à autre survient un mystique qui parle de son expérience de la déité nue ou une école à tendance « adualiste » qui s'exclame à la manière de l'enfant dans le conte bien connu voyant la procession impériale passer dans la ville : « Mais l'empereur est tout nu. » De même qu'on ne peut empêcher un oiseau de voler, de même on ne pourra empêcher les mystiques de prendre leur essor au-delà de la personne, humaine bien sûr mais aussi divine.

On sait en psychologie que nous n'avons pas une personnalité unique mais plutôt une mosaïque de sous-personnalités. « Personne » vient du latin *persona* qui veut dire « masque ». On peut espérer devenir un jour suffisamment fort pour réussir à faire tomber tous les masques. Le masque de l'acteur antique est *per-sona*, l'endroit par lequel le son de la voix passait et était amplifié. On peut espérer qu'un jour la tragicomédie touchera à sa fin par la prise de conscience de tout ce théâtre que nous nous jouons à nous-mêmes et que nous jouons aux autres, et qu'on osera écouter seulement ce silence où la personne ne résonne plus — où plus personne ne résonne si ce n'est la plénitude elle-même.

Amour et connaissance

Quand on fait un bilan des auteurs publiés en français qui ont réfléchi sur le rapport entre « adualisme » et mystique chrétienne, on trouve principalement au début des écrivains qui, soit faisaient partie du clergé (Le Saux, Panikkar, Griffith), soit étaient proches de l'institution ecclésiastique (Louis Gardet, Olivier Lacombe), à l'exception de Swami Siddheswarananda de la lignée de Ramakrishna. Il y a eu ensuite quelques auteurs plus proches des idées de l'Inde (Denise et Arnaud Desjardins, Yvan Amar) ou des universitaires plutôt indépendants (Barzel pour la comparaison entre Shankara et Maître Eckhart, et Poggi pour celle entre Maître Eckhart et Abhinavagupta). Je me suis dit que la voix d'un ermite en Himalaya d'origine chrétienne pouvait contribuer à ces réflexions, d'où ce livre.

Il me semble important d'exercer une vigilance constante pour sortir de l'ethnocentrisme. Sinon, on a vite fait de retomber dans l'attitude ordinaire qui consiste à affirmer que les révélations des autres sont des mythes et que nos mythes sont des révélations. Une forme plus subtile du même phénomène est de considérer les pratiques des autres comme des techniques et de prétendre avoir l'exclusive du véritable amour divin et de la présence authentique à l'Absolu.

Une manière de voir les choses courantes en Inde peut aider à mon sens considérablement le dialogue interreligieux, et même le dialogue intrareligieux qui n'est pas forcément le plus facile : c'est la distinction entre le niveau absolu (*paramârthika*) et le niveau relatif, empirique (*vyâvahârika*), ce que les bouddhistes appellent souvent les deux vérités tout en soulignant qu'il s'agit des deux manifestations d'une même vérité. Cela permet la coexistence de doctrines apparemment contradictoires mais qui concrètement sont adaptées à des niveaux différents de chercheurs spirituels. Cette diversité est bien préférable à une pseudo-unité née de la coercition.

Une bonne illustration de cette attitude peut être trouvée chez Mâ Anandamayi : quand on lui posait des questions, elle recommandait souvent la prière avec force, mais elle-même ne priait pas, elle expérimentait un état d'unité où la prière n'avait plus de raison d'être, et cette attitude ne choquait ni ses disciples ni les autres enseignants religieux qui venaient la visiter.

Une autre critique que font les gens attachés à la notion de personne à ceux qui se dirigent directement vers l'Être pur, c'est que celui-ci, étant « au-delà », est « tout et n'importe quoi » : c'est vrai que l'Être pur est tout, mais ce n'est pas pour cela qu'il est n'importe quoi...

On pourrait considérer le rapport de la voie de la dévotion à celle de la connaissance comme celui de la physique newtonienne à la physique quantique : chacune a son niveau, il peut y avoir superposition sans contradiction. Eckhart a été condamné pour certaines de ses déclarations typiquement « adualistes », et a semblé se rétracter comme Galilée a été forcé de le faire un peu plus tard à propos du mouvement de la Terre. Il a dû se dire lui aussi en son for intérieur : « Et pourtant, je sais bien que ce que j'expérimente est la réalité une », à la manière du « Et pourtant, elle tourne... » du célèbre astronome.

Peut-on dire que l'Être pur soit tout autre ? Oui, si l'on se place du point de vue de l'ego qui s'en croit séparé. On n'est alors pas loin de la notion de Tout-autre que développe la voie de la dévotion. On pourrait dire que l'intensité de l'expérience de l'Autre va de pair avec l'intensité de l'expérience du Même : celui-ci est comme un objet éclairé par la lumière de l'Autre. Si la lumière est plus forte, l'objet brillera davantage. Nous pourrions dire encore qu'il ne faut pas limiter l'Illimité à l'illimité. Cela signifie que le véritable Illimité doit inclure aussi la possibilité de formes limitées. Celles-ci s'enchevêtrent dans le monde de la dualité comme les couloirs d'un labyrinthe ouvert vers le ciel. Il est nécessaire de monter sur une colline voisine — c'est-à-dire de faire l'expérience de l'Unité — si l'on veut être capable de voir l'ensemble du labyrinthe, en d'autres termes d'apprécier correctement tous les aspects de la dualité.

Le retour à l'Être pur permet un dépassement d'une sorte de culpabilité essentielle liée à la dualité du Bien et du Mal dans l'individu : dans *Le Nuage d'inconnaissance,* on conseille de contempler non pas ce que l'on est, bon ou mauvais selon les moments, mais le fait même que l'on est. Cela ne signifie pas qu'on doive abandonner la notion de responsabilité individuelle. Si elle n'est pas encouragée par la croyance en un Dieu personnel juste qui tient les comptes, elle doit être assurée comme dans le bouddhisme, par exemple, par un respect réel de la loi du karma. Le problème de nombreux Occidentaux qui font un mélange de traditions, c'est qu'ils ne croient au fond réellement ni en un Dieu justicier ni en la loi du karma ; il n'y a pas grand-chose en eux qui ait la force de faire obstacle aux caprices de l'ego et leur comportement s'en ressent. On dit : *Initium sapientiae timor Domini,* « Le début de la sagesse c'est la crainte de Dieu », de même, pour donner un sens pratique dans sa vie à la loi du karma, il est utile, surtout au début, d'avoir une réelle crainte des conséquences de ses actes, elle sert de garde-fou. C'est sans doute pour éviter les conséquences déstructurantes d'un « adualisme » trop précoce qu'on trouve l'avertissement suivant de YHWH à Adam dans un écrit apocryphe, *Le testament d'Adam* : « *Je* te ferai Dieu, mais pas maintenant, dans un grand nombre d'années[74]. »

En arrivant au terme de cette partie où nous avons discuté nombre de points délicats, le mieux est certainement de revenir à la sagesse de l'Ecclésiaste : « Dieu a abandonné le monde aux disputes des hommes » (Ec 31,11). Laissons aussi un peu de place à la poésie. L'expérience de l'Être pur est paradoxale, à la fois mouvante comme le vent du printemps et immobile comme le Sinaï, qui évoque cette montagne de solidité au-delà du Temps qu'on peut ressentir au-dedans de soi, en son sein : pour une oreille française d'ailleurs, les mots « Sinaï » et « sein » ne se ressemblent-ils pas ? Rûmî percevait le lien entre toutes ces notions quand ils écrivait dans le *Diwan de Shams de Tabriz* :

> *Ô toi, printemps des amoureux, as-tu des nouvelles de notre ami ?...*
> *Dans le sein tu es comme le Sinaï, et tu donnes la vie...*
> *Ton mois et ton année sont bons, ô toi dont les mois et les années sont les serviteurs*[75].

La Parole « Je suis celui qui suis » est la plus haute affirmation à la fois de l'immanence et de la transcendance du Divin en tant qu'Être pur à la base de tous les êtres. C'est aussi, au beau milieu d'un texte comme la Bible qui a une orientation générale plutôt dévotionnelle et personnaliste, une porte ouverte vers la voie de la Connaissance, donc un facteur d'équilibre entre ces deux voies spirituelles. Le mieux que nous ayons à faire à mon sens, quand nous contemplons ou commentons cette Parole, est de laisser la porte grande ouverte.

L'affirmation de la transcendance, quand elle est imposée de façon brutale et univoque, mène à l'agression et au fanatisme. Cela est en jeu dans les problèmes de terrorisme au Cachemire qui sont reliés à une optique de *jihad,* de guerre religieuse. Cela va à l'encontre d'une culture cachemirienne qui a développé un pluralisme séculaire. Cette tolérance avait été affirmée dès le début de l'arrivée de l'islam par Nanda Rishi et Lalleshvarî. Le premier était fils de convertis à l'islam. On l'a appelé aussi Sheikh Nur-ed-Din, ce qui signifie « lumière de la foi », ou Sahazanand, ce qui signifie « félicité de la spontanéité (*sahaja*) ». Ce dernier nom évoque le mouvement des Sahajiya, très répandu à l'époque au Bengale, qui représentait une rencontre entre le bouddhisme et l'hindouisme. Lalleshvarî revient régulièrement aussi à cette notion de *sahaja,* de spontanéité. Nanda Rishi a fondé l'ordre islamique des Rishis, et on dit que le roi du Cachemire est venu à son enterrement. On le considère souvent comme le saint patron de cette région.

Comme celui-ci, Lalleshvarî n'écrivait pas, et ses quatrains ont été transmis oralement par ses disciples. Ainsi un soufi disait-il d'elle : « Lalla Arifa (Lalla qui a la Connaissance) savait le chemin d'accès à la Vallée de Vérité ».

C'est par un de ces quatrains enflammés que j'aimerais terminer ces méditations sur le « Je suis celui qui suis » :

En Toi-même absorbé, Tu me restais caché.
je passais tout le jour à chercher Toi et moi.
Lorsqu'en moi je Te vis, Toi,
à Toi et à moi j'accordai un ravissement sans limites[76].

Pensées

La langue des oiseaux a aussi sa grammaire, et selon elle on pourrait dire : le mot « joie » est un féminin un peu irrégulier du mot « je ».

La théologie apophatique, pour le mystique, est sa vraie théologie de la libération.

Certes, le Soi se manifeste comme un ciel de silence, mais il est aussi ce petit point perdu entre les étoiles, ce satellite qui nous permet de communiquer instantanément avec le monde entier.

Il n'y a pas lieu d'avoir peur de la dissolution, car c'est la vocation de ce qu'il y a de meilleur en nous de se dissoudre et se répandre : une fleur dont n'émane pas de parfum n'est pas une vraie fleur, c'est une fleur sous plastique — ou pire, une fleur en plastique... La solution fondamentale, c'est la dissolution d'un concentré de conscience dans l'espace, la dissolution du bindu *dans le* nâda, *dirait-on en yoga.*

Si l'image de la mère et de l'enfant attire au point que le catholicisme en a fait un objet de culte grâce aux statues de la Vierge et de Jésus, c'est qu'on peut discerner dans l'expression de leurs visages le souvenir d'un temps pas si éloigné où, intimement, il étaient un : elle rappelle ce non-deux, cette unité qui est la fascination première et ultime de l'être humain.

Le paradoxe de la conscience du maintenant, c'est qu'il faut abandonner toute avidité pour qu'elle se manifeste. Il faut savoir ouvrir la paume de la « main tenant » pour qu'il y tombe le maintenant.

Troisième partie

L'écoute du silence dans les traditions mystiques

Chapitre 1

Ce cœur qui bat au sein du silence

Voilà une expérience simple à faire : lorsqu'on est dans un endroit à peu près tranquille, écouter le silence. On entend d'abord un bruissement continu qui peut évoluer en prenant des timbres légèrement différents, et avec un peu d'habitude, on peut se mettre à entendre des sons pulsatiles. Ils sont probablement reliés physiologiquement aux battements de notre propre cœur et des artères, mais il est possible de se servir de ces deux formes de sons, pulsatiles ou continus, comme moyen de concentration, puis de méditation profonde. Il s'agit d'une méthode qu'on trouve suggérée par les mystiques chrétiens, en particulier les moines du désert, mais qui a été développée de façon très complète en Inde. On la retrouve dans pratiquement toutes les branches de l'hindouisme, sous forme de méditation sur le *shabdabrahman,* l'Absolu en tant que son, de *nâda-yoga,* le yoga du son intérieur, ou de *laya-yoga,* le yoga de la dissolution. En effet, des expériences de dissolution, d'absorption de l'ego et de la conscience du monde ordinaire dans une Conscience supérieure viennent assez rapidement par ce yoga, même si leur stabilisation exige une longue pratique. L'écoute du silence, de par sa simplicité même, correspond à une pratique relativement universelle.

Lorsqu'un ami ermite m'a demandé de reprendre la plume pour écrire des textes spirituels, je me suis dit que le meilleur sujet sur lequel je pourrais écrire — dans ce petit ashram de l'Himalaya où je vis maintenant souvent — serait sur le silence. En effet, il s'agit d'une pratique à laquelle je m'adonne régulièrement ici. En fait, je baigne dans le silence. Le village le plus proche est à une demi-heure à pied, et la première ferme à vingt minutes en contrebas. La route est loin en dessous et, de plus, à la période où j'écris qui est celle de la mousson, elle est assez souvent coupée. Quant aux bruit des avions, il n'y en a pas, ce qui devient rare dans notre univers sonore moderne. Le Tibet, pays interdit, n'est qu'à soixante-dix kilomètres à vol d'oiseau et les lignes aériennes n'ont donc guère de raisons de passer par ici. En bref, il s'agit d'un endroit où il faudrait en quelque sorte être sourd pour ne pas entendre le silence. Il pénètre dans les moindres recoins de l'espace et fait vibrer les pins de la crête tendus vers le ciel aussi bien que le fond des vallées qui s'ouvrent sous mes yeux. Si l'on me demandait si cette écoute du silence est une expérience de vide ou de plénitude, je répondrais : les deux. Ramakrishna disait que les spirituels sont comme les bouteilles plongées dans l'eau : certaines se remplissent et font du bruit, d'autres le sont déjà et restent silencieuses. Il va de soi qu'en écrivant ce texte, une forme de bruit mental, je me mets du côté des bouteilles qui se remplissent, mais cela ne m'empêche pas d'aspirer à la plénitude...

Tout cela ne signifie pas qu'on doive être ermite en Himalaya pour commencer à faire attention au silence. J'ai demandé une fois à un groupe de Français en visite, qui n'étaient pas des experts en méditation, s'ils avaient eu l'expérience spontanée de la perception du son du silence : plus d'un tiers des personnes ont répondu positivement, alors qu'il s'agit d'un phénomène dont on ne parle pratiquement pas dans l'enseignement, ni laïque ni ecclésiastique. Il s'agit aussi de la pratique de grands mouvements religieux dans les plaines de l'Inde, comme par exemple les Radha Soamis ou les Manav Dharms (littéralement la « religion de l'homme ») qui comptent avec toutes leurs branches réunies environ un million de fidèles, en principe tous vivant dans le monde puisque leur enseignement ne préconise pas la vie monastique. Leur principe est celui de la « dîme de temps ». Les journées durant vingt-quatre heures, ils donnent 10 % de leur temps à la religion et consacrent donc deux heures et demie par jour environ à la pratique de la méditation, principalement l'écoute du silence. Les enfants et les vieillards suivent à leur rythme cette pratique familiale. Les autres branches de l'hindouisme ont recommandé depuis toujours la méditation sur le silence, par exemple le silence qui suit la récitation du *Om.* Celui-ci est comme un coup de gong intérieur et extérieur, et on écoute comment sa sonorité finit par se dissoudre dans le silence. Dans le bouddhisme, on peut considérer que l'absorption dans la Vacuité peut survenir dans le domaine sonore, ce qui n'est pas différent de l'écoute du silence. Le Tao-Te-King, quant à lui, consiste en une série de paroles brèves qui semblent sorties directement du silence, comme à regret, et qui aspirent à y retourner.

Dans la Bible, nous réfléchirons sur l'itinéraire d'Élie qui a eu la révélation divine sur le mont Horeb, non pas de façon visuelle (théophanie), mais plutôt sonore en entendant *qol lemama daqqa,* « la voix d'un silence subtil » (1 R 19,12), souvent traduit de façon éloignée du texte par « le son d'une brise légère »). En interprétant d'autres textes de l'Ancien Testament, nous verrons que les spirituels d'Israël savaient ce que c'était qu'écouter le silence, si on sait comprendre la manière dont ils exprimaient cette expérience. En parvenant au Nouveau Testament, nous nous attacherons à la double polarité du Verbe qui est secret ou manifesté, implicite ou explicite, et nous verrons comment son aspect non manifesté peut être contemplé par le chrétien grâce à la perception concrète et régulière du son du silence. Enfin, nous terminerons cette invitation au voyage pour traverser la mer des sons intérieurs en donnant quelques aphorismes, sans oublier de conclure, comme il se doit, sur un point d'orgue...

L'écoute du silence paraît être tellement simple que je devrais sans doute dire aux lecteurs : « Pratiquez pendant quelques mois et vous verrez bien par vous-mêmes les résultats ! » Cependant, je connais bien l'esprit des Occidentaux actuels : en général, ils aiment d'abord avoir une idée aussi claire que possible d'un sujet par les livres avant de s'engager éventuellement dans une pratique ; d'où ce texte. Certes, on ne peut avoir une expérience directe du silence en lisant des mots, cependant certaines paroles peuvent aider dans ce sens comme des nuages hauts dans le ciel avant le lever du soleil permettent de refléter une partie de sa lumière et de savoir qu'il approche.

Le bruit est un obstacle qu'il n'est pendant longtemps guère facile de dépasser pour les pratiquants de la méditation. Un auteur comme Marc Chevrier ne mâche pas ses mots à ce sujet : « La souffrance causée par le bruit n'est rédemptrice de rien du tout. C'est un flot de non-sens qui enlaidit notre existence et anémie notre sensibilité... L'enfer, c'est le bruit en nous autres. Pour moi, le paysage sonore est une dimension aussi importante de l'écologie que le paysage visuel ou la préservation des écosystèmes. Pour en être conscient, il faut tout d'abord muscler sa sensibilité, avoir le courage du silence et savoir dire non aux paillettes brûlantes du bruit. Alors, la vraie musique, celle qui est écoutée dans sa pleine mesure, qui arrive à point et qu'on a eu le temps de désirer, n'en sonnera que meilleure[1]. » 56 % des Français se plaignent de bruit excessif. Si l'on compte les arrêts de travail et les accidents provoqués par la fatigue due au bruit, on arrive à un coût d'environ quatre milliards d'euros. Qui plus est, un tiers des jeunes recrues qui étaient examinés pour le service militaire souffrait de troubles de l'audition. « L'intelligence est inversement proportionnelle à la quantité de bruit qu'on peut supporter », disait quelqu'un d'intelligent... ou d'irritable !

Il y a autant de qualités de silence que d'états émotionnels. Marc de Smedt les évoque dans son ouvrage *Éloge du silence*[2] et aborde son importance dans la communication humaine, dans la littérature, l'art, ainsi que la société actuelle, et développe ainsi une vue globale de la question. Quinze ans après sa publication, le livre n'a pas perdu de son actualité ; en fait, le sujet lui-même, le silence, est au-delà du temps. Ici, nous nous centrerons sur l'écoute du silence comme pratique spirituelle et nous verrons que cela nous donne déjà ample matière à réflexion. Un autre ouvrage paru récemment développe l'importance du silence à la fois du point de vue de l'orthophonie et de la spiritualité, en particulier chrétienne[3]. Cependant, dans ce premier chapitre, nous commencerons par prendre une perspective plus large pour situer le cadre de notre étude. Même si nous entrons parfois dans le détail de certaines méthodes à propos de l'écoute du son intérieur, il faut rappeler qu'il s'agit d'une pratique éminemment simple, je dirais même plus simplifiante pour le mental et le cœur ; c'est pour cela qu'un certain nombre de gens l'aiment et décident de la suivre leur vie durant. Je connais par exemple une religieuse bénédictine qui l'a adoptée pendant des années comme pratique principale.

L'écoute du silence n'est pas un exercice d'attention, c'est l'attention même. Quand nous nous concentrons sur lui, il remplit tout notre espace mental et lave pour ainsi dire à grande eau ce qui l'encombrait, toute la difficulté consistant à parvenir à une continuité parfaite de l'écoute. On ne peut parler de technique, car celle-ci impliquerait un enchaînement de stades, alors qu'ici il s'agit simplement d'être présent au son intérieur tel qu'il est, comme dans d'autres voies on revient constamment à l'attention au souffle, au « Je suis » ou au Nom de Dieu et à l'expérience de l'amour divin. En fait, ces prises de conscience peuvent aussi converger dans certaines circonstances, et de toutes façons au-delà d'un niveau donné.

La résonance du silence constitue une masse vibratoire à la limite du perceptible qui représente la texture de l'univers, disent les traditions de l'Inde. Le son fondamental est à la fois au-dedans et en dehors de tout, on pourrait parler de sa qualité d'*omnipénétrance.* De même qu'il y a un troisième œil pour la vision subtile, de même il y a une troisième oreille pour l'audition spirituelle, une sorte d'oreille du cœur. Il s'agit à vrai dire d'un phénomène physique au départ, mais il est interprété spirituellement. Similairement, la répétition d'un Nom de Dieu est fondée sur des articulations oropharyngées tout à fait physiques, mais évoquera dans une langue donnée ce Divin qui est bien au-delà du physique.

D'ordinaire, les gens n'aiment guère le silence complet, pas plus qu'ils n'apprécient de rester trop longtemps dans un désert. On parle de « silence de mort », mais pas souvent de silence de vie. Certains, s'ils se forcent à rester dans le silence complet sans autres stimulations sensorielles, peuvent même développer des hallucinations, on voit cela dans les expériences de privation sensorielle. Les théologiens reconnaissent que cette « voix de Dieu » dont on parle tant dans la Bible se manifeste plutôt par des intuitions accompagnées d'un sentiment de certitude que par des phrases distinctement entendues. Si celles-ci sont présentes, la question d'une construction imaginaire ne manquera pas de se poser. Par contre, l'audition d'un son de base, une sorte de toile de fond à notre scène sonore, est un phénomène réel et a plusieurs raisons physiologiques, nous y reviendrons bientôt.

Un point important dans l'écoute du son intérieur est d'essayer de la rendre complètement continue, j'aurais tendance à dire continûment continue. Elle doit être aussi constante que l'écoulement dans un sablier. Le son intérieur serait-il l'écho sur notre plan d'un sablier cosmique, d'un sablier d'éternité ? Valéry disait dans ce sens : « Celui qui se tait et sourit regarde un sablier invisible[4]. » L'image du flot régulier de la méditation « comme un courant d'huile », selon la formule de Patanjali dans les *Yoga sutras,* évoque aussi la continuité de cette écoute. Le silence est non seulement un chant à une voix, mais une mélodie à une note ; pourtant, ceux qui savent l'écouter disent qu'il n'y en a pas de plus beau. Il résonne dans le *nunc aeternitatis,* dans le « maintenant d'éternité », et progresse « de commencement en commencement par des commencements qui n'ont pas de fin », selon la formule bien connue de Grégoire de Nysse.

Il y a une continuité entre la prière répétitive connue de toutes les religions et l'écoute du silence ; la première est une mer avec des vagues, la seconde une mer d'huile. La répétition d'une formule est régulièrement irrégulière, comme les grains d'un rosaire ; le son du silence, par contre, est complètement continu comme le fil qui les traverse. En Inde, on parle du *sat-nam,* le Nom réel, authentique. Il s'agit du Nom de Dieu, du mantra qu'on a choisi de réciter, mais aussi et surtout de ce son du silence qui résonne au-dessus de toute la variété des Noms possibles de Dieu. Les mystiques de l'islam disent qu'il y a quatre-vingt-dix-neuf Noms de Dieu, mais que le centième est secret. Le passage du mantra au son du silence ne pose en général pas de problème particulier dans les pratiques de l'hindouisme.

La réapparition soudaine du son du silence dans la conscience après une période de distraction est un rappel. Elle fait penser à ces gongs qu'on sonne de façon imprévue dans certaines communautés bouddhistes et qui donnent le signal d'une minute, non seulement de silence, mais aussi de suspension de toutes les activités en cours. Ce sont des « microretours » à l'essentiel, qui nous habituent à sa présence omniprésente.

Il existe un lien entre une écoute fine et une bonne posture de méditation : le meilleur moyen de tendre et dresser l'oreille, c'est de redresser le dos. Nous verrons que dans le yoga, l'écoute du son du *Om* et de celui du silence est clairement associée à l'ascension de l'énergie intérieure. Celle-ci a tendance à emprunter l'axe central du dos, c'est-à-dire la région de la colonne ou un peu en avant. La maîtrise de cet axe est évoquée symboliquement chez Krishna à la fois par sa flûte qu'il tient bien en main et par ce roi des serpents, Nâgarâjâ, sur la tête duquel il danse. La première flûte connue dans l'histoire de l'humanité date semble-t-il de huit mille ans ; elle a été découverte dans le village de Jiahu, au Huan, en Chine ; elle est taillée dans un os d'animal[5].

C'est un lieu commun en mystique de dire que le Réel est au-delà des mots. Cependant, un certain nombre de spirituels se sont exprimés et ont même écrit à son sujet. Cela m'encourage à en dire plus maintenant sur le son du silence.

L'écoute au cœur du corps

La perception d'une sonorité de base est expliquée par la physiologie de l'oreille. Il y a déjà le bruissement des artérioles près des terminaisons des cellules auditives dans la cochlée. Elles transmettent les sons par des cils à leur surface qui ont leur propre mouvement, ce qui crée un bruit de fond. Il faut sans doute ajouter à cela le bruit provenant des déplacements liquidiens dans le labyrinthe, une formation responsable du sens de l'équilibre et qui a la particularité de se trouver dans l'oreille interne elle-même, donc tout près des terminaisons du nerf auditif. Les moindres sons qu'il émet sont en conséquence amplifiés au maximum.

Par ailleurs, le squelette est capable de transmettre les vibrations sonores directement à l'oreille interne indépendamment du tympan et de l'oreille moyenne. Un test clinique pour vérifier le bon fonctionnement du système interne de l'oreille est de poser un gros diapason en train de vibrer sur la rotule du patient et de lui demander s'il entend un son qui reste pratiquement imperceptible aux gens de l'extérieur. Au cours d'une recherche de l'Inserm de Bordeaux, « on a installé un microphone miniaturisé dans le conduit auditif externe à proximité immédiate du tympan et il a été possible de détecter des sons qui provenaient de l'oreille même. Il existe à l'intérieur de l'oreille un ensemble de mécanismes engendrant ses propres vibrations, ce qui permet de dire que l'oreille peut produire des sons[6]. »

Les muscles ont aussi un tonus de base qui engendre une certaine sonorité transmise à l'oreille interne, en particulier les muscles de la nuque. Quand on a l'habitude d'écouter le son intérieur, on constate qu'il est légèrement modifié par un changement de position ou de tonus au niveau de celle-ci. Les battements du cœur et de l'aorte sont certainement liés, nous l'avons dit, à la variété pulsatile de sons intérieurs qu'on perçoit avec un peu de pratique. Cependant, dans les observations que j'ai faites sur moi-même, la pulsation entendue au niveau de l'oreille interne est régulièrement plus lente que les battements cardiaques, par exemple cinquante par minute contre soixante pour le cœur. Je n'ai pas d'explication à ce phénomène, que j'ai simplement constaté.

Nous pouvons maintenant nous écarter de l'anatomie et de la physiologie strictes pour nous pencher sur l'oreille d'un point de vue plus symbolique, voire poétique. Par exemple, il y a un labyrinthe anatomique entre l'oreille externe et le cerveau, nous l'avons dit. Écouter le son intérieur, c'est donc en quelque sorte, symboliquement, « passer de l'autre côté du labyrinthe », avec toutes les connotations initiatiques implicites de cette expression. Et ces tympans qui gardent l'entrée de l'oreille moyenne, n'ont-ils pas des homonymes au-dessus de l'entrée des cathédrales ? Notre tête est la cathédrale, il s'y donne continûment un concert spirituel. L'entrée y est libre, mais qui prend le temps de venir s'asseoir tranquillement et d'écouter ?

Nous avons choisi comme titre de ce chapitre : « Ce cœur qui bat au sein du silence ». En fait, lorsque nous percevons le son pulsatile, nous pourrions dire qu'il vient de l'extérieur aussi bien que de l'intérieur. C'est par une reconstruction rationnelle secondaire que nous affirmons qu'il est interne. Cependant, vu sur un plan plus symbolique, ne pourrions-nous pas soutenir que ce n'est pas le cœur qui bat en nous, mais que c'est nous qui battons dans un cœur qui nous enveloppe de toutes parts ? Après tout, celui-ci n'est-il pas muni de deux oreillettes comme pour s'écouter, s'ausculter lui-même ? Et quand le son du silence pénètre tout l'espace aussi bien interne qu'externe, qui est encore là pour écouter qui ?

L'ouïe est le premier sens qui se développe in utero, entre le quatrième et le sixième mois après la conception. À ce moment-là, on peut vraiment dire que le fœtus est « tout oreilles » ; jusqu'à cinq mois après la naissance, il restera particulièrement sensible aux sons violents et il faudra faire attention à l'en protéger. On se souvient sans doute des travaux du Dr Tomatis[7] pour faire retrouver aux sujets leur audition originelle dans l'utérus grâce à des musiques et des sonorités filtrées comme elles parvenaient à travers le liquide amniotique au bébé avant la naissance. Nous y reviendrons dans la suite de ce chapitre. L'attention aux sons intérieurs correspond aussi à une écoute de l'origine. Dans l'imaginaire médiéval, on décrivait des peuplades sauvages, vivant bien au-delà des confins de la chrétienté, qui avaient des pavillons d'oreilles suffisamment grands pour pouvoir s'y coucher et y dormir quand ils commençaient à fatiguer... Derrière cette représentation à première vue plutôt naïve, n'y a-t-il pas la manifestation d'une nostalgie d'une absorption dans le son originel ? Et que dire de cette expression qui fait fi d'une impossibilité physique évidente, « dormir sur ses deux oreilles » ? N'est-ce pas une aspiration à une écoute complètement équilibrée entre la droite et la gauche, menant à cette extase qui est comme le sommeil, avec en plus l'intensité de l'hyperconscience ?

L'oreille est embryon, elle est germe aussi[8], c'est elle qui permet de recevoir le mantra-germe, *bîja-mantra* (d'une syllabe seulement) donné lors de l'initiation ; celui-ci, surtout quand il est récité mentalement, a une structure sonore qui se rapproche beaucoup du son intérieur, en particulier de sa variété pulsatile. Quand on colle l'oreille à l'orifice d'un gros coquillage, une conque par exemple, on entend le son de l'océan. Une partie de l'oreille externe s'appelle précisément la conque, et plus à l'intérieur du tympan on trouve la cochlée, terme qui évoque également le coquillage. Dans l'hindouisme, la conque est à la fois le symbole de la création à partir de l'océan primordial et du son *Om* qui a précédé et présidé à cette création. C'est peut-être ce *Om* qu'on entend aussi résonner dans la conque. C'est en tous les cas à lui qu'on associe le plus souvent le son intérieur. Un chercheur original comme le Dr Francis Lefébure fait remarquer qu'on a l'impression que le « coquillage intérieur » entre directement en résonance avec le « coquillage au-dehors » : pour comprendre cela, on peut prendre un ensemble de cubes et de sphères en métal ; si on fait résonner à côté un autre cube, ce sont les cubes qui vont entrer en résonance, il en ira de même pour les sphères.

Juste après avoir fini de chanter, la qualité du silence est différente. Cela est en partie dû au fait qu'il y a une hyperventilation, et donc une hyperoxygénation qui entraîne à son tour une ivresse, peut-être associée également à une production d'endorphines. Même dans l'audition passive, l'expérience du silence qui suit immédiatement la musique est particulièrement intense. Sacha Guitry disait : « Ce qu'il y a de merveilleux dans la musique de Mozart, c'est que le silence qui suit est encore du Mozart[9]. » Le yoga a développé cette expérience de l'après-vibration jusqu'aux dimensions d'une *sadhana,* nous le verrons dans la partie qui suit. Les moines qui pratiquent le chant grégorien savent bien qu'il s'agit d'une bonne préparation à l'oraison silencieuse. À la fin et juste après un effort physique soutenu, quand il y a eu une hyperventilation, le mental a tendance à devenir silencieux avec une sensation d'unité et d'euphorie. Cela est lié à la production d'endorphines dans le cerveau, substances qui sont comparables dans leur action aux opiacés. Cependant, ces derniers sont appelés « stupéfiants » à juste titre, car ils entraînent un silence artificiel, on peut dire « stupide », de l'activité mentale et entraînent toutes sortes de réactions par la suite, du manque physique à la culpabilité morale, qui sont à l'opposé du vrai silence.

Par ailleurs, il y a une corrélation entre des « trous », c'est-à-dire des bandes auditives qu'on ne perçoit pas, comme des scotomes auditifs, et des troubles du comportement[10]. L'écoute du silence rétablit une capacité d'attention globale et est ainsi rééquilibrante en soi. Comme le dit un spécialiste allemand de l'acoustique de l'environnement (ce que nous pourrions appeler éco-acoustique), « le silence est au cœur de notre santé mentale[11]. » J'ai parlé du sujet de ce livre au Dr Cyrus Irampur qui a coordonné une université libre de sciences humaines, et il m'a répondu que le silence était un sujet fort important pour lui. Il m'a fait aussi part de documents pour me donner une idée de la manière dont il amenait ses étudiants à y réfléchir.

Pour nous résumer, on peut dire qu'il n'y a rien dans l'audition d'un « son spirituel » de base qui relève de l'hallucination : il est là et bien là, tout ce qui nous reste à opérer est son interprétation dans un sens spirituel, en tant que support de *sadhana.* De même que dans toutes les religions on choisit certains objets ou certains parties du corps, et on les enrichit d'un sens symbolique, de même ici on se fixe sur le son intérieur et on lui donne un sens spirituel. Ce n'est plus aller *a visibilis ad invisibilia* comme on disait au Moyen Âge, « du visible à l'invisible », mais passer « de l'audible à l'inaudible, à l'inouï » au sens d'une perception extraordinairement subtile. C'est dans la nature de la conscience humaine que d'explorer l'inconnu, le caché, que ce soit dans le monde extérieur ou intérieur. Pourquoi devrait-on l'en empêcher ?

Des mots qui nous parlent du silence

En musique, on appelle un silence « soupir ». Méditer, faire une retraite en silence, c'est respirer, soupirer, reprendre son souffle pour que le chant de la vie puisse redevenir conscient, et ce sans risque d'essoufflement ou d'asphyxie. « Soupirer » signifie aussi « être amoureux ». De qui le sommes-nous, pour soupirer après le silence ? Les grands hommes ont eu assez souvent des périodes de silence, voire d'interruption brusque de leurs activités par l'irruption de quelque chose d'autre, de plus inattendu mais aussi de plus important. Catherine Clément a été si fascinée par ce phénomène qu'elle a écrit un livre à ce sujet intitulé *La syncope*[12].

En français, le mot « silence » est le seul nom masculin à terminaison en -ence. En un sens, cela se comprend, car il s'agit du pouvoir par excellence qui pénètre tout l'univers. Le latin *silere* signifie « être silencieux » et a donné le vieux français *siler* avec le même sens, un mot qui résonne dans l'oreille comme « siffler » : pour passer du son du silence à une sorte de doux sifflement, il suffit de rajouter un peu de souffle, en l'occurrence celui du double *f* qui différencie *siler* de « siffler ». On pense au *Cantique spirituel* de Jean de la Croix : « *el silbo de los aires amorosos* », « le bruissement des brises amoureuses [13] ». Les racines *sil-* et *solv-* sont très proches. Nous verrons que le son du silence est comme en solution dans l'espace, il est même ce qu'on pourrait appeler le dissolvant universel, capable de dissoudre toutes les formes sonores qui y naissent. Par ailleurs *sol-* est la racine de « solitaire » et de « soleil ». On pourrait rassembler ces liens poético-étymologiques des thèmes que nous allons évoquer par la suite en parlant par exemple de la « dissolution du solitaire dans le soleil d'un silence sonore ». On pourrait aussi dire en évoquant la dissolution nécessaire des tensions corporelles et mentales à la base de la rigidité de l'ego : « La solution, c'est la dissolution. » Le *sonus* est *solus,* le son intérieur est seul car il envahit à lui seul tout l'espace possible et ne laisse rien qui ne vibre pas « sur la même longueur d'onde ».

Une expression m'enchante, précisément « être enchanté » : c'est avoir un chant en soi. Lequel ? Celui du silence, bien entendu... « Être ravi » suggère le même sens ; n'est-ce pas naturel, puisque l'écoute du chant à l'intérieur de soi, du chant fondamental, du chant en soi pourrait-on dire, mène au ravissement ?

Le Son originel pénètre tous les objets. Peut-être est-ce pour cela qu'ils répondent par un son quand on les percute : ceux qui sont vides répondent par une belle résonance, alors que les objets pleins le font par un bruit mat, étouffé et sans harmoniques. Il en va ainsi des gens : ceux qui sont pleins, imbus d'eux-mêmes, n'ont pas de résonance intérieure ; ils ne l'entendent pas, et on ne la perçoit pas non plus chez eux. Ils sont tout juste capables de *raisonner,* alors que ceux qui sont vides d'eux-mêmes peuvent *résonner* et se mettre avec amour « au diapason » des personnes qu'ils rencontrent.

Un autre terme dont le sens s'avère aussi fort qu'« enchanté » est « enthousiasmé », qui signifie, comme on le sait, « avoir Dieu (*théos*), au-dedans ». N'est-ce pas effectivement enthousiasmant de réaliser que ce chant intérieur directement et immédiatement perceptible représente une communion avec Dieu en soi ? Dans les expériences mystiques, une des formes que ce son peut prendre est celui d'instruments de musique, comme par exemple la trompette dans l'Apocalypse (1,10). S'il est vrai que l'essentiel en méditation consiste à se souvenir de rester bien éveillé et alerte, n'est-ce pas utile, quand nous nous mettons à somnoler, de percevoir comme un timbre de trompette, même lointaine, qui sonne le rappel, voire l'alerte ?

Le son intérieur est entendu le plus souvent dans la tête. C'est le lieu de commande et de décision, d'où le terme « chapitre » (de *caput,* « tête ») pour ces réunions de moines qui prennent les décisions pour leur communauté. Dans ce contexte-là, c'est un signe d'autorité d'avoir « voix au chapitre », c'est-à-dire, dans notre optique présente, de percevoir le son intérieur au niveau de la tête. Par ailleurs, une expression me laisse rêveur qui exprime un trou de mémoire temporaire : « avoir un blanc ». Comme si notre activité, notre bruit mental était un entrelacs de lignes noires sur une page blanche, tantôt calligraphie et tantôt gribouillis ; parfois, tout cela s'efface pour ne laisser que la feuille blanche, c'est-à-dire sur le plan auditif le son du silence, un et continu.

Quand nous décidons d'écouter ce silence et qu'un bruit extérieur vient nous déranger, il nous paraît aussi laid et choquant qu'une tache noire sur un vêtement blanc ; cependant, nous pouvons décider d'opérer un changement de perspective comme l'a bien mis en valeur la *Gestalt,* c'est-à-dire de cesser de regarder la tache tout en voyant le fond blanc, mais de regarder ce fond et de voir simplement, sans attention spéciale, la tache à la périphérie de sa vision. Dans le domaine auditif, cela signifie faire attention au son du silence plus qu'au bruit, ce qui n'est pas si facile sans être impossible. De plus, le bruit peut être utilisé comme un rappel et une question : « Étais-tu vraiment absorbé dans le silence ? » La réponse sera le plus souvent non, d'où la réelle cause de notre irritation : nous n'avons pas été distraits de notre contemplation, mais plutôt « distraits de notre distraction »...

Les Québécois ont une jolie expression pour dire « être amoureux », ils disent simplement « être en amour ». On ne sait plus très bien si c'est l'amour qui est en soi, comme le voudrait la raison rationnelle, ou si c'est soi qui est dans l'amour, comme le voudrait... l'amour. Il en va de même pour le son fondamental : il est en nous, mais nous sommes aussi en lui, nous baignons dedans. Nous pourrions dire familièrement, comme les gens qui se sentent parfaitement à l'aise : « Tout baigne. » La parole est d'argent, le silence est d'or, mais où trouver le vrai diamant, le *Ko-i-nour,* la « montagne de lumière » ? Serait-ce dans l'écoute du silence ?

En Turquie on dit : « La bouche du sage est dans son cœur, le cœur du sage est dans sa bouche [14]. » L'endroit de choix pour écouter le son du silence est, après la tête, le cœur. Il est donc naturel que la « bouche du sage » s'y trouve, car après tout c'est peut-être elle que nous entendons parler dans le silence. Une forme de langage nous suggérera de précieuses intuitions sur le lien entre l'activité mentale et le son du silence, il s'agit des idéogrammes chinois, surtout si on sait réfléchir sur leur étymologie. Nous y reviendrons à la fin du chapitre sur le bouddhisme.

En allemand, le nom *Stille* signifie non seulement « silence », « immobilité » mais aussi « allaitement ». Celui-ci représente l'action capable par excellence de calmer le bébé. De même, l'écoute du son intérieur est le lait qui permet d'apaiser cet éternel nourrisson qu'est au fond notre mental. En anglais, *to come to a standstill* signifie « finir par s'immobiliser », pour un train par exemple. C'est le cas du mental aussi, quand le corps est alerte, bien redressé (*stand*) et calme (*still*). On parle de *sound sleep* pour désigner un « sommeil sain », profond et réparateur, mais on peut aussi entendre cette expression comme le « sommeil-son » ; on est alors proche du *samadhi,* ce sommeil hyperconscient, provoqué par l'absorption dans le son intérieur. Certaines proximités de mots donnent à méditer : *sound* (le son) et *soul* (l'âme) ou encore *silence* et *self* (le soi), et enfin, *Word,* la parole au sens de Son originel, et *world,* le monde. Ne dit-on pas dans la plupart des traditions que c'est la Parole qui a créé le monde et qu'elle continue d'y résonner encore maintenant ? Alors, pourquoi ne pas écouter ce qu'on dit à propos de cette Parole si fondamentale, pourquoi même ne pas écouter directement sa vibration ?

Ces mythes et mystères qui ne sont pas si muets

On sait que le grec *muô,* « se taire », représente la racine commune des termes « mythe », « mystère » et « muet ». Et pourtant, quand on sait les comprendre, les entendre, les *mythes* nous en disent beaucoup sur des *mystères* par ailleurs *muets* et cachés. Prenons par exemple le cas d'Orphée[15]. Il avait la capacité, avec sa lyre à sept cordes, de pacifier son environnement, de réconcilier les contraires comme le loup et l'agneau qui pouvaient être côte à côte paisiblement lorsqu'ils écoutaient sa musique. Il a sauvé les Argonautes du chant dangereux des Sirènes en détournant leur attention vers la douceur de sa lyre. Ensuite, il les a initiés à ces mystères qu'on a appelés « orphiques ». Il était un mystagogue, mot qui signifie « initiateur » mais qu'on pourrait aussi traduire par « guide des silencieux ». Son nom même, Orphée, évoque aussi Morphée, cette forme (c'est le sens premier) humaine dans les bras de laquelle va se dissoudre celui qui s'endort, cette forme qui mène au Sans-forme. Nous sommes dans le monde des images et représentations bien individualisées, mais l'écoute du son du silence est là pour nous rappeler que le ciel du Sans-forme existe. On pourrait aussi interpréter le nom Orphée comme *Or,* l'or-igine, comme dans Ouranos, le dieu originel créateur de l'univers dans la mythologie grecque, et relier *phée* à la racine de « parler » comme dans les termes « pro-*phète* », « *fat*-idique » ou tout simplement la « fée » en français, considérée comme celle dont la parole a du pouvoir. Ainsi, Orphée pourrait être « celui qui parle de l'origine » ou encore mieux « *qui fait parler l'origine* », c'est-à-dire la personnalisation du Son intérieur.

Il est le fils de la Muse Calliope, « celle qui a de beaux (*calli*) yeux (*ope*) » ou « celle qui est belle à voir ». Son nom de Muse évoque bien sûr aussi un lien avec la beauté des sons. Ainsi Orphée est le fruit d'une synthèse entre deux beautés intérieures, l'une visuelle et l'autre auditive. L'écoute du silence sonore (Orphée) est l'enfant de la vraie musique (Calliope). Son père est Œgréus, mais aussi dans certaines versions de son histoire Apollon lui-même avec lequel il partage d'ailleurs nombre d'attributs, à commencer par la lyre. Cela le rendrait demi-frère de sa bien-aimée Eurydice. Dans la mythologie, le mariage avec la demi-sœur ou la sœur jumelle évoque l'union parfaite. Eurydice était une dryade (esprit féminin vivant dans les arbres) morte à cause des poursuites sexuelles d'Aristéus : en effet, en le fuyant, elle s'était fait mordre accidentellement par un serpent. L'image est claire : l'énergie vitale qui doit monter dans la colonne vertébrale (Eurydice dans l'arbre) ne doit pas être perturbée par le désir déchaîné (Aristéus), sinon elle devient séparée de la musique intérieure, c'est-à-dire de la conscience de l'Absolu (Orphée), devient uniquement sexuelle (morsure par le serpent) et crée un enfer psychique (descente dans les mondes inférieurs).

Orphée a d'ailleurs un nom proche en grec d'*ophis,* le « serpent », bien que non relié étymologiquement. Il représente ce pouvoir du charmeur de serpent intérieur, qui fait se dresser de façon paisible le cobra de l'énergie grâce à sa musique, c'est-à-dire le son du silence. Orphée a même eu le pouvoir d'aller rechercher dans les enfers sa bien-aimée Eurydice qui venait de mourir et d'apaiser les supplices qui y avaient lieu. Durant sa visite, le tonneau des Danaïdes a cessé de se vider et Sisyphe a enfin trouvé le repos avec sa pierre en équilibre au sommet de la montagne.

On redécouvre ici des symboles de l'énergie comme nous les avons développés dans *Le mariage intérieur*[16]. Quand le tonneau des Danaïdes cesse de se vider à cause de la tendance à l'extériorisation, l'énergie peut monter et se stabiliser dans l'axe du milieu, comme la pierre de Sisyphe en équilibre au sommet de la montagne. La condition pour qu'Orphée puisse libérer Eurydice était de ne pas se retourner vers elle, mais de rester concentré sur le jeu de sa musique. Malheureusement, il regarde en derrière juste avant de déboucher sur la lumière, et Eurydice retombe à tout jamais dans les ténèbres inférieures. Orphée correspond au son intérieur qui a la capacité de faire sonner juste la lyre à sept cordes, c'est-à-dire le corps subtil avec ses sept niveaux. Il a le pouvoir de réconcilier les contraires, c'est-à-dire que tout le corps, à la fois la gauche et la droite, est suspendu, absorbé dans et pénétré par le son intérieur. Cela amène une montée de l'énergie-conscience (Eurydice) vers le son du silence perçu en général au niveau de la tête (Orphée en train de sortir des enfers). Pour que cette ascension réussisse, il faut que la conscience reste absorbée dans le son d'« en haut » et ne se laisse pas distraire par le mental « en dessous ».

La lyre évoque la transmission spirituelle d'Apollon à son fils Orphée. Le corps est comme le cadre de l'instrument, et les courants d'énergie comme ses cordes : elles ne doivent être ni trop tendues ni trop lâches pour que le son en soit juste. *Luein* en grec évoque l'action de dissoudre (cf. électrolyse), est relié à la racine de *so*-lv*ere,* et en français de « *la*ver ». La musique en général, et celle de la lyre en particulier ont un pouvoir de dissolution par le son, de « musicolyse » pourrait-on dire. Il n'y a que neuf Muses, alors que le chiffre de la complétude est dix. Ne pourrait-on pas suggérer que c'est Orphée lui-même qui représente la dixième Muse, le fruit, le couronnement de leurs espoirs venu en pratique sous la forme du fils de l'une d'entre elles ? De façon analogue, dans l'enseignement des Sants en Inde, on conseille de percevoir le son intérieur de préférence à la dixième porte, c'est-à-dire au centre du front. Les neuf portes correspondent aux orifices naturels du corps qui permettent l'exercice des fonctions vitales et des sens, mais la dixième est cachée, elle est reliée à l'expérience non seulement du son, mais de la lumière au-dedans. La fin même d'Orphée, foudroyé par Jupiter, peut suggérer l'expérience de réalisation spirituelle qui est liée pour le yoga au passage et à la montée vers le ciel de *vajra,* la « foudre » de l'énergie éveillée dans l'axe central du corps.

Venons-en maintenant à la figure d'Apollon dans son lien avec l'écoute du son intérieur et la montée de l'énergie. Nous avons vu qu'il était considéré parfois comme le père d'Orphée. Il l'aurait eu alors non pas de Calliope, mais d'une autre Muse, Urania, dont le nom évoque aussi l'origine première, à la manière du dieu Ouranos, comme nous l'avons vu. Quand Hermès a inventé la lyre, Apollon l'a acquise de lui et la lui a payée en têtes de bétail, mais quand il a découvert la flûte, il la lui a achetée avec un bâton d'or, le caducée. On peut voir une allusion au fait que la maîtrise des canaux d'énergie droit et gauche (les cordes de la lyre bien tendues) correspond à un premier stade où l'on s'habitue à redresser le dos et parallèlement à maîtriser les forces instinctuelles de base (paiement de la lyre avec des têtes de bétail) ; puis vient le second stade, celui du passage de l'énergie dans le canal central (bâton d'or autour duquel s'enroulent les deux serpents) qui calme le mental sans cesse en mouvement (Hermès aux pieds ailés qui va et vient sans arrêt entre ciel et terre) et donne l'expérience de plénitude à celui qui sait se vider de son ego (Hermès offre une flûte, c'est-à-dire un tuyau vide au Divin sous la forme d'Apollon et reçoit en échange un bâton d'or massif). De plus, le dieu lui apprend la divination, c'est-à-dire que quand le canal central est éveillé, les pouvoirs psychiques se manifestent également, avec aussi par exemple le pouvoir de guérison : le caducée n'est-il pas jusqu'à maintenant le symbole du corps médical et de son pouvoir ?

L'oiseau préféré d'Apollon est la colombe, et un groupe de colombes tirait son chariot. Sa fleur est la rose. On retrouve là des symboles de montée de l'énergie purifiée et équilibrée (chariot tiré par les colombes) à travers les centres (les roses) dont j'ai parlé en détail dans *Le mariage intérieur*[17]. On peut voir une évocation des trois canaux d'énergie, central, droit et gauche, dans le fait qu'Apollon est relié au trépied et que la Pythie est assise dessus pour rendre ses oracles à Delphes. Nous venons de voir aussi qu'Apollon a reçu ses instruments de musique d'Hermès qu'on appelle *Trismégiste,* « trois fois grand » : cela pourrait suggérer qu'Apollon a pour fonction d'harmoniser les trois grands (*mégiste*) canaux d'énergie dans le corps subtil.

À la base du trépied de Delphes était sculpté un dauphin (mot qui n'est pas différent de « Delphes ») suggérant la force vitale issue de l'océan primordial de l'inconscient et rendue amicale : elle peut aider au lieu de dévorer, comme le ferait la baleine par exemple. Apollon est aussi connu pour être tombé amoureux de la Nymphe Daphné qui vit dans les lauriers, ainsi que de deux adolescents, Hyacinthe et Cypraressus, associés à la fleur du même nom et au cyprès. L'idée est que l'harmonie en général, et l'accord avec la musique du silence en particulier (la lyre apollinienne) favorisent un arrêt du mental, une dissolution du mur de l'ego et une fusion avec les forces de la nature qui peut, si elle est bien menée, aboutir à une ascension réussie de l'énergie intérieure (la couronne de lauriers) et à la découverte de sa véritable origine : Apollon est de Delphes, et Daphné, le nom de la Nymphe, est presque le même que celui de la ville, le *ph* ayant été inversé et le *l* transformé dans la lettre qui lui est la plus proche, *n*.

Arion était un musicien qui s'était engagé dans un long périple en mer. Soudain, l'équipage, qui était formé en réalité de brigands, lui a annoncé qu'ils allaient le mettre à mort. Inspiré par Apollon, il s'est mis à chanter, ce qui a eu l'avantage de suspendre momentanément l'agressivité des brigands et d'attirer les dauphins, les animaux d'Apollon. Quand il les a vus, Arion a sauté à la mer, les dauphins l'ont aidé à aller jusqu'au rivage, d'où il a pu rejoindre Corinthe, la capitale du royaume, et raconter ses mésaventures au roi. Celui-ci a réussi à faire arrêter les matelots criminels et les a condamnés à être empalés. Du point de vue du thème de cet ouvrage, on peut comprendre ce mythe ainsi : la concentration sur la beauté du son du silence (chant d'Arion sur l'inspiration d'Apollon) calme les passions destructrices (les matelots assassins) et attire les forces vitales amies (les dauphins peu visibles mais bien présents). Celles-ci peuvent mener à des expériences spirituelles stables (la terre ferme), à une montée de l'énergie jusque dans les centres supérieurs (la capitale et le roi) liée à une « percée » des centres sur le chemin et des niveaux de conscience inférieurs (les marins brigands sont empalés).

Ulysse lui aussi a été en danger en mer quand il passait près des Sirènes ; il a demandé à ses compagnons de voyage qu'ils se bouchent les oreilles et qu'ils l'attachent au mât du navire. C'était un enseignement clair sur la manière de faire face à ce qui nous tire vers le bas : soit couper la communication et par exemple se concentrer sur le son intérieur (se boucher les oreilles), soit rester complètement centré (être attaché au mât du navire), ce qui en yoga évoque l'axe central du corps. C'est ainsi qu'Ulysse pourra dépasser l'attrait animal pour la femme mi-humaine mi-poisson et retourner sur l'île de l'épouse véritable. Il n'écoute pas le bruit des vagues et des créatures qui se meuvent par-dessous afin de pouvoir se diriger vers la terre ferme de l'union silencieuse.

Nous ne pouvons pas parler de la musique du silence et de la sagesse antique sans mentionner Harmonie : fille d'Aphrodite et d'Arès (de Vénus et de Mars), c'est une enfant de la passion, car le mari « légitime » d'Aphrodite était Héphaïstos (Vulcain). Peut-être celui-ci, étant le dieu des forges et des chaînes, et de plus boiteux, n'était-il guère séduisant pour la belle Aphrodite. L'union de celle-ci avec Arès correspondant à la rencontre de l'amour et de la guerre n'a pas été de tout repos, puisque les enfants qui en sont sortis ont eu pour nom *Phobos,* la peur, et *Eros,* la passion physique. La présence d'Harmonie comme troisième terme était nécessaire pour réconcilier ces contraires. Elle a finalement été donnée comme épouse à Cadmos et est ainsi devenue la reine de Thèbes, la cité sainte de la Grèce antique. À leur mariage, les neuf Muses étaient présentes.

Pour en revenir à la tentative d'Eurydice pour sortir des mondes inférieurs, on peut la rapprocher de l'ascension de la fiancée *Surati* vers son bien-aimé *Shabda* dans l'enseignement des Sants en Inde. *Surati* est la conscience auditive qui monte à travers la colonne vertébrale entraînant à sa suite l'énergie vitale et va s'unir à son époux qui a « préparé la chambre nuptiale » au niveau du troisième œil. Celui-ci est le meilleur endroit pour la vision de la lumière spirituelle, il peut donc être rapproché de la sortie des enfers. Si l'énergie monte accompagnée d'un sentiment d'ego, elle ne pourra atteindre son but transpersonnel, elle retombera dans l'attachement et les limitations mentales. C'est ce qui est suggéré par l'interdiction de regarder le visage d'Eurydice.

Pythagore parlait souvent de la musique des sphères, et se sentait inspiré par Apollon. Pour les hellénistes actuels qui n'imaginent pas qu'on puisse écouter le chant du silence, il s'agit d'une notion plutôt hermétique. Tout au plus y voient-ils une façon un peu bizarre et désuète d'évoquer poétiquement l'harmonie des lois de l'astronomie. Par contre, il est intéressant de remarquer qu'on retrouve dans l'enseignement des Sants actuels en Inde cette pratique consistant à traverser les « sphères célestes » en suivant comme fil directeur le son intérieur. On fait d'abord monter celui-ci à travers le corps (la terre) jusqu'au troisième œil (le ciel) qui correspond au niveau où évoluent le soleil et la lune (les courants de sensations à droite et à gauche) ; la « voûte céleste », c'est-à-dire cette région d'union (*sandhi*) entre les sourcils et le front, est alors

« percée » (*sic*) et l'âme continue alors son voyage interstellaire vers le sommet de la tête et au-dessus, guidée en cela par l'écoute du Son. Les Sants ont, pour décrire ce périple dans les sphères supérieures, toute une imagerie qui ne manque ni de grandeur visionnaire ni de souffle poétique, nous y reviendrons dans la partie suivante. Nous pouvons cependant signaler dès maintenant que cette ascension du son-énergie à travers le corps pour s'épanouir dans le silence suprême n'est pas une invention des Sants, elle est déjà clairement évoquée dans les Oupanishads lors des méditations sur le *Om*.

Faut-il tomber amoureux de la Nymphe Écho ? C'est une question qu'on peut se poser quand on lit son histoire où elle paraît plus un mirage qu'autre chose. Il y a une multitude d'échos en nous. S'ils reflètent les bruits du mental quotidien et son agitation, il n'y a guère de raisons d'en tomber amoureux ; dans ce cas-là, *Écho* est plutôt synonyme d'échec, mais si on entend par *Écho* la résonance de la Vibration primordiale, il faut faire plus qu'en tomber amoureux, il faut s'y unir de façon stable. Écho est la fille d'Héra et de Zeus. Par son bavardage incessant, elle a distrait l'attention de sa mère et a facilité involontairement l'adultère de son père. En punition, Héra la condamne à ne pouvoir parler qu'en répétant la fin des phrases que les autres lui adressent. Elle se retire dans une grotte, comme d'autres Nymphes, et elle file. Elle éprouve de l'amour pour Narcisse, mais ne peut le lui communiquer à cause de son handicap. Plus tard, Pan tombera amoureux d'elle mais elle le repoussera et, furieux, il demandera à ses bergers de la mettre à mort et de la dépecer. Cette histoire permet plusieurs niveaux de compréhension. Au début, Écho représente le mental, qui par son bavardage incessant amène une dispersion de l'énergie (adultère de Zeus). Ensuite, ce mental se purifie par l'ascèse en vivant dans des grottes, en observant la virginité (état de Nymphe, détachement de l'amour pour Narcisse). Le fait de filer peut évoquer une pratique de concentration continue, comme par exemple l'écoute du son du silence. La grotte est d'ailleurs le meilleur endroit pour percevoir cette sonorité subtile.

En réalité, le mental d'Écho est déjà apaisé quand il ne réagit qu'aux stimulations de l'extérieur. *Nymphe* signifie « voilée » et en effet, on a le sentiment qu'Écho, avec son mental très apaisé, n'est plus qu'un voile sur l'Absolu. Si elle se manifeste, c'est en partant du son du silence et en y retournant immédiatement. Son amour pour Narcisse n'est pas charnel, il peut être comparé à l'attirance du mental vers le Soi à travers la fine pointe de l'âme qui à ce moment-là correspondrait à Narcisse. Ce mot vient de la racine *narkos* qui signifie en grec « sommeil ». Pour le mental, l'attirance vers le Soi et sa stabilité complète peut être interprétée a priori comme un sommeil. En se fondant dans la source où il contemple sa propre image, Narcisse se fond aussi dans la grande origine. En effet, le nom de cette source ne fait qu'un avec le nom de sa mère, Liriopé, qui signifie « voilée par les broussailles [18] ». La fin d'Écho pourrait être interprétée comme la fin de l'ego. Elle n'est plus attachée à sa forme, elle se laisse démembrer par les circonstances extérieures mais n'en éprouve pas de colère et elle trouve la vraie vie sur un plan subtil qui échappe aux gardiens de troupeau.

Philomèle est le nom d'une Nymphe poursuivie par un dieu possédé momentanément par le démon de la lubricité — celle-ci n'épargne même pas les êtres divins. Pour éviter d'être violée, elle reçoit de Zeus la grâce d'être transformée en cigale sous le nom de Philomèle, c'est-à-dire « celle qui aime la musique ». Elle représente le son intérieur, c'est sans doute pour cela que Jean de la Croix en parle tout à la fin de son *Cantique spirituel* (strophe 39) [19]. Ce son ne pourra clairement se manifester que quand on sera à l'abri des émotions violentes ou perturbatrices évoquées ici de façon plutôt directe par le « dieu diablement lubrique », qui est en fait l'image même de l'ambivalence humaine. Le saint fait un joli jeu de mots dans son commentaire du *Cantique spirituel* entre *canto a serenas* (chant serein) et *canto de serenas* (chant des sirènes) [20]. Le rapprochement des deux expressions évoque le passage d'un état de tranquillité relative à une absorption complète dans l'objet d'amour où l'ego va se perdre — nous y reviendrons lorsque nous évoquerons l'écoute du silence dans la tradition chrétienne.

La ville d'Ys et autres récits

Nous pouvons en venir maintenant à un mythe on ne peut plus occidental, puisqu'il s'agit de celui de la ville d'Ys. On situe celle-ci en général à l'extrémité ouest du Finistère, dans la baie de Douarnenez. « La ville d'Ys, Ker Ys, est tout simplement Ker Rys, la ville du rivage. Il subsistait encore, au siècle dernier, un village de ce nom au fond de la baie de Douarnenez, et la plage y a gardé l'appellation de plage du Ris[21]. » La ville était en fait au-dessous du niveau de la mer et protégée par une digue. La clé de cette digue était en la possession de Gradlon, roi de Cornouailles dont on voit encore la statue équestre entre les flèches de la cathédrale de Quimper. Sa fille Dahut, qui menait une vie de débauche, fut séduite un jour par Satan déguisé en amant et alla dérober à son instigation cette clé chez son père. Elle la lui remit sans réaliser les conséquences de ce qu'elle faisait ; Satan s'enfuit immédiatement et alla ouvrir les vannes : en un rien de temps, la ville fut engloutie corps et biens. Cependant, les marins-pêcheurs disent que par les nuits sans lune, ceux d'entre eux qui sont en mer peuvent encore entendre sonner faiblement les cloches de la cathédrale d'Ys qui semblent appeler à une grand-messe éternelle. Il est bien possible qu'ils interprètent de cette façon le son intérieur dans sa forme pulsatile : il est assez facilement perçu quand on écoute attentivement le silence de la nature pendant quelque temps.

Du point de vue de la méditation, la ville correspond au corps, les clés de la digue à l'éveil de cette énergie intérieure qui est neutre, ni Dieu ni Diable a priori, et Dahut, la fille du roi, au mental qui cherche constamment des expériences nouvelles. On peut alors interpréter les pêcheurs eux-mêmes dans leurs bateaux par les nuits sans lune comme la conscience du pratiquant absorbé dans le Sans-forme qui est passé complètement au-delà de la conscience du corps (ville engloutie) mais qui garde comme fil directeur dans son absorption le son intérieur pulsatile. Ernest Renan sentait probablement que l'écoute du son du silence pouvait représenter une forme de pratique au-delà des religions, mais qu'elle avait été oubliée dans la société où il vivait ; il disait en effet dans sa préface aux *Souvenirs d'enfance et de jeunesse* : « Il me semble souvent que j'ai au fond du cœur une ville d'Ys qui sonne encore des cloches obstinées à convoquer aux offices sacrés des fidèles qui n'entendent plus. »

Pour continuer avec l'Occident, on peut rappeler le conte germanique du joueur de flûte de Hamelin qui débarrasse la cité d'une invasion de rats en les charmant avec un air de son instrument et en les menant au sein d'une montagne où il les fait disparaître. Cependant, comme les bourgeois de l'endroit ne veulent finalement pas lui donner la récompense qu'ils avaient promise, le joueur de flûte refait un tour de la ville en musique, mais cette fois ce sont les enfants qu'il capture par sa musique magique et qu'il fait disparaître au sein de la montagne. Celle-ci évoque du point de vue méditatif la tête où le son intérieur est perçu le plus facilement. Jouer de la flûte revient à la maîtrise de l'énergie dans le canal central et les colonnes de rongeurs qui convergent vers le mont suggèrent les courants de sensations diverses et variées qu'on réussit à ramener à une concentration unique, en l'occurrence sur le son intérieur.

Au début, on effectue les pratiques spirituelles avec des objectifs précis, comme se défaire du stress, d'un défaut ou d'un point faible donné, etc., c'est-à-dire qu'on veut se débarrasser des rats qui grignotent le corps subtil (la cité) ; ensuite on est pris au jeu et on se retrouve embarqué dans une aventure spirituelle qui mène à l'absorption de la première manifestation de nous-mêmes, l'ego (les enfants), dans le Suprême (la montagne magique). Et comme moteur de tout cela, il y a l'attrait pour la flûte, cette mélodie du silence, cette paix que le monde ne peut donner. Un autre personnage des contes dont le nom même évoque le pouvoir de charmer, et donc le son intérieur, est Merlin l'Enchanteur. Comme le son du silence, il peut apparaître en n'importe quel lieu sous n'importe quelle forme, mais représente chaque fois un rappel de l'essentiel. La vraie musique est aussi un rappel à l'essentiel, au chant en nous qui a réellement la capacité de nous enchanter. Coleridge ne disait-il pas : « La meilleure sorte de musique est ce qu'elle doit être, sacrée[22] » ?

Les tribus aborigènes en Inde considèrent que les grands sons de la nature, le tonnerre et les tremblements de terre, expriment la colère des dieux et peuvent annoncer des bouleversements dans leur société. Ces notions ont été intégrées dans la représentation typiquement hindoue de Shiva Natarâjâ (roi de la danse) dont le tambour évoque le son du tonnerre et le pied droit en train de marteler le sol le tremblement de terre. Natarâjâ est aussi Nâdarâjâ, le roi du Son fondamental. L'éveil de celui-ci, comme le tonnerre ou le tremblement de terre, présage de bouleversements profonds dans l'organisation de la psyché.

Pour en terminer sur les mythes et contes de différentes parties du monde pouvant évoquer le son intérieur, nous pouvons mentionner des peuplades a priori très proches des origines, les Aborigènes d'Australie. Comment conçoivent-ils eux-mêmes leur origine et la création de l'homme ? De toute éternité selon eux, la Terre a existé, mais avant l'homme il s'agissait simplement d'une étendue plate percée de trous d'eau de-ci de-là ; et dans chaque trou d'eau, il y avait un homme primordial qui attendait, un ancêtre des Aborigènes actuels ; lorsqu'ils ont été touchés par le premier rayon de soleil du premier matin, ils sont sortis de leurs trous tout dégoulinants d'eau et se sont mis à danser en chantant : « Je suis ! Je suis[23] ! »

Le diapason invisible

« Entendre sur cette terre les voix de l'invisible, c'est une joie extraordinaire[24] » : ce témoignage ne vient pas d'un quelconque *channel* en mal de révélations sensationnelles, mais du grand organiste et compositeur Olivier Messiaen. Il s'était passionné pour cette musique naturelle qu'est le chant des oiseaux ; d'après cette réflexion, on sent qu'il avait aussi une expérience de cette autre musique non moins naturelle, mais plus intérieure, qu'est la mélodie du silence. C'est là le diapason invisible. Si nous savons nous y harmoniser, nous avons des chances d'établir des moments d'accord parfait dans notre relation aux autres et au divin. « Heureux les amis qui s'entendent assez pour pouvoir se taire ensemble », disait Péguy. N'est-ce pas une reconnaissance indirecte du pouvoir du Diapason caché ? Dans les concerts de musique indienne, les musiciens prennent vraiment leur temps pour accorder leurs instruments. Ils disent que c'est nécessaire, non seulement pour ces instruments, mais pour s'accorder avec eux-mêmes ainsi qu'avec le public. Le son a un pouvoir dissolvant : l'hindouisme met cela en valeur puisqu'il appelle aussi, nous l'avons vu, le yoga du son (*nâda*) le yoga de la dissolution (*laya*). Il est possible que le terme *laya* ait un certain rapport avec le mot grec *lyse* qui a le même sens et qu'on retrouve dans « électrolyse », « dialyse »... Est-ce que le pouvoir de la lyre d'Orphée ne serait pas justement dans cette dissolution des tensions qu'elle entraîne ?

Dans 2 R 3,15, on décrit Élisée faisant jouer de la lyre pour favoriser la descente de l'inspiration divine. Kaplan fait remarquer que le mot *nâgen,* « musique », serait à rapprocher du terme *mong,* « dissoudre ». En Inde, on raconte que Vishnou a un jour demandé à Shiva, le maître de la méditation et du son intérieur, de venir lui jouer de la musique. Celle-ci était tellement fascinante que Vishnou s'est tout bonnement dissous. Brahma est venu avec son *kamandal* (bol à aumônes) récupérer son divin collègue liquéfié d'extase et l'a versé sur l'Himalaya pour former le Gange et fertiliser les plaines en contrebas. Cependant, comme le courant était trop violent, il fut décidé que le fleuve descendrait à travers la chevelure de Shiva pour modérer l'impétuosité de ses flots. En mémoire de cela, il est traditionnel de représenter Shiva avec un courant d'eau passant à travers les cheveux. Le son, par son caractère hypnotique, immobilise le corps et le mental. Si cette immobilisation se poursuit un tant soit peu, elle mène à une dissolution, de même qu'un morceau de sucre ne pourra rester longtemps entier au fond d'une tasse de thé : rapidement il s'affaissera et finalement se dissoudra complètement. L'effet en est une paix profonde qui semble s'écouler sur et dans l'individu comme une cascade de nectar. C'est le sens sonore ou sonique de la descente du Gange, *Gangâvatâra,* un des récits les plus populaires de l'Inde.

L'instrument de musique traditionnel par excellence, la vînâ que tient la déesse Sarasvâtî, peut symboliser le corps, avec le manche qui correspond à l'axe central et les deux demi-sphères en haut et en bas évoquant la tête et le bassin. Par ailleurs, Sarasvâtî est la déesse des eaux courantes (*saras,* le « cours d'eau », *vâtî,* « celle qui habite »). En cela, elle suggère et confirme l'archétype de la musique comme dissolution. Le terme *vinashinî* signifie « destructrice », et ne peut qu'être rapproché de vînâ par l'inconscient linguistique et poétique indien, même si les racines sont différentes.

Le corps est comme un gong, le chant de *Om* est un marteau qui le frappe. Lorsque le *m* se dissout dans le silence, l'Absolu est là. Certains instruments attisent le feu du cœur, ce sont les instruments à vent, par exemple le *ney* des soufis. Ils font faire au musicien qui en joue un exercice de *prânâyâma* qui le met dans un état d'ivresse, de conscience différent. Cet état influe sur l'interprétation ou l'improvisation et passe ainsi à l'auditeur. Il y a un type de flûte dont le nom même donne à méditer, c'est la flûte de Pan. On l'associe a priori à la divinité pastorale de l'Antiquité, mais il faut se souvenir qu'en grec *pan* signifie « tout ». On peut donc l'interpréter comme la flûte du Tout, dont le son va partout, l'instrument qui fait écho au chant contenu, implicite dans le monde.

Il ne peut y avoir de bonne musique qui n'ait de solide fondation dans le silence. S'il n'est pas présent jusqu'à un certain point chez l'interprète et les auditeurs au début d'un concert, celui-ci risquera de se réduire à une lutte entre deux bruits mentaux, celui du musicien sur scène et celui des gens dans la salle. Comment alors les sons produits pourraient-ils mériter le nom de musique ?

Parfois, on peut faire chanter le temps lui-même. Je me souviens d'une exposition sur les manuscrits grégoriens à la chapelle de la Sorbonne. Comme j'avais appris à déchiffrer l'écriture neumatique avec laquelle on a commencé à noter le grégorien à partir du IXe siècle, en face de certains bréviaires, j'ai pu non seulement déchiffrer les signes, mais tenir compte dans mon interprétation intérieure de nuances précises qu'y avait mises le copiste de l'époque, du temps de Charlemagne ou Lothaire. Il y avait une émotion particulière à pouvoir faire ainsi chanter grâce à l'écrit un texte silencieux depuis un millénaire.

Hans Kayser est un musicologue dont la recherche essentielle, sa vie durant, a été la nature et les manifestations du son cosmique. Il est arrivé à la conclusion suivante, autant qu'on puisse conclure sur un si vaste sujet, directement en lien avec l'expérience de l'Absolu : « Il y a des pouvoirs au-dessus et des formes écrites dans le ciel qui résonnent dans votre âme et vous concernent d'une façon des plus vitales qui soient ; elles appartiennent au Divin autant qu'à vous dans votre soi le plus profond [25]. »

Notre ouïe est comme un crayon émoussé qui a trop servi. L'écoute du silence l'aiguise à nouveau de façon à ce que le prochain « texte » que nous ayons à écrire sur notre page auditive intérieure soit parfaitement lisible et clair. L'astronome Trinh Xuan Tuan parle des lois de l'univers comme d'une mélodie secrète [26]. Notre univers intérieur a aussi sa mélodie cachée : par exemple, quelle est la loi de gravitation qui fait tenir ensemble les systèmes solaires des pensées ou cette galaxie qu'est une personnalité ? Quel est le rôle exact dans la stabilité de notre système intérieur de cette matière noire de l'inconscient que nous ne pouvons guère percevoir directement mais dont nous pouvons observer les résultats ?

Un des effets fondamentaux de la musique sacrée, d'après Jean During, spécialiste du *sama* (concert spirituel) soufi, c'est que « des musiciens animés d'une forte spiritualité provoquent des effets incroyables en jouant des choses très simples [27] ». En poussant cette idée au bout, on peut dire que l'auditeur préparé éprouvera les effets les plus incroyables du son en écoutant simplement le silence. J'ai rencontré un jeune chef de chœur et professeur de chant à Paris qui affirme qu'en faisant faire la « sirène » à un élève donné (un son qui monte ou descend continûment), il peut percevoir une hauteur qui fait particulièrement vibrer le chanteur, définissant ainsi sa note fondamentale. Quoi qu'il en soit, il est maintenant assez bien montré que des sujets qui souffrent de « scotomes auditifs », c'est-à-dire qui n'entendent pas certaines fréquences, sont victimes de perturbations relationnelles. En poussant cette idée plus loin, ne pourrait-on pas dire que ceux qui n'entendent pas le Son de l'Absolu souffrent d'une relation troublée avec celui-ci ?

La douce langue natale

Les riches plafonds,
Les miroirs profonds,
La splendeur orientale,
Tout y parlerait
À l'âme en secret
Sa douce langue natale.

Cette « douce langue natale » dont parle Baudelaire dans l'« Invitation au voyage », un poème des *Fleurs du mal,* évoque pour moi le son caché du silence, la source ultime du Poétique. Il est l'écho d'autre chose. Il nous y relie et nous en sépare en même temps, comme l'abat-jour transmet et retient tout à la fois la lumière. En ce sens, les « riches plafonds » sont dans la direction du ciel, on peut donc dire qu'ils l'évoquent mais le masquent en même temps. De même, les « miroirs profonds » nous rappellent à nous-mêmes mais ne sont pas nous-mêmes et la « splendeur orientale » nous suggère cette région d'où naît le soleil, sans avoir cependant tout l'éclat de l'astre lui-même.

J'ai déjà écrit sur le rapport entre poésie et méditation dans le chapitre « Les fleurs du silence » de mon ouvrage *Méditation et psychologie.* Marc de Smedt aussi a consacré un chapitre bien documenté sur la relation entre poésie et silence dans son livre *Éloge du silence*[28].

Dans un poème sur le réveil de la nature, Victor Hugo s'exprime ainsi :

L'aurore s'allume,
L'ombre épaisse fuit,
Le rêve et la brume
Vont où va la nuit...

Le vent parle aux chênes
L'eau parle aux fontaines
Toutes les haleines
Deviennent des voix.

Ces deux derniers vers peuvent exprimer une expérience spirituelle : quand un certain éveil se manifeste, les « haleines », c'est-à-dire les courants de sensations (*vayus, prânas*), prennent une telle intensité qu'elles modifient légèrement la qualité du son intérieur (*nâda*). En d'autres termes, on se met à les entendre, d'où l'expression « deviennent des voix ». D'après le yoga, l'ouverture des canaux et l'audition du son intérieur sont plus aisées aux périodes de jonction, *sandhya,* c'est-à-dire l'aube et le crépuscule. Victor Hugo, qui était un grand admirateur des Védas, ne devait pas être totalement étranger à ces notions. Les deux heures avant le lever du soleil sont aussi appelées en Inde *Bhrama-muhurt,* la veille, la « période de Brahma », et celui-ci est associé, voire identifié au Son primordial. On les appelle aussi *amrit muhurt,* les « heures du nectar d'immortalité », correspondant à la descente de l'eau du Gange (*amrit*) intérieur du fond du palais à travers tout le corps. Cela rappelle ce que nous avons déjà vu, cette dissolution de Vishnou par la musique de Shiva dans l'Himalaya, et l'intervention de Brahma pour la rendre utile, féconde pour le monde des plaines en la transformant en Gange.

Carlyle a eu une intuition lumineuse quand il a dit : « Le silence est profond comme l'éternité, le discours superficiel comme le temps. » Il suggère par ailleurs d'élever une statue au Silence. Ce serait justifié, bien que paradoxal, puisque le silence est indissolublement lié au Sans-forme. Il est l'âme des choses mais, en même temps, il constitue un ami qui ne trompe jamais, comme dit un très vieux proverbe chinois.

Les machines bien huilées et les plus efficaces sont aussi les plus silencieuses : n'en serait-il pas de même avec notre mental ? La véritable écoute du silence est une expérience merveilleuse. Peut-être faudrait-il utiliser un autre terme que « merveilleux », venant du latin *mirabilis,* signifiant « qui mérite d'être vu » ; ici, il s'agit plutôt de mériter d'être audible, on aimerait pouvoir parler de silence « audiveilleux »...

Lorsque la conscience demeure au sein du bourdonnement du silence, elle n'est pas léthargique, elle est plutôt active comme un insecte qui se maintient apparemment immobile à la même hauteur, mais en battant constamment des ailes.

Emily Brontë a écrit un poème montrant comment l'expérience du son intérieur peut être une étape décisive qui bouleverse l'individu. Son témoignage est d'autant plus intéressant qu'elle n'est pas a priori classée en tant que mystique mais plutôt en tant qu'écrivain à la sensibilité psychologique raffinée comme sa sœur :

Mais d'abord, une bouffée de paix
Un calme dépourvu de son descend.
La lutte de la détresse
Et de l'impatience féroce s'achève.

Une musique muette adoucit ma poitrine
Musique qui n'est pas prononcée
Dont je n'aurais pas même rêvé
Avant que la terre n'ait disparu pour moi.

Alors pointe l'aurore de l'Invisible
Ce qui n'est pas un révèle sa vérité,
Mes sens extérieurs s'en sont allés
Mon essence intérieure ressent.

Ses ailes sont presque libres, sa demeure,
Son port d'attache est trouvé.
En mesurant l'abîme, elle s'incline
Et ose le bond final.

Ce son dont on n'aurait même pas pu « rêver » et qui permet d'oser le « bond final » est malgré tout entendu parfois en rêve par des personnes chez lesquelles l'intérêt mystique n'est pas encore éveillé. Il y a, dans le petit ashram de l'Himalaya où je vis un ermite qui est là depuis quatorze ans, Swami Nirgunânanda, déjà évoqué dans la première partie. Il a pratiqué là-bas pendant plusieurs années le yoga du son intérieur. Une des raisons de ce choix est la suivante : bien avant sa conversion subite à la spiritualité, il avait eu un rêve où il avait entendu une musique sublime, et la part profonde de son être n'avait qu'une envie, la retrouver. C'est ce qu'il a pu faire grâce à cette *sadhana.* La tradition hindoue dit qu'un des sept mondes supérieurs est celui des Gandharvas, le paradis des musiciens ; certains y ont accès au moment du rêve.

Souffle, espace et silence sont indissolublement liés. Rainer Maria Rilke devait avoir senti cela lorsqu'il a écrit dans ses *Élégies à Duino* : « Mais écoute le souffle de l'espace, le message incessant qui est fait de silence[29]. »

Il est intéressant de remarquer qu'un des premiers livres par lesquels la voix de l'Orient ait pu se faire entendre en Occident à la fin du XIXe siècle ait été *La voix du silence*[30] d'Hélène Blavatsky. C'était l'époque du jingoïsme, c'est-à-dire la forme la plus prétentieuse de l'impérialisme britannique, une période de colonialisme bien-pensant et de missionarisme aussi actif que naïf. Et pour remonter d'ouest en est ce courant impétueux fait de marchands, militaires, fonctionnaires et prêcheurs, qu'est-ce qui est revenu d'Inde ? Un petit livre qui a fait bien du chemin depuis, et qui continue jusqu'à maintenant à inspirer ses lecteurs. Mme Blavatsky relie le progrès spirituel à la capacité de percevoir le son intérieur : « Quand il a cessé d'entendre le multiple, il peut discerner le UN, le son intérieur qui tue les bruits extérieurs. Ce n'est qu'alors et pas avant qu'il pourra quitter le royaume d'*asat,* l'inauthentique, pour parvenir au royaume de *sat,* l'authentique (*sat* peut aussi signifier en sanskrit « être »)[31]. » La culmination de cette pratique est un état non duel. C'est là-dessus que se conclut d'ailleurs le texte de Mme Blavatsky sur *La voix du silence* : « Rends-toi donc compte ! Tu es devenu la lumière, tu es devenu le son, tu es ton Maître et ton Dieu. Tu es toi-même l'objet de ta recherche : la *voix* ininterrompue, qui résonne au travers des éternités, indemne du changement et du péché, et qui consiste dans les sept sons réunis en un[32]. »

Une poétesse contemporaine, Silviane Le Menn, a su mettre des mots sur ses expériences spirituelles, y compris sur celle de l'arrêt du mental : je cite in extenso son poème sur le silence qui donne à méditer :

Je cherche le silence
L'avez-vous vu ?

Écouter seulement
Le bruit de mes dents

Écouter mon cœur battre
au rythme de cascade lente
Écouter mon sang régénéré
irriguer mes canaux de vie
Écouter les forces vives
de l'énergie profonde

Écouter les secondes
qui tombent une à une
dans l'absence des paroles
Écouter mes yeux
sur la plage vierge de l'éternité
Écouter le message discret
du miroir cosmique
dans la profondeur palpable
des halos insoupçonnés de l'esprit

Écouter l'Amour silencieux
d'un pas léger de danseuse
s'installer dans ma demeure
à l'abri des flots de paroles[33].

Jack Kerouac a certainement eu une intuition pleine de justesse quand il a écrit :

Le son du silence
Est toute l'instruction
Que tu recevras[34].

Le mental : labyrinthe au miroir et vallée aux échos

Le silence de l'analyste a plusieurs fonctions : d'abord, il permet au patient de s'écouter lui-même dans une ambiance neutre et bienveillante, ce qui n'est pas si facile à faire tout seul pour la plupart des gens. Il autorise un transfert affectif qui peut ensuite être source de prises de conscience. Il permet de porter sur les souffrances intimes une sorte de « regard de la mère », regard éminemment thérapeutique pour les enfants que nous restons au fond de nous-mêmes. Un analyste qui a le mental suffisamment silencieux peut même percevoir parfois directement l'inconscient de son patient par un phénomène de télépathie. Il arrive aussi que celle-ci fonctionne en sens inverse, le patient racontant par exemple un rêve à l'analyste que ce dernier a précisément fait la nuit passée.

Du point de vue de la méditation, le silence de l'analyste n'est que partiel, car il est rempli par le bruit mental d'un patient perturbé, et en général perturbant. On ne peut guère en attendre des états de conscience d'une qualité vraiment pure. C'est en partie pour cela que j'ai abandonné la carrière de psychiatre-psychothérapeute qui s'ouvrait devant moi pour devenir un *sadhaka* et même goûter aux joies de l'érémitisme, à présent et encore pendant quelque temps.

On dit souvent dans les milieux des psychothérapeutes que « la maladie est un mal à dire », c'est même devenu une sorte de lieu commun, de postulat que personne ne pense ou n'ose remettre en question. Il est vrai que les personnes pathologiques ont toutes sortes de souffrances sérieuses et qu'elles ne savent pas d'où elles viennent ; à ce moment-là, les confier à un thérapeute aide en général à y voir plus clair. Cependant, pour le chercheur spirituel, la maladie chronique qui représente une fuite d'énergie quasi continue est le « mal à ne pas dire », c'est-à-dire l'incapacité à stopper une agitation mentale incessante et centrifuge. C'est cela qu'il faudra en dernière analyse guérir, et ce n'est pas si facile, d'où la grande variété des voies spirituelles.

Que le non-dit soit pathogène est à mon sens une demi-vérité. Il est certes vrai qu'une personne qui parle à partir d'un cœur en paix est plus harmonieuse qu'une autre qui renferme une colère brûlante derrière un silence forcé ; mais ce mutisme a une fonction, il peut par exemple être une mesure d'urgence pour éviter de tout casser extérieurement par un accès de fureur. Par ailleurs, les amoureux extatiques se taisent spontanément. S'ils se remettaient à parler à ce moment-là, ils risqueraient de retomber rapidement au niveau des banalités quotidiennes ou de complications mentales sans fin. Mieux vaut voir tous les aspects de cette question du dire et du silence et ne pas accepter de postulats avant de les avoir examinés de près.

On peut réfléchir à ce propos sur le syndrome d'automatisme mental qui est un des meilleurs signes de délire : les gens sentent une voix, soit à l'intérieur d'eux-mêmes, soit surtout à l'extérieur, qui commente tout ce qu'ils font et ne se gêne pas pour les critiquer de façon humiliante et destructrice. Ne comprenant pas que tout cela vient de leur mental, ils peuvent chercher à s'en protéger en mettant des boules de cire dans les oreilles ou en vivant avec une musique forte pour essayer de couvrir ces voix, ce qui n'empêche pas, en général, l'aggravation des symptômes. Ici, la souffrance est visiblement dans un trop dire plutôt que dans un mal à dire. La fonction de commentaire est naturelle pour le mental, mais apprendre à la réduire peut représenter une sorte de prévention d'un glissement progressif vers l'automatisme mental ainsi que de la tendance dissociative et schizoïde en chacun.

J'ai déjà raconté ailleurs, à propos de thérapeutes dogmatiques, l'histoire de ce jeune patient à qui son psychanalyste n'avait jamais parlé pendant les six ans où il avait travaillé avec lui. Le jeune pensait avoir été sauvé par là d'une psychose débutante, mais c'était difficile à confirmer car il voyait en parallèle un psychiatre qui lui faisait une thérapie de soutien habituelle. Ce que j'ai remarqué cependant en rencontrant ce jeune sujet, c'est qu'il semblait avoir gardé de cette psychanalyse l'habitude de parler à vide indéfiniment de ses états mentaux, et n'écoutait absolument pas ce qu'on pouvait lui dire. De plus, il se présentait comme un nihiliste, ce qui n'est guère un signe de bonne santé spirituelle. J'espère qu'il a évolué plus positivement depuis.

Le psychiatre français Tourrette a décrit il y a déjà longtemps la crise d'hystérie classique, en faisant remarquer qu'elle était souvent accompagnée de la perception d'un son intérieur. Nous allons par ailleurs développer dans le chapitre sur le yoga le lien entre cette audition et la montée de l'énergie de *kundalinî.* On pourrait donc comprendre les choses de la façon suivante : l'absorption dans le son intérieur est liée à la montée d'une énergie vitale (l'« utérus ascendant » qui a donné le nom même d'« hystérie ») mais elle n'opère pas son ascension jusqu'au niveau de l'expérience spirituelle. Elle entraîne bien une ouverture du canal ascendant au début, mais avec une déviation qu'on remarque d'ailleurs dans le corps : dans l'ascension juste de la *kundalinî,* le dos se redresse et devient droit de façon exacte, mais dans la crise d'hystérie classique, il se cambre en arrière, en quelque sorte dans un excès de redressement. L'arrêt du mental relatif qui survient dans cette montée n'est plus au niveau sexuel de la « petite mort » de l'orgasme, mais pas non plus encore la paix stable et indépendante d'un état spirituel authentique. Elle garde une dépendance vis-à-vis de l'autre avec lequel on est en relation, dans la recherche de bénéfices secondaires. La conscience et la maîtrise des phénomènes d'ascension de l'énergie et absorption dans le son du silence, qui est de règle chez les méditants, ne sont pas présentes chez l'hystérique. Chez elle — ou chez lui, puisque l'hystérie masculine est beaucoup plus fréquente qu'on ne pense — il s'agit plutôt d'un accident auquel il ou elle ne comprend rien : c'est ce qu'on appelle la « superbe indifférence » du patient et cela entraîne une forme ou une autre d'invalidité. Il s'agit donc d'une montée qui a manqué son but. On revient à l'étymologie du mot « péché », en grec *amartya,* « rater la cible ».

Dans *L'écoute,* Maurice Bellet parle de l'écoute psychanalytique et rend hommage à la manière dont il a été lui-même écouté par Robert Gessain, à la fois psychanalyste et ethnologue. (Celui-ci a été aussi le psychanalyste de Anne Ancelin-Schützenberger, professeur de psychologie à l'université de Nice : elle a lancé les études sur le transgénérationnel[35] et a aussi enseigné le psychodrame à l'auteur bien connu Jacques Salomé.) Maurice Bellet, revenons-en à lui, a une haute idée de l'écoute thérapeutique. Elle peut prendre d'après lui la dimension d'une écoute infinie : « Il s'agit d'écouter écouter. Il y a une écoute du lieu d'écoute, de l'origine de ce lieu, de la parole en cette origine qui ne dit rien d'autre qu'écouter. C'est l'écoute de l'écoute infinie. Elle est infinie dans son acte. C'est-à-dire : elle ne définit pas, et elle ne met pas d'arrêt, elle est laisser à être, laisser se dire, sans réserve[36]. » L'écoute infinie est en lien avec l'Absolu ainsi que la véritable source de la métaphysique : « Ainsi vient au monde la métaphysique qui nous a gouvernés, jusqu'à devenir le langage de la foi religieuse se pensant et à préoccuper le discours de la psychanalyse elle-même. Il se peut alors que l'écoute de l'écoute infinie se soit comme absentée du lieu habité par l'homme : primitive absence d'où vient et où va l'écoute dans la mesure où elle ne se résigne pas aux savoirs qui la contraignent. Mais, si critique qu'on soit à cet égard envers la métaphysique, il faut reconnaître qu'à sa façon elle témoigne encore de l'originaire. Si elle se défait, qu'advient-il ? Où se donne à entendre la parole inaugurale qui n'est, en elle-même, qu'écoute pure tournée vers l'insaisissable[37] ? » (...) L'écoute infinie ne se donne qu'à l'écoute, qui est silence. Il n'y a pas de texte ou de discours qui l'enfermerait ; éternelle illusion de la croyance qui, au moment même où par exemple elle nomme Dieu, oublie ce qu'elle dit et passe au fétichisme du texte... Il n'y aura jamais de bonnes habitudes — le bon langage ou la bonne façon qui nous délivrerait d'avoir à entendre, au lieu d'origine. Entendre est et sera toujours entendre l'inouï[38]. (...) « Cette écoute est le grand vide lui-même, mais “vu” en son endroit : la plénitude insaisissable[39]. » En conclusion de son livre, Bellet revient à son maître Robert Gessain, qui l'a initié à l'écoute ; en effet le paradoxe, c'est que l'écoute paraît être ce qu'il y a de plus simple, mais elle nécessite pour être bien pratiquée une initiation : « Il est vrai que cet homme n'a fait que m'écouter. Et pourtant, *c'est de lui que j'ai entendu* l'essentiel. Voilà : ces deux phrases disent tout. Peut-être m'aurait-il dit, lui qui aimait tant le simple et regrettait mes complications, que ces deux phrases suffisaient. Disons que tout le reste est là pour les donner à entendre[40]. »

Il est certain qu'un candidat à la voie mystique doit avoir un psychisme suffisamment équilibré et que même s'il éprouve les souffrances normales de la condition humaine, deuil, insatisfaction relationnelle, cela ne doit pas aller jusqu'à le rendre paralysé intérieurement et névrosé ; il faut seulement prendre garde, pendant la thérapie, que soignant et soigné ne se trouvent pas piégés dans une sorte de labyrinthe aux miroirs : le sujet voit de chaque côté du couloir où il est deux miroirs qui se reflètent l'un l'autre à l'infini et il a ainsi l'impression d'être dans un vaste espace, mais ce n'est pas pour cela qu'il l'est effectivement et qu'il a trouvé la sortie du dédale.

À ce niveau-là, une claire notion du Soi qui est justement à l'extérieur du labyrinthe mental peut aider considérablement à la fois le patient et le thérapeute. Sinon, il risque de se trouver piégé dans cette vallée aux échos dont parle Houang-Po, un maître zen du IXe siècle : un bonhomme un peu simple d'esprit appelle son ami du fond d'une vallée ; il entend une réponse qui semble venir du haut de la montagne, il y court, ne trouve personne, appelle de nouveau et se précipite au fond de la vallée d'où il a entendu une réponse... histoire sans fin !

Y a-t-il des fils directeurs pour s'en sortir ? Oui. Si l'on prend « analyse » dans son sens étymologique, c'est-à-dire « dissolution (*lyse*) qui monte (*ana*) », le silence est la plus grande des analyses. Il permet de diagnostiquer des anomalies cachées comme le fait une échographie et de les dissoudre comme un lithotripteur fragmente les pierres coincées à un niveau ou un autre des uretères, cause de coliques néphrétiques.

Pour en revenir à l'enseignement traditionnel, saint Bernard donne un conseil qui paraît un truisme, mais qui indique en fait toute une méthode : « Que l'âme cherche la lumière en suivant la lumière[41]. » On pourrait dire, en transposant cela à la pratique de l'audition intérieure : « Que l'âme cherche le silence en suivant le son du silence. » Apprendre à reconnaître les sons spirituels est un viatique pour traverser les mondes intermédiaires, que ce soit dans son itinéraire de méditation ou dans l'après-vie selon la tradition tibétaine : le Bardo Thodol dit : « Si tu ne connais pas cette clé absolue de tous les enseignements, n'étant pas capable de reconnaître sons, lumières et rayons, tu devras errer dans le *Samsara*[42]. »

Écoute et évolution

D'après les astrophysiciens, l'origine de l'univers a été un son si l'on en croit leur expression pour la désigner : le big bang. Au moment de cette énorme explosion initiale, toute la matière-énergie était concentrée en un point de 10^{-32} millimètre. Cela évoque le *bindu* de la cosmogonie hindoue, d'où serait sorti l'univers, tant sous forme sonore que lumineuse. Si on élargit la notion de son aux vibrations qui ne sont pas audibles, on peut dire que la matière elle-même est vibration, et que les atomes et les molécules sont des graines de son. La matière est animée d'un mouvement brownien, on peut dire qu'elle dégage un bruit moléculaire et, quand elle est intégrée dans des cellules vivantes, celui-ci devient bruit de vie. On parle également de bruits de vie pour le son du silence. Cette conception rejoint celle de l'univers comme *pranava* dont nous reparlerons dans le chapitre sur l'Inde. Un musicien comme Scriabine était certainement animé de la même intuition lorsqu'il s'exclamait : « L'univers résonne du cri de joie que je suis. »

Aristote fait de la perception du son du silence le signe d'une audition claire : « Le signe qui permet de savoir si l'on entend ou non, c'est le bourdonnement continu de l'oreille saine, comparable à celui d'une corne de bouc. Toujours, en effet, un mouvement spécifique ébranle le contenu des oreilles, tandis que le son y est étranger et n'est pas propre à l'oreille même. » Tomatis, qui donne cette citation, conclut en disant : « C'est précisément ce bruit de vie qui anime la recherche actuelle dont le but est d'étudier l'oreille en tant qu'organe émetteur[43]. »

Platon avait noté le rôle unificateur du chant et de la parole qu'on pourrait aussi appliquer à l'écoute du son du silence : « Chanter, parler (et écouter le silence), c'est mettre à l'unisson l'air qui est à l'intérieur et celui qui est à l'extérieur. » L'oreille est un instrument non seulement à écouter, mais aussi à faire silence : si ce n'était pas le cas, le bruit des carotides qui sont très proches de l'oreille moyenne nous assourdirait. De même les chanteurs d'opéra produisent des sons qui les rendraient sourds, s'il n'y avait pas un système de diaphragme interne pour les filtrer. Il s'agit en particulier des muscles du marteau et de l'étrier dans l'oreille moyenne. Ils sont à l'oreille ce que l'iris est à l'œil : ils évitent un éblouissement sonore. Les animaux ont une capacité à dresser le pavillon, c'est-à-dire l'oreille externe, pour mieux entendre, on pourrait dire que l'être humain « dresse l'oreille moyenne » par des contractions constantes des petits muscles du marteau et de l'étrier presque aussi fréquentes que les contractions du cœur.

Il est intéressant de noter qu'on reproduit le milieu sonore dans lequel on baigne et en particulier la voix des gens importants pour nous. Si une mère a une voix rauque, son enfant a tendance à l'avoir aussi. Si le son subtil devient important pour soi, sa propre voix deviendra un contrepoint du chant du silence. Si on ne mémorise pas certaines idées, c'est peut-être parce qu'on ne les entend pas clairement sous forme de phrases sur le fond du son du silence ; si on réussit réellement à les y entendre, à les inclure dans ce chuintement continu, elles seront comme intégrées à notre base sonore. C'est comme si elles étaient semées dans cette terre sonique liée au fondement même de notre capacité de verbalisation. Ensuite on pourra les exprimer. Elles ne seront pas victimes d'un scotome auditif qui se traduit, comme l'a découvert Tomatis, pas un scotome verbal correspondant.

À propos de la reproduction de la voix, une orthophoniste m'a rapporté le cas suivant : elle avait en traitement pour dysphonie un enfant, et ce sans grand succès. Un jour le grand-père de celui-ci est venu le rechercher pour la première fois. En entendant sa voix dans l'escalier, elle a compris que l'enfant essayait d'imiter la voix grave de ce grand-père paternel, ce qui évidemment n'était pas naturel pour lui. En lui faisant prendre conscience de cela, la dysphonie a été guérie.

Dans l'évolution, le redressement du corps et la capacité de paroles sont liés. Par analogie, on peut constater que l'écoute du son subtil du silence aiguise l'attention et nous fait nous redresser automatiquement. Dans la pratique du chant, on donne une grande importance à une colonne sonore bien érigée. Anatomiquement d'ailleurs, le vestibule est contigu à la cochlée, qui assure l'audition. Pour l'animal et l'homme primitif, l'oreille met en alerte et avertit des dangers, elle est reliée à des réactions de stress fondamental avec une notion de tout ou rien. La perception du chant du silence est aussi une question de tout ou rien : soit on l'entend, soit on ne l'entend pas.

Une des grandes fonctions du chant des insectes, oiseaux, et autres animaux, est celle d'appeler un partenaire à la saison des amours. Nous verrons bientôt comment, pour le mystique, le son du silence est perçu comme un appel d'amour invitant à s'unir à sa nature propre, à l'Absolu.

Quand il n'y a pas de bruit extérieur, les physiologistes parlent d'oto-émission acoustique spontanée, d'acouphène physiologique, qui correspond principalement, nous l'avons vu, au bruit du corps transmis par la conduction osseuse. On a du mal à se concentrer sur ce son continu, justement parce qu'il est continu. Il se produit un phénomène d'habituation et la stimulation des cellules ciliées internes diminue rapidement. Si l'oreille moyenne est bloquée expérimentalement, cela stimule l'activité neuronale ou auditive qui se situe au niveau du lobe temporal[44] : c'est comme si le cortex, surpris par le silence, cherchait un son. Dans ce sens, il y a ce qu'on appelle les « sons de Zwicker » (1964) : si on fait écouter à un sujet un son prolongé en retirant par des filtres un demi-octave dans un lieu précis du spectre, il entendra par compensation précisément cette partie du son qui a été supprimée. « Ceci rejoint une loi tout à fait générale dans les réseaux de neurones : les populations de cellules excitées inhibent leurs voisines, renforçant ainsi le contraste. Quand l'excitation s'arrête, il y a une forte inhibition des cellules qui parlent et désinhibition des zones silencieuses : cela peut aller jusqu'à leur "donner la parole"[45] ! » Cela fait penser aux expériences de couleurs complémentaires : si l'on fixe longtemps un objet rouge, lorsqu'on ferme les yeux, on le verra en vert.

Des différences de ton faibles ont le pouvoir d'absorber l'attention. C'est peut-être pour cela que la musique indienne, qui joue parfois sur seulement quelques commas, favorise l'écoute subtile et une spiritualisation de l'auditeur s'il est un minimum ouvert dans cette direction. On peut rapprocher cela de la méthode de Monroe aux États-Unis : ce psychiatre a remarqué qu'en faisant entendre à un sujet des sons très proches, l'un par l'oreille droite et l'autre par l'oreille gauche, l'attention était absorbée, elle était pour ainsi dire « subtilisée », dans le double sens de « rendue subtile » et de « dérobée, volée ».

Le bruit des battements cardiaques qu'on enregistre et repasse à de jeunes enfants a un pouvoir certain pour les calmer[46]. Il rappelle le son du cœur de la mère dans l'utérus, mais, de par sa monotonie, il a un effet d'habituation que n'ont pas le grégorien ou toute autre musique calmante.

La naissance correspond probablement à une ouverture à toute une gamme de sons aigus qui sont discrets durant la vie intra-utérine. Ainsi, l'oreille électronique de Tomatis qui filtre la voix de la mère en passe-haut, c'est-à-dire en ne laissant passer que les harmoniques aigus, aurait un effet de seconde naissance. Un des sons qui font facilement tourner la tête du nouveau-né est la clochette. Il est intéressant de rapprocher cela de la description classique des sons subtils dans le yoga, qui comprend régulièrement les bruits de clochettes. Tous les bruits modérés ont un effet calmant sur le nourrisson, mais les sons graves sont plus relaxants. Les sons aigus ont davantage un effet de stimulation de l'attention, et correspondent à une excitation émotionnelle plus grande. Chaque mère sait que, quand son petit enfant se met à pousser des cris aigus, il a probablement une souffrance plus grande.

L'enfant d'un an aime bien utiliser des mots-valises, c'est-à-dire qu'il leur donne toutes sortes de significations. Peut-être que la répétition du mantra réveille des énergies liées à cette phase de la vie, puisque par la méditation, on charge de plus en plus le mantra de significations diverses et variées : il devient comme la poignée d'une « valise de sens ». Entre vingt et vingt-six mois, l'enfant aime s'enivrer par certaines phrases qu'il chante et rechante indéfiniment. On pourrait voir en cela l'origine de la facilité qu'ont les adultes à entrer dans une prière répétitive.

Le niveau de fréquence fondamental de la voix entre sept ans et la puberté descend d'environ cinquante hertz, on peut rapprocher cela d'une maturation émotionnelle. Ainsi, l'effet des graves en musique pourrait aussi aller dans ce sens tout en évoquant également la sécurité prénatale dans le bain amniotique.

Il est intéressant de noter qu'un sujet éprouve de l'anxiété quand il se trouve placé dans une chambre anéchoïque de laboratoire, c'est-à-dire conçue pour ne renvoyer aucun écho[47]. Il n'a plus l'impression d'être enveloppé, il sent qu'il se perd dans le vide. À l'inverse, on pourrait remarquer que la perception régulière du son du silence donne le sentiment d'être constamment dans un bain qui nous protège. C'est comme si nous transportions une bulle d'échos autour de nous et cela induit un sentiment de grande sécurité.

Pour aider à l'écoute du silence, on recommande en yoga de

ramener la langue vers le palais voire la luette, c'est alors la *kechari moûdrâ.* Ce simple mouvement condense de multiples fonctions : la langue est paralysée pour le bavardage bien sûr, mais aussi pour l'alimentation, l'activité érotique, et pour l'agressivité également, puisque sa pointe est serrée à la base des incisives inférieures lors de la colère. Le retrait de la langue vers le haut manifeste au complexe corps-esprit que l'on veut prendre une distance vis-à-vis de toutes ces pulsions primaires. Par réflexe également, cambrer le haut de la langue amène à redresser le haut du dos, ce qui réveille l'attention. Il y a un réflexe plus subtil à percevoir : l'enroulement de la langue vers le haut est associé en miroir à l'enroulement du diaphragme vers le bas, c'est-à-dire sa position rétractée en fin d'expiration. L'arrêt à cette phase est relié à un approfondissement de l'expérience intérieure, voire à l'apparition d'états comme le *samadhi* ; cette *kechari moûdrâ* est d'ailleurs une des pratiques centrales d'un des principaux groupes de yoguis indiens, les Naths. On a ainsi l'association d'un état profond (arrêt en fin d'expiration) avec un éveil corporel (redressement du haut du dos) : cela évoque cet état de sommeil éveillé que recherchent les mystiques.

Quand les sujets atteints de la maladie d'Alzheimer commencent à perdre leur audition, ils s'enferment dans leur vie psychique et leur ego détraqué, et ils sombrent rapidement dans la démence complète. On pourrait se demander, par analogie, si la surdité au son du silence ne serait pas le signe d'une forme de démence, ô combien fréquente, celle de vivre enfermé dans une coquille rigide de l'ego complètement séparée de l'espace du Soi qui nous entoure, enveloppe et baigne. Ne devient-on pas ainsi une sorte de « sourd-dingue » ?

Son du silence et acouphènes

Environ 15 % de la population souffrent d'acouphènes et, quand je parlais de l'écoute du silence en conférence ou en stage durant un séjour de quelques mois en France, il y avait pratiquement toujours quelqu'un pour me poser une question là-dessus car il en était atteint. 0,25 % de la population en souffre de façon grave.

Les acouphènes objectifs audibles à l'auscultation ou à l'enregistrement microphonique dans l'oreille externe sont rares. S'ils sont pulsatiles, on pense à une cause artérielle, et s'il s'agit d'un bourdonnement de basse intensité, on pense à une cause veineuse. Les acouphènes habituels sont subjectifs, en général aigus et bilatéraux. Assez souvent, ils peuvent être dus à des traumatismes sonores répétés des cils à l'extrémité du nerf auditif, dans la cochlée, qui sont comme une pelouse : si on passe sur le gazon à un certain endroit de façon répétitive, il finira par ne plus se relever. C'est à peu près ce qui se passe en cas de traumatismes sonores répétés à une fréquence donnée. Il y a différentes causes aux acouphènes : si l'on a tendance à l'hypertension, une alimentation faible en sodium permettra de les améliorer ou de les guérir. On incrimine aussi les allergies alimentaires habituelles : chocolat, laitages, soja, avocats, bananes et agrumes. L'alcool, la caféine et les cigarettes peuvent avoir une influence.

D'après les recherches récentes, les causes vasculaires des acouphènes sont bien moins fréquentes qu'on ne le pensait auparavant. Par contre, il semble qu'ils surviennent souvent comme une compensation à un scotome auditif, c'est-à-dire à une perte d'audition dans une fréquence donnée. Il s'agit alors d'un équivalent du syndrome du membre fantôme, où l'on continue à sentir un membre qui est amputé. Nous y reviendrons ci-dessous. Du point de vue biochimique, la stimulation de l'extrémité du nerf auditif indépendamment d'une source sonore est liée à l'augmentation des glutamates, d'où de nouveaux traitements à base d'antiglutamates instillés localement par microcathéters.

Il est sûr que les acouphènes qui paraissent identiques en fréquence et en intensité peuvent être bien ou très mal supportés selon les sujets, un fait qui renvoie à l'importance de leur intégration psychologique. Les acouphènes sont perçus plus fort quand l'environnement est calme et silencieux. D'où la première idée pour neutraliser leurs effets, et qui est la technique des contre-bruits à l'aide des cassettes de musique apaisante ; il existe aussi des CD de bruits de mer... Même si les acouphènes ont une origine purement physiologique, il y a tout un travail psychologique qui permet de mieux les intégrer. La relaxation, la sophrologie, les thérapies comportementales et cognitives peuvent être utilisées avec un certain succès. Un bon moyen également pour intégrer un acouphène est de le prendre comme support de concentration : au lieu d'en avoir une phobie, on plonge dedans avec une sorte de manœuvre contraphobique. Par ailleurs, on peut aussi apprendre à jouer avec lui au lieu de le prendre comme une fatalité dont on est victime. Par exemple si on l'entend d'une oreille on peut essayer de le percevoir de l'autre. Ce n'est pas pour cela qu'il s'installera, mais ça suffira à détourner l'attention. On emploie ces pratiques au niveau de la douleur, qu'on « fait passer » d'un membre à l'autre : au lieu de se dédoubler, elle se dissout.

J'ai pu constater que la technique suivante était la meilleure pour passer d'un acouphène physiologique à l'autre : on observe ce son dont on a l'impression qu'on ne pourra jamais s'en débarrasser et on s'aperçoit qu'il est entouré par un halo d'autres sons secondaires plus faibles qui en sont comme des harmoniques. On se concentre sur l'un d'entre eux, et l'attention auditive se trouve comme aspirée vers lui si bien que le son de départ s'efface et disparaît complètement. Nous avons déjà mentionné que le mécanisme d'un certain nombre d'acouphènes est lié à celui du membre fantôme : quand il n'y a plus de membre à cause d'une amputation, on se met à en halluciner un, et cela pose des problèmes quand il vous crée des douleurs. Une rééducation efficace dans ces cas-là est de faire de petites piqûres au niveau du moignon et d'apprendre au patient à les sentir et à les différencier selon leurs localisations respectives. C'est comme si sa conscience ordinaire se réappropriait un territoire dont elle avait été chassée. Il en va de même pour la conscience auditive de l'acouphène : il faut la rééduquer à écouter précisément dans la zone de l'acouphène et juste autour.

Pourquoi méditer sur le son du silence avec l'oreille droite ?

On dit de façon constante dans les textes du yoga classique qu'il faut écouter le son du silence avec l'oreille droite, mais à ma connaissance, on n'explique jamais pourquoi. Cependant, de nombreux éléments dans les recherches récentes vont en faveur de cette écoute par l'oreille droite. À ce propos, Tomatis parle de sa rencontre avec les Tibétains : « Chaque fois qu'il m'était donné, au cours de nos rencontres, de leur faire entendre les sons filtrés, ils se sont montrés très surpris de percevoir le "son" dit "inaudible" qui est recherché souvent pendant des années et qui, selon le yoga royal, devait être reçu par l'oreille droite. Ces remarques furent pour moi de la plus haute importance, elles avaient confirmé mes recherches personnelles. Elles avaient d'autant plus de valeur qu'elles émanaient d'hommes porteurs d'une tradition vieille de plusieurs millénaires[48]. »

L'avantage de l'oreille droite comme oreille directrice est mis en évidence en envoyant au sujet des messages identiques dans les deux oreilles, mais en ajoutant un faux haut-parleur sur le côté, qui n'est relié à rien. Quand il est placé à droite, les résultats sont meilleurs que s'il est à gauche ! On peut utiliser ce fait en rééducation linguistique. On remarque que ceux qui regardent souvent vers la droite sont plus rationnels, et ceux qui orientent leurs regards vers la gauche sont plus émotifs. Il semble que les femmes aient des différences de latéralité moins marquées que les hommes. C'est peut-être pour cela que ceux-ci se sentent plus à l'aise en informatique, science basée sur l'opposition binaire entre le zéro et le un, alors que les femmes préfèrent des métiers plus intuitifs.

Tomatis a effectué une expérience classique : il a fait exécuter à un chanteur d'opéra des morceaux qu'il connaissait parfaitement en lui renvoyant sa voix à travers un casque. S'il supprimait l'écoute gauche, il n'y avait pas grande différence, mais s'il supprimait l'écoute droite, le chanteur perdait tous ses moyens[49]. Les enfants en difficulté scolaire ont une moins bonne latéralisation droite que les enfants normaux ou doués. Il va sans dire qu'il s'agit d'une notion statistique, car beaucoup de gauchers ont été des êtres exceptionnels. La grande majorité des sourds sont ambidextres par manque de développement de la latéralité droite en parallèle au développement du langage. Les thérapeutes qui connaissent ces faits prennent soin d'organiser leur cabinet de consultation pour pouvoir écouter le patient de préférence par l'oreille droite.

On n'explique pas complètement cette préférence de l'être

humain pour la dextralité. Cependant, on a remarqué que les deux tiers des enfants environ naissaient la tête en bas avec l'arrière de celle-ci vers la gauche de la mère. Cela correspond à peu près à la proportion de droitiers au départ. À l'âge de sept ans, il n'y a plus que 15 % de gauchers et à l'âge de quinze ans, leur nombre diminue encore à 7 %. Il est raisonnable de rapprocher cette tendance à la dextralité au développement des capacités linguistiques, les deux favorisant l'hémisphère gauche. Bien sûr il y a le rôle de l'imitation et la pression des conventions sociales. Je pense aussi à une autre cause très simple des préférences hémisphériques qui n'est pas mise en valeur en général par les neurologues mais que le yoga explique assez bien : le côté gauche, où l'on perçoit sans cesse les variations de battements du cœur selon l'état émotionnel, est moins stable que le côté droit où l'on ne perçoit pratiquement aucun battement. En fait, sauf pathologie spéciale, la masse du foie est neutre, stable et insensible. Quand on a besoin de faire un travail précis comme celui du langage ou de l'écriture, on doit être loin des émotions et on a donc une préférence pour l'usage de l'hémicorps droit. Par contre, dans une situation de stress, lorsqu'il faut *fight or flight,* comme disent les Anglais, c'est-à-dire « combattre ou fuir », on aura tendance à s'appuyer sur l'hémicorps gauche et à réagir rapidement aux stimuli émotionnels.

Il faudra concevoir en hâte des stratégies dans l'espace, et c'est peut-être pour cela que l'hémisphère droit est meilleur dans la conception des grands mouvements et de l'orientation. L'hémisphère gauche agit préférentiellement dans les cas de travaux précis qui demandent de la tranquillité. Ainsi, on pourrait dire que la diminution du nombre de gauchers pendant l'enfance n'est pas simplement due à l'éducation du langage mais aussi à l'éducation émotionnelle qui préfère s'appuyer sur le côté droit, donc sur l'hémisphère gauche. Il est vrai que les très rares cas de *situs inversus* où le cœur est à droite et le foie à gauche ne semblent pas particulièrement porter à être gaucher. L'évaluation d'une gaucherie n'est pas si évidente, il faudrait donc contrôler ces études. À titre anecdotique, j'ai aussi recueilli le témoignage d'une personne diplômée de l'université qui m'a confié que, jusqu'à un âge avancé dans l'enfance, elle percevait les battements de son cœur à droite spontanément avant qu'on lui enseigne que le cœur était à gauche.

Autre fait connu des physiologistes et important pour le yoga mais qu'on n'a pas rapproché de la cause de la préférence droite de l'être humain : quand quelqu'un fonctionne uniquement avec l'hémisphère gauche, il a un sentiment de gaieté, voire d'euphorie[50]. On constate la même chose si l'hémisphère droit a été endommagé par un accident vasculaire cérébral entraînant une hémiplégie ou s'il est anesthésié de façon sélective avant une opération de neurochirurgie. Dans le même sens, si on donne un biberon sucré à un nourrisson, ce qu'il aime, on peut observer grâce à ses mimiques et aux mouvements de ses yeux que c'est son hémisphère gauche qui est stimulé ; par contre si on lui donne de l'eau avec du citron, il n'est pas content et c'est son hémisphère droit qui est stimulé. L'oreille gauche est plus sensible, plus active chez les sujets déprimés. Tomatis utilise régulièrement le côté droit pour la rééducation du langage grâce à son oreille électronique. Pourquoi ne pas utiliser un côté qui nous donne du plaisir pour une action aussi importante que le langage ? Cela pourrait être une cause de la dextralité observée chez la majorité des êtres humains. En tout cas, cette latéralité émotionnelle est essentielle pour comprendre la préférence donnée à l'oreille droite dans la méditation sur le son du silence.

Il est intéressant de noter que le nouveau-né tourne de préférence la tête vers la droite, ce qui est relié à sa latéralisation droite par la suite. C'est peut-être en souvenir de cela que le méditant adulte trouve plus naturel de porter son attention auditive vers le champ droit. Il y a également dans les premiers mois de la vie le réflexe tonique du cou : quand on tourne la tête vers la droite il y a extension du même côté du bras et de la jambe. C'est un réflexe déjà présent chez le reptile et il se situe préférentiellement vers la droite de l'être humain. Ainsi, on peut considérer qu'une écoute à droite amenant automatiquement à tourner la tête vers la droite stimule de façon réflexe l'hémicorps droit.

Entre trois et quinze mois, le bébé a une nette préférence pour regarder et prendre un objet à droite. Ce n'est que progressivement qu'il apprendra à harmoniser les deux mains. Cela peut être rapproché de la « scission paranoïde » de Melanie Klein, où le petit enfant ressent une division tranchée entre la bonne mère et la mauvaise mère. Vers sept ans, l'enfant peut distinguer clairement sa gauche de sa droite d'abord pour lui, puis ensuite pour les autres. Il arrive simultanément à cet âge de raison qui permet de distinguer les couples d'opposés comme le bien et le mal, un aspect d'un problème et son contraire, etc. L'oreille gauche est vraiment gauche non seulement quand il s'agit de contrôler le langage et le chant, mais aussi dans la gestualité qui l'accompagne, celle-ci est maladroite quand on perçoit les sons ou les paroles uniquement en oreille gauche.

Il y a à mon sens une autre raison physiologique pour préférer l'oreille droite dans les conseils à propos de l'écoute du silence : elle est reliée au langage alors que la gauche est reliée à la mélodie. S'il y a bien une courbe mélodique plate, c'est celle du son du silence. Il est en cela proche du langage, lui aussi est assez plat, par rapport à une chanson à la mélodie développée qui sera perçue préférentiellement par l'oreille gauche. On peut noter en plus que dans la mélodie il y a une invitation à la danse et aux grands mouvements, alors que dans le cas de la méditation, on tend vers l'immobilité la plus complète possible. Par ailleurs, pour le sujet analphabète, le langage fait intervenir purement l'hémisphère gauche, car il est dissocié de l'écriture. Celle-ci, étant un dessin, fait participer l'hémisphère droit. Il n'y a aucune représentation écrite possible du son du silence, sa perception est donc liée purement à l'hémisphère gauche, et par conséquent à l'oreille droite.

Tomatis insiste sur l'écoute de l'univers dans un livre qui porte ce titre (il représente en quelque sorte son testament, car il l'a écrit peu avant de mourir) : « S'il arrive que l'être humain cesse d'obéir à cette écoute de l'univers pour ne plus prêter attention qu'à ses résonances personnelles, il se trouve déconnecté du monde auquel il appartient et l'assèchement de son esprit augmente à mesure que croît une emprise de ce type. Plus il se montre humble, en revanche, et plus il s'ouvre à la conscience, c'est-à-dire à la connaissance de l'univers. Comme on le voit, c'est toute une dynamique qu'il reste à instituer si on veut placer la fonction d'écoute au sommet du cheminement éducatif... On l'a compris, inviter l'homme à passer du fait d'entendre à l'écoute du chant de l'univers, c'est lui proposer une véritable conversion, et la démarche peut être longue et douloureuse[51]. »

Nous allons maintenant présenter tout un faisceau d'arguments expérimentaux montrant le lien entre l'oreille droite et la perception des sons aigus. Ce type de sonorités a un effet dynamisant lié au ciel et à la lumière et on comprend qu'il soit préféré par le méditant. Une expérience tout à fait caractéristique à ce sujet est celle de l'illusion des octaves. Si on joue une note et son octave à la fois dans l'écouteur droit et le gauche d'un casque, l'oreille gauche ne perçoit que la note grave, l'oreille droite seulement la note aiguë[52].

On dit « se tenir droit comme un i ». Cela évoque bien la relation entre la rectitude du corps et les sons et, parmi les voyelles, le *i* et le *u* ont une résonance particulièrement aiguë. Si l'on écoute un mantra se réciter en soi d'une façon aiguë, on le percevra d'une manière lumineuse, comme une fleur de lotus s'élevant au-dessus du bourbier.

Pour une bonne audition des aigus, il faut dresser la tête : c'est ce que l'on cherche à faire en méditation, il y a un équilibre entre le pôle du haut et le pôle du bas ; comment on dit en zen : « Pousser le ciel avec la tête, pousser la terre avec les genoux. » Cette polarité du haut et du bas est reliée à la polarité gauche-droite. Le Seigneur ne dit-il pas à Isaïe : « C'est ma main gauche qui a fondé la terre, c'est ma main droite qui a construit les cieux » (Is 48,13) ? Par un artifice acoustique, on peut fabriquer un son qui donne l'impression d'être constamment ascendant : les personnes qui l'entendent pendant une dizaine de minutes ont des expériences d'exaltation, de lumière, mais parfois aussi de grande tension nerveuse et d'excitation désagréable. Un son continûment descendant produit régulièrement un sentiment de dépression, d'ennui et de malaise.

Il est intéressant de remarquer que quand on fait entendre à l'oreille gauche une harmonique et à l'oreille droite un autre harmonique du même son fondamental, le cerveau reconstruit automatiquement ce son fondamental qui n'avait pas été émis physiquement. La méditation sur le son du silence ne serait-elle pas l'art de retrouver ce son fondamental dont les mélodies du monde ne sont que les harmoniques ?

Quand on s'intéresse à la distribution des rôles dans l'opéra, les basses pour les hommes et les contraltos pour les femmes correspondent souvent à des rôles de sagesse, alors que le ténor exprime plutôt l'héroïsme. Il n'y a pas besoin d'être psychophonologue pour savoir qu'une augmentation de l'intensité émotionnelle accroît la tonalité aiguë de la voix, on se met alors à « pousser des cris stridents ». Mais cette intensité a un côté positif aussi, les êtres évolués sont doués d'une attention et d'une sensibilité « aiguës » et occupent leur intelligence à des sujets élevés, tout cela participe du fait que les sons aigus ont la capacité d'« ouvrir les portes du ciel ». Ils mettent aussi dans un état de perception plus fine, la bande de trois kilohertz qui correspond à des sons aigus est la bande de plus grande sensibilité pour l'oreille humaine.

À part chez des sujets très perturbés comme les grands bègues, le son est perçu dans tout le corps et il représente une douche vibratoire ainsi qu'un enveloppement : on parlerait de « pack » en psychiatrie, le nom de cette pratique qui peut renforcer la stabilité du schéma corporel perturbé chez les patients schizophrènes. Le son conforte le moi-peau, en cela il a une action analogue à la méditation vipassana qui fait prendre conscience de façon très systématique et complète des sensations corporelles et qui aide à réduire l'agressivité des sujets. C'est le moment de dire qu'ils se sentent « bien dans leur peau ».

Il semblerait que l'oreille gauche reliée aux sons plus graves évoque le monde prénatal avec sa part de régression et de retrait. Par contre l'oreille droite serait reliée à la période de la naissance avec son côté dynamique et progressif. L'écoute de ce côté favoriserait en quelque sorte une « seconde naissance ». Comme le dit l'Écriture, « la bonne oreille écoutera la sagesse » (Eccl 3,29).

Comme tout traitement, une cure de sons aigus par l'oreille électronique à droite peut avoir des effets secondaires dus à un excès de stimulation : augmentation de l'agressivité — on parle bien en anglais de *strident criticism,* de « critiques stridentes » en évoquant quelqu'un qui a le « verbe haut ». Par ailleurs, je pense que tout le monde a éprouvé chez le dentiste du stress quand celui-ci sort la roulette qui tourne vite, c'est-à-dire au son suraigu...

D'après Tomatis, il y a un lien entre les sons aigus, supérieurs à trois mille hertz, et le crâne. Les sons aigus favorisent donc une montée de l'énergie qui est si importante dans le yoga. En physique, on utilise des sons aigus dans certains cas pour pouvoir faire fondre des métaux[53]. Cela fait aussi penser au pouvoir des ultrasons pour fragmenter un calcul à l'intérieur du corps. C'est ce qu'on appelle la lithotritie. Par analogie, on pourrait dire que les sons aigus favorisent la dissolution des « calculs » du mental qui créent toutes sortes de duretés à l'intérieur de notre appareil psychique. La projection des sons aigus sur le cortex temporal est plus large que celle des sons graves. Leur pouvoir de charge électrique du cerveau est donc plus grand, cela fait penser également à la surface plus importante de projection de la main. Si l'on demande à quelqu'un de dessiner en écoutant des sons filtrés en passe-haut (c'est-à-dire simplement avec les harmoniques aigus), les dessins qui étaient plutôt plats auparavant acquièrent un sens de la profondeur et de la perspective.

Quand on écoute le son du silence, il est fréquent d'entendre d'abord un son moyen, et ensuite de percevoir des harmoniques plus aigus : la perception de ces harmoniques pourrait donner plus de profondeur, de relief à la conscience. Par rapport à une salle ordinaire au plafond bas, une église avec voûtes et ogives favorise le développement des aigus et, par effet de miroir ou d'écho chez le chanteur ou l'auditeur, une verticalisation du corps. Tomatis a fait des tests pour associer les sons aux couleurs, les sons graves seront plutôt dans les tonalités noires-marron et les sons aigus dans le bleu ou l'indigo. Serait-ce que ces derniers auraient une qualité spéciale, comme nous l'avons déjà évoqué, d'ouvrir les portes du ciel ? N'est-ce pas dans ce sens également que Rabbi Nachman de Brazlav disait : « La prière est un cri silencieux » ?

Pour résumer cette partie, nous pourrions dire que méditer sur le son à droite, c'est méditer d'une façon adroite...

Amour et silence

Dans le petit ashram himalayen où je médite et écris, un des chants d'oiseaux que j'entends le plus clairement est celui du pigeon-ramier : ce chant d'amour dans le silence serait-il pour l'ermite que je suis un discret rappel qu'amour et silence ne font qu'un ? Les chartreux, grands passionnées du silence devant l'Éternel, l'ont rapproché de l'amour depuis longtemps. L'un d'eux par exemple a vu ses textes d'enseignement spirituel publiés sous le titre *Amour et silence*[54].

Même si le son du silence peut varier un peu et qu'on peut entendre plusieurs timbres superposés, il reste en général continu et donc par définition monotone ; de plus, l'effort pour percevoir des sons subtils peut provoquer des arrêts respiratoires susceptibles d'induire certaines tensions chez le méditant s'il n'y est pas habitué. La vie s'exprime par des rythmes, depuis le bercement du bébé dans les bras de sa mère jusqu'aux mouvements balancés de l'adulte qui fait un travail physique régulier comme bêcher, piocher, etc. La continuité complète évoque la mort, c'est pour cela qu'elle fait peur, mais si on sait l'apprivoiser, elle nous mènera à un état qui n'est ni la vie ni la mort, état intéressant, je dirai même plus, *absolument* intéressant.

Une façon de donner vie au silence est d'y ressentir une expérience d'union. On peut déjà réfléchir sur ce qu'est un son : c'est par exemple une corde qui vibre autour d'une position d'équilibre, ce qui représente donc une union entre deux positions extrêmes. De même, notre corps subtil est comme un violoncelle à une corde : celle-ci est notre axe central dont la vibration n'est pas différente du son fondamental. Les centres d'énergie étagés le long de l'axe central correspondraient alors aux nœuds de cette sinusoïde qu'est la corde en vibration.

Le chant du silence est souvent entendu comme la vibration de la voyelle *a*, nous retrouvons cette notion dans diverses traditions : il semble que le *a* est la première lettre de l'alphabet dans la grande majorité des langues connues[55]. En plus d'être la première lettre de l'alphabet, c'est le son de l'origine (en sanskrit *arambha*) par excellence. Il exprime l'émerveillement, mais aussi la panique totale comme le cri de la personne qui tombe en chute libre. On peut discerner dans le « ah ! » intérieur le cri de l'ego qui tombe en ayant perdu tout support. De l'extérieur, cela peut faire sourire, mais perçu du dedans, il s'agit d'une panique. Par ailleurs, une

Oupanishad dit que lorsqu'on a la grande Expérience, on ne peut que s'exclamer : « Ah ! »

Le son intérieur est à la fois un appel et une réponse : étymologiquement « réponse » (*responsa*) et « épouse » (*sponsa*) sont pratiquement les mêmes mots. Dans le silence, l'époux répond à l'épouse, même les sonorités de cloches, un des timbres les plus facilement perçus au-dedans, sont là pour célébrer constamment leur mariage toujours renouvelé[56]. On pourrait dire qu'il s'agit des noces du silence et de la conscience, du mariage de l'espace infini avec un point infiniment petit, mais sur lequel l'esprit est complètement concentré, ce qu'en yoga on désigne sous le nom de *bindu*, nous le reverrons. Tout cela pour dire que le son du silence, loin d'émousser le désir, l'augmente dans l'attente d'une plus grande connaissance : « On ne peut s'empêcher d'avoir soif quand on va vers la voix de l'eau[57] », disait Rûmî. Et son maître, Shams de Tabriz, a condensé en un poème qui mérite d'être cité en entier cette voie du Son intérieur ; il y parle aussi de l'attente du marié :

C'est à moi qu'est venu le Son incomparable ; il ne provient
Ni du dedans ni du dehors.
Il ne vient pas non plus de la gauche ni de la droite
Ni de l'arrière ni de l'avant.

On me demande donc : d'où vient-il ?
Il vient de cette direction où tu désires aller
Tu me demandes donc : de quel côté se tourner ?
Du côté d'où vient l'Époux,

De cette direction d'où le mûrissement vient au fruit
De cette direction d'où les pierres deviennent diamants.
Sois silencieux et écoute les cinq sons du ciel,
De ce ciel qui est au-delà de toute orientation.

À chaque moment de la vie, ce Son merveilleux
Descend de la cour du ciel
Fortuné, plus que tous les enfants des hommes,
Est celui qui se laisse enchanter par ces mélodies[58].

Il est intéressant de noter que, déjà au XIVe siècle, le silence de l'Himalaya faisait rêver des esprits bons chrétiens comme Pétrarque qui a rédigé *La vie solitaire* à la Fontaines du Vaucluse : « On cite à propos des brahmanes un livre attribué à saint Ambroise. Ils vivent au-delà du Gange, en Extrême-Orient, dans une région solitaire où l'air est très salubre, non loin, selon mes conjectures, de ce lieu où se dressait, dit-on, le Paradis terrestre... Ces brahmanes sont extraordinaires par leur continence et la pureté de leur âme et tout à fait dignes de vénération par leur mépris des richesses et leur silence sans faille. C'est dans le silence et non point, à l'instar de beaucoup, dans les contes de vieilles bonnes femmes, que leurs oreilles se recréent le plus. Ce silence n'est pas troublé par les cris des hommes ou par des chansons profanes, mais par le chant des oiseaux et par le son des hymnes, la seule chose à laquelle ils exercent leur langue... Leurs maisons sont construites à l'aide de branches d'arbres, leurs lits avec des fleurs ; ils se désaltèrent aux sources[59]. »

De quoi est constitué un son ? D'une onde sonore. Quand notre écoute nage dans l'onde du son intérieur, elle y est aussi à l'aise qu'un poisson dans l'eau. Nous verrons dans le chapitre sur le christianisme le rapport symbolique entre le poisson et le Verbe intérieur silencieux. Le son subtil ne peut être perçu si notre attention est dispersée, fragmentée. Il serait alors répandu comme le contenu d'un vase qui se brise. Celui-ci représente notre corps subtil : s'il est cassé en mille morceaux, comment pourrait-il garder quoi que ce soit, comment pourrait-il protéger le son intérieur ?

Le nom de quelqu'un ou de quelque chose lui est intimement associé. En ce sens, le Son intérieur est le Nom du silence, il est à la fois son *nomen* (nom) et son *numen* (pouvoir) ; quand on le perçoit, on entend à travers lui la Puissance du silence répandue dans l'univers entier ; celui-ci a été créé en différentes phases que font revivre les chants sacrés à l'intérieur de chaque tradition ; mais pour ce qui est du premier instant de la création, il faut aller au-delà des hymnes et des Écritures, c'est par l'écoute du Son fondamental qu'on peut le vivre, le percevoir d'une façon sans cesse renouvelée.

Il y a un endroit bien connu à Bombay, ce sont ces « tours du silence » où les parsis exposent leurs morts qui disparaissent en nourrissant les oiseaux du ciel. L'écoute du son intérieur rend le corps du contemplatif aussi immobile qu'une tour du silence. À ce moment-là, ce qui doit disparaître en lui se disperse spontanément dans le ciel sans même qu'il ait à s'en occuper.

Quand on fait attention au silence, on s'attendrait à ne rien trouver et pourtant on découvre « quelque chose ». C'est une façon de se poser à nouveau de manière rafraîchie l'éternelle question formulée ainsi par Leibniz à son époque : « Pourquoi y a-t-il quelque chose plutôt que rien ? » Certaines personnes me feront peut-être l'objection suivante : « Votre pratique de l'écoute du silence est trop simple pour être efficace ; si c'était le cas, comment n'en aurais-je pas entendu parler plus tôt ? » J'aurais tendance à donner la même réponse qu'une personne célèbre qui savait ce que c'était que faire de grandes découvertes : « C'était simple, mais il fallait y penser ! »

Il est probable que celui qui a une expérience complète de l'écoute du silence — ce qui est loin d'être mon cas — n'ait plus envie d'écrire sur le sujet. Il sera muet comme la bouteille une fois remplie, alors que les écrivains ressemblent à la bouteille qui se remplit en faisant du bruit, selon une comparaison que nous avons déjà donnée... Peut-être que ces derniers auront cependant une certaine consolation à entendre ce que disait le poète René Char : « Certains jours, il ne faut pas hésiter à nommer des choses impossibles à décrire[60]. » Taisen Deshimaru, à la fin de sa vie, aimait à répéter souvent à propos de za-zen : « Dans le silence, l'ordre cosmique peut pénétrer. » Se couler dans la loi de l'univers n'est pas différent de réaliser le Bouddha : Gautama ne disait-il pas dans le Dhammapada : « Qui voit le dharma me voit » ? On peut percevoir un jour ou l'autre une sonorité qui nous comblera définitivement, c'est dans ce sens que Mâ Anandamayi rend témoignage : « La vision réelle est celle qui satisfait la soif de vision pour toujours...[61] »

Pensées

De même que le silence des lèvres nous aide à écouter et percevoir l'existence de la nature à l'extérieur, de même le silence intérieur nous amène à expérimenter notre vraie nature, elle-même silencieuse mais toujours là, comme la masse sombre d'une forêt sous la pleine lune.

Le bain constant du son du silence est un vivier pour le poisson de l'âme.

On pourrait dire de ce son du silence immobile et qui pénètre tout ce que Borgès disait du désert : « C'est l'espace sans le temps. »

Il y a un archétype de la posture parfaite. Avec la pratique, on le sent de mieux en mieux. Quand on y pénètre naturellement, comme une main dans un gant, le mental n'a plus rien à désirer ni à craindre, il débouche dans le silence comme le fleuve dans l'océan.

Quand on est fermement et joyeusement établi dans le silence, on guérit une bonne partie des causes des maladies en tant que mal-à-dire, et des malentendus en tant que mal-entendus.

Le son du silence n'a pas besoin de « tomber du ciel ». Il vibre déjà dans notre ciel intérieur.

La perception du son intérieur de base et de son harmonie en toutes circonstances est signe de maturité spirituelle, d'un tempérament bien trempé, bien forgé. On pourrait rapprocher cela du proverbe chinois : « Quand le gong est bien forgé, quelle que soit la manière dont il est frappé, il produit un son harmonieux. »

L'écoute du silence est la véritable clé des sons ; elle ouvre la même porte que la clé des songes : celle du monde intérieur.

La chauve-souris se repère dans l'espace en émettant des ultrasons et en écoutant leur écho, c'est le processus d'écho-location. Le son du silence permet d'immédiatement nous situer dans l'univers, il correspond en quelque sorte à l'écho-location du soi dans le Soi.

Et si la vocation profonde de l'homme était de percevoir la « vocalisation » fondamentale de l'Absolu, c'est-à-dire le chant du silence ?

C'est bien au son du silence que peut s'appliquer le plus le proverbe : « Il n'est pire sourd que celui qui ne veut pas entendre. »

Le chant du silence est réellement carmen, *à la fois mélodie et charme, sortilège ; il nous transporte immédiatement dans l'univers magique de l'attention suspendue et du mental arrêté.*

Ceux qui ont de l'expérience spirituelle savent qu'il peut suffire d'un déclic pour sortir d'un état intérieur perturbé et se retrouver complètement normal, voire envahi par une joie intense. Ce « déclic » est en général relié au retour, au souvenir de sa pratique principale : prière répétitive, observation de la respiration, posture parfaite comme dans le za-zen, ou, dans notre cas, perception du son du silence.

Nous sommes tous des canaux du divin, plus ou moins ouverts selon les cas. Une autre façon de dire cela, c'est que tous, nous sommes les masques (latin per-sona*), personnes à travers lesquelles le son fondamental sonne et résonne, parfois tonne, pour être entendu sur terre.*

Les paroles, les mantras signifient quelque chose. Le son du silence est en soi signifiant.

Maître Eckhart disait : « Qui a Dieu sur la langue le goûte en toute chose. » On pourrait ajouter : « Qui a Dieu dans l'oreille l'entend en chaque son et chaque silence de l'univers. »

Le son du silence est à la fois la note fondamentale, la dominante et l'octave. Il est en soi accord parfait.

Quand on écoute une prière répétitive se réciter en nous, on observe qu'elle a tendance à se fondre dans le son du silence comme la courbe dans l'asymptote ; c'est ce qu'on pourrait considérer comme le « pianissimo de la parole » et, en même temps, l'écho de la plus haute des musiques.

Les gens ordinaires se mettent en colère quand on leur « coupe le sifflet ». Le sage, lui, est éventuellement impatient quand un visiteur importun vient « couper le sifflet » au sifflement du silence.

Quand on dit : « Je m'y entends bien pour faire cela », cela suggère que la capacité d'écouter son intérieur — et pourquoi pas, le son intérieur — est le meilleur gage d'expertise dans une action donnée.

Il est des moments où le silence comme matrice de tous les sons possibles est perçu de façon particulièrement intense. Par exemple, lorsque tout s'arrête et que le chef d'orchestre lève sa baguette pour commencer la symphonie.

L'infime dans l'infini, c'est facile à comprendre ; mais l'infini dans l'infime, qui saisira ?

Quand la corde du silence intérieur vibre à l'unisson avec celle du silence de la nature, l'harmonie fondamentale est perçue de façon claire, elle devient une évidence, j'aimerais pouvoir dire une « exaudience ».

Chapitre 2

Le yoga, le son et l'ascension vers le silence vibrant de Brahman

Durant les sept ou huit ans où j'ai vécu à peu près continûment sur les bords du Gange, je résidais près d'un grand temple de pèlerinage à Shiva entouré de nombreux ashrams. La journée commençait une heure avant le lever du soleil par le tintement des cloches. Une manière traditionnelle de débuter le rituel matinal est de sonner une cloche cent ou deux cents fois. Cela met d'emblée dans un état de conscience différent et immerge dans une aura sonore et sacrée. Le soir, on couche les statues des temples comme si elles étaient des personnes vivantes et, pour leur dire au revoir, on sonne la conque ; c'est ainsi que la journée sonore s'achève. Les lecteurs français connaissent peut-être *Le chant du silence*[62] écrit par un moine, Chandra Swami, qui a observé la plus grande partie de sa vie et observe encore le vœu de silence. Il vit régulièrement sur les bords de la Yamuna au pied de l'Himalaya, bien qu'il voyage de temps à autre pour répondre à l'appel de ses disciples en Inde et parfois en France. Quand on lui a demandé pourquoi il avait cessé de parler depuis si longtemps, il a répondu qu'il était tombé amoureux du silence.

L'hindouisme a un fondement important de tradition orale. Les Védas sont toujours transmis oralement jusqu'à nos jours par apprentissage direct de gourou à disciple : on les appelle d'ailleurs Shrutis, « ce qui a été entendu » ; l'autre groupe de textes sacrés qui a suivi porte aussi dans son nom même le sceau de l'oralité puisqu'on l'appelle Smriti, « ce qui a été mémorisé », bien que ces textes soient maintenant consignés dans des livres. Cet « aspect sonore » de l'Inde a été négligé par les études des spécialistes, plus intéressés par l'espace ou le temps sacrés. Cependant, des auteurs comme Lilian Silburn, Madeleine Biardeau[63] et André Padoux en France ont réfléchi sur les mantras et le Son primordial en s'aidant en particulier des textes du shivaïsme du Cachemire. En 1993 est paru un livre synthétique de Guy Beck sur l'Inde sonore intitulé *Sonic Theology*[64]. Nous y ferons souvent référence dans les pages qui suivent, ainsi qu'au livre de Padoux, *Vâc* (prononcer *vâtch) et l'énergie de la parole dans les tantras*[65]. Le Son est un mystère central dans les diverses branches de l'hindouisme et on retrouve à son sujet une continuité remarquable de la tradition depuis les Védas et les Oupanishads jusqu'à des mouvements modernes comme les Sants et les Radha-Soamis. Il est utilisé pour faire monter l'énergie-conscience du *sadhaka* vers ces royaumes aussi subtils qu'élevés où règne le silence.

Comme le fait remarquer un historien des religions, « le mystère du son n'est pas le seul mystère parmi les sens... mais il est le plus fécond en prises de conscience et en unité et le plus personnellement humain, en ce sens le plus proche du divin[66] ». Nous avons vu que l'hindouisme appelle un des paradis le *gandharva loka,* le « monde des musiciens subtils ». Les entendre, même en rêve, est une expérience de félicité inoubliable.

Les Védas : le mariage de Brahma et de la Parole

Les Védas sont remplis d'images inattendues, mais pleines d'un souffle poétique puissant et qui transmettent des vérités spirituelles souvent mieux que des explications métaphysiques détaillées. La déesse du Son et de la Parole s'appelle Vâc. Elle est représentée comme la femme et parfois la fille de Brahman. De temps en temps, elle est même identifiée à lui : *Vâc vai Brahma,* « Vâc est Brahma ». Si on la considère comme son épouse, le son sacré *Om* sera leur fils. Brahma lui-même est représenté comme un dieu à quatre faces tournées vers les quatre points cardinaux et correspondant aux quatre Védas. Vâc est la déesse de l'éloquence : le terme est de la racine *vâg* qui est relié à *vox* en latin et donc « voix » en français, on peut le traduire par « parole » ou « son ». Les Anglais emploient *Word* qui signifie à la fois « mot », « parole » et « Verbe de Dieu » dans le contexte des Évangiles. En fait, si ce n'était la question du genre féminin, « Verbe » serait sans doute la meilleure traduction, car sa fonction auprès du dieu créateur Brahma ou Prajapati ressemble fort à celle du Fils auprès du Père dans le christianisme ; nous verrons d'ailleurs ci-dessous que le Verbe selon saint Jean a beaucoup à voir avec la Sagesse de l'Ancien Testament, donc un personnage féminin. Il en va de même pour les notions apparentées de *shabda* ou de *nâda* que nous traduirons occasionnellement par « Verbe » pour suggérer au lecteur des rapprochements signifiants entre diverses traditions.

Fait intéressant pour la suite de nos réflexions, Vâc est aux trois quarts cachée. Les paroles et les sons que nous utilisons et percevons ne représentent qu'un quart de son être[67]. Elle est la Mère divine, comme le suggère cette hymne du Rig-Véda qui est la première qui lui soit consacrée : « Bien qu'ils ne le réalisent pas, ils demeurent en moi.... J'ai donné naissance au Père qui se tient à la tête de ce monde. Mon sein est dans les eaux, à l'intérieur de l'océan. De là je me répands sur toutes les créatures et touche le ciel lui-même avec le sommet de ma tête. Je suis celle qui souffle comme le vent, embrassant toutes les créatures. Au-delà du ciel, au-delà de la terre, voilà ce que je suis devenue par ma grandeur[68]. »

Le terme *brahma* désigne au départ une formule magique qui a un grand pouvoir, et à partir de là il en est venu à désigner le pouvoir suprême à l'époque des Oupanishads ; mais il garde une affinité particulière avec le Son fondamental, qu'on l'appelle *Vâc* comme dans les Védas, et *Shabda* ou *Nâda* par la suite. C'est une notion toujours bien vivante dans l'hindouisme actuel. Au moment où je rédigeais ce texte en ashram dans l'Himalaya, j'ai lu dans un des seuls journaux disponibles localement, un quotidien en hindi diffusé à environ un million d'exemplaires, le compte rendu d'une conférence à l'université d'Almora casé entre deux faits divers ; le titre de ce « scoop » journalistique pour le grand public plutôt constitué d'agriculteurs des montagnes de l'Himalaya était : « Le meilleur moyen d'atteindre Brahman, c'est par l'intermédiaire de Shabda »... Brahma lui-même est ce Verbe suprême que même les dieux écoutent[69]. Étymologiquement, le mot *brahman* évoque l'amplitude, la largeur comme l'anglais *broad* et l'allemand *breit* : « Aussi loin que Brahman s'étend, aussi loin va la Parole[70]. »

Brahman est un Janus à deux faces, l'une tournée vers le silence et l'autre vers l'expression sonore — nous retrouverons ce double visage dans le Verbe du christianisme. Après l'époque védique, le mot le plus important pour désigner le son intérieur a été *nâda.* Au début, il évoquait surtout l'allongement de la durée d'une voyelle : et c'est en fait bien à cela que ressemble le son subtil dans sa continuité, c'est-à-dire à une voyelle qui se prolonge indéfiniment. D'où, en l'écoutant, une expérience d'expansion vaste comme le ciel. D'ailleurs, cette sonorité intérieure peut être désignée par le terme *svaha* (qui devient souvent en composition *svar*) et le terme courant pour « voyelle » est le même mot, *svara. Nâda* désigne en général un son assez puissant, il est de la même racine que *nada* qui signifie un « grand fleuve », dont les eaux grondent, comme par exemple le *Mahânada,* c'est-à-dire le Brahmapoutre, et que le mot *nadî,* la « rivière ». Cette racine se retrouve d'ailleurs dans des noms de cours d'eau d'Europe occidentale, Nidda en Allemagne, Nidd en Angleterre, Niete en Italie, Nucca en Espagne, etc.[71].

Nâda, le Son fondamental, est souvent associé à *jyotî* ou *prakasha,* la « lumière essentielle », ce sont les deux aspects d'une même réalité vibratoire. On rapproche aussi souvent *nâda* et *jñana* (prononcé en sanskrit *djniana*), la « connaissance », particulièrement dans son aspect non duel. Et de ce fait, comme le Son fondamental pénètre tout, il est aussi une expression de la non-dualité. Il résonne préférentiellement dans la tête ou le cœur. On sait que le chakra du cœur s'appelle le son « non frappé », c'est-à-dire intérieur, ce qui correspond au *nâda.* On fait parfois la distinction entre *anâhata* comme son intérieur immédiatement perceptible et *nâda* comme son fondamental au-delà des perceptions. De même, on oppose aussi de temps à autre le *Om* qui est perceptible, extérieurement ou intérieurement, et le *prânava* qui est la vibration originelle comme pure conscience, c'est-à-dire qui peut être sujet de perception mais non objet. Quand on installe une nouvelle statue dans un temple, on fait un rituel élaboré et solennel pour lui « donner vie », *prâna-pratishthâ.* Une étape importante est de lui insuffler le *nâda*[72] pour qu'elle puisse vibrer en harmonie avec le cœur des fidèles et celui de l'univers.

Le terme *shabda,* qui signifie « mot » à l'origine, en est venu à désigner souvent le son intérieur, en particulier chez Kabir et dans le mouvement des Sants qui l'a suivi ; nous en reparlerons à la fin de ce chapitre. En fait, on peut se demander pourquoi on a pris comme symbole de l'Éternel un phénomène aussi transitoire que le Son, surtout avant qu'on ne découvre les méthodes d'enregistrement. Je pense que cela est dû principalement à la présence continue du son intérieur pour celui qui accepte simplement d'y faire attention. De plus, grâce à la tradition orale, les textes des Védas sont transmis sans changement depuis au moins deux millénaires, alors que les générations d'êtres humains disparaissent les unes après les autres. Le sens de l'ouïe et donc le son sont associés dans la conception indienne à l'espace — et qui pourrait détruire l'espace ? En sanskrit, on appelle les syllabes ou les lettres *akshara,* les « indestructibles ».

Le son sous forme de mantra a accompagné depuis les origines le sacrifice védique au feu, qui est lui-même au centre de la religion brahmanique. C'est comme s'il y avait un échange subtil entre les deux, et que le mantra puisse devenir du « feu sacré »[73], qui remplit de son énergie ceux qui les récitent. Un autre terme en est venu à désigner le son intérieur : *sphota.* À l'origine, il évoque cet éclair de compréhension grâce auquel, à la fin de l'écoute d'une phrase, on saisit sa signification tout entière. C'est une intuition globale, la racine du mot exprime une expansion rapide, parfois même une explosion — en hindi d'ailleurs « explosion » se dit *visphot* —, et il peut désigner le mouvement du serpent irrité qui se redresse. Je ne détaille pas tout cela pour le plaisir de la grammaire, mais pour essayer, autant que faire se peut, de donner une idée de l'expérience du son subtil : intuition immédiate et globale, explosion de conscience et éveil de l'énergie intérieure liée à un redressement du dos (serpent)[74]. Ce serpent doit évoquer un état de conscience différent, paradoxal, car on l'appelle parfois « celui qui écoute avec les yeux », *chakshouka-shrava.*

Les sages de l'Inde ancienne vivaient en général dans l'environnement tranquille des forêts, en particulier himalayennes. On les appelait les Rishis et les Mounis. Ce dernier terme est très voisin de *mauni* qui signifie « silencieux », bien qu'on le rapproche étymologiquement de *mananam* qui signifie « pensée », « méditation ». Ils étaient particulièrement impressionnés par le tonnerre qui est mentionné d'innombrables fois dans le Rig-Véda. J'écris ces lignes en plein Himalaya et, qui plus est, en pleine saison des pluies : je peux témoigner, trois mille ans après les Rishis, que les orages y sont toujours splendides et que le tonnerre qui gronde dans les vallées et près des crêtes est encore une fête pour l'oreille, provoquant naturellement une expérience d'expansion intense. Le tonnerre est un des sons intérieurs que l'on peut percevoir, certains lui attribuent une importance majeure, nous verrons aussi qu'on le retrouve régulièrement dans les grandes visions de la Bible, que ce soit chez Ézéchiel ou dans l'Apocalypse. En Inde, il est associé au dieu Indra dont l'adoration semblait mener à l'expérience du son intérieur : on trouve, par exemple, dans la Kaushitaki Oupanishad (4-6) : « Je révère Indra comme l'âme du Son... Celui qui le révère ainsi devient l'âme du Son. » Beau programme !

On sait que dans les religions anciennes, le pouvoir d'un dieu et son nom ne faisaient qu'un. Quand Moïse se sent impuissant pour aller parler aux Israélites, Dieu lui révèle son Nom, « Je suis celui qui suis » et lui conseille immédiatement d'aller vers le peuple en lui disant : « « Je suis » m'a envoyé vers vous » (Ex 3,14). On raconte qu'Isis, la grande magicienne, a séduit le dieu Râ pour qu'il lui révèle son nom ; ensuite, elle a eu un pouvoir sur lui et sur les autres dieux. C'est un paradoxe traditionnel de dire que le Nom de Dieu est plus grand que Dieu lui-même. Du point de vue spirituel, cela signifie que c'est notre responsabilité de réciter le Nom de Dieu pour qu'il vienne à nous. Il en va de même pour les rituels ; c'est, par exemple, le thème central du livre de Charles Mopsick, un spécialiste de la Cabbale et du Zohar : *Les rites qui font Dieu*[75].

Le mantra est relié à l'Absolu, il ressemble à la corde qui relie le fond du puits au monde extérieur. On peut faire une « méditation étymologique » intéressante à propos du mot *mantra* : il contient d'abord *ma,* c'est-à-dire la « matrice », l'« utérus », la base du corps ; le *n* correspond à la négation, au dépassement, à la naissance à partir de cette base pour s'engager dans une traversée vers le haut ; la racine *tri* signifie « traverser », « gagner à sa cause », « vaincre », « nager » ou « flotter ». Le mantra permet de traverser le mental, de nager à travers lui pour atteindre l'autre rive et finalement pour le vaincre. En sanskrit, comme d'ailleurs en hindi et en thaïlandais, *mantri* signifie « conseiller », « ministre ». En fait on pourrait dire que le mantra est le premier ministre du mental, il est en son centre et il le dirige de façon utile[76].

Les Oupanishads : quand la flèche du Om *touche la cible de Brahman*

Dans les textes anciens, le *Om* est décrit comme une flèche qui va percer Brahman ou bien « il est l'arc, l'âme (*âtman*) est la flèche aiguisée par la méditation, et Brahman est le but (*lakshya*) que l'homme qui n'est pas distrait doit pénétrer, dans lequel il doit venir comme la flèche (dans la cible) » (Mund. Oup. 2-2,4). La flèche tirée vers le ciel ne retombe pas ; l'image de Brahman comme le centre d'une cible ne doit pas étonner : certes, on le conçoit d'habitude comme espace, mais ce dernier et le point sont les deux pôles d'une même réalité ; elle est désignée dans le tantra par le couple du *bindu* — mot probablement de la même racine que le latin *punctus* et *point* — et le *nâda,* le son qui se répand librement dans l'espace. En neurophysiologie moderne, on dirait que le point représente la faculté de concentration précise de l'hémisphère gauche alors que l'espace évoque plus la faculté qu'a l'hémisphère droit de voir les ensembles ou le contexte global. Une sage du XXe siècle comme Mâ Anandamayi reprend le même genre de comparaison que les Oupanishads : « Votre corps est un arc. Tendez-y la corde de votre conscience et que le chant de Dieu y résonne[77]. »

La Chandogya Oupanishad commence par un éloge du *Udgîtha,* qui signifie a priori le « chant, (*gîtha*), à voix haute (*ud*) » ou la portion mélodique du *sâma-veda.* C'est une notion qui en est venue à désigner le « chant du dessus, chant qui vient d'en haut » et évoque donc la mélodie céleste, le *Om* subtil mais pourtant perceptible, en d'autres termes le chant du silence. On peut le comprendre aussi comme le « chant vers en haut », celui émis par le monde et qui monte vers le ciel. Il y a une gradation vers des essences de plus en plus subtiles, l'essence de la terre est l'eau, celle de l'eau est la plante, on continue à monter ainsi vers la personne, la faculté de parole, les hymnes védiques (Rig-Véda) et finalement le chant, dont la quintessence est *Udgîtha* (Chand. Oup. 1.1 2,3), identifié au *Om* subtil, ce bruissement du silence dont tout provient. Dans cette gradation, il s'agit du huitième échelon en partant de la terre, c'est comme l'harmonique, l'octave de la terre qui résonne dans le ciel. On dit d'ailleurs plus loin : « Le chant d'en haut (*udgîtha*) est le soleil au-delà, et il est *Om,* car il résonne sans cesse comme *Om* » (Chand. Oup. 1.5 1).

Le son du silence qui se répand à l'infini fait percevoir de façon plus aiguë l'espace, les deux sont associés au point d'être parfois identifiés : « L'espace est le chant d'en haut le meilleur » (Chand. Oup. 1.8,2). La vibration du silence est unique et pénètre tout. Elle induit une sécurité qui ne laisse pas place à la peur : « En prenant refuge dans le *Om,* les dieux deviennent immortels, sans peur. Celui qui prononce cette syllabe prend refuge en un son indestructible (*akshara* signifie à la fois « indestructible » et « syllabe »), immortel et sans peur (*Id.* 1.4.4,5). Ce son du silence est vécu comme le *Om* prononcé, c'est-à-dire comme le résultat du mariage intérieur du souffle et de la parole : « Ce couple est uni dans la syllabe *Om.* En vérité, quand un couple s'unit, chacun satisfait le désir de l'autre » (*Id.* 1.1 6). Nous reverrons souvent le lien entre silence et mariage intérieur. Il y a derrière cela le fait que l'écoute pure et dure du silence, en tant que technique froide de méditation, devient rapidement ennuyeuse. On a besoin d'y mettre de l'amour pour pouvoir y persévérer et en retirer vraiment les fruits. Une pratique concrète consiste aussi à inclure la récitation mentale du mantra dans le son du silence, en l'effectuant de façon de plus en plus subtile. C'est ce à quoi tendent les pratiquants de la méditation transcendantale. À ce moment-là, le mantra est inclus dans la fondation sonique de notre inconscient comme un livre dans les fondations d'un temple. C'est d'ailleurs une belle tradition en Inde d'inclure si possible dans les fondations d'un nouveau temple des cahiers que les fidèles ont remplis de la copie d'un même mantra. Cela aide le bâtiment lui-même à vibrer en quelque sorte du son d'un silence spirituel.

Les écritures de l'Inde ont une définition superbe du *Om* : elles disent que c'est « la manière dont les dieux disent oui [78]. » En cela le *Om* fait penser à l'*Amen* biblique, surtout si l'on tient compte du fait qu'il est souvent prononcé *A-om* et que le *n* de l'Amen ne fait que prolonger un peu la vibration déjà nasale du *m.* Depuis les Oupanishads jusqu'à nos jours, le trajet du son du *Om* ainsi que de bien d'autres mantras est décrit comme une ascension intérieure. En général, on considère qu'il part du cœur où résonne le *a* correspondant à la terre, le *u* se situe au fond du pharynx (*talu*) qui correspond à la lune et la vibration en arrive au *m* évoquant le soleil au niveau du troisième œil. Cela est lié également au passage de l'état de veille à celui de sommeil avec rêves, puis au sommeil profond, ce dernier étant rapproché de l'état de *samâdhi,* l'hyperconscience en moins bien sûr. La Maitri Oupanishad (6-22), une Oupanishad plus tardive où l'on commence à discerner des idées tantriques, parle de deux Brahmans : « En vérité, il y a deux brahmans sur lesquels méditer : le son, *shabda,* et le non-son, *ashabda.* Or, il se trouve que le non-son est révélé seulement par le son. En l'occurrence, le Son-Brahman est *Om.* En s'élevant grâce à lui, on finit par déboucher dans le non-son... voilà l'immortalité... De la même façon qu'une araignée monte en s'aidant de son fil (*tantu*) et obtient un espace libre, de même le méditant qui s'élève grâce au *Om* obtient la liberté (*svatantrya*). »

« Pour percevoir le *Om* dépourvu de son, c'est-à-dire le *Om* subtil, on doit se concentrer dans la tête [79]. » « Par cette pratique, on est libéré du péché comme le serpent est libéré de sa mue. Le fidèle est conduit par les chants du Saman (Véda) au monde de Brahman. Il peut contempler la personne, *purusha,* qui demeure dans le corps ainsi que celle qui est la plus élevée des êtres vivants [80]. » Tous les Védas se concentrent dans le *Om,* et tout le *Om* se concentre dans le point (le *bindu* qui indique la nasalisation finale du *O* pour en faire un *Om*). Dans la Mandukya Oupanishad, on a de nouveau la correspondance entre le *A-O-M* et les trois états de conscience, mais on décrit aussi un quatrième niveau, celui du *turiya* (mot qui signifie précisément « quatrième »). Il correspond à l'état de témoin et finalement au Soi. On retrouve une structure 3 + 1 fréquente dans la Bible (cf. par exemple dans le cycle d'Élie 1 R 19,11,12 et 14) et dans le symbolisme en général (cf. l'axiome de Marie en alchimie et la quaternité chère à Jung).

Pour le védanta, le *turiya* après la fin du *Om* correspond au silence complet du Soi, pour les Shakta à Shakti et pour les théistes à Vishnou, par exemple. Celui-ci flotte en quelque sorte au-dessus de la vague du son, il réside au-dessus de ce lieu qu'on appelle *nâdananta,* la « fin du son », que les yoguis localisent un peu en avant du sommet de la tête quand on remonte du troisième œil.

On dit que la récitation du *Om* crée un échauffement d'où peuvent jaillir des étincelles et des flammes subtiles [81]. Quoi qu'il en soit, c'est un fait d'expérience qu'une récitation à un rythme soutenu provoque un échauffement du corps par l'hyperventilation qu'elle entraîne. Dans la Katha Oupanishad entres autres (2 15-17), on parle du *Om* comme *akshara*, (« syllabe » et « indestructible ») : « Cette syllabe dont tous les Védas parlent, que toutes les austérités proclament, à la recherche de laquelle on mène une vie de *brahmacharya* (étude et chasteté), cette syllabe, je vais te la déclarer. » On retrouve la même strophe, cette fois dans la bouche de Krishna s'adressant à Arjuna dans la Bhagavâd-Gîtâ (8 11). Puisque nous faisons une étude comparative, nous pouvons rapprocher deux éléments : cette chasteté pour obtenir la pureté du *Om* d'une part, et d'autre part la condition qui était exigée d'Orphée quand il remontait des enfers, de ne pas se retourner vers sa bien-aimée Eurydice. Cela devait garantir la conservation de son pouvoir ascensionnel en quelque sorte ; Orphée n'a pas respecté cette consigne, et Eurydice est retombée au fond du gouffre comme nous l'avons vu dans la partie précédente, l'union au sommet a échoué.

Les objets, les êtres vivants de l'univers sont comme des fleurs, *Om* est le fil qui les pénètre et les réunit. Un autre nom pour *Om* est *prânava.* La racine *na* signifie « résonner », « bourdonner » ou « chanter des louanges ». Dire que tout l'univers est pénétré par le *prânava,* c'est dire qu'il est en train de chanter une louange, nous retrouvons ici une idée chère aux psaumes (cf. Ps 19-1 : « Les cieux racontent la gloire de Dieu et l'œuvre de Ses mains, le firmament l'annonce »). Une étymologie traditionnelle de *prânava* est *na,* « celui qui guide », *va,* « vers vous-même », *pra,* « parfaitement »[82]. Pour les vishnouïtes, le *Om* est le *Brahma târaka,* le mantra qui fait traverser l'océan du monde jusqu'à Brahma.

Un indologiste occidental, Feuerstein, rapproche le *prânava* de l'enseignement de Pythagore : « La voix humaine est utilisée pour reproduire un "son" qui est continûment récité par l'univers lui-même, une idée connue sous le nom de *musique des sphères* par l'école pythagoricienne. Du côté indien, cela a mené au développement du yoga du son[83]. » Si l'on se place déjà du point de vue des simples onomatopées, « ah » et « oh » expriment l'émerveillement, et le « mmm » le fait qu'on aime beaucoup quelque chose : *a* est aussi le son originel, nous y reviendrons à propos du tantrisme, et *o* est la vibration vocalique la plus pure du point de vue du spectre des fréquences sonores. Elle se situe aux environs de 192 hertz, avec beaucoup moins d'harmoniques que les autres voyelles[84].

Mâ Anandamayi disait du *Om* : « Le réel *prânava* survient quand il n'y a pas de différence entre le masculin et le féminin, quand chacun devient un, quand tous les nœuds (*granthas*) sont défaits : quand cela est atteint, le *prânava* réel se manifeste. » À un moment, Mâ Anandamayi expliquait le phénomène des hymnes en sanskrit (*stotras*) qui sortaient parfois spontanément de ses lèvres : « Seulement celui auquel ils étaient destinés pouvait les entendre. Ces langages des êtres célestes ne sont révélés qu'au point source du *prânava* (le son *Om* dans sa forme la plus pure), quand tous les nœuds du corps sont déliés. Les *stotras* n'arrivent à sortir que lorsque les nœuds se relâchent. Ainsi, bien que ces *stotras* soit articulés, les mots ne sont pas distincts. Les *asanas* aident aussi à dénouer les nœuds. Mais les nœuds émotionnels (*bhâva*) doivent aussi être dénoués, sinon les *stotras* ne peuvent pas sortir. Ce n'est pas seulement le sanskrit, mais tous les langages qui s'écoulaient de mes lèvres. En effet, je communique avec les saints de différents pays dans leur propre langage[85]. »

Nous allons maintenant examiner certaines Oupanishads du

yoga. Bien qu'on les considère tardives, l'enseignement qu'elles reflètent est beaucoup plus précoce. « Malgré le fait que les premiers Tantras et les Oupanishads du yoga datent du VIIIe siècle après J.-C., nous pouvons tenir pour assuré que leur contenu a été formulé au moins dix siècles plus tôt, et qu'elles ont été constamment travaillées et renouvelées avant d'être finalement fixées dans les textes que nous possédons[86]. » La Nâda-bindu Oupanishad (versets 31-41) dit : « Quiconque s'adonne de manière ininterrompue à cette pratique se montre indifférent à ce qui n'est pas un tel son, et grâce à lui, passe au-delà de la pensée. Renonçant à toute pensée, à tout effort, qu'il médite sur le seul *nâda* et sa pensée se dissoudra complètement dans ce Son. »

La Yoga-shika Oupanishad dit (2 20,21) : « Il n'y a pas de mantra supérieur au *nâda,* il n'y a pas de dieu supérieur à l'*Atman* (qui peut en fait désigner son soi ou le Soi, car on n'utilise pas de majuscules en sanskrit), il n'y a pas d'adoration supérieure à la recherche du *nâda* et (il n'en découle pas) de satisfaction plus élevée. »

La Nâda-bindu Oupanishad (31-32), comme les autres textes de yoga à ma connaissance (par exemple la Gheranda Samhitâ, 5 79-80), conseille d'écouter le *nâda* à droite : « Le yogui doit toujours écouter le son intérieur dans l'oreille droite... En persévérant, le son sera entendu de façon de plus en plus subtile. » Pourquoi cette précision à propos de l'oreille droite ? Nous avons déjà parlé de cela à la fin du premier chapitre. Rappelons par exemple qu'il se peut que l'écoute par l'oreille droite, stimulant comme on le sait l'hémisphère gauche principalement, entraîne une meilleure concentration ponctuelle et une euphorie, alors que la stimulation sélective de l'hémisphère droit peut entraîner au contraire de l'an xiété et une dispersion de l'attention, ce qui ressort des observations d'anesthésie sélective de chacun des hémisphères avant des opérations de neurochirurgie[87]. Celles-ci mettent bien en évidence les spécificités des latéralités du cerveau.

On peut aussi ajouter que le corps est constamment stimulé à gauche par la sensation des battements cardiaques. La concentration à droite rééquilibre les côtés, que ce soit sur l'oreille droite, l'œil droit comme dans l'enseignement des Radha Soamis ou le cœur subtil à droite comme dans celui de Ramana Maharshi. Nous avons parlé de cela dans *Le mariage intérieur*[88]. On peut aussi comprendre de la même façon le conseil donné en zen de poser la main gauche sur la main droite : celle-ci étant la plus ouverte, c'est comme si elle recevait de la gauche un courant subtil, un « surplus » d'énergie et de sensations provoqué par les battements constants du cœur à gauche. Cela contribue à un rééquilibrage des latéralités, qui sera confirmé quand on se mettra à percevoir le son dans l'axe central. La Hatah-Yoga Pradîpikâ[89] affirme : « Adinâtha (Shiva) a proposé deux millions et demi de méthodes de *samadhi.* Parmi celles-ci, la perception du son spontané (*anâhata-nâda*) est la seule méthode maîtresse à mon sens. Le yogui doit entendre le son à l'intérieur de l'oreille droite, avec un esprit recueilli... puis il entendra le son clair dans le passage de l'axe central (*sushumna*) qui a été nettoyé de toutes ses impuretés. » Les exemples des timbres de sons que l'on peut percevoir varient dans leur ordre d'une description à l'autre, mais on retrouve à peu près les mêmes timbres qui peuvent se répartir en deux groupes : les sons pulsatiles (cloches, harpes, *vinâ,* tambour) et les sons continus (conche, flûte, le *Om,* etc.) Des textes comme le *Siddha-Siddhânta-Paddhati,* de l'école des Nâths, connue pour son enseignement de yoga, font allusion à « un son pulsatile, quelque chose comme « dham, dham » qui devient, quand on s'y absorbe, monotone comme le Om[90] ».

Certains considèrent que le son du tonnerre est le plus important à percevoir : c'est comme si celui-ci pouvait nous aider d'un coup à « passer le mur du son », si l'on peut dire. En pratique, on peut distinguer les sons intérieurs plutôt banals et ceux qui au contraire absorbent l'attention, car ils semblent être plus nouveaux, plus subtils ou faire résonner l'espace de façon plus vaste. Quel que soit le timbre du son sur lequel on choisisse de se concentrer, l'important est de le faire de façon parfaitement continue, ce qui n'est pas facile ; mais c'est cette continuité même qui peut conduire à l'arrêt du mental et au Soi.

Le timbre des instruments perçus à l'intérieur peut évoquer préférentiellement certains dieux : Krishna pour la flûte, la déesse Sarasvâtî pour la vîna, Kâlî ou Durgâ pour le grand tambour,

Shiva pour le petit (*damaru*) et l'ensemble des dieux et déesses pour les cloches et la conche. Nârada était un des principaux fidèles de Vishnou et un grand musicien. Son nom même semble né du mariage de l'homme, *nâra,* et du son, *nâda,* en faisant une sorte d'homme-son. Tyagiraj, un maître de musique sacrée et mystique du XIXe siècle dans le sud de l'Inde, disait que Nârada était l'abeille en train de butiner dans le lotus du *nâda* (du son, en particulier le son intérieur). Ce même Nârada affirme dans un distique du Svararnava : « Au sein de l'*âtman* (entendu ici au sens de soi physique, c'est-à-dire du corps), il y a le *prâna,* au sein du *prâna* il y a le son physique (*dhvani*), au sein du *dhvani* il y a le son subtil (*nâda*) et au sein du *nâda* il y a *Sadâ-Shiva* (la toute première manifestation du dieu Shiva dans le processus de création)[91]. »

Le son est un guide, un fil d'Ariane à suivre dans l'ascension intérieure. Une Oupanishad du yoga dit : « Son qui ne sonne pas parce qu'il est au-delà du son, l'adepte qui le trouve est délivré du doute... et c'est par lui que l'adepte découvre le chemin sur lequel il conduit le souffle[92]. »

Redisons qu'une écoute de qualité du son intérieur est associée à une ascension de l'énergie dans le corps : la Shiva-Samhitâ déclare : « Il n'y a pas de posture comme *siddhâsana,* il n'y a pas de pouvoir comme *kumbha,* il n'y a pas de *moûdrâ* comme *khechari,* et pas d'absorption comme celle en *nâda* » (5 27). *Siddhâsana,* cette posture assise où un talon presse le périnée, éveille l'énergie à la base du corps. La pratique du *kumbha-prânâyâma,* rester avec les poumons pleins, fait monter l'énergie au niveau du cœur. Le *khechari moûdrâ* pousse vers le haut la zone de la luette par la rétroflexion de la langue. Dans une langue imagée, on dit qu'elle empêche un « point », *bindu,* de tomber. C'est une *moûdrâ* qui vous « fait aller au ciel », puisque *chari* signifie le « fait d'aller » et *kha* est le « ciel », l'« espace ». Une fois qu'on a atteint cette dimension de vacuité, le son intérieur, *nâda,* peut résonner sans obstacle, c'est en quelque sorte le couronnement des efforts en vue d'une ascension progressive.

Dans les *Yoga-sûtrâs* de Patanjali (3,35), on parle de l'audition. Vyâsa commente en disant qu'il s'agit de l'audition des sons intérieurs ou de la claire audience, *divya shabda shravanam*[93]. Il faut se rappeler que la racine *di* est la même que dans *dies,* le « jour » en latin, et signifie « clair ». Il s'agit donc en quelque sorte de percevoir des sons « clairs et lumineux comme le jour ».

Le Védanta, la doctrine de la non-dualité pure, n'était pas dans l'Inde traditionnelle destinée à tous, comme cela semble être le cas dans des mouvements néo-hindous ou avec certains enseignants spirituels. Il s'adressait principalement aux moines (*sannyasis*). Ceux-ci renonçaient au culte des dieux personnels — dont les mantras commencent par *Om* suivi d'une invocation incluant leur nom — pour ne garder que ce *Om* initial. C'est le signe de leur passage à la méditation sur le Sans-forme (*pranav-upasana*). Les Oupanishads disent clairement, en une formule fondamentale, que « Brahman n'est pas ce que l'oreille perçoit, mais ce par quoi l'oreille perçoit ». Il y a donc un stade de silence absolu, de conscience pure au-delà de toute manifestation sonore, c'est une notion qu'on retrouve dans le shivaïsme du Cachemire et le bouddhisme, mais guère dans les écoles théistes, pour lesquelles le Son-Verbe est Dieu lui-même. De façon intéressante, on pourrait remarquer que le christianisme est en position intermédiaire, le Son-Verbe est Dieu certes, mais il y a par-derrière un Dieu complètement silencieux, ce Père que personne n'a vu, et on pourrait ajouter : n'a entendu si ce n'est le Fils.

Pour résumer on peut considérer qu'il y a une équivalence en pratique entre le son subtil, le *nâda,* le *shabda,* le *sphota,* le *turiya* et l'expérience non duelle, même si les approches théoriques sous-jacentes sont différentes. Pour l'Inde, le son intérieur est l'essence du langage. On pourrait presque dire qu'il mérite lui aussi, à son niveau, le qualificatif de *sanskrit* dont le sens évoque bien ses attributs principaux : *sam* signifie « ensemble », et *krit,* « fait ». *Sanskrit* signifie en général « parfait », et c'est bien le cas du son intérieur qui est parfaitement continu. *Sanskrit* peut aussi vouloir dire « rassemblé », et c'est en effet le cas du son au-dedans qui mène à une expérience d'unité physique, psychique et spirituelle quand il est perçu. Un sens supplémentaire de *sanskrit* est « raffiné », « fin », c'est bien ainsi qu'est le son du dedans quand on peut le percevoir d'une manière de plus en plus subtile.

Patanjali le grammairien dit : « Le Dieu très haut est dans le Son (*shabda*). Nous devons devenir comme le Dieu très haut[94]. » Cette identification au divin se fait par un processus alchimique de passage du physique au subtil. Ce que ce mouvement signifie dans la tradition de l'Inde peut être évoqué par certains versets du chapitre X de la Gîtâ où Krishna indique sa présence au cœur du monde afin de ramener Arjûna à une perception de l'Unité : « Je suis le Soi existant au cœur de tous les êtres... Parmi les Védas, je suis le *Sâma-véda* (celui qui est chanté), parmi les montagnes, je suis le mont Mérou (correspondant dans le corps à la colonne vertébrale, *meru-danda,* qui elle-même contient l'axe central subtil, *sushumna* où circule l'énergie fondamentale de la *kundalinî*), parmi les sacrifices au feu, je suis le *japa* (la prière répétitive, souvent mentale, évoquant un sacrifice intérieur dans le feu de la Connaissance), de toutes les armes je suis la foudre... parmi les fleuves je suis le Gange... au milieu de toutes les lettres, je suis le *a,*... et je suis aussi, au sein de tous les secrets, le silence » (extraits choisis entre le verset 30 et la fin).

Le shivaïsme du Cachemire :
à l'écoute de la pulsation primordiale

Le shivaïsme du Cachemire est une école qui s'est développée à la fin du premier millénaire et qui a atteint son apogée avec Abhinavagupta autour de l'an mil. Réduites au silence par les invasions musulmanes, ses idées ont cependant continué d'être influentes dans le sud de l'Inde à travers le shaïva-siddhanta, et surtout l'école de Shrî Vidyâ qui sont là-bas des formes importantes du shivaïsme. Ses textes ont été redécouverts au XXe siècle par Laxman Jhoo et ses successeurs, et traduits en français au début par Lilian Silburn et André Padoux[95]. Ce dernier revient souvent sur l'idée que la descente cosmique du Son durant le processus de création correspond en symétrique à la remontée de ce Son durant la pratique du mantra ou de l'écoute du silence par le yogui[96]. La conclusion de sa thèse très complète, c'est que la *sadhana* du shivaïsme du Cachemire dans le domaine auditif consiste en une dissolution ascendante du son dans le silence, ce qui est tout à fait dans la ligne de l'ensemble de la tradition indienne telle que nous l'avons vue et correspond également au mouvement ascensionnel général des diverses voies mystiques dont nous avons parlé plus en détail dans *Le mariage intérieur*[97]. Ce dernier livre était centré sur l'ouverture du troisième œil par la rencontre des trois canaux *ida, pingala* et *sushumna.* Et l'écoute du silence, elle, est centrée sur l'éveil de la troisième oreille grâce à l'ouverture du canal de l'audition subtile. Il est à noter qu'on peut traditionnellement méditer sur les deux au même endroit, c'est-à-dire au centre du front, la troisième oreille s'appelant à ce moment-là *nadarûpa,* la « forme du son ».

Une notion centrale de l'école cachemirienne, c'est que la création vient du rayonnement, de l'expansion d'une pulsation primordiale, *spanda.* Ainsi, dès le début, nous sommes proches de l'expérience du son intérieur car celui-ci peut être pulsatile, nous l'avons vu. Un des termes pour exprimer l'expansion de la pulsation, de l'ébranlement originel est *sphâra*[98] qui est presque comme le mot « sphère ». Vibration et connaissance sont liées : « La vibration, *nâda,* de la connaissance illuminative, *jñana,* sont deux manifestations parallèles de Shakti. L'une mène à l'autre et l'éveille[99]. »

Pour commencer, nous pouvons méditer sur la lettre *a.* En sanskrit, il s'agit de la première de l'alphabet, comme en latin, en grec, en hébreu et pratiquement dans tous les autres alphabets connus. On peut dire aussi qu'elle correspond à l'expression la plus simple et directe du son intérieur qui ressemble fort à un son *a* continu. En sanskrit, il y a deux *a,* le bref étant dans l'ordre alphabétique avant le long ; le second est considéré comme un redoublement du premier. Le *a* bref ne s'écrit pas quand il suit une consonne, ce qui mène à faire l'interprétation suivante : de même que le *a* bref est invisible, mais pourtant audible à l'intérieur des mots, de même le son intérieur est caché, mais perceptible au sein des objets créés et des êtres vivants[100]. Le *a* bref évoque le corps subtil de Dieu et le Je universel. Le terme « je » lui-même, *aham,* est expliqué par Abhinavagupta comme l'union de Shiva, *a,* et de Shakti, *ha,* qui engendre le monde tout entier, dénoté par *am,* c'est-à-dire dans l'écriture un simple point au-dessus du *h,* ce *bindu* dont nous avons déjà parlé et qui est le germe de l'univers, comme une semence d'espace [101]. « Il est au-delà du son produit (*ahata*) et non produit (*anâhata*), c'est le pouvoir d'absolue liberté du Seigneur, c'est la lettre non-lettre [102]. » En effet, le *a* bref est privatif en sanskrit comme en grec (cf. le *a* de « atypique » par exemple). Au début de la création, le *a* bref s'est dédoublé en *a* long, l'Absolu (*anuttara,* « sans second »), devient *ânanda,* qu'on pourrait traduire ici par « allégresse » ; de là proviendra finalement l'*âtman,* l'« âme individuelle ». Ainsi, l'ébranlement originel de la création est associé à une question de *a* qui s'allonge. *Anâhala* est parfois interprété comme « ce qui n'est pas retiré », le son « qui ne va pas se coucher ». Le Vijñana Bhairava dit : « Il accède au brahman suprême celui qui baigne dans le brahman-Son, l'*anâhata* logé dans le réceptacle de l'oreille, son ininterrompu, précipité (qui court) comme un fleuve » (v. 38). L'*anâhata* a « pour essence l'éther... et devient son et lumière par sa propre réflexion sur soi-même [103] ».

Venons-en maintenant à une notion centrale de la mystique indienne du son : le *bindu.* Grammaticalement, il se définit, nous l'avons vu, comme le point au-dessus de la consonne et exprimant ainsi le *m* final. Il est souvent au-dessus d'un croissant qu'on appelle *ardhachandra,* c'est-à-dire « demi-lune ». Les yoguis le considèrent comme « une masse formée par l'union de Shiva et Shakti [104] » qui émet un rayonnement à la fois lumineux et sonore. On l'écrit parfois *vindu* (le *v* et le *b* sont écrits d'une façon pratiquement semblable en sanskrit) et on l'interprète comme « connaissance » ; ce mot est aussi de la même racine que *véda.* Pour la méditation, il peut être placé préférentiellement dans le cœur, au troisième œil ou à douze travers de doigts au-dessus de la tête, en un point qui est appelé à cause de cela *dvadâshânta,* la « fin des douze ». On pourrait dire que l'ascension du son suit une structure en sablier. Il provient du corps, se condense dans le *bindu* au centre du front et se dilate de nouveau sous forme subtile au-dessus. Le terme même qui signifie « prononciation », *ud-tchâra,* signifie « mouvement (*tchâra*) vers le haut (*ud*) ». Celui-ci est comparé à l'essor du cygne (*hamsa*) qui s'envole le long de l'axe central [105] pour aller se poser sur le « lac de l'esprit », ce *man-*

sarovar qui est aussi le nom du célèbre lac au pied du mont Kailash au Tibet. Le mantra qui aide à accompagner le souffle vital ascendant, *udâna,* à travers l'axe central est *im* [106]. La prononciation du son *i* lui-même entraîne en soi une ascension de la voûte du pharynx ; de plus, on peut voir dans la forme latine comme sanskrite du *i* une évocation de l'axe central du corps avec la tête au-dessus (en sanskrit, le rapprochement sera plus cohérent si on considère que le *i* représente le corps vu de côté avec la boucle supérieure correspondant à la tête inclinée).

Abhinavagupta dit : « La prise de conscience réfléchie du Soi (l'attention que le Soi tourne vers lui-même) est essentiellement une parole qui est énonciation intérieure. Cette parole n'a rien à voir avec le langage conventionnel. Elle est émerveillement indifférencié... On la dit Suprême à cause de sa plénitude et parole (*vâk*) parce qu'elle dit l'univers et l'énonce par cette prise de conscience réfléchie. Ainsi, étant pure conscience, sans autre essence qu'elle-même, repos en elle-même, elle est toujours réveillée, indestructible, éternelle, et n'est rien d'autre que le Je absolu [107]. » La Conscience est en soi résonance : « Parce qu'elle est par nature prise de conscience globale (de soi), la Conscience possède comme telle une résonance spontanée (*dhvani*) perpétuellement jaillissante, dite *grand Cœur suprême* [108]. » Abhinavagupta donne ainsi de nombreux enseignements sur le son mystique caché à la plupart ; en ce sens il mérite bien son nom dont une interprétation pourrait être le « nouveau (*nav*) secret (*gupta*) fondamental (*abhi*) ».

L'ascension du son subtil est particulièrement perceptible entre le troisième œil (*bindu*) et le sommet de la tête (*mahâbindu*). La condensation de l'énergie sonore dans le *bindu* correspond à la confluence des trois courants de sensations : *ida, pingala* et *sushumna,* dont nous parlons en détail dans *Le mariage intérieur* [109]. Elle se produit de façon plus claire quand l'énergie-son (*prâna-nâda*) se condense dans le canal central où le mental est stoppé par l'« énergie d'arrêt », *nirodhikâ* [110]. Abhinavagupta dit : « La vibration sonore qui est conscience parfaite du Soi s'élève dans le domaine de l'union pendant l'absorption de l'attention dans le triple courant. Tel est le pouvoir du mantra [111]. »

Au-dessus du *bindu* en montant du front vers le sommet de la tête, on trouve un centre dont le nom est intéressant : *nirodhinî,* « celle qui interdit », c'est-à-dire la gardienne du seuil, comme une sorte de dragon à l'entrée de la grotte du crâne. Au-delà, même Brahma et Vishnou ne peuvent aller car leur nom, c'est-à-dire leur forme même, serait dissous dans le silence de Shiva. Ensuite vient le centre du *nâda,* puis celui de la « fin du *nâda* », *nâdânta,* après lequel il n'y a même plus de son : c'est comme la résonance du gong qui finit de se dissoudre dans le silence. C'est la vibration pure et muette de l'énergie, *shakti,* qui pénètre tout, *vyapinî,* ce qui donne leur nom aux deux centres immédiatement au-dessus. À ce moment-là viennent les trois derniers niveaux : le mental, *samanâ,* est dissous dans le non-mental, *un-manâ,* ce qui mène à l'expérience non duelle de Shiva (correspondant au *mahâbindu,* situé au niveau du lotus aux mille pétales) [112]. Certains de ces niveaux peuvent être parfois décrits non pas juste au-dessous, mais juste au-dessus du sommet de la tête.

Pourquoi parle-t-on pour cette région de « lotus aux mille pétales », *sahasrara-padma* ? Une réponse possible est de faire remarquer qu'il résume dans le silence qui le pénètre infiniment plus de potentialités que les cinquante lettres de l'alphabet sanskrit. Dans la méditation tantrique, on répartit ces cinquante lettres sur les pétales des lotus-chakras dans les divers centres du corps jusqu'à l'*ajña* au front ; en utilisant leur « énergie », on peut donc former tous les mots possibles, mais quand on en arrive au sommet de la tête, on atteint la potentialité pure du silence, qui est « vingt fois » plus puissante que les cinquante lettres à la base du langage habituel, d'où le chiffre « mille » pour les pétales du lotus.

Le corps est comme une *vînâ* verticale, nous l'avons vu, avec les deux demi-sphères correspondant au bassin et à la tête, le manche à la colonne vertébrale et les cordes qui vibrent à l'énergie qui y circule. On dit dans le tantrisme que le centre de la base, *mûlâdhâra,* qui est au niveau du périnée et la zone en dessous ne vibrent pas, pas plus que le centre du sommet, *sahasrara,* et la région au-dessus. Elles évoquent par analogie avec la vînâ ces clés où s'attachent les cordes. La déesse qui est représentée avec cet instrument est Sarasvâtî, elle se trouve sur une rivière (*saras,* « rivière » et *vâtî,* « qui habite ») parsemée de lotus. Un cygne est près d'elle. La rivière évoque le flot de l'énergie dans l'axe central éveillant les lotus, c'est-à-dire les *chakras.* Comme il s'agit d'une montée, le cygne est présent, prêt à prendre son essor. La couleur blanche suggère bien sûr la pureté nécessaire à la réussite du processus. Sarasvâtî est la manifestation sonore de Brahma, aussi inséparable de lui que la parole l'est de son sens ; cela indique que l'ascension intérieure a aussi un aspect sonore.

Dans le shivaïsme, le mantra principal *Om nâma shivaya* peut être pratiqué en plaçant chacune de ses syllabes dans des parties successives du corps en remontant vers la tête. Nous retrouvons l'idée d'ascension sonore là aussi, accompagnée par la montée de la *kundalinî.* Celle-ci a différents noms, *tripathî,* « celle qui suit trois chemins », *patha* (le canal central et les deux canaux latéraux) ; *Rodhinî,* « celle qui interdit », c'est-à-dire, nous l'avons vu, la gardienne du seuil ; et *Rekhinî,* « celle qui trace une ligne droite ». Pour mettre une pointe d'humour dans ces sujets graves, on pourrait dire que le travail de la méditation ressemble à celui des enfants à la petite école : apprendre à tracer des lignes droites au sein de notre corps vécu qui est d'habitude encombré de toutes sortes de lignes brisées.

Shiva habite au sommet du mont Kailash, il est associé au *prânava, Om*[113]. Cela évoque le point au-dessus du sommet de la tête d'où rayonne le son intérieur dans certaines formes de méditation. Une autre forme de pratique est de commencer à réciter le *Om* en faisant aller sa vibration vers la gauche, puis vers l'arrière, la droite et l'avant. Ensuite on fait passer le *nâda,* le son subtil, par l'axe central (*Shiva Purana,* 1 10 16-19).

Cette ascension du son du silence au-dessus du corps, et même du mental, fait penser au terme grec *métanoïa,* littéralement « au-delà de l'esprit », et qui a pris par la suite le sens de « conversion religieuse », voire de « pénitence ». L'écoute du son du silence favorise la véritable conversion. De même, on peut réfléchir sur le terme « métaphysique » qui signifie « au-delà du physique ». Cette ascension dont nous parlons peut permettre de faire ce pas qui débouche dans la vraie métaphysique, c'est-à-dire non pas tant des théories qu'une expérience au-delà du physique. Nous avons fait remarquer que la prononciation d'un son, *ud-chârana,* était en soi ascension, *ud.* Des auteurs comme Bhartrihari (un des grammairiens sanskrits les plus connus, qui a vécu sans doute un peu avant le début de l'ère chrétienne) ont détaillé le processus et ont été suivis en cela par l'ensemble de la tradition.

L'origine du son est dans le centre à la base du corps (*para*). Ensuite, on en a une intuition pour ainsi dire visuelle, c'est le second stade, celui de la vision (*pashyanti*), localisé pour les besoins de la méditation au niveau du nombril ; puis vient le stade intermédiaire (*madhyama*), celui du langage mental clair au niveau du cœur ; et enfin l'énonciation de la phrase à voix haute, *valkhari,* qui fait intervenir la gorge et la bouche. On dit que si l'énergie sonore subtile pouvait monter droit vers le sommet de la tête, *brahmarandhra,* plutôt que d'être déviée dans l'expression orale, les progrès vers la libération seraient beaucoup plus rapides. Quand on récite un mantra, on inverse ce processus de matérialisation et on va vers le subtil. À ce moment-là, le flot de la récitation qui est un fleuve atteint l'embouchure (le stade intermédiaire) et débouche dans l'océan (la vision) dont le socle immobile n'est autre que le Suprême (*para*).

Le tantrisme répète souvent que le mantra et la divinité qu'il invoque sont identiques [114]. On a la même conception dans la voie de la dévotion quand on dit que le Nom, *nâm,* et le Nommé (Dieu), *nâmi,* sont un. De façon plus générale, on considère que le Son fondamental n'est pas différent de Brahman et on dit simplement *Nâda brahman.*

La science des mantras peut être très complexe, aussi complexe que l'écoute du son du silence est simple. De fait, on dit que ce dernier est, sous la forme de *Paravâc,* le mantra suprême [115]. Cependant, ceux qui aiment la complexité ou qui doivent faire une recherche universitaire sur le sujet peuvent consulter l'ouvrage *Mantra, What are they* ? [116], qui comprend une bibliographie de quatre-vingt-cinq pages sur la question... Celui qui a une relation profonde avec un gourou authentique considère que toutes ses paroles sont des mantras. On dit dans la *Guru-gîtâ : Mantramûlam guruvâkyam,* « La racine du mantra, c'est la parole du gourou ». On pourrait comparer la pratique du mantra a un échauffement, puis finalement à une fusion et à une cuisson. Il semble alors que la « peau » des consonnes se défasse et qu'il ne reste plus que la « chair » des voyelles, et finalement un son unique, un « bouillon » qui a un goût uniforme et qui n'est autre que le *nâda.* C'est sans doute ce processus qui est évoqué quand on parle d'*ajapa japa* : au-delà de la récitation spontanée du *japa* en dedans vient la perception d'un son intérieur continu dans lequel vient se fondre le mantra comme un fleuve débouche dans l'océan.

Les Sants, nous le verrons bientôt, parlent du passage de *sumiran* à *bhajan. Sumiran* désigne la récitation ordinaire du mantra, y compris *in pecto,* par contre *bhajan* ne signifie pas comme d'habitude les chants dévotionnels, mais directement la perception du son intérieur qui est la pratique supérieure des Sants. Nous avons mentionné aussi un texte de yoga qui parlait du passage d'un son subtil pulsatile (*dhum, dhum,* par exemple) au son continu du *Om.* En bref, on peut reprendre la comparaison des *Yoga sûtras* : le flux de la concentration, au lieu d'être en goutte à goutte comme un filet d'eau, devient aussi continu qu'un flot d'huile, *tailadhârâvat.*

Trois notions sont proches dans l'expérience intérieure : l'essence des sens, *rasa,* l'essence du sens, *sphota,* et l'essence du son, *nâda.* La mystique du son est une mystique de l'essence, mais on peut aussi y percevoir le *rasa* de l'amour, en cela elle est aussi mystique nuptiale.

Shiva est Natarâj, dieu de la danse, on pourrait dire qu'il est aussi Nâdarâj, dieu du son. On trouve sa statue d'origine sous cette forme près de Pondichéry à Chidambaram, nom qui signifie « espace de conscience ». Nous avons vu que l'espace est lié au son, c'est le réceptacle qui lui permet de se répandre. D'ailleurs, les grands lieux de pèlerinage shivaïstes du sud de l'Inde sont classés d'après les cinq éléments, et Chidambaram correspond au cinquième, le « lingam d'espace ». Le tambour de Shiva dans une de ses mains droites évoque le *nâda,* le Son originel et la création tandis que le cercle de flammes qui l'entoure comme un mandala évoque le rayonnement de son énergie à la fois sonore et lumineuse. Sur le côté de la statue de Shiva dansant dans le grand temple de Chidambaram il y a, dit-on, le vrai Natarâj, dissimulé derrière un voile ; et quand on tire ce dernier, il n'y a qu'un espace vide.

Lalleshvarî ou la spontanéité du son intérieur

Nous avons déjà mentionné l'existence de Lalleshvarî, poétesse et mystique du XIVe siècle au Cachemire. Elle était au-delà de la distinction entre hindouisme et islam, mais sa formation de base la rattache au shivaïsme du Cachemire. Elle n'écrivait pas, et ses quatrains ont été transmis par oral pendant des siècles par les lignées de ses disciples. Certaines de ces strophes sont devenues des proverbes en cachemiri. Elle avait étudié, mais savait relativiser le savoir livresque : « Lisant et relisant, ils ne font que baratter de l'eau, et leur orgueil grandit. » Elle fait allusion clairement à une lecture au-delà des mots : « J'ai mis en pratique ce que je dis et j'ai lu le non-lu (...) Ma pratique étant constante, les traités oubliés, la Conscience-félicité pour moi devint intime certitude[117]. » Elle a été dès le début concentrée sur le mantra de son gourou et peut-être même très tôt sur l'écoute du son du silence :

Je m'écorchai la plante des pieds sur les chemins (à sa recherche).
Enfin l'Un vers l'Un m'indiqua la voie.
Qui apprend cela ne sera-t-il pas ravi ?
Lalla n'a écouté qu'une seule parole, et non des centaines[118].

Cette persévérance a été récompensée :

Mille fois j'ai interrogé mon maître spirituel :
« À celui que rien ne peut définir, quel nom donner ? »
Et je me fatiguais à répéter ma demande.
Mais de l'indéfinissable quelque chose est sorti[119].

Cette manifestation a bien pu être sonore : « J'ai entendu résonner la cloche de vérité[120] » ; ce son est perçu, comme nous l'avons vu précédemment, de préférence au-dessus de la tête et il est rapproché du divin :

Le son subtil, ayant l'éther pour essence, le vide pour domaine,
Qui est sans nom, ni couleur, ni forme, ni lignée,
Qui, prenant conscience de soi, devient résonance et lumière,
ce dieu-là sera le cavalier (qui chevauchera et guidera le corps subtil comme une monture dans sa progression)[121].

Ce son céleste provoque un arrêt du mental qui à son tour induit un éveil de l'énergie et sa montée dans le canal central, phénomène souvent comparé à la flamme d'une lampe à huile dans une chambre sans courant d'air : « Lorsque l'appel d'en haut vient réveiller mon cœur, la flamme de ma lampe se redresse car il n'y a plus de vent[122]. » L'axe central du corps est aussi comparé à l'axe d'un moulin, les meules correspondant alors aux chakras. Le terme *chakkar* signifie d'ailleurs, en hindi moderne, la « meule » du moulin :

Le moulin tout uniment tourne, tourne
Et l'axe a actionné les meules.
Quand le moulin tourne, il moud fin.
Dans la cour du moulin afflue alors le grain[123].

Cela provoque une montée de l'énergie en spirale jusqu'au « lotus aux mille pétales ». « La roue suprême est reliée à une ouverture du canal de l'audition spirituelle » :

Celui dont la roue suprême est le sanctuaire de Dieu,
Dont le souffle des narines est porté par le son subtil,
spontanément l'abandonne la ronde mentale.
Lui-même le Soi divin,
À qui pourrait-il rendre un culte[124] *?*

Cette expérience du son intérieur dissout les mots dans l'unité : « Si tu entends bien l'unité, tu n'es plus nulle part. Par l'unité, j'ai été mise en pièces[125]. » C'est alors que la vie entière devient complètement spirituelle, une sorte de rituel entièrement intériorisé :

L'esprit est le donateur et l'ardeur, la donatrice.
Les fleurs de l'adoration (intérieure) composent le culte à Lui offrir.
Le nectar de la lune (l'expérience de bonheur intense qui s'éveille au talou, *c'est-à-dire au sommet du pharynx) est l'eau de l'aspersion,*
Le mantra du silence est celui qui éveille ce Seigneur, le Soi[126].

Le mariage de la conscience et du son intérieur : les Sants et Kabir

Pour intensifier le désir d'écouter le son intérieur et de s'y fondre, un élément d'amour est important. En pratique, on peut associer ce son au maître spirituel ou à la divinité qu'on adore : « Le courant sonore n'est pas une émanation de Dieu, c'est Dieu lui-même, c'est le fait le plus important qu'on doive comprendre à propos de ce son[127]. » Sawant Singh, dont nous reparlerons bientôt, disait : « Le fleuve de vie audible (*shabd dhun*) est la forme éternelle du Seigneur et se trouve toujours au-dedans de nous[128]. » Ces enseignements sont fondés sur l'enseignement des Sants dont le mouvement s'est développé principalement à partir de Kabir (XVe siècle, Bénarès) et de Guru Nanak, le fondateur du sikkhisme (XVIe siècle, Punjab). Dans notre présentation, nous nous appuierons surtout sur l'enseignement des Radha Soamis, qui a l'avantage d'être assez didactique, puis nous citerons des extraits de poèmes de Kabir et d'autres Sants pour illustrer divers aspects de l'union de la conscience et du son.

Swamiji, le fondateur des Radha Soamis, a vécu à Agra de 1818 à 1878. Banquier de profession, il a développé un mouvement religieux important qui s'adresse directement aux gens qui vivent dans le monde. Comme nous l'avons déjà mentionné, on demande aux fidèles de « payer la dîme », c'est-à-dire de consacrer au minimum dix pour cent de leur temps à la méditation. Celle-ci consiste pour la plus grande partie en une écoute du silence. Souvent toute la famille est engagée dans le mouvement, les enfants sont initiés jeunes et suivent la pratique à leur rythme. Une des branches des Radha Soamis s'est particulièrement développée à Beas, au Punjab, sous l'impulsion de Sawant Singh qui l'a dirigée de 1903 à 1948. On dit qu'il a conféré l'initiation à l'écoute du son intérieur à environ un million de personnes ; son mouvement essaime dans cinq-cinq pays. Une autre branche, le Manav Dharm (la « religion de l'humanité »), est aussi assez répandue. Ses membres, lors des recensements, refusent d'être classés comme hindous ou musulmans mais se définissent comme appartenant à la « religion universelle » (c'est le sens des mots *manav dharm*). Cette prise de distance par rapport aux deux religions principales de l'Inde n'est pas nouvelle : déjà en 1911 lors du recensement qu'avaient fait les Anglais, un bon nombre de personnes s'étaient déclarées des « hindous mahométans ». Le sikkhisme lui-même a eu dès son origine une inspiration similaire. Le gourou du Manav Dharm a eu l'inspiration de se lancer dans la politique ; il y a assez bien réussi pendant la période du Front uni qui a été au pouvoir vers 1997, est devenu secrétaire des Finances puis ministre des Chemins de fer pour toute l'Union indienne. Il faut rappeler que les chemins de fer indiens sont considérés, de par le nombre de leurs employés, comme la plus grande entreprise du monde. Je donne ces détails historiques et sociologiques simplement pour souligner que la pratique de l'écoute du silence n'est pas réservée à des ascètes vêtus d'un bout de tissu dans les grottes de l'Himalaya. Il s'agit d'une pratique largement répandue, et, si elle est peu connue des Occidentaux, cela est surtout dû à leur propre manque de culture religieuse.

La méditation des Radha Soamis est orientée, comme d'habitude dans la tradition du Son en Inde, vers une ascension dans des niveaux de plus en plus subtils, débouchant sur le silence. Pour cela, ils ont trois pratiques : *sumiran* (cf. sanskrit *smaran,* la remémoration des noms divins), *darshan* (la visualisation de la forme radieuse du maître spirituel) et *bhajan* (l'écoute du son intérieur à proprement parler). Leur particularité par rapport au yoga est qu'ils n'accordent pas une attention détaillée à la plus grande partie du corps : ils font monter d'emblée les sensations vers l'*ajña,* et ensuite toute leur méditation les mène vers le sommet de la tête et au-dessus. Le corps a neuf ouvertures, les deux yeux, les deux oreilles, les deux narines, la bouche et les deux orifices inférieurs qu'on appelle les neuf portes, la pratique consistant à faire s'élever les sensations vers la dixième porte qui n'est autre que l'*ajña.* Il s'agit d'une verticalisation, car ce terme évoque aussi la dixième direction, celle de la verticale ascendante qui vient après les huit directions cardinales et la verticale descendante.

Le centre de la méditation des Radha Soamis est le « courant de vie audible », en d'autres termes le son du silence. Un des noms qu'ils lui donnent est le *sar-shabda,* le « son essentiel », et qu'ils considèrent comme la présence même de l'Absolu au-dedans. Ce son est rejoint par la conscience ascendante qui s'appelle *surat* ou *surati.* On peut interpréter ce terme comme « celle qui est bien (*su*) attachée (*rati*) », sous-entendu comme une jeune mariée à son époux, en l'occurrence le son intérieur : « L'homme ou la femme qui entend cette musique éternelle n'est plus jamais, ne se sent plus jamais seul [129]. » D'autres dérivations pour le terme *surati* sont également signifiantes du point de vue spirituel : par exemple de *shruti,* « ce qui a été écouté », ou de *smriti,* la « mémoire », ou de *srota,* la « source ». Derrière la notion habituelle de tradition orale pour expliquer le terme d'« écoute », *shruti,* donné aux Védas, on peut discerner un sens plus yoguique. Ces révélations sonores sont la mise en forme d'un Son primordial qu'il est toujours possible d'écouter, quel soit le moment ou l'endroit.

Un nom très courant pour le son intérieur est *dhun.* Il peut signifier en hindi actuel « persévérance », mais aussi « manie », « obsession » et « enfin manière de chanter », « mélodie », au sens d'air qui trotte dans la tête, de ritournelle ; et, effectivement, le son intérieur a quelque chose de cela. *Dhun* évoque aussi le *dhuni,* ce feu que les ascètes shivaïstes gardent toujours allumé auprès d'eux : il leur permet de cuire leur nourriture, d'effectuer leurs rituels, de se réchauffer et de s'éclairer la nuit si besoin. L'attention à la mélodie cachée comme braise sous la cendre est également lumière, source d'énergie, nourriture et adoration, pour ceux qui la pratiquent. C'est comme si la religion de l'Inde ancienne centrée sur le culte du feu continuait discrètement dans des formes qui en paraissent a priori éloignées.

La dixième porte, le centre du front, est aussi appelée *nâda-rûpa,* la « forme du son ». On pourrait comparer cela à la sonorité produite par les remous de rivières qui se rencontrent ; rappelons que pour le yoga il y a trois courants de sensations qui confluent au niveau frontal.

Les Radha Soamis n'ont pas la notion précise d'un dieu personnel, ils l'appellent simplement Sat-Purush, qu'on pourrait traduire par « Être suprême ». Ils ont quatre piliers pour leurs pratiques : *satnam,* le vrai Nom, c'est-à-dire concrètement l'« écoute du son du silence », *satguru,* le « gourou authentique », *satsang,* la « compagnie (*sang*) de l'Être (*sat*) », en général interprétée comme l'association avec des chercheurs spirituels avancés, et *sadâchâr,* le « comportement vertueux[130] ». L'amour, l'attachement (*surati*), se dirige volontiers vers la forme (*mûrati* dans l'hindi des Sants, *mûrti* en sanskrit et hindi moderne) du maître spirituel.

En cela, les Radha Soamis sont en consonance avec les autres mouvements religieux de l'Inde qui donnent une grande importance à la *gourou-bhakti.* Ils disent que l'Absolu est le père, le Son la mère (nous avons vu que la *Vâc* dans les Védas était l'épouse de Brahma) et le maître spirituel est le fils. Ceux parmi eux qui sont influencés par le christianisme associent l'Absolu au Père, le Son au Verbe et le maître à l'Esprit. Il y a effectivement une claire similarité entre Esprit et maître intérieur, les deux distillant pour ainsi dire au fond du cœur une connaissance prenant sa source dans l'Absolu. L'écoute du son donne lieu à une initiation comme la récitation du mantra, et en ce sens elle renforce le lien au maître. L'amour est le trésor du Nom : quand il s'ouvre, le nectar, *amrit,* peut se répandre dans tout l'individu, de la tête vers le reste du corps dans la physiologie subtile du yoga. Sawant Singh disait à la manière des poètes orientaux que « l'amour est une fontaine de parfum dans le jardin de la vie ». Son et amour sont indissolublement liés, c'est ainsi qu'on peut interpréter la représentation de Krishna adolescent jouant de la flûte avec une jambe qui croise l'autre : cette posture évoque la rencontre de la droite et de la gauche ainsi que celle du masculin et du féminin intérieurs comme nous l'avons expliqué en détail dans *Le mariage intérieur.* Le fait qu'il joue de la flûte traversière et non pas de la flûte à bec pourrait suggérer qu'il reste introverti, sur son quant-à-soi et que sa musique comme sa séduction demeurent tout intérieures. Dans la représentation de Shiva dansant, la jambe gauche croisée devant la droite a le même sens de mariage intérieur : la réussite de celuici entraîne spontanément un rayonnement du son fondamental (le tambour dans la main droite). Sawant Singh dit : « Le Son est Amour, quand l'âme rentre en contact avec le Son, l'Amour déborde[131]. » Nous revenons à la notion d'ascension de l'énergie d'amour grâce à l'écoute du silence.

Nous avons vu que les Radha Soamis, à la suite des yoguis et des Sants, considéraient que tout était dans le corps, y compris des Écritures sacrées comme le Râmayana[132]. Kabir a écrit un poème dont chaque distique commence pour le premier membre par « Dans ce corps » et dans le second par « Ici même »[133]. Il n'est donc pas étonnant que l'ascension du son se déroule dans le corps. On commence par méditer sur deux courants qui partent des deux yeux et se réunissent au front. Cela rappelle la notion ancienne qu'Indra réside dans l'œil droit et Indranî dans le gauche (Brihad-Aranyaka Oupanishad 4 2). Cette pratique représente ainsi une sorte de mariage intérieur. C'est le Son qui guide ce mouvement, « il est à la fois la racine et la branche », dit Paltu Sahib[134].

Man, prân et *nâm,* le « mental », le « souffle vital » et le « Nom », sont intimement associés dans le mouvement d'ascension mystique. Celle-ci correspond à une montée de *Mâyâ,* le « monde », vers *daya,* la « compassion » du gourou. *Dayal* était d'ailleurs un des noms de Soamiji, et le but de l'ascension est appelé *dayal desh,* le « pays de celui qui a de la compassion ». Par le pouvoir du courant du Son qui est auprès de Dieu et est Dieu, l'âme est littéralement aspirée vers le haut en direction de royaumes subtils d'où provient une « musique qui n'est pas jouée » (*anâhata*). La région du front correspond au ciel, les yeux évoquant le soleil et la lune et, pour les yoguis, la rencontre des canaux latéraux. La conscience perce cette sphère pour aller écouter, à la façon des pythagoriciens, la musique des sphères supérieures. À partir de là se produit une sorte de retournement en doigt de gant, le son physique qui s'était concentré à la « dixième porte » continue à monter, cette fois sous forme subtile mais aussi plus vaste. Il s'engage dans le canal qui mène vers le sommet de la tête et au-dessus. On dit qu'il y passe comme au travers d'un *jantri* (un petit tube creux en argent que les hindous portent en général en médaillon et qui peut contenir par exemple des cendres sacrées) ou d'un disque bleu. Des yoguis comme Swami Muktananda parlent comme objet de concentration d'une perle bleue qui se trouve dans la même région frontale, reliée symboliquement à notre ciel intérieur.

À partir de ce moment-là, la conscience qui était comme une goutte dissoute dans la vague du Son, *shabd,* s'élargit encore, car la vague elle-même se perd dans l'océan du Silence suprême, *nishabd*[135]. Elle parvient à la région de Radha Soami, qui est un des noms du but du voyage. Du point de vue historique, on peut considérer qu'il s'agit du couple formé par le fondateur du mouvement, Swami, avec son épouse Râdhâ ; mais il y a aussi là un sens yoguique : Swami représente Krishna, l'attracteur, le centre magnétique de la séduction (*akarshan,* terme de la même racine que *Krishna*), en bref l'aimant-amant. Grâce à sa présence en haut du corps, les courants, *dhârâ,* de la force vitale sont inversés et se mettent à se diriger vers le haut, avec un amour digne de Râdhâ. Dans ce contexte, on peut faire aussi remarquer qu'en ancien hindi, on orthographie parfois *nadî* le « canal subtil », en écrivant *narî,* ce qui rend le terme presque identique à *nârî,* la « femme », en l'occurrence ici Râdhâ.

Ceci est une notion très connue dans la *bhakti* hindoue. Un chant célèbre actuellement en Inde dit par exemple : *Prem kî Gangâ sadâ bhahtî ulti dhâra,* « Le Gange de l'amour spirituel coule à l'envers à tout jamais ». Le courant habituel de la force vitale va vers la mort, *mâra,* mais Râma peut l'inverser avec son pouvoir d'attraction intense. Guru Nanak évoque dans un verset le résultat de ces pratiques : « La mélodie de félicité et d'équilibre découle de l'écoute authentique du son intérieur[136]. »

Quand le son est parvenu au sommet de sa route, il peut rayonner librement dans toutes les directions. On rapproche cela du « voyage de la victoire des directions de l'espace », *dîg-vijay-yâtrâ,* qu'organisaient parfois les rois de l'Inde ancienne pour affirmer leur pouvoir : ils lâchaient pour cela un cheval en liberté pendant un an. Partout où il allait, les seigneurs locaux devaient soit se soumettre, soit défendre leur territoire par les armes. Dans le même esprit de « victoire sur les directions », Shankârâcharya (VIIIe siècle environ) a établi quatre monastères aux quatre coins de l'Inde, et les pèlerins actuels estiment qu'ils ont accompli une bonne partie de leurs devoirs quand ils ont visité ces quatre villes. Cela évoque également les quatre têtes de Brahma qui récitent les Védas dans les quatre directions cardinales, et les lions de Sarnath proclamant le message du Bouddha aux quatre coins de la terre (ce qui est devenu d'ailleurs un des symboles de l'État indien qu'on retrouve sur les pièces de monnaie et les billets de banque). Cette victoire intérieure qui permet de stabiliser le son fondamental donne lieu à un titre, *Omkarnâth* le « seigneur (*nâth*) de la syllabe (*kar*) *Om* ». Un maître spirituel proche de Mâ Anandamayî s'appelait Sîtârâm Omkarnath. La symbolique derrière ce nom suggère que quand le mariage intérieur (Sîtâ et Râma en un seul nom) est réussi, l'esprit est suffisamment stabilisé pour pouvoir « maîtriser », c'est-à-dire écouter continûment le Son essentiel.

Toute cette évolution spirituelle ne se fait pas sans travail. Sawant Singh, quand il n'était qu'un jeune disciple (à la fin du XIXe siècle), s'était plaint à son maître de difficultés dans l'écoute du Son. Celui-ci lui a répondu dans une lettre : « Depuis que le monde de la matière a été créé, le mental et l'âme ont accumulé les impuretés. Jamais l'âme n'a été concentrée avec attention même pour une courte durée sur le courant du son intérieur (*shabd dhun*). Cet état de choses s'est prolongé pendant de nombreuses années. Comment pourrait-elle alors trouver place si rapidement dans le Son ? Tant que son aspiration vers le Son n'est pas intense et continue, comment pourrait-elle s'y unir [137] ? » « Cependant, une fois que l'âme est aussi pure que le courant du Son lui-même, l'union surviendra immédiatement, sans tarder [138]. » Pour désigner celle-ci, les Sants utilisent parfois le terme soufi *fanâ,* l'« anéantissement », qui précède *baqâ,* la « résurrection ».

Comme toutes les pratiques spirituelles, l'écoute du son intérieur demande une répétition, mais notre mental n'est-il pas de toutes façons déjà en train de se répéter constamment, avec le même genre de bavardages et de bruits intérieurs ? Il s'agit simplement, si l'on peut dire, de remplacer ces répétitions sans intérêt par la Répétition [139]. On dit en Inde que les daims sont immanquablement attirés par une certaine musique que jouent les chasseurs, et qu'à cause d'elle ils se font attraper ou même tuer ; de même, l'ego renfermé sur lui-même est attiré par le son intérieur, même s'il sent quelque part qu'il risque de disparaître, d'exploser tôt ou tard comme une bulle au sein de cette aventure-ouverture [140].

Abhinavagupta disait que « le Son suprême, *paravâc,* est caractérisé par l'émerveillement de la conscience qui expérimente sa propre existence [141] ». En cela, elle vit une expérience non duelle, ce qui n'a pas échappé aux Radha Soamis qui l'ont exprimé dans leur langage. On appelle parfois ce son *svara,* qui contient la syllabe *sva* pouvant signifier « soi-même ». À l'opposé, les paroles ordinaires dépendent de l'autre pour une approbation ou un rejet.

Le flot vivant (*dhârâ*) du son subtil est l'écho en nous du fleuve de l'ordre cosmique (*dharma*). On retrouve ainsi cette notion exprimée par Taisen Deshimaru et que j'ai rapportée à la fin de la première partie : « Dans le silence, l'ordre cosmique peut pénétrer. » L'être humain est comme un daim musqué qui sent bien un parfum, mais se met à courir partout pour trouver le musc alors qu'il le porte à la poitrine. On connaît sans doute cette histoire des Puranas selon laquelle les dieux ont cherché un endroit pour cacher le trésor de la pure conscience afin que personne ne puisse le voler, et le meilleur endroit qu'ils aient finalement trouvé a été le cœur de l'homme. On aime courir gauche à droite pour entendre des enseignements spirituels, mais celui dispensé par le son du silence surgit par le fait même d'arrêter le plus complètement possible le mental.

Nous avons déjà parlé d'un maître spirituel en Inde qu'un certain nombre de Français connaissent et vont visiter. Il lui arrive parfois également de venir en France, il s'agit de Chandra Swami, de la lignée des Udasins. Il est en silence depuis au moins une douzaine d'années, mais il répond aux questions brièvement par écrit. On lui demande assez souvent quel est le sens de son silence, s'il s'agit par exemple d'un vœu. Il lui arrive de répondre ainsi : « Je n'ai pas fait vœu de silence. J'aime et je jouis du silence Il n'y a aucune raison particulière à cela. En fait je ne fais que suivre la "voie intérieure", la douce voix de mon maître[142]. » Il fait partie de ces êtres pour lesquels la voix intérieure se confond avec la Voie. Plus loin, il explique : « Le silence qui a un but n'est pas complet ; ce n'est pas le silence véritable, tout comme l'amour qui a un but n'est pas l'amour véritable. Le silence observé dans le but de communiquer avec Dieu fait partie de la *sâdhanâ.* Le Divin est l'essence de l'homme, aussi n'est-il nullement nécessaire de parler pour communiquer avec Lui. Il n'est pas bon d'imiter les autres. Quand vous ne travaillez pas, rien ne vous empêche d'observer des périodes de silence et de vous consacrer uniquement à la prière et à la méditation à ces moments-là[143]. »

Poésie et son du silence chez Kabir et les Sants

Commençons par un avertissement de Kabir : « Hé, toi, stupide ! Ne connaissant pas les secrets du Son, tu peines en vain, comme quelqu'un qui fabrique un bateau en papier et met un énorme poids dessus[144]. » Il parle par ailleurs de la blessure de l'amour et de sa couleur unique : « Le *sadgourou* vénéré m'a teint de la couleur de l'amour. Mon être entier a été blessé par le Son. Tous les médicaments s'avèrent inefficaces. Qu'est-ce que le pauvre docteur peut bien y faire ? Personne parmi les dieux, les êtres humains, les sages ou les derviches ne connaît cet amour. Kabir dit : Ce chercheur spirituel a vu toutes les couleurs, mais la couleur de l'amour est différente, totalement différente[145]. »

L'éveil du son intérieur est interprété comme un mariage ; témoin ces vers qui terminent un poème : « Kabir dit : Je retournerai et je reviendrai avec lui d'une façon triomphale, en jouant de la trompette[146]. » Sowamiji parle de l'écoute du son comme de l'ascension solennelle du marié qui va chercher sa bien-aimée chez elle : « Avec sur la tête la couronne de l'écoute (*surat*), que ta conscience s'élève très haut, avec toute la dignité et la grandeur d'un marié. Il s'arrêtera au troisième œil, car il aura rencontré cette mariée merveilleuse qui a pour nom Mélodie (*dhun*)[147]. » On croit voir ces mariés indiens qui, encore actuellement partent sur un cheval d'apparat pour aller chercher la mariée dans sa demeure familiale. Sowamiji disait que le Nom divin était constitué de lettres (*varnâtmik*), mais Celui qui portait ce Nom était constitué de Son (*dhunâtmik*). Pour Guru Nanak, il est clair que « le vrai Nom, c'est la musique qui n'est pas jouée [148] ».

L'écoute du Son essentiel tient de la perception d'un secret. Kabir s'exprime ainsi à ce sujet : « Il s'agit d'un discours que personne ne peut voir. Kabir dit : Écoute le son qui résonne (ou la parole parlée) à l'intérieur de chaque corps [149]. » Ce travail n'est pas facile : « Rares sont les auditeurs qui entendent ce chant correctement [150]. » Il y a une sorte d'« aveuglement sonore » à l'époque de Kabir comme à la nôtre : « Le Kaliyuga va mal, le monde est aveugle, personne n'entend le Son. Quand je parle à quelqu'un de son bien, il me saute à la gorge, furieux [151]. » La simple répétition plutôt mécanique du mantra, le Nom de Râm par exemple, n'est guère efficace : « Ils crient "Râm, Râm !" au point d'en avoir un cal sur la langue. Si dire "Râm" donnait la libération, le simple fait de dire "sucre" rendrait la bouche sucrée, dire "nourriture" chasserait la faim, et le monde entier serait libéré [152]. » La perception du son intérieur, le « couplet inconnu », est aidée par l'initiation conférée par ce grand alchimiste qu'est le maître spirituel : « Le pratiquant chante et récite mais ne peut saisir le couplet inconnu. Sans toucher la pierre philosophale, il est comme du fer emprisonné dans de la roche [153]. »

Peu de gens sont intéressés par l'écoute du Son, l'investissement en termes de pratique quotidienne de l'attention étant sans doute trop lourd pour la plupart : « Il n'y a pas de client pour le Son (*shabd*), le prix en est élevé. Sans le régler, vous ne pouvez l'obtenir, allez-vous-en donc, passez votre chemin [154] ! » Les gens préfèrent la facilité des discours explicites à l'austérité du silence : « Où les acheteurs grouillent, je ne suis pas ; où je suis, il n'y a pas d'acheteurs. Sans conscience, ils errent, cueillant des ombres du Son... La route que les pandits ont prise, les foules l'ont prise aussi. Le col de Râm est élevé, Kabir continue de grimper [155]... » Le Son fondamental rend perceptible ce champ unifié qui soutient l'univers, il annule les distances en quelque sorte, en particulier celle qui nous sépare du maître spirituel. Kabir dit : « Même si ton gourou vit à un million de lieues, fixe ton attention sur lui. Ton âme va monter le cheval du Son (*shabda*), elle ira et viendra à sa guise[156]. » Il ajoute par ailleurs :

Le son de l'anâhad retentit, la cascade coule.
La connaissance du Brahman a germé,
le non-manifesté se manifeste au fond de l'âme,
et une contemplation amoureuse s'établit.

Qui dit perception claire et stable du son intérieur dit ascension de l'énergie en direction de ce lotus aux mille pétales au sommet de la tête dont l'épanouissement est parfois comparé à un parasol royal. Kabir dit : « Le couplet est nouveau, personne ne reconnaît ce chant. Si vous reconnaissez le Son, vous devenez riches en parasols[157]. » Il s'agit d'une entrée à trouver, nous avons vu que les Sants parlent de la dixième porte : « Aveugle est l'âme sans le Son. Oh ! Où peut-elle aller ? Elle ne trouve pas la porte du Son, et ainsi elle erre de-ci de-là[158]. » L'ascension mène à une immobilisation supérieure : « L'esprit atteint sa demeure dans le ciel et se réjouit dans la mélodie divine. Il ne vient et ne part pas, il devient immobile en entendant le Son[159]. » Dans le *Bîjak* de Kabir, il y a un *shabd* (dans ce sens, poème avec un mètre particulier) qui compare le corps à un instrument de musique joué par le Divin : « Le musicien joue d'un instrument qui n'a pas d'égal,... c'est toi qui es joué... en un seul son il y a les trente-six *ragas* qui font résonner un Son infini. La bouche est le manche, l'oreille la caisse de résonance, c'est le *sadgourou* qui a fabriqué l'instrument. La langue est une corde, et le nez une clé, le musicien frotte la cire de Maya. La lumière brille dans le temple du ciel à l'occasion d'une inversion soudaine (probablement l'énergie qui se met à monter vers le troisième œil au lieu de descendre comme elle le fait d'habitude). Kabir dit : La clarté vient quand le musicien vit dans votre cœur[160]. » Dans les deux derniers *sâkhîs* (poèmes) de son ouvrage, le tisserand de Bénarès reprend cette expérience d'ascension illuminatrice : « (L'adepte) a médité dans le ciel (l'espace du front), il a ouvert la porte de la foudre (l'axe central de la *sushumna* qui débouche dans le troisième œil), il a vu sa propre réflexion (sa vraie nature), les trois remplis de joie (les trois canaux d'énergie ouverts). » Dans le dernier *sâkhî,* Kabir joue sur le nom technique du type de poème qu'il utilise et l'autre sens du terme en hindi, dérivé du sanskrit *sâkshî* (en hindi dialectal comme en bengali, le *ksh* sanskrit est régulièrement rendu par *kh*), le « témoin » ; on peut ajouter à cela le sens persan de *sakhi,* l'« échanson », c'est-à-dire dans la poésie soufie le maître spirituel qui offre généreusement le vin de la connaissance (on peut remarquer que, de plus, en sanskrit, *sakha* signifie « compagnon ») : « Le *sâkhî* est l'œil de la sagesse, regarde dans ton cœur, comprends. Sans le *sâkhî,* les conflits du monde ne prendront jamais fin[161]. »

Tulsi Saheb dit : « Cherche à l'intérieur, et l'écoute (*surat*) s'unira au Son (*shabda*) quand le voile sera retiré[162]. » Il considère le son comme un appel de la demeure éternelle pour nous y faire revenir. On retrouve dans les poèmes (qu'on appelle *shabd* comme il se doit) de Tulsi Saheb beaucoup d'images illustrant la polarité du Son (*shabda*) et de l'écoute. Le premier est le soleil, la seconde la fleur ou bien l'océan, et l'autre la rivière. Le Son est aussi le gourou qui guide l'Écoute comme si elle était une disciple, ou il est un cerf-volant qui oscille en plein vent retenu seulement par le fil de l'écoute. Il peut être aussi le plafond auquel est suspendu le fil de l'araignée : celle-ci évoque le courant de l'attention auditive qui remonte vers le haut en suivant le mouvement de l'énergie dans le canal central du corps, qu'on décrit parfois fin comme un fil de toile d'araignée. Sowamiji dit : « Quand ma conscience s'est saisie du Son (*dhun*), elle est aussitôt montée au ciel (au-dessus du troisième œil dans l'anatomie subtile des Sants), elle est devenue capable d'y rester. Tous les chagrins et misères ont été annihilés[163]. » Cette ascension se fait de préférence par l'axe central, appelé comme chez les soufis la « veine royale » : « Pourquoi gaspiller son temps à chercher le Seigneur ailleurs ? Le chemin du Bien-aimé passe par la veine royale[164]. » La montée de l'énergie-conscience auditive entraîne une mort intérieure accompagnée de non-peur, puisque la peur de la mort est à la source des autres peurs. Nanak dit : « Pratique le yoga dans lequel tu meurs en vivant encore. Sans qu'on souffle dedans, la conque résonne à l'intérieur de toi, en l'entendant tu atteindras l'état de non-peur[165]. »

Un grand mystique musicien, Tyagiraj, qui a vécu dans le sud de l'Inde au XIXe siècle, reliait directement l'expression musicale à l'ascension de la *kundalinî* : « Réaliser la félicité du Son qui naît du *mûlâdhâra* (la base du corps) est en soi félicité et salut[166]. » Il suggérait aussi qu'un vrai mystique, même s'il n'est pas musicien, doit avoir au moins une certaine expérience du son intérieur : « Est-il possible à quelqu'un qui est dépourvu de dévotion et de connaissance de la musique divine d'atteindre la réalisation[167] ? »

L'union de la conscience et du son est semblable à celle de l'abeille enivrée et de la fleur. On ne peut plus les distinguer : l'abeille semble répandre du parfum et on entend la fleur bourdonner. La remontée de l'écoute vers le Son suprême est comme un retour à la maison : dans le langage des Sants *niji ghar,* qui a le double sens soit de « demeure de l'origine », soit plus familièrement de « chez-soi. » C'est une notion qu'a bien sentie l'hindouisme populaire moderne : on voit souvent en se promenant dans le pays des autocollants avec un jeu de mots anglo-sanskrits moins superficiel qu'il n'y paraît de prime abord : « *Om, sweet home* »...

Nanak utilise l'expression « contempler le Nom grâce au Son[168] » et conseille les heures du petit matin pour se consacrer à cette pratique. Cela suggère probablement une perception claire du son intérieur qui sert de toile de fond à la récitation du mantra, ou alors à la réalisation que le Nom suprême n'est pas différent du son intérieur. Pour Nanak, l'absorption dans ce Son essentiel est l'action la plus pieuse qui puisse être, et la plus effective pour stopper le mental : « Le mental pareil à une souris est paralysé quand il boit le mercure du Nom (ou du Son, *satnam* ou *shabd*[169]). » On peut faire remarquer que le mercure, le « vif-argent », a une symbolique qui évoque l'éveil de l'énergie de *kundalinî.* Nous en parlons dans notre chapitre sur l'alchimie et l'union des contraires dans *Le mariage intérieur.* Une fois que le Son est clairement perçu, on ne se sent plus jamais seul, l'âme a trouvé son époux : « La musique incréée résonne dans ma véritable demeure, je suis assise sur le même lit que mon Seigneur ; j'ai trouvé le Seigneur, il est mon époux et je vis en paix[170]. »

Le Son ne fait qu'un avec cette conscience pure qui se révèle quand les canaux arrivent à converger : « (L'adepte avancé) connaît *ida, pingala* et *sushumna,* il voit pour lui-même l'invisible, ô Nanak ! Le vrai maître voit au-delà d'eux, il immerge l'adepte dans le Son [171]. »

La conscience qui est absorbée dans le Son est « comme un poisson dans l'eau », dit Kabir : c'est par deux de ses formules en forme de proverbe qu'il mettait en conclusion de ses poèmes que nous terminerons cette partie :

Kahé Kabir soï dhoun jâgué/ sabad bân antar lagué
(Kabir dit : Que la vraie Mélodie s'éveille/ que se plante en toi la flèche du Son !) [172]

Kahé Kabir yah akathâ kathâ hê/ kahat kahî na jâî
(Kabir dit : C'est un conte non conté/ on le dit, (et pourtant) il n'est pas dit...) [173]

Le Om *entre science et symbole*

Pour une science ouverte au symbolisme, il y a beaucoup à découvrir en étudiant le *Om.* C'est dans ce travail que s'est plongé le Dr Francis Lefébure [174] : chef de clinique dans les hôpitaux parisiens, il était aussi disciple d'un enseignant spirituel zoroastrien transmettant l'ancienne doctrine de la Perse. Les zoroastriens, chassés de leur pays par les invasions musulmanes, exercent toujours librement leur religion en Inde, en particulier dans le Gujarat et à Bombay. Il n'est donc pas étonnant que leur enseignement ait un certain nombre de similarités avec le yoga.

Une des bases scientifiques des réflexions de Lefébure sur le *Om* est l'analyse de ce son à l'oscilloscope cathodique. On sait que cet appareil est à la base du fonctionnement de la télévision. Si, cependant, on l'utilise non pas pour traduire des ondes hertziennes, mais des ondes sonores, on pourra obtenir des images « télévisées » de divers sons. En disposant les récepteurs d'une certaine manière, on retrouvera la forme de cercle pour le *o,* qui correspond non seulement à la forme de la lettre latine et grecque, mais aussi au mouvement de la bouche lors de sa prononciation, et le *m* sera un carré formé de multiples lignes. Le *m* est considéré en acoustique comme un « son blanc », c'est-à-dire qu'il est constitué d'une multitude de sonorités différentes, comme le serait la résonance d'un piano si l'on jouait toutes ses touches en même temps. D'autres « sons blancs » de la nature sont le grondement des vagues qui se brisent sur la plage, le bruissement du vent dans les feuilles des arbres, le son d'une cloche, etc. De même, la lumière blanche est le mélange de multiples vibrations qu'on peut séparer les unes des autres par le prisme.

On retrouve entre le *o* et le *m* la relation qui existe entre le cercle solaire et les rayons, le cœur de la fleur et les pétales ainsi que l'œil et l'iris. Il est intéressant qu'en yoga on appelle le troisième œil au milieu du front *nâda rûpa,* la « forme du son ». C'est là que le *Om* résonne le plus naturellement. Lefébure suggère même une analogie entre la forme carrée du *m* à l'oscilloscope cathodique et la forme cubique de l'os sphénoïde juste en arrière du troisième œil. C'est comme si le *m* aimait particulièrement venir vibrer dans cette région, qui est aussi celle de l'hypophyse, le chef d'orchestre des productions hormonales dans l'organisme. Le chercheur fait aussi remarquer que quand on pose la main sur la fontanelle antérieure d'un nourrisson qui crie, en faisant une sorte de « ouin... », donc un son nasal, elle vibre particulièrement fort. On peut supposer que chez les enfants plus grands et les adultes, la vibration est même plus intense car comprimée et retenue dans le liquide céphalorachidien.

Si l'on met sur une plaque qui vibre par le son de la poudre de lycopode, on obtient des formes géométriques qu'on appelle les « figures de Chladni [175] ». On peut supposer que le son aide aussi à structurer cette poussière de sensations qu'est notre vécu corporel. Pourquoi ne pas penser même que l'écoute du son du silence contribue à organiser notre corps ressenti en une forme de mandala ? Nous avons vu le lien entre le Son essentiel et la voyelle *a* dans l'hindouisme, et nous le reverrons dans d'autres traditions. Il est intéressant à ce propos de mentionner la manière à la fois physique et symbolique dont Lefébure interprète l'interjection de douleur la plus courante « aïe ». Le *a* est prononcé avec la bouche plutôt verticale, il correspond à une montée directe de l'air-énergie de la gorge vers l'orifice buccal, par contre le *i* implique une bouche horizontale, il vient en quelque sorte barrer, tirer un trait sur le flot du gémissement naturel du *a,* les deux combinés forment donc une croix, symbole s'il en est de la souffrance. Une expérience immédiate de douleur crée une réaction, l'exclamation « ah », mais on cherche tout de suite à la contrôler un minimum, ce qui peut être relié au *i* horizontal. En d'autres termes, on pourrait dire que l'expérience de douleur masque, barre ou « tire une croix » sur le bien-être continu du *a* fondamental.

Le Son essentiel est toujours présent, mais il est masqué par des bruits extérieurs plus forts, il est comme la clarté laiteuse des étoiles éclipsée chaque jour par l'éclat du soleil. Sa perception claire et la plus continue possible a quelque chose à voir avec cette musique de fond qui aide certains jeunes à se concentrer sur leur travail : elle induit un éveil de base qu'ils réussissent à projeter ensuite sur les cours qu'ils apprennent, chose que personnellement je serais incapable de faire... Lefébure cite aussi le cas d'enfants qui se bouchent les oreilles pour mieux apprendre leurs leçons. Il explique cela par une sorte de phénomène d'ancrage : si on fait prendre aux phrases des racines dans le « sol » d'un son toujours présent — on parle en physiologie d'acouphène normal —, elles seront mieux mémorisées. De même, si on associe une visualisation à une lumière ou aux phosphènes qui la suivent, elle sera mieux ancrée dans notre mémoire profonde. Il y a un « mixage acouphénique » de même qu'il y a un « mixage phosphénique [176] ».

On sait que les stimulations répétitives peuvent déclencher des crises d'épilepsie chez des gens qui y sont sujets. La stimulation sensorielle s'étend aux zones motrices du cerveau, et si elle diffuse aux deux hémisphères elle engendre une épilepsie généralisée avec perte de connaissance. Par ailleurs, le traitement par électronarcose — ces électrochocs qui n'ont pas bonne réputation mais donnent parfois des résultats spectaculaires dans la maladie maniacodépressive — semble soigner en déclenchant une crise d'épilepsie, qu'on limite de nos jours à un hémisphère, et qui n'apparaît guère dans le corps car on donne un médicament pour déconnecter la fibre nerveuse du muscle et ainsi éviter les douleurs post-thérapeutiques.

C'est comme si une stimulation intense avait le pouvoir, par effet de rebond, de créer une relaxation intense. Dans les pratiques répétitives, mantra, etc., on sent bien qu'il y a des moments où la sensation d'intensité se diffuse rapidement dans tout le corps, mais ce dernier ne se contracte pas car on s'est donné comme consigne de départ de rester toujours relaxé. Ces phases d'intensification qui peuvent être assez soudaines entraînent à leur suite, comme en miroir, un état de repos d'une profondeur à laquelle on ne pouvait pas avoir accès auparavant. Le Dr Lefébure a beaucoup travaillé sur les phosphènes, ces images rémanentes qu'on distingue sur l'écran des paupières après avoir regardé la lumière et fermé les yeux. En se concentrant sur des détails même menus des phosphènes, on développe une capacité de visualisation voire de vision d'archétypes lumineux importants et positifs pour soi-même. On pourrait parler de test projectif ou de psychanalyse par le haut, si l'on peut dire, car on interroge plus le surconscient que l'inconscient. Par comparaison, il y a aussi une méthode consistant à se concentrer sur un son détaillé donné des acouphènes, à le transformer en voix et à en recevoir un enseignement. On est ici très près de ce que les mystiques appellent l'inspiration par les voix divines.

Le Dr Lefébure a aussi écrit *L'épanouissement cérébral par l'audition alternative.* En alternant des stimulations sonores rapidement entre oreille gauche et oreille droite, par exemple chaque seconde une stimulation d'un côté, un équilibre profond des latéralités s'opère. Il s'agit certes d'une approche différente de l'écoute uniquement par l'oreille droite, recommandée dans le yoga et aussi par Tomatis. Cependant, nous avons vu que cette écoute avait aussi une visée de rééquilibrage des latéralités, vu que notre côté gauche est constamment stimulé par les battements cardiaques et les variations émotionnelles, alors que le côté droit est comme éteint et en faiblesse de ce point de vue-là. Dans les deux cas, on recherche une synchronisation des hémisphères, ce qui est la meilleure prévention des troubles psychiques : « L'évolution psychiatrique naît d'une diminution des liaisons interhémisphériques, l'évolution mystique est au contraire provoquée par une excitation de ces mêmes liaisons [177]. »

Nous avons vu souvent que la méditation sur le *Om* était ascendante, elle aidait à la montée de l'énergie recherchée en yoga. Cela est déjà perceptible au niveau de la face, le *o* étant prononcé à la fois par la gorge et la bouche arrondie et le *m* vibrant dans le nez et les sinus. Nous avons vu aussi qu'à l'oscilloscope cathodique, la forme du *o* était ronde et celle du *m* carrée, constituée d'un empilement de lignes droites. De façon plus symbolique, on peut considérer que le bassin est le *o,* le cercle de base d'où jaillit le *m* comme une flèche ou un jet d'eau. On retrouve l'archétype du *yoni* (le cercle du socle relié à la matrice) et du *lingam* (relié au phallus, mais dirigé vers le haut et non pas vers le *yoni*) forme sous laquelle Shiva est le plus souvent adoré dans les temples de l'Inde. La dernière vertèbre du coccyx a une forme quasiment sphérique, les vertèbres inférieures ont un gros corps arrondi et des petites apophyses épineuses, alors que les vertèbres supérieures ont des corps de dimension de plus en plus faible et de grandes apophyses, avec pour finir l'atlas et l'axis qui consiste en une tige soutenant le crâne [178]. Ainsi, on retrouve inscrite dans l'anatomie elle-même la transformation ascendante du cercle en droite, l'affinement progressif du *o* en *m.* Toutes ses considérations anatomicosymboliques ne doivent pas nous faire oublier l'essentiel du mantra ou de la prière répétitive : le Nom et le Nommé (*nam* et *nami* en hindi), c'est-à-dire le Nom et Dieu, l'Absolu, sont un. C'est dans cet esprit-là qu'il faut effectuer la pratique pour en retirer le plus grand bénéfice.

Traditionnellement, on récite le *Om* dans les sons graves : on peut noter à ce propos qu'il y a des récepteurs aux sons graves et seulement à eux (15-250 hertz) dans les tendons et les aponévroses musculaires. Ainsi, cette récitation grave permet de donner une sensation plus vive de l'intérieur du corps dans sa globalité. C'est peut-être pour cela que la poétesse mystique Lalleshvarî (XIVe siècle, Cachemire) disait : « La récitation du *Om* soulève la peau [179]. »

On peut aussi discerner dans le *Om* une symbolique de mariage intérieur : le *o* circulaire est féminin, le *m* associé aux lignes droites est masculin ; ou bien, si l'on médite sur le *a-o-m,* on peut discerner dans le *a* le son de l'Origine, dans le *o* celui de l'émerveillement, et dans le *m* la résonance du mystère qui débouche dans le silence (nous avons vu que la même racine *mu* a donné naissance aux termes « mystère » et « muet » ; par ailleurs le *m,* dans le langage des oiseaux n'est pas différent de « j'aime, tu aimes, il aime »...). L'émerveillement que nous avons pour notre Origine, pour notre vraie nature, induit une fusion du sujet et de l'objet qui est une sorte de mariage intérieur. Le *m* qui s'en dégage est alors comme un enfant infini, un enfant qui « aime » et qu'on « aime », qui prend son indépendance et va se lancer joyeusement dans l'aventure du silence jusqu'à s'y perdre.

Chapitre 3

Vide des paroles et vacuité ultime dans le bouddhisme

Après des années de persévérance et de dévotion
J'ai maîtrisé les cordes errantes de la vînâ
J'ai trouvé alors le son intérieur
Et je me suis perdu moi-même.

Chant de libération de Vinapa [180]

Vinapa était l'un des quatre-vingt-quatre Mahâsiddhas : il s'agissait d'êtres libérés vivants révérés à la fois dans le tantrisme hindou et tibétain. Quand il était encore tout jeune prince, il s'est passionné pour la vînâ. Il jouait tellement de cet instrument qu'il avait abandonné ses autres études et son père désespérait de lui, se disant qu'il ne pourrait jamais lui succéder sur le trône. Après que toutes les tentatives des pédagogues et des conseillers eurent échoué, il eut enfin recours à un sage du nom de Bouddhapa. Celui-ci a dit au prince : « Je sais comment tu peux atteindre la réalisation par ton travail exclusif sur la vînâ, mais ce sera une longue pratique. — Explique-la-moi, je suis prêt à l'effectuer », répondit immédiatement le prince. Alors, Bouddhapa lui donna les conseils suivants : « Médite continûment sur le son de ton instrument, mais en faisant ainsi tu dois te dégager de toute distinction entre le son joué et le mental qui le perçoit. Cesse toute interférence mentale avec le son. Cesse toute pensée de critique et de jugement. Contemple seulement le son pur [181]. »

La relation entre maître et disciple a tendance ici à se confondre avec la relation entre conscience auditive et son. En effet, le maître s'appelle Bouddhapa, il figure la conscience du Bouddha, et le disciple Vinapa, « celui à la vînâ », qui représente le son lui-même. Il y a une unité fondamentale entre les deux, et elle peut être expérimentée. La vî*n*â, c'est à la fois le corps du pratiquant et le son intérieur qui y résonne. Dans l'édition anglaise de la vie des quatre-vingt-quatre Mahâsiddhas, les illustrations, réalisées dans un style traditionnel mais récemment par un Américain, montrent Vinapa muni d'une vînâ matérielle, alors que dans l'édition en hindi que j'ai eue entre les mains [182], une illustration ancienne le représente simplement en train de faire le geste de tenir ce qui pourrait être une vînâ : le sens est clair, le véritable instrument — comme le véritable son — réside à l'intérieur. La traduction de l'édition française du chant de libération (*doha*) de Vinapa donne un éclairage complémentaire, peut-être basé sur un manuscrit tibétain un peu différent : « Le son ordinaire auquel on est accoutumé, si l'on s'y applique avec suffisamment de ferveur et de patience, devient un son dépourvu de naissance ; ainsi Vinapa perçut-il l'absence de soi propre [183]. »

Le silence est le thème central du bouddhisme, la tour centrale autour de laquelle est construit le château de ses doctrines. Le Bouddha a observé le « noble silence » sur certaines questions métaphysiques pour inviter ses auditeurs à s'engager directement dans une pratique de libération. Nâgârjuna était lui aussi proche d'un certain silence métaphysique avec sa Voie du Vide, *shûnya-mârga.* Il ne prétendait pas en effet avoir une métaphysique particulière, mais montrait simplement l'incohérence ultime des autres systèmes philosophiques, pour mieux mettre en valeur finalement cet Absolu qui n'est accessible que par et dans le silence [184]. L'écoute du son intérieur permet de concentrer l'esprit sur une dimension encore plus subtile de la réalité que ne le fait le mantra, en cela elle débouche sur la Vacuité. C'est ce que nous allons voir maintenant. Finalement, les bouddhistes en viennent à associer le Son fondamental à la voix du Bouddha qui pénètre tout l'espace (c'est aussi le symbolisme des lions de Sarnath en haut de la colonne d'Ashoka qui rugissent dans les quatre directions de l'espace) : « L'éminent Maudgalyayana essaya un jour d'évaluer la portée de la voix illuminée de Sakyamuni le Bouddha. Il voyagea très loin jusqu'aux régions pures de ceux ou celles qui sont clairement évolués et, quand il arriva dans le domaine où demeurait le Vainqueur à la lumière claire et radieuse, l'Omniscient se mit à rire et lui dit : "Tu ne pourras jamais atteindre les limites auxquelles parvient la voix illuminée de ton maître." [185] »

Concentration sans répétition et son du silence : le yoga du Tibet

Yeshe Thabkey a été formé dans un grand monastère de dix mille moines près de Lhassa et s'est enfui du Tibet à la même période que le dalaï-lama à cause de l'invasion chinoise. Quand je l'ai rencontré récemment — quarante ans après ces événements —, à Sarnath, près de Bénarès, où il enseigne, je lui ai demandé des informations sur l'écoute du silence dans le bouddhisme tibétain et il m'a tout de suite orienté vers un texte de Je Tsong-ka-pa (1357-1419) traduit en anglais sous le titre *The Yoga of Tibet.* Tsong-ka-pa a été un des plus grands enseignants des Gelugpa, l'école à laquelle appartiennent les dalaï-lamas. Il y a effectivement dans ce texte tout un chapitre sur la concentration sans répétition. L'idée est qu'il y a quatre stades de pratiques : la première, qui est la plus « physique », consiste à visualiser la déité qu'on vénère avec un corps, la seconde est de réciter son nom à voix basse, la troisième de continuer à le réciter mentalement en l'écoutant « comme s'il était récité par quelqu'un d'autre », et la dernière consiste à se concentrer sur la « fin du son » au-delà de toute répétition, c'est-à-dire en pratique sur l'écoute du silence. « Le fait de demeurer dans le feu confère les pouvoirs (les pratiques de *tou-mo* qui amènent à développer un éveil de la *kundalinî* et des pouvoirs psychiques). Demeurer dans le son (du mantra qu'on récite) confère le yoga. La fin du son confère la Libération. Tels sont les trois principes [186]. »

On dit qu'il y a deux voies, la première exotérique, *sûtrayâna,* la voie des sûtras, de la récitation des textes sacrés, et la voie ésotérique, *mantrayâna,* la récitation des mantras. On pourrait ajouter à cela une troisième voie, celle du *nâda,* du son pur du silence quand il n'y a plus aucune répétition. Cette voie mène directement ceux qui sont capables de la pratiquer sans dévier à la réalisation de la vacuité et à l'éveil. Tsong-ka-pa établit une équivalence entre la concentration sur la fin du son et celle sur l'« ainséité du soi », c'est-à-dire sur la Réalité fondamentale. Un risque de cette écoute est une baisse de vigilance, qu'il faut savoir compenser par une conscience claire comme une lumière intense.

Le son du silence est très proche du *a* bref, nous l'avons vu dans le chapitre sur l'hindouisme. Dans le yoga de Naropa, on médite sur ce *a* au niveau du nombril ; cela aide à attiser le feu intérieur, d'où quatre fruits importants : « La réussite du repos paisible, le rassemblement des énergies (*prânas*) dans le canal central, le fait d'allumer et d'attiser le feu intérieur, *tou-mo,* et la réalisation de la non-dualité, *mahâmoûdrâ*[187]. » À Katmandou vit et travaille un artiste allemand, Rolf Kluetman, qui expose dans le monde entier. Il a son atelier en face du nouveau palais royal. Il suit la méditation du Dzogchen (*dzog* « complet », *chen,* « grand », la « grande plénitude ») où l'on cherche à avoir l'expérience directe de cet Esprit pur et silencieux d'où tout est sorti. En tant que peintre, il a choisi comme thème de nombreux tableaux toutes les graphies de *a* dans les différents alphabets de la planète. Il a travaillé avec des linguistes et affirme que le *a* est toujours la première lettre de l'alphabet, la voyelle de l'Origine. Il cherche à évoquer dans ses tableaux une intuition de la manière dont le *a* peut sortir du silence originel. Il peint souvent sur du papier népalais épais et noir évoquant la nuit primordiale d'où tout le reste est issu. Quand il a exposé à Stuttgart, le dalaï-lama est venu voir ses tableaux.

Dans ses chants de libération, Saraha parle de quatre moments, en affirmant que c'est le quatrième qui est le plus important : il fait sans doute allusion au son du silence qui suit la triple articulation du *Om* prononcé *a-o-m* : « C'est profond, c'est vaste, ce n'est ni le soi ni autre, ô connais cette expérience du Spontané dans le Quatrième Moment[188] ! » Il met sur pied d'égalité le labeur des récitations de multiples mantras et le travail des visualisations complexes qui sont le pain quotidien des pratiquants du tantrisme :

Mantras et tantras, méditation et concentration,
Tout cela est une cause d'auto-illusion,
Ne souille pas par ces contemplations la pensée qui est pure par nature,
Mais demeure dans ta propre félicité et cesse de te tourmenter[189].

Le fait d'aller à la racine du phénomène musical et mélodique peut nous amener à déconstruire notre sentiment habituel de réalité et à percevoir quelque chose du silence qui est présent par-derrière. Atisha dit dans *La roue de la réforme de l'esprit* : « Quand des musiciens chantent et jouent de la vînâ, si on analyse leurs sons, ils manquent de réalité intrinsèque. Si on ne le fait pas, la douceur de leur musique se manifestera et emportera la tristesse des êtres vivants ! Il en va de même quand vous analysez l'évolution et la causalité. Elles manquent de réalité soit comme un tout, soit en partie. Pourtant, ce n'est qu'en apparence que les choses sont nées et détruites, on ne ressent que dans la relativité bonheur et peine[190]. »

L'expérience de la marche au Tibet, en particulier autour du mont Kailash, est une immersion radicale dans le silence ; voici par exemple comment Kerry Moran qui en a fait le tour récemment décrit le début de son périple au petit matin : « Comme je m'approchais lentement du haut de la vallée étroite, le sentiment de pénétrer un sanctuaire était intensifié par le silence total. Des mois au Tibet m'avaient enseigné l'immensité du vrai silence. Ce n'est pas tranquille et apaisant comme nous aimons nous l'imaginer — c'est-à-dire seulement calme, son ampleur étant réduite par un murmure réconfortant de sons, de chants d'oiseaux ou de feuilles bruissantes dans le vent. Dans la vacuité immense du Tibet, ces béquilles habituelles sont fauchées, et l'on est confronté à une absence simple et totale de son, qui vous donne le vertige de par sa pureté même. L'oreille résonne, cherchant vainement à se rassurer, mais il n'y a rien, un vide, et le sentiment augmente avec chaque pas qui nous fait rentrer dans un royaume inconnu[191]. »

Quand on achève le tour du Kailash, il y a à la fin de la vallée du côté est qui ramène au village de départ un petit monastère, *gompa,* de la « grotte du miracle », *zutulpuk.* Ce nom fait référence aux miracles dont le saint ascète médiéval Milarépa a fait la démonstration pour chasser du Kailash un chaman bön qui occupait les lieux. On représente dans le petit temple Milarépa avec une main en coupe derrière l'oreille droite [192]. Cela peut être interprété comme un geste naturel de chanteur populaire qui harangue ses auditeurs — on connaît les *Cent mille chants de Milarépa* —, mais on peut aussi interpréter cela comme une allusion à l'écoute du son intérieur par l'oreille droite, une pratique commune dans le yoga — et Milarépa était un yogui dont le maître Marpa était allé étudier en Inde pendant de longues années. Le chaman bön se servait beaucoup de la transe et donc du tambour pour l'induire. Quand ils en sont arrivés avec Milarépa à l'épreuve finale, c'est-à-dire à savoir qui arriverait le premier au sommet du mont Kailash, le chaman s'est envolé à califourchon sur son tambour, tandis que le saint moine a semblé s'assoupir au grand dam de ses disciples. Juste avant le lever du jour, le chaman était presque arrivé au sommet, mais Milarépa a soudain chevauché un rayon du soleil levant et a battu son rival in extremis. Il l'a finalement envoyé régner sur un sommet secondaire assez loin à l'écart du mont Kailash lui-même. Ce qui semble contenu comme message dans ce récit, c'est que le plus grand miracle, celui de la Réalisation, n'a pas besoin de transes ni d'efforts aussi bruyants que frénétiques, mais qu'il peut survenir plus immédiatement par une combinaison d'écoute du silence (main de Milarépa derrière son oreille droite) et d'un état d'absorption complète en *samadhi* (apparence d'assoupissement).

Une montagne dans le massif du Kailash est consacrée à Manjushrî, le Bouddha de la sagesse, sous le nom de Jambelyang, ce qui signifie « voix douce ». En effet, n'est-ce pas un signe de sagesse que de savoir percevoir la « voix douce » au fond de nous ? Par ailleurs, il se peut que ce ne soit pas complètement par hasard qu'un grand spécialiste du Kailash se soit appelé Swami Prânavânanda [193], « félicité du *Prânava* », c'est-à-dire le *Om* qui représente aussi, nous l'avons vu, le son intérieur. Quand on monte au col le plus haut du Kailash à 5 600 mètres, le col de Dolma, c'est-à-dire de Tara, la déesse secourable du tantrisme indien, on passe par une sorte de charnier où l'on expose le corps des pèlerins qui meurent dans l'ascension, afin qu'ils soient dévorés par les animaux sauvages selon la coutume prévalente au Tibet. En arrivant au sommet du col, il y a encore un petit effort à faire pour aller voir un rocher sacré qui domine cette zone, et sur ce rocher sacré, qu'y a-t-il ? Le *Om*.

La tradition autorise une fois tous les douze ans à faire le « tour interne » du Kailash, c'est-à-dire un périple où l'on grimpe directement au pied de la face sud de la montagne à environ 5 000 mètres d'altitude, et où l'on contourne un pic secondaire, le pic principal culminant à 6 500 mètres. Ceux qui ont fait douze tours du Kailash sont aussi autorisés à suivre cet itinéraire. Voici comment Kerry Moran décrit à la fin de son livre son approche de ce tour sacré entre tous : « Je me suis assis sur un rocher réchauffé par le soleil, faisant partie d'un éboulis d'une moraine glaciaire, et j'ai observé les dessins que la glace avait creusés sur la pierre fissurée et courbée du Kailash. Au-dessus de ma tête un faucon prit son essor en des cercles attentifs. Il y avait une certaine paix ici, mais pas celle de la tranquillité car elle était surchargée d'un pouvoir intense, et l'air vibrait avec un bourdonnement à peine audible. Peut-être était-ce le murmure de l'eau se précipitant sous la glace — mais il n'y avait pas de glace visible et le cours d'eau s'écoulait librement. Le son semblait émaner directement du cœur de la montagne. C'était un lieu où se tenir debout saisi de crainte sacrée, mais où il n'y avait pas à s'attarder. Je rebroussai chemin au pied du col, laissant à la montagne un secret final à conserver. C'était un geste de respect, une simple offrande. Que pourrais-je ajouter à cet endroit parfait, si ce n'est laisser intact son caractère sacré [194] ? »

La tradition zen : le silence, moelle du corps subtil du maître

On dit que le fondateur du ch'an chinois, qui deviendra au Japon le zen, Bodhidharma, a posé un jour la question suivante à ses disciples : « Le temps est presque arrivé. Pourquoi ne dites-vous pas, chacun d'entre vous, ce que vous avez atteint ? »

Son disciple Dofuku dit : « Selon ce que je perçois, ne pas

s'attacher aux mots et ne pas rejeter les mots est une fonction de la Voie »

Le fondateur dit : « Tu as atteint ma peau. »

La nonne Soji dit : « Ma compréhension est pareille à celle d'Ananda qui a vu la contrée d'Akshobya, le Bouddha immuable ; une fois vue, on ne la voit pas une seconde fois. »

Le fondateur dit : « Tu as atteint ma chair. »

Doiku dit : « Les quatre éléments matériels sont vides, les cinq agrégats physiques et mentaux sont non existants. De mon point de vue, il n'y a rien qui puisse être saisi. »

Le fondateur dit : « Tu as atteint mes os. »

Finalement Eka s'inclina et resta là debout.

Le fondateur dit : « Tu as atteint la moelle de mes os. »

Dôgen qui rapporte ce dialogue continue en avertissant de ne pas tomber dans une interprétation facile : « Plus tard, les gens ont compris qu'il y avait une différence de profondeur (entre les réponses des disciples), mais il n'en est pas ainsi[195]. » Chaque niveau de compréhension a sa fonction, il n'en reste pas moins que Dôgen reconnaît ensuite que la grande transmission originelle est silencieuse, comme lorsque le Bouddha a fait tourner une fleur entre ses doigts et que seul son disciple Mahakassiapa a souri.

Le silence, correspondant à une vacuité du mental, est central à l'enseignement du bouddhisme, en particulier du zen. Quand on a demandé à Dôgen ce qu'il avait rapporté de ses années auprès des maîtres prestigieux du ch'an en Chine, il a seulement répondu : « Je suis revenu les mains vides. J'ai compris là-bas que les yeux sont horizontaux et le nez vertical[196]. » C'est ce silence des monastères zen, ce silence qui pénètre le meilleur de la culture japonaise, qui a frappé un esprit ouvert comme Bernard Rérolle quand il est allé faire retraite au Japon. Il a intitulé le livre où il relate ses expériences là-bas : *Le Japon du silence et la contemplation du Christ*[197], à la suite d'un livre de son enseignant Dürckheim dont nous parlerons ci-dessous.

Il est essentiel de comprendre que dans le bouddhisme zen, silence et son vont de pair. L'un ne peut pas exister sans l'autre. De même qu'on dit qu'il faut embrasser d'un seul regard l'éveil et l'illusion, de même il s'agit d'embrasser d'une seule écoute le son du silence et les bruits extérieurs. La sagesse fondamentale du zen, c'est de dire que les phénomènes ne dérangent pas. Je n'ai pas été longtemps dans les monastères japonais, mais je peux citer quand même en rapport avec cette idée l'exemple des sages de l'Inde que j'ai rencontrés lors de Kumbha-mélas, ces grandes réunions religieuses qui rassemblent des millions de personnes sur les bords du Gange. Malgré un bruit extérieur très fort, ils étaient complètement calmes. Ceci m'avait fortement impressionné. N'être attaché ni au silence ni au bruit, ne pas avoir de réaction mentale à un bruit qui survient, c'est là le véritable silence. Quand on fait des enregistrements de résistance galvanométrique cutanée chez des méditants, on s'aperçoit qu'ils réagissent aux bruits, mais reviennent rapidement à la normale, contrairement aux gens ordinaires qui mettent longtemps pour y revenir.

La pratique essentielle du soto-zen est *shikantaza,* « seulement s'asseoir ». Cela est un retour au silence par rapport à tous les bruits intérieurs, y compris le désir de réalisation. Le mental est comme une balle qui rebondit constamment d'un côté à l'autre ou comme l'écho qui va et vient dans la vallée. Nous avons mentionné précédemment l'histoire de Houang-Pô : le mental est pareil à un homme, appelant un ami du haut de la montagne ; il entend une réponse au fond de la vallée, il court mais ne trouve personne et donc appelle de nouveau, il perçoit une réponse au sommet de la montagne où il se précipite... Histoire sans fin. Le sage commente ainsi ce récit : « En effet, il peut passer un millier de renaissances et dix mille cycles à chercher la source des sons en suivant leur écho... Il vaut bien mieux ne faire aucun son, ainsi il n'y aura aucun écho. Ceux qui demeurent dans le Nirvâna sont comme cela : pas d'écoute, pas de connaissance, pas de son, pas de sentiers, pas de traces — soyez ainsi, et vous deviendrez presque comme des voisins de Bodhidharma [198] ! »

Le koan zen est une question qui focalise, et finalement paralyse le mental. Paradoxalement, c'est une parole qui mène au silence. La perception du silence est immédiate, comme un claquement de doigts. Et comme le disait Yun-chia (661-713) : « Un claquement de doigts accomplit parfaitement les enseignements [199]. » Dans un dialogue célèbre entre les XVIIe et XVIIIe patriarches indiens, Samghanandi et Samghayata, celui-ci avait demandé à son maître :

« Qu'est-ce qui résonne, le vent ou la cloche ?
— C'est mon esprit qui résonne.
— Que voulez-vous dire par là ?
— C'est la totale quiétude[200]. »

Entendre l'esprit qui résonne à cause du son intérieur, c'est déjà la quiétude ; mais pouvoir y intégrer des sons extérieurs comme le vent ou la cloche, c'est la totale quiétude.

Le son du silence est la voix intérieure la plus simple qu'on puisse percevoir. En cela, elle évoque la divinité directement. C'est peut-être à cette expérience que Sariputra, un des disciples les plus proches du Bouddha, faisait allusion. On raconte qu'un jour, il avait demandé à une divinité qui possédait une très belle voix : « Qu'est-ce que vous avez obtenu, qui vous a permis d'avoir une si belle voix ? — C'est le fait que je n'ai rien gagné, rien réalisé, qui m'a permis d'atteindre cet état[201]. »

L'esprit insaisissable éveillé par le zen est beaucoup plus large que le mental ordinaire ; dans ce sens, on dit : « Ne pas regarder l'univers à travers le trou d'une paille. » Pour faire un parallèle avec le plan sonore, on pourrait ajouter : « Ne pas *écouter* l'univers avec le trou d'une paille ». Ce qui signifie qu'il ne faut pas limiter notre écoute à un bruit ou un autre, mais qu'il faut percevoir l'espace vaste où bruisse le son du silence. Il vient de partout et de nulle part, comme le murmure du vent dans les pins, comme le chant de la bouilloire qui commence à entrer en effervescence alors qu'on avait oublié qu'on l'avait mise sur le feu et qu'on se demande donc d'où provient ce son discret dans la pièce.

Karlfried Graf Dürckheim a écrit deux livres qui gravitent autour du thème du silence : *Le son du silence,* qui est sa contribution à un recueil en hommage au Père Lasalle, prêtre et enseignant du zen au Japon ; par ailleurs, *Le Japon et la culture du silence* est un beau livre sur l'esprit du Japon, où il articule chacun des aspects de la culture japonaise comme les rayons d'une roue autour d'un axe, celui du silence. Il y a le silence de l'ego au cœur de l'exercice, quand la notion de personne se dissout dans l'action, il y a le silence des choses, de la fusion ; et finalement, il y a le silence de la maturité : « L'homme parvenu à la maturité respire le silence ; il l'aspire et l'expire[202]. »

Laissons-le présenter lui-même le thème de son livre : « Au-delà des fluctuations se trouve l'expérience du silence qui exprime l'unité de la vie embrassant tout objet et son contraire. Quand cette expérience est vraiment vécue, et non pas seulement pensée, cherchée ou pressentie, elle peut devenir le point de départ et le but d'une évolution spirituelle, une orientation de la vie, un « exercice » dont le fruit ne sera pas un état imaginaire mais une possession permanente pour l'homme parvenu à sa maturité. Il s'agit alors d'une disposition d'esprit dans laquelle il perçoit, à travers toute discordance, la grande harmonie, en tout contraire l'unité essentielle et, en voyage hors de soi-même, celui qui est déjà rentré au foyer et qui, même s'il le quitte de nouveau, ne perd jamais de vue sa direction. Être constamment établi dans cet état est, au Japon, ce qui importe. Avec la culture du silence, dont le centre vital est l'exercice, posséder cet état est le but du Japonais[203]. »

La nature travaille pour la plus grande partie en silence, « la voix du silence est celle du fruit qui mûrit[204]. » Être conscient de ce silence subtil qui pénètre tout permet d'intégrer la mort à la vie : « Comme l'animal va finir sa vie dans un bois, sans se plaindre, comme les fleurs et les arbres croissent et meurent silencieusement, toute la vie du Japonais est enveloppée de ce silence naturel ; la disparition tant que le devenir fait partie du cours et de la nature de la vie[205]. »

Dans le théâtre japonais, les couleurs voyantes, les sons bruyants sont le fait des enfants ou des nouveaux riches. On peut percevoir aussi le silence dans la musique : « Le charme propre du chant japonais vient aussi de la présence d'un ton inaudible que tous les sons émis entourent mystérieusement. Comme un chant sans commencement ni fin, il naît dans l'infini et s'y perd de nouveau, éveillant chez celui qui entend le ton primordial, inarticulable, car dans la plénitude vide de son qui les engendre tous. Ce son primordial de la vie, et en même temps l'atmosphère du chant, évoque chez l'auditeur la mère de la nostalgie qui mène toute forme à sa réalisation éphémère et ensuite la reprend en elle[206]. » On retrouve ici le principe de *l'alap* en musique classique indienne : l'instrumentiste, le joueur de sitar par exemple, travaille beaucoup pour faire sortir la mélodie d'une note fondamentale et l'y ramener harmonieusement.

Dürckheim met en exergue de son livre sur le son du silence : « Là où le son du silence se fait entendre est la méditation au-delà de l'objet[207]. » En fait, il parle plus dans cet ouvrage de cette dernière que de l'expérience concrète du son du silence. Cependant, il remarque à juste titre : « Seul le regard qui peut se libérer de toutes les images peut percevoir l'essence par-delà toute chose, y voir la Lumière supraterrestre. Seule l'oreille capable de se libérer de tous les sons peut entendre le Son dans et par-delà tous les sons[208]. » Sa plume prend un ton poétique, et quelque peu surréaliste, quand il évoque le monde du zen comme en équilibre sur le rebord de l'océan du silence : « Les hommes zen, les espaces zen, les choses zen, ont une manière caractéristique d'être là, comme s'ils n'étaient pas vraiment là. Et, précisément pour cette raison, ils sont là d'une façon insigne, chargés de silence, gorgés de vie, comme s'ils pouvaient à tout instant voler en éclats, et de manière tout aussi soudaine s'évanouir sans bruit. Ceci n'est perceptible que dans le domaine de la conscience qui repose en soi[209]. »

Si la culture du silence est la fleur de l'esprit oriental, nous ne pouvons que souhaiter que son parfum subtil pénètre aussi le tissu de notre civilisation occidentale : elle en a grand besoin !

Nous avons vu que les Indiens disaient *Nâda Brahman,* « le son est Brahman ». Un maître zen prédécesseur de Dôgen, Liwu, allait dans le même sens : « Tous les sons sont la voix de Bouddha : le son des gouttes de pluie qui dégoulinent le long de la fenêtre est rafraîchissant. Toutes les formes sont les formes de Bouddha. Quand on les maintient droit en face de soi, on ne peut se détourner[210]. » Derrière toutes les sonorités de l'univers et les pénétrant toutes, il y a le son lumineux du silence : « La région de l'éternelle Lumière silencieuse pénètre toutes les régions. C'est une des façons dont le zen tendaï évoque l'Absolu.

Avec un minimum d'interprétation symbolique, on peut discerner un écho de la *sadhana* du son intérieur dans ce conte japonais du moine qui vivait heureux dans son ermitage. Il avait une clochette pendue au-dessus de sa porte et qui tintait au gré du vent. Un des voisins, un médecin auquel rien ne réussissait, vint une fois demander pour la journée sa clochette au moine. Le moine la prêta, mais il ne la vit pas revenir. Il envoya un disciple pour la récupérer, mais celui-ci disparut, puis un autre qui ne retourna pas non plus à l'ermitage. Finalement, il découvrit les trois, le médecin et les deux disciples, en train de danser au son de la clochette et se mêla à la réjouissance. Le conte japonais se poursuit ainsi : « Quelle est la suite ? Si nous envoyons quelqu'un pour l'apprendre, il n'est pas sûr qu'il revienne ! Il nous reste la solution d'y aller nous-mêmes, mais nous n'en reviendrions pas...[211] » La clochette au-dessus de la porte évoque la concentration du son au troisième œil (*nâda-rûpa* la « forme du son » dans le yoga, un endroit qui est aussi appelé la « dixième porte », la clochette étant par ailleurs régulièrement recensée dans la liste des dix sons intérieurs principaux), et les deux disciples plus le médecin qui finissent par danser autour correspondent aux deux canaux latéraux ainsi que le canal central. Le moine lui-même qui se mêle à la danse évoque l'immersion de la conscience auditive dans le son, une immersion dont l'ego ne revient pas pareil, qui est à la fois une thérapie (le médecin) et un facteur de progrès spirituel (disciples, puis le moine lui-même).

Dôgen consacre trois pages dans ses écrits à commenter un koan déjà célèbre à son époque. Un moine a demandé à Sôzan : « Y a-t-il un cri de dragon dans un arbre mort ? » Tôsu répliqua : « Je dis qu'il y a un rugissement de lion dans un crâne[212]. » On pourrait interpréter le cri du dragon comme l'éveil de l'énergie intérieure (le cobra qui se dresse dans le yoga, accompagné d'un éveil du *nâda* de la sonorité fondamentale) dans un corps complètement immobile (arbre mort) parce qu'en méditation profonde. À ce moment-là, le son monte et il est perçu non plus au niveau de la colonne (tronc de l'arbre) mais dans la tête qui par ailleurs ne réagit pas (rugissement de lion dans le crâne). Ce rugissement de dragon, bien qu'étant perçu à l'intérieur du corps, correspond aussi au son universel et éternel ; dans ce sens, Dôgen commente : « bien qu'il ne soit pas inclus dans les notes de la gamme en musique, toutes les notes de musique sont, avant ou après, deux ou trois enfants du cri du dragon[213]... Cela correspond à mille mélodies, dix mille mélodies d'un cri de dragon seulement[214]. » Ce son est perceptible dans le mental : « Le cri du dragon produit un son qui continue dans le mental » ; accessible à tous et entraînant une dissolution de l'ego. Le moine demanda : « Est-ce que quelqu'un l'entend ? » Sôzan répliqua : « Il n'y personne au monde qui ne l'entende. » Le moine demanda : « De quelle écriture l'expression *cri du dragon* provient-elle ? » Sôzan dit : « Je ne sais pas de quelle écriture elle provient, mais tous ceux qui entendent ce cri meurent[215]. »

Dôgen raconte dans un texte intitulé *Les sons des rivières des vallées, les couleurs des montagnes* l'histoire suivante : « Durant la dynastie des Song en Chine vivait un grand écrivain qui avait étudié le bouddhisme et en avait atteint de grandes profondeurs. Une fois, en allant au mont Lu, il eut l'illumination en entendant durant la nuit le son d'une rivière qui s'écoulait dans la vallée. Il composa à cette occasion les vers suivants qu'il offrit à un maître zen :

Le son de la rivière dans la vallée est la Langue universelle,
Les couleurs des montagnes sont le Corps pur.
Comment puis-je réciter un autre jour
Les quatre-vingt-quatre mille vers de la nuit dernière ?

Quand il offrit ces vers au maître zen, celui-ci les approuva[216]. »

Malheureusement, tout le monde ne peut faire le saut dans l'Absolu à partir d'un simple son. Dôgen le regrette : « Est-ce que toute cette histoire d'illumination en écoutant le son d'une rivière dans la vallée a une utilité pour les pratiquants qui viennent par la suite ? On doit en avoir pitié — combien de fois semblent-ils avoir manqué les possibilités d'enseignement de ce qui se manifeste physiquement pour exprimer la réalité ! À quoi cela leur sert-il de voir encore les couleurs des montagnes, d'entendre encore le son des rivières dans les vallées[217] ? » Dôgen explique clairement que la grâce du maître spirituel aide considérablement à l'éveil de cette expérience : « Diriez-vous donc que le son de la rivière dans la vallée qui a fait réagir l'écrivain était le son de la rivière dans la vallée, où était-ce le courant qui émanait de l'enseignant ? Peut-être que les paroles du maître à propos de l'enseignement des objets inanimés résonnaient encore, et se sont subtilement mêlées au son nocturne de la rivière dans la vallée[218]... »

On arrive ainsi à « la route ancienne, qui n'a de trace nulle part et qui conduit au-delà du son et de la forme. Partout les adeptes appellent ceci l'état suprême[219] ».

On demandait un jour à un prédécesseur de Dôgen, maître Guixi : Quelle est la porte du silence ? » Il répondit avec un laconisme digne d'un vrai maître zen : « Ne faites pas de bruit[220]. » Nous ne pouvons pas terminer cette partie sur le zen sans raconter cette histoire célèbre à juste titre : « Trois moines, un jeune, un d'âge mûr et un ancien, s'en vont dans une cabane de la montagne pour une petite retraite en silence. Pendant la soirée, un grand coup de vent survient, la fenêtre s'ouvre tout d'un coup et la bougie est soufflée. Le novice s'exclame : "Oh ! La bougie est soufflée !" Son aîné réagit immédiatement : "Tais-toi donc, on avait dit qu'on ferait silence !" Là-dessus l'ancien conclut : "Mais enfin, stoppez tout ce bruit, je suis le seul à me taire ici !" »

« Cacher sa lumière et effacer ses traces » : Ryôkan et la poésie du silence

Moine zen, Ryôkan (1758-1831) a été un ascète errant et un ermite. Sa simplicité et son universalité l'on fait comparer à saint François d'Assise. De plus il est considéré comme un des plus grands poètes sino-japonais. Son nom signifie « bon et large », ce qu'il était en réalité. Il a pris son indépendance du monastère d'Emtsu où il a étudié pendant dix ans avec son maître Kokusen après la mort de ce dernier. Ils étaient en réaction contre le système extrêmement hiérarchisé des monastères zen de l'époque où les abbés étaient nommés par le pouvoir shogunal ou l'empereur et où les moines étaient souvent réduits au rôle de prêtres faisant les rituels familiaux pour recevoir des donations, ou même à celui d'officiers d'état civil chargés de consigner dans de grands registres l'état des familles bouddhistes.

Une biographie de Ryôkan très complète a été publiée par le CNRS avec des choix de poèmes. Nous l'utiliserons ci-dessous ; par ailleurs, nous avons eu entre les mains une belle édition des poèmes de Ryôkan en trois volumes, avec, pour les sinologues, le texte de ses poèmes en chinois ou japonais, et une bonne traduction française[221].

Ryôkan était de la lignée de maître Dôgen, le fondateur du soto-zen. Il étudia en profondeur son œuvre maîtresse, le *Shobogenzo,* et pour cela il a dû faire un pèlerinage de monastère en monastère pour consulter les manuscrits dans les bibliothèques, car ce livre, jugé ésotérique par les autorités, était interdit d'édition. Ce n'est que vers 1800 que maître Gento, supérieur d'Eiheiji, a pu obtenir l'autorisation d'en faire une édition xylographique.

Dôgen, malgré son enseignement universaliste et ouvert à tous, était un inconditionnel de la vie dans les montagnes, et a transmis ce goût à Ryôkan : « Les montagnes sont les demeures de grands saints depuis les temps dépassant le passé et le présent. Les sages et les saints ont tous fait des montagnes leur pavillon profond, leur corps et leur cœur. C'est grâce à ces sages et ces saints que les montagnes se sont réalisées présentement[222]... » « Les montagnes appartiennent à ceux qui les aiment. Lorsqu'elles aiment leur hôte, à coup sûr des saints, des sages et des hommes de haute vertu sont dans les montagnes. Quand ils vivent dans une montagne, puisqu'elle leur appartient, les arbres poussent d'une façon touffue et les rochers s'entassent en donnant de l'ombre. Les oiseaux et les bêtes sont spirituels et excellents. C'est qu'ils ont reçu la vertu de ces saints et sages. Il faut le savoir. C'est un fait que les montagnes aiment les sages et les saints... »

Paradoxalement, cet amoureux du silence qu'était Dôgen était aussi un grand écrivain. Le *Shobogenzo* ne compte pas moins de quatre-vingt-quinze volumes dans l'édition de Kozen... Ryôkan semble avoir hérité de ce paradoxe. Il n'hésite pas à critiquer le système des diplômes et des études très hiérarchisé de son époque : « (Ces moines) laissent vieillir leur corps en travaillant sur des mots. » Cela dit, il aimait lire des poètes inspirés, et n'hésitait pas à écrire lui-même de nombreux poèmes à la fois en chinois et en japonais. Bien que formé dans le soto-zen, il était libre des appartenances. Par exemple, entre cinquante-huit et soixante-huit ans, il a occupé un poste de gardien d'un temple shintoïste perdu au fond d'une vallée, et se définissait lui-même comme à moitié moine bouddhiste, à moitié prêtre shintoïste.

Le pouvoir d'éveil du son est exprimé de façon on ne peut plus simple et directe par Ryôkan :

Un chant de rossignol
fait sortir d'un rêve.
Le matin brille[223].

La perception réelle du son subtil est aussi efficace qu'un fort chant de rossignol au petit matin pour nous faire sortir du rêve. Ailleurs Ryôkan dit :

Le vent s'est apaisé, les fleurs sont tombées,
Les oiseaux chantent, la montagne s'obscurcit,
voilà le pouvoir merveilleux du bouddhisme[224].

On peut tenter d'interpréter cela comme une expérience de méditation : lorsque les courants d'énergie se sont stabilisés (vent apaisé), les sensations elles-mêmes ne s'élèvent plus (fleurs à terre), le son intérieur s'éveille (oiseaux qui chantent) et le corps entre dans un état de conscience plus profond (la montagne s'obscurcit). C'est à travers tout cela, avec tout cela que la conscience du Bouddha peut se manifester. La beauté des poèmes de Ryôkan, et des poèmes zen en général, c'est tout ce qu'ils suggèrent sans dire : « Je garde pour moi mes merveilleuses expériences. Bavardez à propos de l'éveil, et vos paroles seront déchiquetées et réduites en lambeaux[225]. »

Dôgen recommande d'aimer toujours s'asseoir sans fréquenter les hommes, ni raconter d'histoires, comme un sourd muet[226]. » Dans ce silence en face de son foyer ou de sa statue du Bouddha, l'essentiel se transmet sans paroles : « Toute la matinée je suis autour du foyer, assis, en face de lui je ne dis pas un mot. » « Je suis en face de toi (le Bouddha) ; tu ne dis mot. Que le sens du silence et plein d'aisance[227] ! » Ryôkan aimait faire za-zen non pas devant un mur, comme d'habitude, mais devant une fenêtre vide : peut-être voulait-il faire comprendre par là que c'était le corps lui-même qui était une fenêtre vide, ouverte vers l'Absolu.

Il parle de la musique d'un « instrument à cordes sans cordes (*mugenkin*) ». Cette expression provient du poète chinois Tao Yuanming, désignant un son spirituel, sans voix, une chose inexprimable par le langage, et signifie, en termes zen, l'essence de l'éveil[228]. Un instrument de musique courant à l'époque était le koto, et Ryôkan parle du « koto sans corde » :

Une nuit calme derrière l'ermitage au toit de chaume,
Je joue seul du koto sans corde.
Son air entre dans le vent et disparaît dans les nuages.
Sa voix s'harmonise avec le ruisseau, et pénètre profondément.
Elle court sur une vaste étendue et remplit la vallée.
Par à-coups elle traverse les montagnes et les bosquets.
Si ce n'est qu'un sourd, qui entendra le son de la voix rare[229] *? »*

Ce son est particulièrement perceptible la nuit :

Une nuit calme, sur un pavillon élevé, en touchant les cordes de vermillon je joue l'air du vent passant parmi les pins.
À l'aube du soleil bleu (au printemps) plein d'air doux,
Sa voix atteint l'oreille fine de l'Empereur du Ciel.
L'Empereur du Ciel s'étonne beaucoup et se demande ce que c'est.
Il veut savoir d'où vient la voix.
En faisant flotter le drapeau de nuage et en nouant les fils de la brume (comme sa couronne),
L'Empereur fait courir son carrosse en dirigeant ses six dragons.
Plus il avance, plus le son du koto s'éloigne.
S'il est à l'ouest, le son vient brusquement de l'est.
L'Esprit s'en fatigue.
Le cœur aussi en souffre.
Hésitant et se retournant les uns vers les autres, l'Empereur et sa suite se disent :
« Rentrons à notre ancien pays[230]*. »*

L'Empereur du Ciel peut évoquer la conscience subtile de l'espace, qui cherche, comme à son habitude, à localiser l'origine du son. Toutefois, dans ce cas, elle ne le peut et revient en son centre sans résultat. Nous avons vu que pour écouter le son du silence, il était bon de centrer son attention sur un point, le *bindu*. C'est peut-être lui qui est évoqué par ce retour à l'origine. Ryôkan en parle parfois comme d'un « grain de perle » ou d'un « bijou » :

Il y a ici un grain de perle...
Si l'on rencontre un ami intime, il le désigne du doigt.
Si quelqu'un demande quel est ce bijou,
Réponds-lui : « C'est seulement "cela"[231]*. »*

Ce « *bindu*-bijou » permet de soutenir la concentration non seulement sur le son subtil, mais aussi sur « Cela », c'est-à-dire le Soi.

Ryôkan parle de sa chambre comme d'un instrument de musique suspendue. Quand dans le corps (symboliquement la chambre ou l'instrument de musique) le souffle est suspendu, la perception du son du silence devient plus intense. Il décrit à un autre endroit l'itinéraire de l'ermite : « Quitter sa famille ignorante, s'asseoir correctement dans un ermitage au toit de chaume, marcher en méditant sur les arbres, faire des bruits de la vallée et des couleurs de la montagne des amis, c'est le chemin suivi par les saints qui ont précédé et le miroir des générations à venir[232]. » L'animal dans la nature a une sorte de vigilance automatique qui le fait sursauter au moindre bruit. Le solitaire sait amadouer cette paranoïa et se lier d'amitié avec les bruits environnants, atteignant ainsi la conscience ouverte du *bodhisattva*.

La promenade dans la nature est aussi un voyage à l'intérieur du corps, comme une ouverture de son axe central :

Je vais et viens en piétinant le sentier à l'ombre du rocher.
Si je vois la montagne, les eaux étaient nobles.
Si je vois la vallée, elle est profonde et sage.
La montagne très haute et la vallée qui approfondit le cœur,
Je les fréquente et les vois sans me lasser[233]*... »*

C'est peut-être dans ce sens de paysage à l'intérieur du corps qu'on peut interpréter les deux versets suivants :

Il va loin au bord de l'eau et de la vallée en récitant des poèmes et des chants.
En faisant le za-zen, il voit des nuages blancs sortir des sommets[234].

En remontant à la source du son, qui, rappelons-le, dans le yoga se trouve au niveau du front, on perçoit la lumière primordiale et la source de toute pensée pure, d'où l'image des nuages blancs qui sortent des sommets. Comme nous l'avons déjà dit, le but n'est pas de nier les bruits extérieurs, par exemple ceux de la nature, mais de les fondre intimement avec le son du silence, comme l'or et l'argent pour atteindre — si l'on peut dire — l'éveil d'une conscience vermeille.

L'égarement et l'éveil se constituent en s'appuyant l'un sur l'autre.
Le dharma *et les phénomènes forment un ensemble.*
Toute la journée je récite le sutra sans lettre.
Toute la nuit je fais le zen sans pratiquer le zen.

Le coucou chante au bord de l'eau
Où se penche le saule-pleureur.
Le chien aboie la nuit dans le village au clair de lune.
La loi bouddhique ne heurte nullement le sentiment (que suscite le paysage de la nature).
Qu'aurais-je à transmettre de mon cœur[235] *?*

Ce n'est pas simplement dans la nature, mais dans le cœur des êtres humains qu'il faut savoir discerner le silence. Ryôkan parlait ainsi du cuisinier de son temple, qui était en fait un être éveillé :

Senkei est un homme véritable de savoir.
Il travaille en silence, c'est un invité fruste en paroles.
Il a vécu trente ans dans la communauté de Kokusen,
Il ne participe pas aux sessions de zen, ni ne lit de sûtras.
Sans prononcer une seule phrase du texte de l'école,
Il cultive les légumes du jardin et les laisse en offrande au moines.
J'aurai dû le voir et je ne l'ai pas vu.
J'aurais dû le rencontrer et je ne l'ai pas rencontré.

Ah ! Même si je veux l'imiter maintenant, cela n'est plus possible.
Senkei est un homme véritable de la Voie[236].

Dans ce portrait du cuisinier, Ryôkan pense aussi probablement à Houeï-Neng qui a passé huit mois à moudre le riz pour les sept cents moines du temple après avoir été accueilli par son maître, et c'est pourtant à lui qui n'avait pas étudié que le maître a donné la transmission du zen. Ryôkan avait étudié dans ses pérégrinations l'ésotérisme du bouddhisme shingon, qui utilise beaucoup les mantras et considère comme en Inde que le *a* fondamental est à leur racine. Nous verrons qu'il a sans doute eu une réminiscence de cela au moment de sa mort.

Dans la tradition zen, les disciples attendent avec grand intérêt les derniers poèmes du maître, où il cristallise sous forme poétique son enseignement et l'expérience de sa vie. Par exemple, Ryôkan écrit : « Que laisserai-je pour souvenir ? Au printemps des fleurs de cerisier, le concours de la montagne en été, et à l'automne les feuilles des érables[237]. » Le maître se fond dans la beauté de la nature, y compris la beauté sonore, en l'occurrence le son du coucou dans la montagne. Cette beauté est à la fois permanente et impermanente, puisqu'elle évolue par cycle dans l'année. Le poète, comme le sage, sait s'émerveiller de cette splendeur qui réside au point d'union entre la permanence et l'impermanence.

Le dernier poème d'un sage s'appelle au Japon le *yuige.* Quel était donc le *yuige* de notre yogi, Ryôkan ? Quand on le lui a demandé, il a répondu : « Je n'ai pas envie de mourir ! » On voit là l'humour du maître zen jusque dans ses derniers moments. À une période où l'on s'attendrait à un enseignement fondamental sur l'immortalité, Ryôkan constate simplement la loi naturelle du corps, qui est de ne pas vouloir mourir. Cependant, il a quand même laissé ce *yuige* évoquant la permanence du son subtil qui l'a suivi — et qu'il a suivi — toute sa vie :

Quand je suis entré dans la montagne pour ne pas entendre le bruit des vagues,
Celui-ci change de forme.
Et j'entends le bruit du vent sifflant dans les pins[238].

Ryôkan n'était pas d'humeur à créer des écoles ; cependant, s'il en avait formé une, elle se serait peut-être centrée sur l'écoute du son intérieur, du « koto sans corde », et on aurait pu parler alors de « koto-zen »... Juste au moment de mourir, ses disciples lui ont demandé son enseignement ultime. Il s'est assis sur son lit en posture de méditation, a fait « ah ! » et il est mort. La position même de son corps était un dernier enseignement de soto-zen ; quant au son qu'il a émis et qui correspond au mantra fondamental dans les diverses traditions, on pourrait dire que c'était sa dernière instruction de « koto-zen »...

« Le son le plus fort est celui du silence » : Lao-Tseu et la sagesse de quelques étymologies d'idéogrammes chinois

Il y a eu beaucoup de liens entre le taoïsme et le bouddhisme. Les grands moines bouddhistes des débuts du ch'an avaient leur nom précédé du titre « Tao ». Ce Tao n'est pas différent du silence, on peut relire tout le Tao-Te-King dans ce sens. « Tout dans la nature œuvre en silence. Les choses naissent et ne possèdent rien. Elles font ce qu'elles ont à faire, sans plus, en toute quiétude. Cela accompli, elles retournent à leur Origine, la Toute-Quiétude[239]. » Ailleurs, Lao-Tseu dit : « Les cinq couleurs rendent les gens aveugles, les cinq sons rendent les gens sourds[240]. » Cela suggère qu'au-delà d'eux, il existe un Son qui ouvre l'oreille du cœur pour de bon. Silence et vide sont deux aspects de la même réalité et nous ne pouvons pas ne pas citer le onzième aphorisme de Lao-Tseu : « Trente rayons se rejoignent dans le moyeu de la roue, mais c'est le vide entre eux qui produit la nature de la roue. Le vase est fait d'argile, mais c'est du vide intérieur qu'il tient sa nature. Les murs, les portes et fenêtres forment la maison, mais c'est le vide entre eux qui lui donne sa nature. Fondamentalement : ce qui est matériel abrite l'utile, le non-matériel constitue l'essence. » « La vérité se compose de dix chapitres, dit un sage taoïste. Parler peut représente le premier, se taire les neuf autres. »

Nous pouvons interpréter de façon enrichissante l'origine de certains idéogrammes chinois en nous référant à ce son. Par exemple, *yin* représente en chinois le son essentiel, caractéristique d'une personne. Le terme *zhiyin* par exemple veut dire littéralement « connaître le son d'une personne » et en est venu à signifier « ami intime ». Un autre terme ayant le même sens est *zhiji,* « celui qui me connaît[241] » : cela implique donc qu'on peut s'identifier soi-même à un son fondamental qui nous est propre jusqu'à un certain point. Les Chinois ont la notion claire d'un « son pur », *qing-yin,* par exemple le son de la nature vierge et non polluée par les humains.

Il y a deux mots pour dire « sage », *zhi* et *cong.* L'idéogramme de *zhi* est la combinaison de la flèche et de la bouche. Une première interprétation est bien sûr que la parole du sage est précise et puissante comme la flèche qui frappe dans le mille ; on peut cependant aussi se souvenir à ce propos de l'image des Oupanishads : le corps est l'arc, le *Om* est la flèche et Brahman est la cible. Celui qui pratique ainsi la récitation du *Om* et le son ne se rapproche-t-il pas de la sagesse ? Quant à *cong,* l'idéogramme contient d'abord la représentation de l'oreille, puis à droite celle de la fenêtre et en dessous celle du cœur : la sagesse consiste donc à « ouvrir la fenêtre », et à faire communiquer l'oreille et le cœur. Certes, cela signifie être capable d'écouter les gens avec cœur, de garder dans son cœur l'enseignement entendu du maître, mais on peut aussi interpréter cela comme la capacité de s'absorber dans le son subtil (oreille) au point d'éveiller de façon stable la lumière intérieure (ouvrir la fenêtre du cœur).

Pour exprimer *zhou,* la « perfection », on trouve l'idéogramme signifiant « utiliser » qui est au-dessus de la bouche. De nouveau, on peut comprendre cela au premier niveau comme la maîtrise de ses paroles, ne rien dire qui blesse, etc Du point de vue plus yoguique, la capacité de maîtriser notre conscience du son intérieur qui chante en nous (la bouche) nous apporte effectivement une perfection, celle du mental totalement arrêté, de la conscience complètement concentrée.

Sheng signifie « saint, et est formé de la juxtaposition de l'oreille et la bouche, avec en dessous un caractère phonétique : est saint celui qui a réduit à zéro l'ego qui vient envahir l'intérieur de la tête, c'est-à-dire s'interposer entre l'oreille et la bouche ; est saint aussi celui qui est complètement absorbé dans, qui n'est qu'écoute (oreille) du son intérieur (bouche).

You qui signifie « aide » est composé d'une main avec une bouche en bas à droite : celui qui aide sait conjuguer l'action aux bonnes paroles. Cela a pris aussi le sens de « grâce divine ». Quand on laisse le son intérieur (bouche) agir complètement en soi (main), on est automatiquement dans un état de grâce divine. La réceptivité à la grâce divine, son accord pour la recevoir est exprimé dans la Bible par *Amen,* et en Inde par *Om.* En chinois, on dira *ké,* ce qui est d'accord, *ouen,* accord, etc., et on écrira une bouche au centre avec sur le côté une sorte d'angle qui exprime l'expansion : du point de vue yoguique, laisser le son, le *Om* intérieur, se répandre sans obstacle en nous et autour de nous est un bon moyen d'accorder son propre instrument avec le musicien divin.

Comment exprimer une notion aussi subtile et personnelle que la joie, *xi,* sous forme pictographique ? Les Chinois ont d'abord associé le caractère de l'homme noble avec celui de la bouche, ce qui exprime la noblesse d'âme, etc. Et, par-dessous, ils ont ajouté une bouche soutenue par deux mains : on peut y voir bien sûr la représentation des applaudissements, quand on bat des mains de joie. Cependant, du point de vue yoguique, les deux mains qui tiennent la bouche pourraient évoquer une concentration soutenue sur le son intérieur associée à une confluence des canaux subtils au niveau de la tête : à ce moment-là, la conscience auditive et globale deviendra naturellement plus noble et une véritable joie intérieure sera éveillée.

Venons-en pour terminer à deux mots fort intéressants. Comment exprimer une notion aussi sonore que le « nom », *ming* ? Les Chinois superposent le caractère du soir, de l'obscurité, à celui de la bouche : le nom est ce qui nous permet d'être reconnu une fois que la nuit est tombée. Mais on peut aussi discerner là-dedans un enseignement métaphysique : au début, le monde intérieur est plutôt obscur et nous avons besoin d'un Nom de Dieu, d'un mantra pour progresser ; ensuite, le son du silence (l'autre interprétation de la bouche) sera suffisant à lui seul comme fil directeur pour nous faire traverser toutes les ténèbres.

Un des termes chinois signifiant « silence » est *mo* : on peut déjà noter une ressemblance frappante avec le sanskrit et le hindi *maun,* en général prononcé *mon,* et avec la racine *mu* de « muet » en français et de « mystère » en grec. Par ailleurs, le silence est la matrice de tous les sons, en fait de tout ce qui apparaît dans l'univers, il n'est donc pas étonnant que le mot qui le désigne soit proche de *ma,* la « mère ». L'idéogramme lui-même est la combinaison d'un signe à gauche signifiant le « chien » et à droite voulant dire l'« obscurité » : l'idée, c'est que le silence est plus intensément perçu juste après les aboiements de chiens dans la nuit. Du point de vue psychospirituel, le vrai silence n'est pas donné, il vient de l'apaisement des « chiens » en nous, de ces remontées de l'inconscient qui sont particulièrement bruyantes « durant la nuit », c'est-à-dire quand la vigilance baisse et qu'on cherche à entrer dans un état de méditation profonde. Lao-Tseu parlait de *mo* comme de la forme absolue du tao, il s'agit d'une notion proche de la conscience de *nirvâna* des bouddhistes.

Chapitre 4

Écoute et éveil dans la tradition soufie

Tiens-toi en silence
et ta parole sera Sa Parole

Rûmî[242]

L'éveil de l'audition intérieure

Il s'agit d'une pratique centrale dans un enseignement tel celui donné notamment par Rûmî (1207-1272) dans le *Diwan de Shams de Tabriz,* un texte qui a grandement influencé le soufisme postérieur et qui sera une des sources principales de nos méditations dans ce chapitre. Rûmî, en s'adressant à Dieu, invite l'homme à écouter ce lieu au-dedans où « Ta Parole chante sans parole[243] ». Par ignorance, nous sommes sourds au son intérieur, et nous avons besoin d'un enseignant pour nous initier à l'ivresse de son écoute : « Ô ménestrel des amoureux ! Joue pour moi cette mélodie étrange / Car du son de ce hautbois l'oreille du sourd est si loin, si loin[244]... » De même que l'arrêt d'un bruit continu qui nous berçait peut nous réveiller, de même le silence a le pouvoir de nous faire sortir de notre sommeil, à nous d'en profiter : « J'ai déchiré l'habit des lettres, j'ai abandonné la parole. À toi qui n'es pas nu sied une tunique. Va donc, et dors[245] ! » Ce pouvoir d'éveil peut agir même au sein du rêve : « La voix mélodieuse de celui qui m'apporte des nouvelles de Toi, ne serait-ce qu'en rêve, m'est plus douce que les chants[246]. » Dans le silence vient au grand jour l'intuition de notre situation réelle et de son inconfort : « Garde le silence et ne fais plus un pas : car tu es ivre et tu te trouves ici sur le rebord du toit[247]. » Nous sommes habitués à des sons physiques, grossiers, depuis notre naissance, c'est pour cela que le courant de sons subtils n'a pas de pouvoir d'éveil pour nous au début. En transposant les choses du domaine des sons à celui des parfums, nous sommes dans la situation de ce vidangeur de l'histoire de Rûmî qui s'évanouit — dans la rue des parfumeurs : les boutiquiers des environs accourent et essaient leurs meilleurs parfums pour tenter de le réveiller mais rien n'y fait. Finalement, quelqu'un a une idée : il va chercher une pincée de matière à moitié décomposée dans un tas d'ordure voisin et la met sous le nez du vidangeur. Celui-ci se réveille, heureux de revenir à la vie et à son état de conscience habituel...

Hazrat Inayat Khan (1882-1927) était un soufi de l'ordre chisti formé à la musique indienne depuis la petite enfance par son père, lui-même musicien. Il est venu parler d'un soufisme ouvert et tolérant en Occident, et son fils, maintenant âgé, Pir Vilayat, continue son œuvre infatigablement. Sa *dargah* (tombe) au sud de Delhi est une oasis de silence dans le quartier plutôt populaire et bruyant de Nizamuddin. Il tenait en grande estime l'écoute du Son du silence, au point de dire qu'elle avait remplacé pour lui en bonne partie la pratique de la musique, ce qui n'est pas négligeable pour un musicien qui l'était pratiquement de naissance. Il termine en ces termes une étude sur la mystique du Son : « Plus le soufi écoute le *saut-e-Sarmad*, le “son de l'abstrait”, plus sa conscience se libère de toutes les limitations de la vie. L'âme flotte au-dessus des plans physique et mental sans aucun effort particulier, ce qui montre son état calme et paisible... Un chemin s'ouvre devant lui en direction du monde invisible ; il commence à recevoir des inspirations, des intuitions, des impressions et des révélations sans le moindre effort de sa part. Il ne dépend plus d'un livre ou d'un enseignant, car la sagesse divine, la lumière de son âme, le Saint-Esprit, commence à resplendir sur lui. Comme Sharif dit : “Par la lumière de l'âme, je réalise que la beauté des cieux et la grandeur de la terre sont des échos de Ta flûte enchantée.”[248] »

On dit dans le soufisme qu'il y a deux types de Noms de Dieu ;

ceux reliés aux attributs (*sifati*) et ceux qui pointent vers l'essentiel (*zati*). Le terme *zat* pour « être essentiel » évoque le sanskrit *sat,* qui a le même sens. La dévotion au maître spirituel amène à l'« immersion en lui », *fana fil sheikh,* qui débouche ensuite sur l'« immersion dans l'essentiel », *fana fil zat.* Dans le Coran, on parle souvent du *Kalmâ,* la Parole de Dieu qui peut souvent être également interprétée comme « son du silence ». Si l'on devait désigner l'essentiel par une seule syllabe, ce qu'on appelle en sanskrit le *bîj-mantra,* le « mantra-semence », ce serait sans doute en islam *Hou,* qui signifie « Lui ». *Houwiyat,* la « qualité d'être Lui » qu'on traduit d'habitude par « identité », est une notion très proche du Soi de l'Inde. On peut noter en passant que la vibration fondamentale de l'Univers dans le tantrisme n'est pas seulement exprimée par *Om,* mais aussi par le mantra *Houm,* son donc très proche du *Hou* des soufis. Celui-ci conclut le nom d'Allah dans les récitations, quand on dit : *Allah hou.*

D'un autre côté, Rûmî n'hésite pas à associer le son fondamental de l'espace au *Amen* qui s'élève continûment des anges vers Dieu : « Mes supplications enflammées montent vers le ciel ; souviens-toi que Gabriel, du plus haut du ciel, crie : "Ô Seigneur, amen !"[249] » Proche de la sonorité *hou,* il y a en arabe le mot *hour* qui désigne la « splendeur » du Paradis, et bien sûr ces « houris » qui incarnent cette splendeur dans un corps féminin. En persan on parle de l'ancien Dieu de la lumière comme *Ahoura,* et de l'oiseau du Paradis comme du *houma.* On dit que lorsque celui-ci se pose sur la tête de quelqu'un, cela signifie qu'il deviendra roi. Nous pouvons rapprocher cela de la symbolique de l'écoute du son fondamental en un lieu au-dessus de la tête, le *dvadâshanta,* dont nous avons parlé dans nos réflexions sur le yoga.

Il y a un son dans le Coran qui est à l'origine du monde, c'est le *Koun* divin signifiant « Sois ! ». Il a été responsable de la création, et continue à la soutenir de sa vibration fondamentale. Un représentant de l'école de l'écoute du silence dans l'Inde du XIXe siècle, Tulsi Sahib, conseillait à un de ses disciples musulmans : « Sois attentif à l'appel de Tulsi, ô pratiquant : contemple le *Koun* avec une concentration complète, car dans le saint Coran il se réfère à Allah le Grand[250]. » D'ailleurs, ce même son fondamental était en général appelé par Tulsi Sahib et son école *dhoun*, la « mélodie », la ritournelle intérieure presque obsédante qui est sans cesse présente.

Pour en revenir à Rûmî, nous pouvons citer deux parties de poèmes du *Diwan de Shams de Tabriz* qui donnent une idée globale de sa conception du silence et de son écoute :

Ô silence, tu es ce qu'il y a de plus précieux au centre de moi-même,
Tu es le voile de toute suavité en moi.
Fais moins étalage de ta science, fais silence, car dans le silence il n'y a ni crainte ni espoir.
Pour le village détruit, abandonné, déserté, il n'est point de dîme ni de taxe de la terre...
L'homme de discours, que sait-il de la douceur du silence ?
Le cœur aride, que connaît-il de la fraîcheur fluide ?
Je suis le miroir, je suis le miroir, je ne suis pas l'homme des discours.
Vous pourrez voir mon état spirituel quand vos oreilles seront devenues regard.
J'agite mes mains comme les feuilles de l'arbre, et je tourbillonne en dansant comme la lune[251].

Il faut briser le « luth » de son propre mental bruyant pour pouvoir entendre la mélodie secrète sous-jacente :

Ô magnanime, brise notre luth
Il existe ici des milliers d'autres luths,
Nous sommes devenus captifs dans les griffes de l'amour,
Les luths et les hautbois ne manquent pas pour nos plaintes.
Si l'on brûle le rebec et le luth de ce monde,
Il existe bien des luths secrets, ô mon ami,
Les échos de leurs gammes montent jusqu'au ciel,
Bien que le son n'en parvienne pas jusqu'à l'oreille dure...
Les mélodies sont toutes l'écho de la nostalgie pour l'union ;
L'origine et l'écho n'ont rien de semblable.

Ferme tes lèvres, et ouvre ton cœur :
C'est de cette façon que tu pourras parler aux âmes[252].

Mohamed Akram Sabri écrit que le Prophète Mohamed a écouté le son fondamental, le « roi des sons », *Sultan-i-alafa,* pendant six ans dans la grotte de Héra et qu'il a continué par la suite à percevoir l'*Awaz-i-mustaqim,* la « Sonorité d'En haut ». Parfois également il entendait un son comme celui d'une cloche et cela avait un effet profond sur lui[253]. D'après les témoins directs, quand le Prophète était en train de recevoir ses révélations, on entendait comme un bourdonnement d'abeilles. S'agissait-il du recueillement et de l'attention complète de l'assistance qui rendaient clairement perceptible le bruissement du silence ?

On dit aussi qu'Abraham avait été initié aux mystères d'Égypte et qu'à son retour de cette période d'apprentissage, il s'est arrêté à La Mecque et a installé la pierre noire de la Ka'ba. Il n'avait pas de quoi construire un grand temple, mais il a chanté une mélodie qui est restée imprégnée dans la pierre, et c'est dans l'espoir conscient ou inconscient de réentendre cette mélodie que les foules de pèlerins sont attirées vers La Mecque chaque année[254]. Les prophètes vibrent particulièrement bien à une mélodie secrète et peuvent la communiquer ; Rûmî dit dans ce sens : « Dans les prophètes résonnent des mélodies et les chercheurs en retirent une vie éternelle[255]. »

Du Nom au Son : l'au-delà de la prière répétitive

L'islam orthodoxe insiste beaucoup sur l'obligation de la prière rituelle cinq fois par jour. Cependant, Bayazid Bistami, un mystique qui fait autorité, et que certains considèrent comme le père du soufisme, dit clairement : « J'avais pendant trente ans invoqué Dieu. Puis je me suis tu. C'est alors que je découvris que mon invocation était mon voile[256]. » Il est intéressant de noter que dans la collection des quatre cent soixante-quatre dits de Bistami, celui-ci a le numéro 100. On dit précisément dans l'islam qu'il y a quatre-vingt-dix-neuf noms de Dieu, mais que le centième est le silence, quand l'invocation cesse.

Bistami ramène l'attention à l'essentiel, c'est-à-dire à la réalisation silencieuse du sens de la prière : « Les hommes se repentent de leurs péchés. Et moi, je me repens de dire : "point de dieu hormis Dieu". Car je dis cela avec la voix et les lettres. Et le Vrai est hors la voix, hors les lettres[257]. » En parlant d'un état spirituel élevé, Bistami dit : « Si tu as soif, Il te servira à boire dans une coupe qui te désaltérera à jamais (et tu n'auras plus besoin) de l'invocation[258]. » Celle-ci est une demande, une soif, mais il y a un moyen d'en être désaltéré pour de bon : l'écoute du silence. Pour pratiquer celle-ci, Bistami n'hésitait pas à prendre les mesures concrètes nécessaires pour se défendre des bruits qui venaient de la ville de Bistam : « Quand Bayazid souhaitait s'isoler, il entrait dans une maison et en bouchait tous les orifices pour que n'y pénétrât plus une voix qui le distrairait de son Seigneur[259]. »

Le silence est un dénuement qui mène à la réalité sonore fondamentale : « Dévêts-toi de la parole et du discours, et converse facilement avec la Parole non parlée (le Son non explicite)[260]. L'appel le plus subtil est pourtant le plus glorieux et le plus transcendant : « Ô mon âme ! L'appel que tu as murmuré a glorifié ma vie ! Es-tu le souffle de la Trompette ou la Résurrection promise ?... Ta mélodie et ta voix apportent la joie, car ils viennent de l'âme transcendante et non du corps terrestre[261]. » On appelle parfois cette sonorité essentielle « l'empereur du *zikhr* » (la prière répétitive qui permet un souvenir plus constant de Dieu) ou la « voix de la Victoire », ainsi que, nous l'avons vu, *saut-e-Sarmad,* le « son de l'abstrait ». Il y a quatre-vingt-dix-neuf Noms divins connus, mais le centième ne l'est pas, c'est pourtant le plus puissant. On peut l'associer au son du silence, de même qu'au-delà des trois états de conscience reliés à la triple articulation *a-o-m,* il y en a un quatrième plus élevé, *turiya,* qui correspond à la fois au silence et au Soi. Il est comme un soleil qui ne se coucherait jamais. Rûmî dit clairement : « Cherche le son qui dure à tout jamais, cherche le Soleil qui jamais ne se couche[262]. »

Cette voix continue donne une voie, un fil directeur pour traverser les mondes intérieurs. Hafiz disait : « On ne sait pas à quelle distance est la destination, mais ce que je sais, c'est que cette musique lointaine parvient à mes oreilles [263]. » Cette musique des sphères est comme un phare qui permet au chercheur de se repérer quand il traverse l'océan changeant des états spirituels. Pour continuer avec Hafiz, il raconte que Dieu avait au départ créé âme et corps séparément, mais que l'âme refusait obstinément de pénétrer dans la prison du corps. Finalement, Dieu a trouvé un subterfuge en demandant aux anges de jouer de la musique. L'âme est tombée en extase et, pour percevoir plus clairement cette musique, est finalement entrée dans le corps. Hafiz conclut ainsi l'histoire : « On dit que l'âme a pénétré dans le corps en entendant ce chant : mais en fait c'était l'âme elle-même qui était chant [264] ! »

Rûmî épanche son cœur dans les paroles de ses poèmes, mais termine souvent par des rappels au silence dont nous citons un certain nombre dans cette partie, car ils éclairent différentes facettes de la question. Le rapport entre les deux pôles est bien exprimé vers la fin d'un *ghazal* du *Diwan de Shams de Tabriz* : « Il suffit. Bien que la parole puisse purifier le miroir du cœur, par trop de paroles, il sera de nouveau terni [265]. » Dans l'ordre religieux qu'il a fondé, les Mavlavis, le *samâ* est une pratique centrale. Extérieurement, il s'agit de musique sacrée pratiquée avec des danses en général circulaires [266]. D'un point de vue intérieur, on peut se souvenir que *samâ* signifie directement « écoute » (cf. *shema,* « écoute », et *shem,* le « nom », en hébreu), et il est donc possible de dire que le *samâ* subtil consiste à faire danser la conscience auditive autour de l'axe du son du silence. Ce *samâ* peut être vécu aussi comme une danse qui célèbre le mariage intérieur. « Ô merveille ! Ce tumulte s'élève-t-il des cohortes angéliques ? Ces éclats de rire sont-ils ceux des Houris du Paradis ? Quel est ce *samâ* qui fait danser les âmes ? Quel est ce sifflet qui fait venir se poser le cœur à tire d'aile (comme un faucon dressé qui revient sur la main de l'oiseleur rappelé par un simple sifflement) ? Qui est la jeune mariée, quelle est la dot, pour que le firmament ressemble à un dais nuptial ?... Je me tais ; c'est un mystère : je ne l'explique pas. Que ferais-tu de l'explication, quand vient l'âme de l'explication [267] ? »

Le rôle ultime du poème est d'indiquer un son indicible mais bien perceptible : « Combien de temps donneras-tu aux *ghazals* une forme et des lettres. Entends de l'âme un autre *ghazal,* sans lettres et sans forme[268]. »

Le baiser de Dieu à la flûte : amour et silence chez les soufis

Le courant du son subtil est souvent comparé au timbre de la flûte. Celle-ci véhicule avec elle l'amour divin : « Qui, sous le signe de Vénus, est le plus heureux et le plus noble ? La flûte, car elle pose sa lèvre sur ta lèvre afin d'apprendre de toi le chant[269]. » De la continuité même de ce chant provient une expérience de joie supérieure : « Ô joie, selle ton coursier ! Ô brise du matin, souffle sur nos vies ! Ô son de la flûte aux belles histoires, dans ton chant il y a la douceur du sucre. Jour et nuit de tes chants vient à moi le parfum de l'amour[270]. » Il existe en nous un « écho qui guérit la tristesse[271] », il ne tient qu'à nous d'être assez attentifs pour l'écouter et pour effectuer ainsi notre « cure sonore ».

Le courant de son subtil, de par sa régularité, peut être perçu comme monotone, voire ennuyeux, mais il ne le restera pas si on en fait un moyen privilégié pour se souvenir du maître spirituel. À ce moment-là, il n'est plus question de monotonie : « Pour l'amour, une seule lettre (un seul son) est suffisante[272] », disait Bullhé Shah quand il le comparait à la loi qui a besoin de beaucoup de livres pour s'exprimer. Cette attitude est très courante dans les mouvements religieux de l'Inde qui pratiquent l'écoute du silence, elle l'est aussi dans le soufisme. Kabir, qu'on dit avoir été adopté par des parents musulmans à la naissance, disait, nous l'avons vu : « Si ton maître vit à des millions de kilomètres, fixe ton attention sur lui. Ton âme chevauchera le cheval du Son, elle ira et viendra à sa guise[273]. » Quand l'espace dans toute son amplitude devient directement perceptible grâce au son, où est le lointain, où est le proche ? Comme le dit Bistami : « Que d'éloignés qui sont proches, que de proches qui sont éloignés[274] ! » Pour être capable de communier avec le silence, on a besoin d'une conscience qui ne manque pas de mordant : « Combien de temps te nourriras-tu du sens au moyen des lettres ? L'enfançon dépourvu de dents s'alimente de la sorte : si vous êtes des hommes véritables, mordez directement dans le pain[275]. »

On dit chez les soufis que Salomon, le roi sage, avait le pouvoir d'entendre le langage des fourmis. En fait, quand on est tranquillement assis dans la nature et qu'on observe les fourmis, qu'entend-on en bruit de fond si ce n'est le bourdonnement du silence ?

Le minaret intérieur

Le courant du son de vie qu'on peut percevoir en nous est naturellement comparé par les mystiques musulmans à l'appel à la prière, à ce moment-là c'est la colonne vertébrale, l'axe central du corps reliant les profondeurs et le ciel qui devient comme un minaret du haut duquel retentit l'appel. Rûmî dit :

Heureuse l'âme dans les profondeurs de laquelle
Parvient du ciel l'appel à la prière !
Purifiez votre ouïe des souillures de l'iniquité,
Car voici que résonne un cri du haut du firmament,
L'oreille souillée ne peut percevoir cet appel.
Les choses n'arrivent qu'à ceux qui en sont dignes[276].

Cette ouverture du canal central qui relie le haut et le bas correspond à une désobstruction du « canal de l'oreille intérieure » : « Retire le coton de tes oreilles afin que l'appel au salut soit entendu[277]. » L'écoute est alors libérée comme d'une prison : « Oh ! Enlève de tes oreilles les cadenas et la chaîne cachée ! Comment pourrais-tu libérer ton oreille ? Où est l'oreille pour celui qui est inconscient[278] ? » Une fois libérée, l'écoute elle-même devient source d'énergie : « Le chameau porte plus allègrement sa charge grâce au chant du caravanier[279] » ; et elle clarifie la vision de ses « poussières » provenant du bruit mental : « Tais-toi, cesse de mesurer du vent, car par le vent des paroles, le chemin de la vision est couvert de poussière[280]. »

Notre corps en méditation est un instrument de musique, son accordage s'effectue en conférant une tension juste, comme à une corde, à la colonne vertébrale qui enveloppe cette moelle épinière que les Anglais appellent d'ailleurs *spinal chord,* la « corde spinale ». Celle-ci est aussi désignée par les soufis sous le terme de « veine royale », et a une sorte d'équivalent au niveau de la tête sous forme de l'axe médian qui relie le troisième œil et le sommet de la tête. C'est l'interprétation intérieure du verset du Coran qui dit que Dieu est plus proche de nous que notre veine jugulaire (Coran L, 15). Rûmî dit : « La stature que l'amour a rendue droite sera plus élevée que le trône de la Majesté divine ! Non, garde le silence. Le Connaisseur des mystères est présent. Il a dit : « Nous sommes plus près de toi que ta veine jugulaire[281]. »

Sultan Bahu dit : « Si tu explores la voie au-dedans de toi-même, tu trouveras Dieu proche, grâce à la veine royale[282]. » La montée du courant de sons et de sensations dans la veine royale du corps mène au troisième œil[283] que les soufis appellent *chashma-i-ghaib,* l'« œil caché » : il y a là une fusion des courants latéraux qui est associée symboliquement par Sultan Bahu à la rencontre des religions au sommet de l'expérience mystique : « Entre les sourcils des amants se trouve le (troisième) œil qui est comme leur tapis de prière, sur lequel toutes les religions se fondent en une seule la religion de l'amour[284]. » C'est à cet endroit qu'on récite le *zikhr* (prière répétitive) de l'esprit, c'est là que s'accumule l'énergie qui va monter ensuite vers le sommet par la seconde veine royale, celle de la tête.

La perception du son intérieur au niveau de la tête ou au-dessus permet à l'oiseau de l'énergie de monter :

Cette tourterelle de nouveau décida de monter au ciel, et elle s'envola
Dès qu'elle entendit le chant d'appel de l'invisible...
Bats de l'aile contre la porte et le toit, voici la clé.
Avant que nous t'appelions, tu ne connaissais pas la voie du retour.
C'est cette appel qui montre la voie à l'intelligence (la conscience).
Tout ce qui va vers le haut, s'il était vieux, recouvre la jeunesse[285].

La perception directe du son omniprésent, issue d'une ascension de la conscience à travers le corps et au-delà, amène à une modification profonde du sens de l'orientation dans l'espace pendant la méditation. Rûmî dit : « Tu entendras les cinq mélodies au-dessus du septième ciel quand tu déracineras ta tente des six direction[286]. »

Par le fait que l'attention s'absorbe dans le son avec ardeur, elle se dégage de ses objets ordinaires. Shams de Tabriz disait : « Cette musique du Son-amour vient tout d'un coup, et te libère de l'emprise de l'avidité et de la sensualité[287]. » L'énergie intérieure s'éveille alors et il s'agit d'une véritable résurrection, comme l'indique Rûmî : « Si je te donnais un aperçu de ces mélodies, ton âme morte ressusciterait dans sa tombe[288]. » Il dit aussi dans le *Diwan* :

Ô corps pareil à un cadavre ! Sors du tombeau.
On a soufflé dans la trompette du haut de l'empyrée majestueux.
Silence. Entends le tambour des silencieux,
Et que Dieu t'aide à obtenir une vie nouvelle[289].

« Mets le firmament sous tes pieds » : l'écoute non duelle

L'écoute du silence, par le sentiment d'unité qu'elle procure assez directement, mène vers une expérience non duelle d'expansion infinie. Rûmî dit dans ce sens : « Mets le firmament sous tes pieds, ô homme brave, et écoute le Chant mélodieux qui vient des cieux. » Celui qui est uni au son essentiel devient le « sultan du monde », et baigne dans l'émerveillement de l'évidence : « Garde le silence, baigne-toi dans cet émerveillement. Renonce aux secrets : c'est cela, le Secret[290]. » L'unité se manifeste immédiatement de façon auditive par une masse sonore indivise. En parlant de l'effet du regard divin, Rûmî dit : « Le ménestrel à cet endroit confond les mélodies car Sa lumière ne laisse subsister aucun voile[291]. » Cette masse de conscience ressemble par son unicité à l'expérience du sommeil profond, bien que bien sûr ce dernier soit inconscient : « Tu demandes : "Comment vont et viennent les idées ?" Eh bien, considère le temps du sommeil : cela résout la difficulté[292]. » Le mystère de l'expérience de l'Absolu est lié à une immobilité du corps pareil à une montagne et un apaisement des sons multiples qui se renvoient indéfiniment les uns aux autres ; « Il suffit : tu es une montagne ; cherche dans cette montagne la mine d'or. Si tu ne suscites pas d'écho dans la montagne, qu'arrivera-t-il[293] ? » Pour que certaines expériences puissent continuer et ne pas être noyées par le bruit mental habituel, le silence est important : « Silence : il ne sied pas de crier au sein de l'océan, car le plongeur est celui qui économise son souffle[294]. » Le vide que représente ce silence attire et aspire le Divin : « Dans le silence, l'âme comme un cri attire Dieu, lorsqu'elle est capable de recevoir les influences du monde d'en haut[295]. »

Le bruit que fait la conscience du corps subtil doit aussi s'apaiser, pour parvenir à une conscience pure qui n'a plus de lieu ni d'objet. C'est peut-être ce que suggère Bistami si l'on comprend le Temple dont il parle comme le corps subtil et le Maître du Temple comme la conscience qu'on en a : « J'ai accompli le pèlerinage une première fois, là je vis le Temple. La deuxième fois, je vis le Maître du Temple, sans voir le Temple. La troisième fois, je ne vis ni Temple, ni Maître[296]. » Dans une autre interprétation, on peut comprendre le Temple comme l'institution religieuse et le Maître du Temple comme le Dieu personnel, le mystique dépassant les deux dans son expérience de l'Absolu.

On raconte l'histoire d'un teinturier qui donnait à chaque client la couleur qu'il voulait, alors qu'il trempait chaque tissu dans la même cuve. Intrigué, quelqu'un vint lui demander de teindre un nouveau tissu. « Quelle couleur souhaites-tu ? » demanda l'artisan. L'autre répondit : « La couleur qu'il y a dans la cuve »... Nous sommes habitués à entendre de notre mental toutes sortes de paroles à la signification, à la couleur bien définies. Mais quelle est la source, l'origine, la « cuve » d'où proviennent toutes ces paroles ? N'est-ce pas le son essentiel et sa pulsation ? Dans ce sens, Rûmî conclut un de ses *ghazals* : « Garde le silence. Tu as trop parlé, et personne n'entendit de quelle terrasse arrivait le son de ce tambour, et d'où venait ce discours[297]. »

Nous avons vu plusieurs fois que l'expérience du silence était directement reliée à la présence intérieure du maître : il en va ainsi pour Rûmî. Le nom de son maître, Shams, signifie « soleil », et il achève un des *ghazals* du *Diwan de Shams de Tabriz* ainsi : « Ô

Shams Tabrizi ! Tu es le soleil caché dans le nuage des lettres. Quand ton soleil s'est levé se sont effacées les paroles[298]. » Le maître, qu'il soit extérieur ou intérieur, nous initie d'une façon ou d'une autre à la perception du son intérieur dans sa continuité intrinsèque, qui n'est pas différent de cette continuité de l'être que nous oublions en fait régulièrement : « Va chez l'échanson écouter les paroles d'éternité qu'il te dit dans son langage éternel[299]. »

Chapitre 5

Élie : l'expérience au sein du Dieu-silence

Nous allons commencer par méditer sur Élie comme un cas type de prophète et mystique de l'Ancien Testament qui a pratiqué dans le désert et écouté le silence. Dans le chapitre suivant, nous distinguerons plus précisément la notion de parole divine explicite et implicite, cette dernière pouvant la plupart du temps être interprétée comme l'écoute du son subtil du silence. Cela nous permettra une lecture rafraîchie de versets de l'Ancien Testament. Puis nous envisagerons le Nouveau Testament et la tradition mystique chrétienne. Nous conclurons par quelques aphorismes sur le silence.

« La voix d'un silence subtil » au centre du cycle d'Élie

Élie apparaît soudainement dans le premier livre des Rois (17, 1) et disparaît non moins soudainement, enlevé au ciel dans un tourbillon par un char de feu près du Jourdain (2 R 2, 11). Il donne le sentiment d'être une manifestation directe de l'énergie divine, intervenant par de nombreux miracles dans l'histoire d'Israël, le dernier, et non des moindres, ayant été de monter avec son corps au ciel. Cela n'est arrivé qu'au septième patriarche, Énoch, et, pour ceux qui suivent les dogmes récents de l'Église catholique, à la Vierge Marie. Nous avons évoqué l'ascension d'Élie dans notre commentaire du Cantique des cantiques (6, 12) figurant dans *Le mariage intérieur.*

On peut dire que le cycle d'Élie tourne autour d'un centre qui est évoqué par la phrase d'1 R 19, 12 : *Qol demama daqqa,* « *La* voix, ou le son (*qol*) d'un silence (*demama*) subtil (*daqqa*) ». C'est par ce silence qu'Élie a eu l'expérience du Divin, tout comme, au même endroit, Moïse avait eu la révélation du *Ehye asher ehye* ; « Je suis celui qui suis » (Ex 3, 14). En fait, ce *Qol demama daqqa* peut aussi être considéré comme un Nom de Dieu, puisque Sa manifestation a eu lieu grâce à Lui. Comme le *Ehye asher ehye,* il comprend trois mots et six syllabes. On pourrait dire que la septième syllabe, celle qui n'est pas dite, est pourtant la clé de voûte du Nom divin et qu'elle correspond à l'expérience du sujet lui-même : en effet, comment Dieu pourrait-il se révéler s'il n'y avait pas de cœur pour le recevoir, s'il n'y avait personne à qui se révéler ? Si Dieu manifeste son Nom, c'est pour qu'une oreille humaine l'écoute.

À mon sens, il est important de considérer le silence lui-même comme un Nom de Dieu, aussi paradoxal que cela puisse paraître, car il ne représente pas un espace vide dans un coin duquel on pourrait plus ou moins par hasard rencontrer Dieu, mais, au contraire, il est complètement pénétré de la vibration de la présence divine. Il a le pouvoir de la faire descendre en nous-mêmes. Les autres Noms divins sont en quelque sorte confirmés par l'articulation verbale, ils s'éloignent de nous quand on les dit, mais le silence est attiré, appelé par l'écoute, il nous pénètre et imbibe quand on y est attentif.

Les traducteurs de la Bible ont été gênés par ce « son du silence » dans lequel ils percevaient une contradiction ou un non-sens. Ils ont essayé de contourner la difficulté en recourant à des faux sens, en parlant par exemple du bruit d'une brise légère (Bible de Jérusalem), de la « voix des gens qui louent Dieu » (Targoum), ce qui n'est pas dans le texte. Cependant, après tout ce que nous avons dit sur l'Inde, nous ne serons pas surpris que l'on puisse choisir l'écoute du silence comme pratique pour avoir l'expérience de Dieu. Il a fallu la traduction de Gray[300] qui parle du *sound of thin silence,* le « son d'un silence fin », et l'ouvrage de Michel Masson *Élie ou l'appel du silence*[301] pour revenir au sens original. Tout cela a amené Masson à renouveler considérablement l'approche du prophète et nous nous appuierons sur son ouvrage dans cette partie. Son exégèse aide à une compréhension bien plus claire du message contenu dans le cycle d'Élie.

Qol signifie « voix », et aussi « vibration ». On pense à la profession de foi dans la prière musulmane quotidienne : *Qul Allahu ahad...,* « Dis : le Seigneur est Un ». Quand le contemplatif écoute le silence, c'est celui-ci même qui est un écho de la profession de foi en l'Unité ; le pratiquant n'a rien à dire, il n'a qu'à prêter l'oreille avec une attention complète, en l'occurrence il faudrait plutôt dire « donner l'oreille ». Le silence est « un » par nature, c'est le bruit qui disperse et fragmente notre conscience.

Demama vient de la racine *dama* qui signifie « s'arrêter ». Quand Josué (Jos 10, 13) arrête le soleil, c'est cette racine qui est utilisée : *Wayyidom has semes,* « Et le soleil s'immobilisa ». En arabe *dama,* « être au repos », signifie aussi « continuer ». Et n'est-ce pas la caractéristique principale du son du silence que d'être toujours là, parfaitement continuant, continu par rapport à notre attention qui d'habitude va et vient ? Les mots dérivés hébreux *duma, dumiya, dummiya, demi* ont tous le sens de « silence[302] ». *Damam* peut aussi signifier « ressemblance » : la pratique du silence nous fait ressembler à l'Absolu ; dans le même sens, nous avons vu à propos de l'hindouisme que le Son fondamental, *nâda,* n'était pas différent de Brahman.

Daqqa veut dire « mince, fin comme la poussière » (Is 29,5) et *daqaq* « réduire en poudre ». Masson commente : « L'attention écoute toujours plus précisément le silence pour en extraire une quintessence toujours plus pure — comme si c'était un rocher que l'on voulait réduire en poudre[303]. » Le bruissement du silence n'est-il pas en effet comme une poudre sonore ? Nous avons déjà vu que le silence est un solvant universel. Sa vibration est comme pulvérisée, mais elle est aussi pulvérisante, elle réduit en poudre les tensions corporelles et l'ego qui se construit et renforce à partir d'elles. Nous retrouvons l'emploi du terme *laya-yoga,* le « yoga de la dissolution » pour désigner la pratique de l'écoute du silence.

Il se trouve que le cycle d'Élie est soigneusement composé du point de vue littéraire. Par exemple, si l'on compte le nombre de lignes du texte hébreu, le *Qol demama daqqa* se trouve juste au milieu du texte[304]. C'est l'ego du prophète qui a été dissout par cette expérience ou, au moins, il n'est plus le même après qu'avant. Il y a une symétrie dans le récit d'Élie qui s'articule autour de cet événement. Avant, il était un homme d'action, on peut même dire de guerre, massacrant de ses propres mains quatre cent cinquante prophètes de Baal, courant trente kilomètres devant le char d'Acherab pour fêter sa victoire. Cependant, les revers de fortune et surtout l'expérience du silence ont eu raison de son ego. Après sa prise de distance, il donne sa bénédiction aux autres pour agir (son disciple Élisée et les rois Hazaël et Jehu), mais lui reste « assis sur la montagne » (2 R 1, 9) et sa relation au monde passe surtout par la parole.

Cette nouvelle attitude lui réussira, car il sera finalement glorifié en étant enlevé au ciel sur un char de feu, près du mont Nébo où Moïse, lui, était mort d'une façon plutôt banale après avoir été impliqué dans l'action jusqu'au dernier jour. Nous reviendrons à la fin de ce texte sur la symétrie entre Moïse et Élie, mais nous pouvons dire dès maintenant que le premier personnage représente un message plus politico-social pour le peuple d'Israël, alors que le second, de par son expérience du silence divin, a une vision plutôt universaliste.

Nous avons dit que le silence était au centre de l'itinéraire d'Élie. Mais en quoi consistait-il au juste ? Nous allons l'évoquer autant que faire se peut pour mieux en saisir la portée. Avant son expérience du « son du silence fin » sur l'Horeb (un autre nom pour le Sinaï), Élie était une sorte de chaman qui défendait les intérêts des sectateurs de YHWH contre ceux de Baal en exploitant des pouvoirs magiques. Il envoie la sécheresse pour punir le pays ou fait venir la pluie pour humilier les prêtres de Baal qui n'en sont pas capables. Dans ces deux cas, l'utilisation de ces pouvoirs magiques lui attire des ennuis, il en va souvent ainsi : le torrent de Kérit, près duquel il vivait, s'assèche et il est finalement obligé d'aller demander de l'eau et du pain à la veuve de Sarepta (1 R 17, 10), humiliation notable pour quelqu'un qui se croyait investi du pouvoir divin. Son second exploit avait été de faire venir la pluie pour pouvoir finalement massacrer les prophètes de Baal au mont Carmel. Cela lui a valu la haine de la reine Jézabel qui veut les venger. Elle lui fait dire : « Que les dieux me fassent tel mal si je ne fais pas de ta vie ce que tu as fait de la vie de l'un d'entre eux ! » Élie doit s'enfuir plutôt piteusement et finalement, désespéré par ce revers de fortune, décide de se laisser mourir.

Du point de vue yoguique, le séjour d'Élie près du torrent de Kérit qui finit par s'assécher indique une expérience de montée d'énergie temporaire. Elle lui a donné certains pouvoirs psychiques, mais nous avons vu qu'ils ont fini par se retourner contre lui. En effet, sa relation à Dieu, sa conception de Lui n'est pas pure. C'est ce qui est sous-entendu symboliquement par le fait que des corbeaux lui apportent de la viande chaque soir : non seulement ces oiseaux sont noirs comme l'encre, mais ils volent en général les morceaux de viande partout où ils les trouvent, celle-ci pouvant donc provenir d'une carcasse ou de déchets. De plus, bien que les juifs ne soient pas végétariens, il est bien connu qu'ils doivent observer des restrictions par rapport à la viande, celle-ci devant être cachère. Comment savoir dans ce cas précis si elle l'est réellement, puisqu'elle est apportée par un oiseau d'on ne sait où ?

L'itinéraire d'Élie rejoint l'enseignement du yoga : le but de la pratique spirituelle n'est pas le développement de pouvoirs spirituels, *siddhis* (ici, la descente du feu) mais l'arrêt du mental. Dieu n'est pas dans le feu du Carmel. L'utilisation de *siddhis* à une fin matérielle (ici, une victoire politique sur Baal) a de mauvaises conséquences personnelles (Élie est proche du suicide dans le désert de Ber Sheba), la vraie Réalisation est dans l'arrêt du mental.

Du point de vue psychologique, il est intéressant de remarquer qu'Élie, le « super-héros », le champion mâle et agressif de YHWH, est abaissé à deux reprises par des femmes : d'abord la veuve de Sarepta, puis la reine Jézabel. Celle-ci, bien que peu recommandable, recèle pourtant à la fin de son nom la syllabe *el* qui désigne Dieu. C'est comme si elle était l'instrument involontaire du vrai Dieu, pas celui qu'imaginait Élie jusqu'ici, pour lui faire prendre conscience de cet autre pôle de lui-même, qu'on pourrait appeler schématiquement son pôle féminin. Cela ne se fait pas sans douleur ; Élie est littéralement « plaqué au tapis », il se couche dans le désert et souhaite mourir.

Le mot *bal* en sanskrit, avec un *a* bref, signifie « violence » et a probablement la même racine que le mot français. On sacrifiait des enfants dans le culte de Baal, qui était donc violent, mais Élie s'est opposé à cette violence par une violence plus grande encore — égorger quatre cent cinquante prêtres de ses propres mains n'est pas rien ; cependant il s'aperçoit que ce n'est pas la voie. Dans sa détresse, il va demander, à la manière de Moïse, l'aide de Dieu sur le mont Horeb. En chemin, il passe par le désert de Ber Sheba. C'est là où le petit Ismaël, abandonné par son père Abraham à cause de la jalousie de Sarah, a été secouru par Dieu. Il est comme identifié à lui[305], il s'agit presque d'une *regressio ad uterum* qui se poursuivra dans la nuit qu'il passe dans une grotte du mont Horeb : la grotte n'est-elle pas la matrice de la terre ?

Ceci nous intéresse pour notre sujet, car le nom d'Ismaël, *yisma-el*, signifie « Dieu écoute ». S'il n'y avait qu'une seule chose à retenir à propos d'Élie, c'est à mon sens cela : c'est en devenant lui-même « Dieu écoute » qu'il arrive à écouter Dieu dans la grotte de l'Horeb et en même temps dans celle de son cœur. Tout cela ne nous mène-t-il pas à considérer que c'est finalement Dieu qui écoute Dieu à travers Élie, qu'il s'agit donc d'une expérience non duelle ? Devenir Ismaël signifie aussi se mettre à la place de Dieu qui est capable d'écouter l'« autre côté », extérieurement le faible, l'enfant rejeté, et du point de vue intérieur notre ombre, la moitié oubliée de nous-mêmes. L'écoute du silence sera bien meilleure si notre posture est équilibrée, si nous sommes capables de ressentir, d'« écouter » les deux moitiés de notre corps pareillement et simultanément.

Cette purification d'Élie se manifeste concrètement : il reçoit la grâce divine à travers un messager (*malak,* qui pourrait être un ange, mais aussi un visiteur dans un corps humain) du Très-Haut qui lui apporte du pain et de l'eau, lui sauvant donc la vie et lui permettant de poursuivre sa marche initiatique vers l'Horeb. Cette fois, il n'est plus question de corbeaux et de bouts de viande venant d'on ne sait où, car Élie est devenu végétarien. De plus, le *malak* est l'envoyé, comme le double du Maître divin (*malik*), les trois ont en commun dans leur nom la syllabe charnière *el* ou *al,* c'est-à-dire le noyau de Dieu ou du Soi (qui se dit d'ailleurs *Self* en anglais et *Selbe* en allemand). Élie s'en aperçoit, il reconnaît dans la personne qui vient l'aider l'ange de Dieu et cette rencontre de *el* en l'autre le prépare pour l'expérience de dissolution de l'ego qui va survenir à l'Horeb.

L'Horeb, ou le mont de l'Épée

L'expérience près du sommet de l'Horeb est précédée par trois phénomènes spectaculaires, le vent comme un ouragan, puis le séisme et enfin le feu qui culminent de façon paradoxale dans la « vibration d'un silence subtil » (1 R 19, 11-12). Masson fait remarquer que la structure 3 + 1 revient souvent dans le cycle d'Élie, et c'est le cas ici pour cet épisode central. Il y a trois événements où Dieu n'est pas, et un quatrième où l'on ne dit pas qu'il n'est pas, c'est-à-dire en pratique qu'on suggère qu'il y est.

Un autre exemple de cette structure se retrouve en 19, 10 et 14, où Élie répète : « Je suis rempli d'un zèle jaloux pour YHWH Sabaoth parce que les Israélites ont abandonné ton alliance, qu'ils ont abattu tes autels et tué tes prophètes par l'épée. Je suis resté moi seul, et ils cherchent à m'ôter la vie. » Cette structure évoque l'axiome de Marie en alchimie : « Du un vient le deux, du deux le trois, et du trois un quatrième qui est le un » et la rencontre des trois canaux en yoga, qui entraîne un silence et une lumière non différentes du Soi, c'est-à-dire du Un. Nous retrouvons ce schéma quand survient peu après le projet d'onction des deux rois (les deux) et d'Élisée (le troisième) par Élie (le quatrième qui devient un) (1R 19, 15-16).

Les trois premières manifestations où Dieu n'est pas peuvent évoquer, si on les prend au sens intérieur, la transe chamanique dans toute sa violence. D'après celles auxquelles j'ai pu assister moi-même au fin fond de la Kabylie il y a une quinzaine d'années ou dont j'ai lu des descriptions d'ethnologues, la partie violente de la transe se fait au rythme endiablé du tambour, puis vient un moment où le danseur épuisé s'effondre ; il se fait alors un grand silence, puis la musique reprend, mais cette fois par exemple grâce à une flûte et avec un rythme très serein pour accompagner une reconstruction intérieure et une intégration du vécu.

Du point de vue yoguique, on peut discerner dans ce qui est décrit à propos d'Élie une allusion à des phénomènes d'éveil de la *kundalinî*. On parle d'abord de *Ruash gedola véhazak,* « un vent grand et fort » qui fend les montagnes et brise les rochers. Cela évoque l'intensification du *prâna,* le « souffle vital », qui est aussi appelé en sanskrit directement *vayu,* le « vent ». La montagne représente le corps qui résiste tant qu'il peut à l'irruption du *Ruah,* à la fois « souffle » et « Esprit divin ». Une particularité intéressante du texte a été relevée par Masson, c'est même là-dessus qu'il finit son livre[306] : *gedola* est au féminin, *hazaq* au masculin et *ruah* est dans la grande majorité des cas un nom féminin. En hébreu comme en français, l'adjectif s'accorde en genre et en nombre avec le nom qu'il qualifie, l'expression paraît donc aussi bizarre pour une oreille juive que « un vent *grande* et fort » pour une oreille française.

Une interprétation possible, celle que propose Masson, est que la tempête intérieure est en fait due à un éveil sexuel difficile à contrôler : le masculin cherche le féminin à l'intérieur avec une telle violence que cela risque de rompre l'équilibre du corps subtil (montagne fendue en deux, rochers brisés). Cependant, si le sujet peut supporter cette phase d'éveil de l'énergie au-dedans en résistant à l'envie forte de bouger (séisme) et à la brûlure de la frustration (incendie), à ce moment-là le miracle arrive, les obstacles sont comme réduits en poudre (*daqqa*). Un grand silence envahit le mental, les conflits des opposés se sont résolus en un mariage intérieur harmonieux, ce qui établit aussi une fondation solide pour un véritable arrêt du mental.

En fait, celui qui a écrit l'histoire d'Élie ne nous dit pas explicitement que Dieu est dans le silence — ou que Dieu est Silence. Avec la pudeur qui sied au mystique quand il essaie d'évoquer de réelles expériences spirituelles, il se contente de ne pas dire qu'Il n'y est pas. Puisque nous sommes dans le cadre d'une étude comparative, nous pouvons brièvement mentionner l'histoire du Râmayana qui a, au fond, le même sens bien que dans un contexte très différent : on présente des hommes les uns après les autres dans un groupe à Sîtâ en lui demandant si Râma, son mari, est parmi eux. À chaque fois, elle répond non, mais quand vient le tour de Râma lui-même, elle se contente de garder le silence.

Une autre allusion au mariage intérieur, fondation du vrai silence mental, se trouve dans les noms eux-mêmes. *Horeb* signifie « épée[307] », symbole mâle. Élie s'est réfugié dans la grotte, symbole féminin s'il en est, et Dieu lui demande d'aller se tenir debout à l'entrée de la grotte, c'est-à-dire, on peut le supposer, en face de l'Horeb. Au début, Élie n'en est pas capable, la tempête intérieure est trop forte, mais quand elle s'apaise dans un silence parfait, il y va. Il a alors la vision divine. On a tendance d'abord à la considérer comme extérieure, puisqu'il se voile la vue avec son manteau, comme Moïse l'avait fait avant lui dans les mêmes circonstances. Cependant, on peut au contraire interpréter cela comme un fort désir de la part d'Élie de conserver la lumière du Divin qu'il a entrevue à l'intérieur et, pour cela, il se voile la face pour ne pas être gêné par la lumière du jour à l'extérieur. Quand il est debout, droit, en face du mont de l'Épée, c'est comme s'il devenait lui-même une épée. Il y a donc trois épées qui se répondent comme en miroir : celle du pic de l'Horeb, celle du corps d'Élie debout et à l'intérieur de celui-ci l'axe vertical de la colonne vertébrale, souvent rapproché symboliquement de l'épée dans le fourreau quand il n'est pas éveillé, et de l'épée dégainée quand il s'ouvre au passage de l'énergie intérieure. La rencontre de ces « épées » avec la grotte évoque l'union du masculin et du féminin et le mariage intérieur réussi, lié comme nous l'avons déjà signalé à un silence du mental profond.

Dans une interprétation complémentaire, on peut aussi rapprocher la grotte-matrice du bassin et, à ce moment-là, la station debout d'Élie évoquera le redressement du dos et cette montée d'énergie qu'il facilite. Il y a aussi un lien évident entre l'Horeb et Dieu. Élie semblait faire partie du groupe élohiste du nord, plus mystique que les jahwistes du sud, ceux-ci étant plus attirés par une sorte de chamanisme. Si on met de côté la marque du pluriel à la fin d'*Elohim* — qui signifie littéralement, on le sait, les « dieux » — et qu'on retourne le mot, on obtient *Hole* ; le *l* est une liquide et en cela très proche du *r*, il n'y a plus alors qu'à ajouter le *b* pour obtenir *Horeb* : ainsi, le mont Horeb semble la manifestation visible, comme l'image en miroir, le retournement en doigt de gant de la divinité non manifestée. Le *b*, le chiffre deux, indique d'ailleurs la descente dans la dualité, à partir de l'unité du *a* qui commence l'alphabet, et qui correspond donc au chiffre un. Par ailleurs le *holam* désigne le point au-dessus d'une consonne qui traduit le *o,* ce point donc d'où tout est issu. L'Horeb est comme l'épée du ciel qui a été lancée par la main invisible des dieux qui ne sont finalement qu'un Dieu suprême (Elohim) et est venue se ficher en terre ici même, juste en face d'Élie, vibrante de présence dans son immobilité massive.

Si on souhaite réellement écouter le silence, il n'y a qu'à aller s'asseoir dans une grotte. En effet, les bruits extérieurs de la nature ont disparu et c'est comme si l'on pouvait percevoir l'écho du silence se répercutant sur les parois de la caverne. Il y a dans la racine *cav* ou *cap* l'idée de capacité à contenir, de réceptacle qu'on retrouve aussi dans le mot « cabbale ». Coïncidence ? On sait qu'Élie est considéré comme le fondateur de la Cabbale ; serait-ce parce qu'il a fait l'expérience du Dieu-silence dans la caverne ? Platon dit que l'être humain peut s'échapper de celle-ci en se fixant sur le soleil immobile du Beau, du Bien et du Vrai. Que ce soit par la fixation continue du soleil ou par l'écoute non moins continue du silence, on parvient en effet à l'expérience de la continuité de l'Être, et c'est là le but. Rappelons en passant la proximité sonore de la racine *sol,* « soleil » avec *silere,* « être en silence ».

Du point de vue corporel, la grotte peut correspondre à la tête ou à la poitrine. Le fait qu'Élie y passe la nuit signifie qu'il est immergé dans ce son du silence qu'on peut percevoir à ces niveaux du corps. L'espace du cœur en sanskrit se dit *chid-âkâsh, âkâsh* signifiant « éther », « espace », et le sens corporel qui correspond à cet élément est traditionnellement considéré comme l'ouïe (à chacun des cinq éléments est associé un des cinq sens, le feu à la vue, la terre à l'odorat, etc.).

La grotte est l'athanor alchimique où se produit la dissolution du vieil Élie et la « coagulation » du nouveau. Comme le dit Masson en une formule forte tentant d'évoquer l'expérience non duelle : « Élie n'est plus Élie car Dieu n'est plus Dieu[308]. » C'est à mon avis le sens de la répétition de la question de Dieu : « Élie, que fais-tu ici ? » avant la théophanie (1 R 19, 9) et après (v. 13). C'est la même question qui reçoit la même réponse, mais pourtant ce n'est plus le même Élie. En effet, dans le premier cas, le prophète est désespéré, alors que dans le second il perçoit un plan d'action qu'il convient de suivre et le réalisera avec succès en s'alliant avec les personnes qui conviennent. Tout cette transformation d'Élie sur le mont Horeb fait penser à cette parole zen bien connue : « Au début, les montagnes étaient les montagnes ; ensuite, les montagnes n'ont plus été les montagnes et enfin les montagnes ont de nouveau été les montagnes. » Certes, les problèmes extérieurs n'ont pas changé d'un pouce pendant l'extase d'Élie, mais après celle-ci, il est devenu capable de leur trouver des solutions, c'est là toute la différence.

Il est intéressant de remarquer que dans cet épisode du « mont de l'Épée », tout semble graviter symboliquement autour de cette épée archétypale. Élie se plaint ainsi à Yahwé : « (Les ennemis) ont tué les prophète par l'épée et ils cherchent à m'ôter la vie » (1 R 19, 14b). Cependant, grâce à sa réalisation du vrai silence, de la Vérité comme silence, Élie a intégré en lui la force du nom de ce haut lieu, le mont de l'Épée, et la force d'Elohim qui est, nous l'avons vu, le nom *Horeb* retourné, c'est-à-dire dans une interprétation plus mystique le pouvoir de l'épée du discernement retourné vers l'intérieur. La parole elle-même d'Élie devient comme une épée (cf. la vision du Fils de l'Homme dans Ap 1, 16) et il transmet par l'onction sainte le pouvoir de l'épée divine à son disciple Élisée et aux deux rois qui vont l'épauler dans sa tâche, Hazaël et le roi d'Israël ; ils forment donc un trio guidé par Élie. Nous avons vu qu'on retrouve ainsi ce modèle de 3 + 1 dont Masson dit : « Bien entendu, l'usage de cette structure ne peut être fortuit. Peu importe son sens — simplement esthétique ou peut-être mystique —, ce qui est sûr c'est qu'elle suppose une recherche, un souci de composition[309]. »

Nous avons développé en détail dans *Le mariage intérieur*[310] le fait qu'il s'agissait aussi de la structure du corps subtil, avec les courants de sensations droites et gauches qui « s'épaulent » pour rentrer dans l'axe central et donner lieu à une triple rencontre produisant quelque chose d'unique, de spécifique qu'on peut ainsi considérer comme le quatrième terme. On peut aussi dire que maintenant, Élie souhaite restructurer le corps subtil d'Israël de façon aussi équilibrée qu'un corps humain. L'épée d'Élisée correspond à l'axe central et celles d'Hazaël et du roi d'Israël, Jehu, aux canaux latéraux. Dans ces trois canaux circulent l'énergie divine, *El* — la similarité même des noms l'indique — et il y a en plus une certaine symétrie entre les noms *Hazaël* et *Israël.* Les canaux confluent au niveau du front, suggéré par la position d'Élie en face de l'Horeb : il s'agit de la forme la plus pure, la plus élevée et la plus intense de l'énergie divine.

En fait, on pourrait interpréter le nom hébreu d'Élie, *Eliyah,* comme *Eli-yah,* c'est-à-dire « Dieu-Dieu », et celui d'*Elisha* comme *El-ish(a),* c'est-à-dire « Dieu-homme ». La transmission réelle de maître à disciple se fait de celui dans lequel le Divin se manifeste pleinement (Dieu-Dieu) vers celui dans lequel il est en train de croître (Dieu-homme). En termes yoguiques, cela revient à dire que l'énergie divine se communique à l'homme par l'intermédiaire de la tête (la caverne près du sommet où Élie écoute le son du silence) et du canal central (l'épée d'Élisée), ainsi que les canaux latéraux (les deux rois). De cette façon, les sept centres du corps subtil d'Israël seront rechargés, ce qui est suggéré de la manière suivante quand le Seigneur dit : « Cependant, j'épargnerai en Israël sept milliers, tous les genoux qui n'ont pas plié devant Baal et toutes les bouches qui ne l'ont pas baisé » (1 R 19, 18).

Élisée : la lyre et l'extase

Dans l'épisode de la guerre contre les Moabites (2 R 3), on retrouve cette structure 3 + 1 : cette fois, c'est Élisée qui est à la tête des opérations, puisque Élie a été enlevé au ciel. Au début, on ne lui demande pas son aide, mais les choses tournent mal. Les armées des trois rois d'Israël, de Juda et d'Édom partent en campagne contre le roi de Moab qui ne veut plus payer le tribut annuel à Israël. Au bout de sept jours dans le désert, ils sont à court d'eau et viennent supplier Élisée de faire quelque chose. On peut interpréter le refus de payer le tribut comme le chaos de la vie psychique provoqué par le rejet de toute discipline. L'aspirant spirituel débutant sent qu'il faut pratiquer, qu'il faut essayer de diriger son énergie vers un but supérieur, par exemple en essayant de la faire monter par les trois canaux et les sept centres. Cela est suggéré dans le texte par les trois armées qui marchent durant sept jours, mais cet effort de l'aspirant débutant s'épuise « par manque d'eau », c'est-à-dire d'énergie : en effet, le mental n'est pas assez purifié, ce qui fait que la force vitale est gaspillée. Cela a été le cas pour le roi d'Israël Jorab et son père Achab qui ont péché, ce dernier ayant été vers Baal et non pas vers YHWH. Du point de vue spirituel, cela suggère l'attirance des sens vers l'extérieur alors qu'ils devraient s'intérioriser. À un moment donné une conversion survient et l'aspirant se tourne alors vers un maître spirituel qui est investi du pouvoir d'une lignée par le service et l'attention qu'il a portée à son propre maître (comme le disciple Élisée qui versait de l'eau sur les mains d'Élie), et celui-ci l'aide à faire retrouver la bonne direction à son énergie intérieure.

Non sans s'être fait prier, Élisée demande qu'on fasse venir un joueur de lyre ; pendant que celui-ci joue, il entre en extase et donne des conseils aux trois rois pour la suite de la guerre. Ceux-ci les suivent et remportent la victoire. De même qu'Élie a reçu une inspiration de la grotte en écoutant le son du silence, de même Élisée en compagnie des trois rois reçoit son inspiration de l'audition de la lyre. Cela est important, car les situations dans la Bible où l'on entre directement en extase par le pouvoir du son ne sont pas fréquentes. Cet épisode suggère que la communication avec le divin peut être favorisée soit par l'écoute du son intérieur, soit par l'écoute de l'écho intérieur d'une mélodie extérieure. Pour cela, il faut se mettre dans la position d'Élie ou d'Élisée, c'est-à-dire du « quatrième qui unifie les trois » : c'est en fait la place d'*El*, l'Éternel ou, en Inde, du Soi-témoin (le quatrième état de conscience, *turiya*). En pratique, cela revient aussi à une capacité à faire confluer paisiblement les trois canaux d'énergie au niveau du front. À ce moment-là, le son intérieur sera perceptible de façon claire et stable et l'inspiration juste qui est destinée à remonter remontera.

Pour en revenir à Élie, on peut remarquer, comme le fait Masson, que son itinéraire a tout d'un parcours initiatique de chaman : il y a d'abord un isolement, le départ pour le désert, puis une mort symbolique lorsqu'il attend sa fin couché sous un genêt (1 R 19,4) suivie par une *regressio ad uterum* qui est aussi une élévation lorsqu'il monte à l'Horeb pour passer la nuit dans la grotte-matrice. Ensuite viennent les épreuves intérieures, l'expérience de morcellement (montagne fendue en deux) qui aurait pu mener à la psychose. Il y a ensuite la perte du sens de l'ego qui semblait auparavant un sol si stable (séisme) et un abri si rafraîchissant (incendie), sa dissolution, à l'issue de tout cela, seul demeure le son d'un silence subtil (v. 12). Viennent enfin la dernière partie de l'ascension (Élie debout en face du mont de l'Épée) qui confirme l'élection divine et la mission. YHWH lui dit : « Va, retourne par le même chemin... » (v. 15). Du point de vue non duel, on pourrait interpréter ce demi-verset comme un condensé de la voie de la Connaissance. Nous sommes venus de l'Être, tout ce que nous avons à faire est de retourner par le même chemin, celui d'où nous sommes venus, pour retrouver cet Être dans toute sa plénitude.

Moïse et Élie : voie du Nom et voie du Silence

Nous avons médité dans un chapitre précédent sur le « Je suis celui qui suis » d'Exode 3, 14. Au début de ces réflexions sur Élie, nous avons aussi mentionné le parallèle avec Moïse ; nous pouvons maintenant le préciser. Moïse perçoit la voix de Dieu comme venant du Buisson ardent, alors que dans le cas d'Élie, on précise bien qu'elle n'est pas dans le feu, mais on finit par suggérer qu'elle est dans le silence. Cela dit, Élie sera servi par l'élément feu à la fin de sa vie, qui viendra sous forme de char, de chevaux et de tourbillon de flammes pour l'enlever au ciel. Moïse, quant à lui, devra se contenter d'une mort naturelle, mais les deux événements ont eu lieu dans la même région, sur le mont Nébo dans le cas de Moïse (Dt 34) et près de celui-ci pour Élie.

Nous avons vu qu'Élie est associé à l'épée, alors que Moïse l'est au bâton, le signe de ses pouvoirs : c'est en effet un bâton qui est transformé en serpent en Ex 4, 2-5, qui fend la mer Rouge (Ex 14, 16), qui purifie la fontaine de Mara (15, 25), fait jaillir l'eau du rocher (17, 5) et remporter la victoire sur Amaleq (17, 9). Nous avons interprété ces scènes dans *Le mariage intérieur* (II, ch. 2). Du point de vue yoguique, le bâton et l'épée ont une signification analogue, la maîtrise de l'énergie dans le canal central, bien que le pouvoir d'Élie semble plus acéré, perçant si l'on peut dire, que celui de Moïse. Il semble que son discernement mystique soit moins émoussé que celui du législateur du Décalogue qui est absorbé par les préoccupations sociopolitiques que son rôle de grand chef religieux implique.

Élie a traversé le Jourdain en fendant les eaux comme Moïse a franchi la mer Rouge. C'est ainsi qu'il va vers l'état de libéré-vivant, évoqué par le fait d'être emporté au ciel dans son propre corps. Si l'on répète rapidement le nom hébreu de Moïse, *Moshe,* il peut s'inverser et s'entendre comme *shemo. Shem* signifie le « nom », et effectivement Moïse a reçu et sans doute expérimenté pour lui-même le Nom de Dieu au Sinaï, « Je suis celui qui suis ». Le nom d'Élie contient également en son centre *El,* le Nom de Dieu, mais le prophète a fait plus que cela : il a réalisé la Présence divine à travers le silence d'un dieu au-delà des noms, d'un Dieu non plus tribal mais réellement universel qui avait été annoncé par le « Je suis ». En yoga, on dirait qu'il s'agit de deux voies convergentes : le *jñana,* qui consiste à se diriger vers l'expérience de l'Être pur, et le *laya,* la dissolution par et dans le son intérieur. Comme nous l'avons déjà mentionné plus haut, les deux voies ont en commun la conscience d'une continuité parfaite de l'attention et de l'être, et la nécessité d'un détachement des formes visuelles (brûlées dans le feu de la connaissance) ou sonores (également dissoutes dans l'océan du silence).

Ces deux voies sont également mises en parallèle lors de la Transfiguration silencieuse de Jésus sur le Thabor. Dans la vision chrétienne, la connaissance de l'être et la perception du silence se rejoignent dans le Christ comme deux parallèles se rencontrent à l'infini. Les trois apôtres présents au Thabor en sont au stade de l'attachement dévotionnel à Jésus dans son corps. Pierre manque l'expérience de l'Unité en voulant figer l'Existence dans des corps séparés lorsqu'il propose d'abriter Jésus, Moïse et Élie dans trois tentes différentes. Il faut l'apparition soudaine de cette tente unique qu'est la nuée divine les enveloppant pour réduire Pierre au silence (Lc 34, 36). Nous parlons plus en détail du symbolisme yoguique du Thabor dans les « Scènes de la vie de Jésus » qui concluent *Le mariage intérieur.* Il est clair que le parallélisme entre Moïse et Élie est intentionnel, il veut souligner le rôle de ce dernier pour favoriser un judaïsme moins social, légaliste et nationaliste. Dans ce sens par exemple, Élie sort de Terre sainte pour finir son existence ici-bas, et retourne en Transjordanie, en Galaad, qui est en fait son pays natal. On peut dire en résumé que le judaïsme d'Élie est à la fois plus monastique et cosmique. Dans le désert, la seule compagnie, le seul temple et les seules lois qui existent sont à l'intérieur, et donc aussi plus universels.

Élie dans les Évangiles

Les Évangiles proposent un lien entre Élie et Jean-Baptiste, bien que celui-ci le refuse. Des prêtres et des lévites lui demandèrent : « Qui es-tu donc ? Es-tu Élie ? » Il répondit : « Je ne le suis pas » (Jn 1, 21). Cependant, Jésus lui-même va dans le sens de ce lien : « Or, je vous le dis, Élie est déjà venu, mais ils ne l'ont pas reconnu et l'ont traité à leur guise. De même, le Fils de l'homme aura aussi à souffrir d'eux. » Alors ses disciples comprirent que ses paroles visaient Jean le Baptiste (Mt 17, 12). Force est de remarquer qu'Élie comme Jean ont vécu dans des endroits solitaires et sont fortement reliés au Jourdain. Ils partagent surtout cette source intérieure commune qu'est l'écoute du silence. Quand on lui demanda : « Que dis-tu de toi-même ? » Il déclara : « Je suis la voix de celui qui crie dans le désert : "Rendez droit le chemin du Seigneur" » (Jn 1, 23, citation de Isaïe 40, 3). On peut comprendre cela en disant que Jean est identifié à la vibration du silence qui est effectivement une voix criant dans le désert : dans les vastes espaces inhabités, la voix du silence résonne à l'infini et avec toute sa force. Cette prise de conscience du son intérieur amène spontanément à un éveil, c'est-à-dire à un redressement du dos qui à ce moment-là peut laisser passer l'énergie divine : d'où le sens de la seconde partie du verset : « Rendez droit le chemin du Seigneur. »

C'est également à travers le silence que saint Jean l'Évangéliste est relié à Élie. Ne commence-t-il pas son Évangile par : « Au commencement était le Verbe, et le Verbe était avec Dieu, et le Verbe était Dieu » ? Si une oreille humaine avait pu être présente avant la Création, qu'aurait-elle pu entendre si ce n'est la vibration du silence ? Celle-ci n'est pas un néant, mais au contraire une matrice de vie... Ce qui fut en Lui (le Verbe) était la vie (Jn 1, 4). Grâce à cette interprétation, que nous développerons par la suite, nous ne sommes pas loin d'Élie et de son écoute du son d'un silence subtil dans lequel Dieu est. D'ailleurs, en français comme en latin et dans les langues romanes, les termes « verbe » et « vibration » sont proches.

Jean parle beaucoup dans son Évangile du baptême dans le Jourdain et de Jean-Baptiste, les deux étant associés à Élie, nous l'avons vu. À la fin de la vie de Jésus, il écrit à propos de lui-même : « Un des disciples, celui que Jésus aimait, se trouvait à table tout contre Jésus » (Jn 13, 23). On le représente d'ailleurs souvent avec la tête reposant sur la poitrine du Christ. On peut y voir a priori le signe que l'Évangéliste est en train de recueillir le testament spirituel de Jésus ; il est en effet certain que le style du testament en vogue à l'époque dans la littérature spirituelle a influencé la forme du discours de la Cène. Cependant, on peut aller plus loin et suggérer que Jean écoute directement les battements du cœur de Jésus, un peu comme un bébé encore dans le sein de sa mère perçoit directement ses pulsations cardiaques qui au début ne sont pas différentes des pulsations qui traversent son propre corps. Les autres disciples du Christ entendaient surtout les paroles extérieures du Verbe fait chair, mais Jean pouvait en percevoir en quelque sorte la vibration intérieure, celle-là même qui était le substrat de toutes les formulations explicites qu'on inclut en général dans l'expression « Parole de Dieu ».

On dit que dans sa vieillesse, Jean s'est retiré sur l'île de Patmos. Il a eu là-bas d'amples possibilités d'écouter le son du silence, la vibration immobile de la montagne que fait encore mieux ressortir l'écho lointain des vagues sur les falaises et les plages. C'est là qu'il a dû écouter se prolonger dans son cœur la vibration du Verbe originel et éternel « qui est, qui était et qui vient » (Ap 1, 8). Dans ce même verset, le Seigneur Dieu dit : « Je suis l'Alpha et l'Oméga », c'est-à-dire qu'en Lui sont résumées toutes les lettres possibles, et donc toutes les paroles possibles. Cela revient à dire qu'il est cette substance vibrante de base dans laquelle toutes les voyelles et toutes les consonnes sont sculptées. On peut percevoir, s'immerger dans cette substance par le simple fait d'écouter le son du silence.

L'Apocalypse n'est pas seulement une série de visions, c'est aussi une série d'auditions. Nous en reparlerons dans le chapitre « Le Verbe, vibration du silence divin ». Élie est également relié à Marie, les deux ont reçu au-dedans le feu de l'Esprit divin, les deux pratiquent également le silence : « Quant à Marie, elle gardait fidèlement toutes ces choses en son cœur » (Lc 2, 52). On pourrait même dire que, comme Élie, elle a donné naissance à l'expérience du divin dans une grotte, non pas celle de l'Horeb, mais celle de la Nativité. C'est là que le Verbe-vibration, jusque-là silencieux en son sein, s'est mis à résonner et à être audible : certes d'une façon faible, comme l'est le vagissement d'un nouveau-né, mais quand même distincte, ce qui a été le début d'une aventure de la Parole.

La tradition d'Élie continue

Il n'y a pas que les notes qui aient des harmoniques, le silence lui aussi peut en avoir : Élie, le prophète du silence, a donné lieu à toute une tradition, beaucoup plus importante que ne pouvait le laisser supposer la faible dimension des textes qui constituent son cycle (six chapitres en tout répartis dans les deux livres des Rois). On pourrait dire que le pouvoir de ce cycle provient de son centre, qui est le Silence. Nous avons vu que du point de vue de l'analyse littéraire, nous pouvons constater que l'expression « il y eut la voix d'un silence subtil » (1 R 19, 12) se trouve au centre exact du texte. Durant sa vie, Élie parcourt le pays d'Israël dans les quatre directions cardinales : on peut dire que le récit de son existence est organisé comme un mandala. Son expérience du Dieu-silence, ou du silence-Dieu, a eu lieu dans le midi du pays, et nous pouvons faire remarquer que le midi est aussi une forme de centre, celui du cours du soleil durant la journée quand son ascension s'arrête, se suspend, avant qu'il n'entame sa descente.

Par rapport à Moïse qui nous a laissé tout un Décalogue avec de multiples commentaires juridiques associés, Élie nous a simplement légué en héritage la « voix d'un silence subtil ». Celle-ci se poursuit jusqu'à nos jours, immuable, et pourtant fluide, toujours présente, à la fois fixe et en mouvement comme une rivière qui est toujours là bien que l'eau qu'elle contient ne cesse de s'écouler.

Les Carmélites disent que leur tradition remonte de façon ininterrompue à Élie sur le mont Carmel. Il y aurait laissé des disciples ermites qui auraient survécu aux persécutions romaines et musulmanes pour être redécouverts par les croisés au Moyen Âge lorsqu'ils ont conquis la Terre sainte. C'est cette lignée qui aurait été à l'origine de l'ordre des Carmélites. Soit dit en passant, n'est-il pas intéressant de noter que l'expression « r*eli*gieux carm*éli*te » contient deux fois le nom Élie ? Pour jouer sur les mots, tout se passe comme si le silence ayant été au cœur d'Élie, Élie était resté au cœur de la religion, et d'un monachisme d'élite particulièrement consacré au silence, celui des Carmélites...

Nous avons mentionné qu'Élie est présenté comme le fondateur de traditions qui se sont ensuite concrétisées sous forme de Cabbale. C'est lui qui intervient directement dans le Zohar à l'occasion du commentaire du Cantique des cantiques. Il est là comme pour donner son aval, sa garantie solennelle à des doctrines qui peuvent paraître nouvelles. Dans ce sens, ne peut-on pas dire que le silence est le meilleur maître intérieur ? En effet, il se révèle par sa résonance en nous toujours pareille à elle-même, de même qu'Élie est réputé être toujours resté dans son corps et intervenir au moment juste pour aider ceux qui en ont besoin. De plus, sa présence à l'origine de la Cabbale crée un équilibre, un heureux contrepoint pourrait-on dire aux complexités de celles-ci : Élie est là comme un père pour nous rappeler que ce n'est pas par la complexité des interprétations ou des théories ésotériques que l'expérience du divin viendra, mais par la simplicité aveuglante, il vaudrait mieux dire assourdisante, de l'écoute du silence en soi. En ce sens, on peut le voir comme un père sévère, mais voir un père tout de même qui nous ramène sur la route la plus directe et la plus dépouillée.

Pour le repas pascal, les Juifs font une place à Élie. Il est ce passeur qui mène au-delà de la mer Rouge de ce monde vers un Horeb de Silence. Il a eu l'expérience de ce Silence — ou devrait-on peut-être dire que celui-ci était en soi l'expérience. Il est là présent également lors des circoncisions. Sans doute est-ce parce qu'il est présenté comme célibataire et qu'il sera à même de faire passer l'énergie vitale du garçon à travers les canaux spirituels, ces *tsinnorot* dont parle la Cabbale.

Dans l'islam, il prend la forme de Khidr, littéralement le « verdoyant », on le présente comme le maître de Moïse et le guide de nombreux soufis. Sa couleur même l'associe à l'islam, puisque l'étendard de celui-ci est vert. Le mot *islam,* on le sait, signifie « abandon à Dieu », « paix » ; par ailleurs Khidr-Élie est le maître du silence. Au fond, le silence n'est-il pas au cœur de la paix ?

Si l'on cherchait des correspondances archétypales pour Élie en Inde, la première qui viendrait à l'esprit serait Dakshinamourti. C'est un éternel adolescent associé à Shiva et qui enseigne par le silence. Son nom même signifie « la statue, la forme du sud » et effectivement sa représentation est placée régulièrement du côté sud des temples, face au midi. Cela rappelle la révélation d'Élie à l'Horeb — on dit théophanie mais on devrait parler plutôt de « théo-acousie » puisque la Présence divine ne s'est pas manifestée par la lumière mais par le son du silence... Le mont Horeb est situé au midi de la Terre sainte. Dakshinamourti enseigne les quatre vieillards fils de Brahma, le dieu créateur qui a énoncé les Védas réglant la vie de l'hindouisme, et Khidr est présenté par la tradition soufie comme le maître du vieillard Moïse qui a énoncé la Torah fondatrice pour le judaïsme. Sans parler de traditions postérieures, dans le texte même du cycle d'Élie, on perçoit facilement toutes sortes de remises en question du mosaïsme officiel de l'époque. Le « geste de connaissance » (*jñana-moûdrâ,* main levée avec le pouce qui touche l'index) que fait Dakshinamourti en enseignant est connu comme une *moûdrâ* qui affine la capacité d'écouter le silence — nous en revenons à la voix d'un silence subtil par laquelle Élie a eu accès au divin.

Le départ d'Élie dont le corps a été emporté par une colonne de feu et a disparu aux yeux d'Élisée évoque aussi la colonne (*lingam*) de feu de Shiva qui s'étend à l'infini aussi bien vers le haut que vers le bas. Shiva, par sa force destructrice, met fin au verbiage mental et ramène la conscience au silence. Enfin, Élie qui reste à tout jamais dans son corps pour aider les fidèles au moment voulu fait penser à une classe d'êtres du même genre en Inde, les *chiranjîvas,* les « vivants éternels ». Le plus connu d'entre eux est Hanuman. Nous avons parlé de Chandra Swami et de son *Chant du silence*[311]. Lorsqu'il a été en visite en Israël assez récemment, certaines personnes qui ne le connaissaient pas ont tellement été impressionnées par sa présence, dans sa robe orange c'est-à-dire couleur de flamme, qu'elles ont vu en lui Élie qui revenait parmi eux pour les aider. Ainsi, que ce soit à travers l'ordre du Carmel ou par les ermites ou les moines, ou encore grâce à ces ascètes divers et variés sachant persévérer dans l'écoute du chant du silence, l'« élan *éli*tiste » se poursuit jusqu'à maintenant ; il se poursuivra tant qu'on pensera à se souvenir de ce maître caché quelque part à l'intérieur de nous-mêmes, et qui enseigne avec le Silence, dans le Silence et par le Silence.

Chapitre 6

La Parole non-parole et la vibration du silence

À l'écoute du Nom le plus intérieur dans la Bible

Les eaux de Siloë s'écoulent en silence.

Is 8,6

Siloë était considérée comme l'unique source de Jérusalem. Par la voix du prophète Isaïe, YHWH reproche à Israël d'avoir « méprisé les eaux de Siloë qui coulent en silence » et la menace de l'« inondation du fleuve d'Assur », c'est-à-dire de l'invasion du puissant voisin assyrien. Du point de vue yoguique, Jérusalem correspond à la tête et la source unique qu'on a tendance à mépriser, à ce son du silence qui s'écoule doucement, discrètement, continûment, mais qu'on oublie d'écouter. Bien qu'il soit au-delà des noms et des verbes explicites, il nous communique la présence du divin directement, en ce sens-là on peut le considérer comme une sorte de parole non-parole, et comme le « Nom » de Dieu le plus intérieur qu'il soit possible de trouver. Il y a une place à la fois pour le verbe explicite et le verbe implicite, Tobie fait à mon sens clairement allusion à cette distinction quand il dit : « Il convient de garder le secret du Roi, tandis qu'il convient de révéler et publier les œuvres de Dieu » (Tb 12, 7).

« Jérusalem » contient le mot *salem* relié à *shalom,* la « paix », et donc évoque la « tête en paix » : il faut effectivement que la tête soit en paix pour pouvoir percevoir ce murmure, cet écoulement du son intérieur à la limite du silence, aussi tranquille qu'une source au fond de la mer. Le fleuve d'Assur représente les bruits du monde et du mental qui deviennent si forts qu'ils emportent dans leur inondation toute culture et toute vie intérieure. Ils entraînent avec eux en particulier ce germe de vie spirituelle qu'est le son subtil, mais audible. Comme l'amour, l'écoute du silence est ce qu'il y a de plus simple et pourtant il est très difficile de l'expérimenter complètement. Nous ne sommes pas les premiers ici à réfléchir sur la mystique du silence dans la Bible. Un des meilleurs livres sur le yoga et la Bible, de Joseph Lemming, aborde la question en profondeur[312].

Le silence est comme une nuit du mental verbal, mais il n'y a pas lieu d'en avoir peur : « Tu ne craindras ni les terreurs de la nuit ni la flèche qui vole de jour » (Ps 91, 5). On peut comprendre ce verset ainsi : non seulement il ne faut pas avoir peur du silence (la nuit), mais il ne faut pas être comme ces aspirants spirituels trop craintifs qui sont à l'inverse effrayés par le bruit (le jour). Il est vrai qu'il y a des jours où les bruits de l'extérieur ou du mental sont perçants comme des flèches, mais il n'y a pas lieu d'en être effrayé.

Nom et réalité sont intimement associés, le terme *dabar* en hébreu peut d'ailleurs avoir les deux sens. On peut même dire que le son du silence correspond aux multiples significations de *dabar* : il est révélation, tout simplement de l'Absolu, ce n'est pas rien ; il est parole, en tant qu'expression d'une conscience sous-jacente ; il est chose, objet de notre écoute ; il est événement car se souvenir tout d'un coup de l'Absolu n'est jamais ; enfin, on pourrait dire qu'il est commandement, car quand il s'exprime, toute la foule disciplinée et bruyante qui peuple notre mental intérieur s'immobilise instantanément pour l'écouter. Il n'y a qu'un sens de *dabar* que le son du silence n'a pas, c'est à mon avis « histoire ». Il est toujours là, présent, immobile, il n'a pas d'histoire. Par rapport à lui, l'histoire est déjà un bruit, certains iraient peut-être jusqu'à dire, une cacophonie... Si l'on considère le Son du silence comme le Nom de l'Essentiel, on ne s'étonnera pas du fait que dissoudre sa conscience dans le Nom-Son reviendra à la dissoudre dans l'Essentiel lui-même.

D'après la version hébraïque, le Psaume 65,2 se traduit par

« Pour toi le silence est louange ». Cela renvoie à une perception du silence qui n'est pas sèche ou soporifique, mais qui est joyeuse et imbibée des eaux de l'amour. Nous avons déjà parlé de cela à propos du yoga et nous y reviendrons par la suite. La grammaire intérieure n'est pas ordinaire : en effet, pour elle, le verbe, en tant que vibration du silence sur laquelle se focalise notre attention, est l'objet principal. En plus, on pourrait dire qu'il est aussi le seul vrai Sujet qui trône au centre de nous-mêmes : comprenne qui pourra !

Le « chant » (*chir* en hébreu) du silence est aussi « lumière » (*chour*). Les deux expériences intérieures sont proches. Il s'agit d'un état paradoxal dont parle bien Kaplan à propos de la prophétie : « Lorsque le prophète atteint ce niveau, il anéantit et supprime toute sensation parasite. Il atteint alors le stade de *hachmal,* identique à la "voix douce et légère" que perçut Élie. Selon le Talmud, le terme *hachmal* se compose de deux mots, *hach* qui signifie "silence" et *mal* qui désigne la "parole". Autrement dit, le prophète parvenu à ce degré fait l'expérience d'un "silence parlant". Et c'est à travers ce silence qu'il est à même d'entendre la parole de Dieu ou de percevoir une authentique vision divine[313]. » En termes yoguiques, on dirait que l'arrêt du mental induit un éveil de l'énergie intérieure qui peut se revêtir, se traduire, selon les tendances et l'appartenance culturelle, du sujet, par des auditions ou des visions d'un certain type ; elles auront en commun de transformer l'individu, car elles sont fondées sur une énergie intense.

On peut rapprocher l'ambiguïté du sens de *shem* en hébreu de celle de *shabd* en sanskrit. Dans les deux cas, le même terme peut signifier à la fois le « nom », le « mot » ou seulement la « vibration sonore ».

En gardant ce double sens présent à l'esprit, on peut relire de façon rafraîchie bon nombre de passages de la Bible, ce que nous allons faire dans ce qui suit. *Shem* est aussi considéré comme l'énergie primordiale qui monte par le canal central. En Inde, un des noms de cette énergie sonore décrite comme ascendante le plus souvent est *prânava* (le *Om*), mot qui n'est pas loin de *prâna* qui, lui, signifie l'énergie en général.

La vibration originelle : dans le silence de l'Aleph[314]

La vibration du *a* doux en hébreu, le א, *aleph,* correspond, comme celle du *a* bref en sanskrit, à la fois au début de l'alphabet et à l'origine de l'univers. Expérimenter vraiment cet *aleph* confère un pouvoir considérable. On raconte qu'un enfant qui allait devenir un grand maître hassidique n'était guère brillant au début de ses études. Au bout d'une année d'efforts, il ne réussissait même pas à savoir son alphabet. Avant la sortie des classes, le maître d'école, furieux contre lui, lui demanda par dérision d'aller écrire au tableau devant tout le monde ce qu'il savait : il s'attendait à ce que soit plutôt bref, et effectivement, l'enfant n'a pu écrire qu'un א, *aleph* ; mais quand il a fini de le tracer, le plafond de l'école s'est effondré... *Aleph* est le germe du monde, on dirait en termes modernes qu'il est analogue à ces trous noirs qu'on ne peut pratiquement pas percevoir mais dont les effets se font pourtant bien sentir en astrophysique.

Il peut être utile ici de rappeler la différence entre le mot *aïn* qui, quand il commence par la lettre ע, *aïn,* signifie « source », « point d'origine », alors que quand il commence par א, *aleph,* veut dire « espace vide », qui accueille comme une matrice la semence du י, *yod.* On retrouve entre ces deux lettres *aleph* et *yod* du mot *aïn,* la polarité du *nâda,* le son-matrice qui correspond à l'espace ainsi qu'au *aleph* — et celle du *bindu,* le point-*yod* qui en est la source. Le récit que fait le Zohar, le « Livre des splendeurs », de l'appel des lettres lors de la création donne une place prééminente à l'*aleph* : « Le *aleph* au son imprononçable a été choisi pour évoquer son Créateur au nom ineffable. » Dieu appela toutes les lettres de l'alphabet et chacune se proposa pour être l'intermédiaire de la création. L'avant-dernière fut le *beth,* auquel le Créateur donna des lèvres qui puissent embrasser le monde et en fit la maison de la création. Le *aleph* n'osa pas venir se présenter. Le Seigneur l'appela et lui demanda les raisons de son absence. Il répondit qu'il ne se sentait plus de rôle possible après celui qu'on avait donné au *beth,* mais le créateur lui dit : « Tu seras le commencement de tous les calculs et les œuvres du monde. Je n'aurai d'unité qu'en toi. » Les vingt-deux lettres hébraïques sont les braises de la parole, semences de mots. « Le Seigneur a taillé de grands piliers à partir de l'air insaisissable sous forme de lettres. » Si le *shin,* lettre de feu, correspond au ciel et le *mem,* lettre d'eau, à la terre, le *aleph* représente l'espace intermédiaire où l'air produit un souffle mélodieux et chante l'union des deux extrêmes[315].

Dans le second verset du Psaume 62, il est dit : « Vers Dieu vibre le silence de mon âme ! » Le silence de l'âme vibre constamment, c'est sa nature ; mais le psaume signifie ici qu'il est le premier écho de l'Absolu, d'où le « vers Dieu ».

C'est dans la nature d'Adam de tendre vers *damy,* le « silence »[316], vers ce substrat fondamental de son subtil qui lui est comme une terre, *adamah.* En persan, Rûmî joue sur les mots et dit dans le *Diwan de Shams de Tabriz* : « Tu es Adam et en même temps cet instant (*în dam*) ; tu es Jésus et Marie à la fois. Tu es le secret et le confident du secret[317]. » Ceux qui pratiquent l'écoute du son intérieur retrouvent leur vraie nature humaine, d'Adam, dans l'instant présent, et l'écoute de ce son secret caché finit par se confondre avec le son lui-même, d'où l'expression « Tu es le secret et le confident du secret ». Nous reprendrons plus en détail vers la fin de ce chapitre des notions importantes de la Cabbale sur le son originel, cela nous permettra d'illustrer et de réviser certains thèmes vus auparavant à propos de la Bible. Nous pouvons faire remarquer dès maintenant que l'hébreu et le sanskrit ont en commun d'être considérés comme des langues sacrées proches d'un prototype originel. On y perçoit plus facilement, semble-t-il, ces rapports subtils qui unissent le son et le sens, d'où le rôle traditionnel d'étymologies qui nous paraissent plus poétiques que scientifiques, mais qui sont en fait symboliques et qui permettent de charger de significations neuves des termes sur lesquels on médite régulièrement.

Dans notre perspective, nous pouvons trouver une signification importante à la première strophe bien connue du Psaume 19 :

Les cieux racontent la gloire de Dieu
Et l'œuvre de ses mains, le firmament l'annonce

Le jour au jour en publie le récit
Et la nuit à la nuit en transmet la connaissance.

Le récit des cieux, l'annonce du firmament semblent bien correspondre au son du silence. Dans une interprétation complémentaire, on peut distinguer deux niveaux, celui du jour et de la nuit. Dans le premier cas, le récit est explicite, c'est la prière de louange habituelle, ou l'approche rationnelle des preuves de l'existence de Dieu ; dans le second cas, la connaissance est secrète, nocturne, implicite et intuitive, elle se transmet dans le silence, d'où le dernier verset « Et la nuit à la nuit en transmet la connaissance. » Les versets suivants sont une évocation directe du son du silence : « Non point récit, non point langage, nulle voix qu'on puisse entendre, mais pour toute la terre en ressortent les lignes et les mots jusqu'aux limites du monde. »

Pour que le son subtil par lequel le Divin se manifeste soit perçu, il faut qu'il y ait un canal intérieur qui s'ouvre ; à ce moment-là la conscience a une expérience directe d'éternité. Isaïe ne dit-il pas : « L'Éternel éveille mon oreille pour que je l'écoute » ? Nous avons parlé dans *Le mariage intérieur* de l'ouverture des canaux (I, ch. 3). Il faut savoir que l'écoute du son intérieur est aussi une manière d'ouvrir ces canaux, d'abord du point de vue auditif, ensuite du point de vue global. Cette ouverture est plus efficace que des rituels extérieurs ou des efforts partiels, car elle saisit dans son intensité tout l'individu ; ainsi, on dit dans les Psaumes : « Tu ne voulais ni sacrifice ni oblation, tu m'as ouvert l'oreille, tu n'exigeais ni holocauste ni victime, alors j'ai dit : Je viens » (Ps 40, 7-8). Dans Isaïe, YHWH dit : « Je vais leur donner un Nom éternel, un nom meilleur que celui de fils ou de fille, et qui ne sera pas enlevé. » Que peut-être ce Nom au-delà des liens affectifs les plus forts (fils et fille), au-delà du temps lui-même puisqu'il est éternel ? Ne serait-ce pas le son du silence ?

De même, ce qui est dit dans le chapitre 3 des Lamentations (v. 26-28) peut évoquer la pratique de l'écoute du son subtil : « Il est bon d'attendre en silence le salut de YHWH ; il est bon pour l'homme de porter le joug dès sa jeunesse ; que solitaire et silencieux il s'asseye quand le Seigneur l'impose sur lui. » Le joug qu'on porte en étant assis solitaire et silencieux peut être compris comme la pratique du yoga (« joug » et « yoga » ont la même racine) et on pourrait lire le premier verset sans en déformer le sens de la façon suivante : il est bon d'entendre dans le silence le salut de YHWH...

Le problème principal, c'est notre incapacité à écouter, on en va même jusqu'à railler ceux qui prennent le temps d'être attentifs au son du silence, à les disqualifier comme des rêveurs improductifs. Jérémie ne réagit-il pas à cela quand il dit : « À qui dois-je parler, devant qui témoigner pour qu'ils écoutent ? Voici, leur oreille n'est point circoncise, ils ne peuvent être attentifs. Voici, la parole de YHWH leur est un objet de raillerie, il n'y ont plus goût » (Jr 6, 10) ?

Illumination sonore

L'absorption dans le son intérieur amène à la fois à un mariage de la conscience féminine avec ce son considéré comme masculin et à une illumination. L'oreille a d'ailleurs une forme de conque associée symboliquement au féminin. Nous avons vu cela dans le chapitre sur l'Inde, et nous pouvons interpréter dans ce sens les versets fameux du Psaume 45 : « Écoute, ma fille, regarde et tends l'oreille, oublie ton peuple et la maison de ton père, alors le roi désirera ta beauté » (Ps 45, 11-12). L'oubli de la maison du père peut exprimer le dépassement de la raison et des formes qui est obtenu par l'absorption dans la subtilité du son intérieur. Une des visions les plus importantes de l'Ancien Testament, celle d'Ézéchiel, s'accompagne en fait de toutes sortes de sons. Il en va de même, nous l'avons vu, pour l'Apocalypse. On dit ailleurs dans l'Ancien Testament : « Ton Nom est une lampe sous mes pieds et une lumière sur mon chemin. » En effet, qu'est-ce qui peut être un meilleur point de repère, un meilleur fil directeur sur le chemin, que ce qui est constamment et immédiatement présent, comme l'est le son intérieur ?

S'il y a bien quelque chose qui peut pénétrer les cieux, c'est la prière répétitive, et elle débouche naturellement sur l'écoute du son du silence comme un fleuve dans la mer. Elle est comme un mot de passe, et le silence est cet espace dans lequel elle permet de passer. Le Son fondamental, écho de l'Être, se renouvelle perpétuellement, il illumine notre corps subtil sans le détruire comme la flamme pénètre le Buisson ardent sans le détruire : nous pourrions parler à ce propos de « Son ardent ».

Pour continuer sur cette mise en parallèle approfondie de son et de la lumière dans le domaine mystique, on pourrait se demander ce qu'est l'idolâtrie. Il y a dans la Bible l'idée qu'on ne peut voir la face de Dieu sans mourir. Pourtant, paradoxalement, on demande sans cesse à la voir : « Mon âme a soif du Dieu vivant ; quand irai-je et verrai-je la face de Dieu ? » (Ps 42-43, 3). Il est accepté de voir le visage de Dieu sous forme de lumière pure, mais si on cherche à en préciser les traits et à lui donner un visage humain spécifique, on tombe clairement dans l'idolâtrie. C'est là que la comparaison avec le domaine sonore devient plutôt « percutante ». En effet, par le fait d'oublier l'aspect le plus intérieur de la Parole, ce visage sonore de Dieu, c'est-à-dire le son du silence, et de se concentrer sur des « traits spécifiques » de ce visage, c'est-à-dire sur des paroles explicites et logiquement organisées en phrases et discours (*logos*), ne tombe-t-on pas dans la « logolâtrie » ? La forme des paroles, le *logos* au sens plutôt ordinaire de « message », devient un absolu : on se met à adorer un livre, on tombe dans la « bibliolâtrie » et, en plus, on est fier de détruire les statues des autres. Les mots entraînant les mots, le texte entraînant de nombreux commentaires, on peut aussi finalement tomber dans le bavardage (*lalos,* en grec) et finir dans la « lalolâtrie »... À ce moment-là, on risque d'en arriver à un extrême où l'on déclare le silence hérétique, en effet, par définition, celui-ci est bien incapable d'énoncer un credo quel qu'il soit, il est donc bien évidemment un hérétique en puissance...

D'un autre point de vue, il est vrai que celui qui voit la face de Dieu ne pourra pas vivre, si l'on comprend qu'il s'agit de l'ego qui ne pourra pas subsister, absorbé qu'il doit être en Dieu ; nous avons déjà abordé ce sujet dans la partie sur le « Je suis celui qui suis ». De même, l'ego ne peut entendre le vrai Son intérieur et subsister, car, en fait, il ne fera plus qu'un avec lui. Nous reviendrons sur le lien entre son et lumière quand nous mentionnerons brièvement à la fin de ce chapitre les notions principales de la Cabbale sur la création.

Si parole et silence sont les deux pôles d'une paire d'opposés, lequel des deux est l'ombre, lequel la lumière ? Pour le pragmatique, le silence sera l'ombre un peu inquiétante et la parole la lumière rassurante ; pour le mystique, toute parole, même sacrée, ne sera qu'une ombre affaiblie de la lumière aveuglante de l'expérience suprêmement silencieuse. Peut-être pourrait-on s'élever audelà de ce paradoxe en disant que silence et parole sont l'ombre lumineuse l'un de l'autre.

Le son comme pouvoir

Nous avons vu dans l'introduction que dans les civilisations traditionnelles, le nom avait un pouvoir intrinsèque sur la personne ou l'objet qu'il désignait. Le son du silence ne désigne rien d'autre que lui-même, on peut donc soutenir qu'il est investi du pouvoir en soi, du pouvoir du Soi. Le son intérieur n'a d'autres qualités que celui d'être, et peut être rapproché du Nom fondamental de YHWH, « Je suis », qui n'est pas différent de son pouvoir. Dans ce sens, l'Éternel conseille à Moïse qui doute de ses forces de déclarer au peuple : "*Je suis*" m'a envoyé vers vous. » Il fait cela immédiatement ensuite, dans le même verset où il lui donne son propre nom : « Je suis celui qui suis » (Ex 3, 14). C'est dire que l'être, le son de l'être et le pouvoir de l'être ne font qu'un, ce qui est important à garder présent à l'esprit pour notre propos.

Nous pouvons commencer par exemple à réfléchir sur le changement de nom d'Abram au début de sa mission (Gn 17, 5). Le *hê* que le Seigneur y introduit pour en faire Abraham est finalement la consonne la plus proche du son du silence, il s'agit juste d'une haleine qui fait vibrer légèrement la surface du lac du silence. Est-ce que cela ne signifierait pas qu'Abraham a reçu l'énergie nécessaire à sa mission, à sa fécondité, à partir du moment où il a établi le contact avec le silence au cœur de lui-même, qu'il a perçu cette haleine, ce point de silence autour duquel gravite toute son existence ? Maintenant, il y a deux pôles en Abraham : le pôle humain qui fonctionne comme d'habitude et le pôle divin qui s'est éveillé et qui observe. Le *hê* a pour fonction également de dédoubler le *a,* c'est la séparation de base entre le mental qui est observé et la conscience pure qui l'observe. Dans ce sens, Dieu dit à ce moment-là (Gn 17, 1) : *Hithalekh lephanay*, « Va devant moi » ; maintenant que tu as touché le silence fondamental en toi (le *hê*) pour aller dans la direction juste, tu constateras qu'il y a en toi le mental ordinaire qui va devant, et la conscience divine qui observe par-derrière. Noé avait besoin du bâton de Dieu pour marcher, de la béquille extérieure pour le guider, mais Abraham l'a intériorisée et il peut donc aller de l'avant en toute sécurité. En résumé, le *hê* qui intervient au sein du nom d'Abraham marque le commencement de la capacité de l'être humain à être tout à la fois l'observateur et l'observé. C'est le début de l'aventure de la conscience, de l'Histoire sacrée — et également d'une sacrée histoire !...

Sara a aussi reçu dans son nom un *hê* supplémentaire pour devenir Sarah. Cela indique qu'elle s'est mise à partager avec Abraham un seul souffle, une seule résonance, une seule âme en deux corps.

L'écoute fait intrinsèquement partie de la culture sémitique : le mot même « sémite » vient de l'ancêtre du groupe, Shem, dont le nom signifie « écoute ». En parallèle, on peut dire que cette écoute est aussi un pivot de la tradition chrétienne. En effet, celle-ci ne repose-t-elle pas sur Simon-Pierre ? Simon a le même genre de sens, il est l'« écoutant ».

Plus tard, lors de la théophanie sur le Sinaï, tout commence par une ouverture sonore imposante : « Or le surlendemain, dès le matin il y eut des coups de tonnerre, des éclairs et une épaisse nuée sur la montagne, ainsi qu'un très puissant coup de trompe, et dans tout le camp le peuple trembla... le son de la trompette s'amplifia. Moïse parlait et Dieu lui répondait dans le tonnerre » (Ex 19, 16-19). Il serait sans doute simpliste de dire que l'intensité d'une expérience spirituelle est proportionnelle à l'intensité du son intérieur qui est perçu à cette occasion, mais il y a cependant quelque chose de cela.

Le son-parole issu du silence peut avoir le pouvoir d'un guerrier inexorable dont l'épée peut séparer le bon grain de l'ivraie : on y fait allusion dans le livre de la Sagesse : « Alors qu'un silence paisible enveloppait tout et que la nuit parvenait au milieu de sa course rapide, du haut des cieux ta Parole toute-puissante s'élança du Trône royal, guerrier inexorable au milieu d'une terre vouée à l'extermination » (Sg 18, 14-15). Le silence paisible de la nuit correspond à un arrêt du mental avec à la fois un éveil du son intérieur (la Parole), des centres supérieurs (le Trône), de l'axe central (le milieu de la nuit) et du vrai discernement (guerrier inexorable).

La parole explicite, prière pour obtenir quelque chose ou en vue d'une action magique déterminée, peut être considérée comme le fait du mage, au sens large du terme ; mais la parole implicite, le son subtil, est, lui, du domaine du sage. Pour jouer sur une étymologie commune à plusieurs mots, on pourrait dire que ce son est une saveur que le sage savoure comme la sève d'un silence sapiential.

Le pouvoir du son intérieur peut être comparé aussi à celui de cataractes : « L'abîme à l'abîme crie à la voix de tes cataractes. Tous tes brisants, tes vagues sur moi passent » (Ps 42, 8, traduction de Chouraqui). Un des pouvoirs de ce son est la capacité de liquéfier ce qu'il touche. Quand on parle dans le tout premier verset de la Bible du « vent de Dieu qui tournoyait sur les eaux », on peut comprendre cela aussi comme une allusion au son originel, car un vent qui se déplace et tournoie produit nécessairement un son. Le vent comme l'eau sont fluides, et cette fluidité s'accorde bien avec la présence du Son originel qui, effectivement, fluidifie tout. Nous avons vu par ailleurs que c'était le son de la lyre qui avait « liquéfié » le ressentiment d'Élisée envers les trois rois venus le consulter et lui a permis de rentrer en extase et finalement de prophétiser pour leur bien (2 R 3,15).

Grâce au pouvoir de son bâton, c'est-à-dire, nous l'avons vu dans *Le mariage intérieur,* à la maîtrise de son énergie dans le canal central, Moïse peut faire jaillir l'eau du rocher de l'Horeb (Ex 17, 6). Le réel miracle de l'expérience intérieure, c'est qu'elle peut liquéfier des crispations qui semblaient dures comme de la roche. C'est aussi le son d'un silence « fin comme la poussière » (*daqqa*) qui a permis de réduire en poussière l'ego d'Élie qui paraissait plutôt muni d'une forte personnalité, nous l'avons vu. Il s'agissait aussi de quelque chose de proche de la liquéfaction. C'est ce son qui a le plus grand pouvoir, car nous avons vu qu'il est la source « de la capitale », la « source capitale », comme le sont à Jérusalem ces eaux de Siloë qui s'écoulent en silence (Is 8, 6).

« Dieu monte parmi les acclamations » (Ps 47, 6)

Le Psaume 47, 6-7 dit : « Dieu monte parmi les acclamations, YHWH aux éclats du cor. Sonnez pour notre Dieu, sonnez, sonnez pour notre Roi, sonnez. » On pourrait comprendre cette injonction répétitive « sonnez » comme résonnez et soyez attentifs à cette résonance intérieure — on dirait en yoga : à ce passage des courants de sensations dans les canaux subtils qui fait vibrer le corps d'une façon aussi perceptible que l'air qui traverse et fait vibrer un cor... Ceci mène à un élargissement de conscience qui n'est plus limité au corps, c'est peut-être pour cela que le Psaume continue : « C'est le Roi de toute la terre, sonnez pour Dieu, qu'on l'apprenne ! » (v. 8). Ce qui nous intéresse particulièrement dans le cadre de ces méditations sur le son, c'est l'association de la montée intérieure et de la joie, comme nous l'avons vu pour le yoga. En effet, l'écoute de la vibration du silence se fait a priori plutôt au niveau de la tête, elle agit comme un trou noir qui attire et absorbe ces poussières d'étoiles que sont les sensations-pensées. Le silence est une absence de perception autre, mais pourtant c'est lui qui est le plus attirant, qui a la gravité la plus grande. « Gravité » est d'ailleurs de la même racine que *gourou* en sanskrit : on peut dire que le silence est l'ultime gourou.

L'écoute du son, la « connaissance du nom » permet de voler dans sa pratique au-dessus des obstacles en étant absorbé dans les centres supérieurs ; c'est ainsi qu'on peut comprendre ces versets récités quotidiennement le soir à complies : « Sur leurs mains les anges te porteront pour qu'à la pierre ton pied ne heurte, sur le fauve et la vipère tu marcheras, tu fouleras le lionceau et le dragon. Je l'ai placé en un lieu élevé car il connaît mon nom » (Ps 91, 12-

14). La parole que Dieu donne doit non seulement rester dans le cœur, mais aussi monter jusqu'au front, un fait de physiologie subtile que les Juifs suggèrent avec la tradition des *tefilins*, des « phylactères », qu'on installe entre autres au front pendant la prière : « Que ces paroles que je te dicte aujourd'hui restent dans ton cœur... tu les attacheras sur ton front comme un bandeau » (Dt 6, 4-8). Nous avons vu dans le yoga qu'en pratique, on conseillait de rassembler la vibration sonore dans le centre du front, qu'on appelle aussi la dixième porte, et également *nâda-rûpa,* la « forme du son ». Une fois cette base solidement établie, il est bien plus facile de percevoir des sons de plus en plus subtils et continus, de plus en plus proches de l'Absolu. Dans l'Apocalypse, Jean dit aussi : « Ils verront la face de l'Agneau, et son nom sera sur leur front » (Ap 22, 4). On retrouve là l'association du son (le nom) et de la forme (la face de l'Agneau) au niveau du front.

La tour de Babel est souvent interprétée comme une prémonition de l'effet destructeur de la technocratie sur l'humanité ; mais elle peut être vue également comme un essai d'ascension intérieure par le son qui aurait finalement échoué. En effet, les bâtisseurs y ont mis tout leur ego basé sur un faux sens de l'unité consistant en une association tout humaine, différente de la véritable unité basée sur la perception directe de l'Absolu. Pourtant ils avaient un certain nombre de conditions favorables. Le récit commence en disant : tout le monde se servait d'une même langue et des mêmes mots. Cela peut évoquer l'unité du méditant qui fait confluer les courants intérieurs dans le fleuve d'une même prière répétitive, ces *davarim ahodim* dont parle le texte. La construction de la tour au milieu de la ville signifie la montée silencieuse de l'énergie vitale dans un corps bien redressé, et vécu comme unifié. Le fait de choisir une vallée en direction de l'orient et d'y allumer un feu peut correspondre au travail du méditant qui rentre en contact avec son énergie vitale à la base du corps (*mûla-dhâra,* la « base-racine », qui devient, si on interprète le dernier *a* comme long, la « rivière-racine. »)

Cependant le feu des désirs et la dureté des concepts, aux angles acérés comme des briques, rendent l'ascension difficile. Allons,

« Faisons des briques et cuisons-les au feu ! » (Gn 11,2) Les briques, par leur forme standard, évoquent ces mots qu'on utilise automatiquement, sans rapport avec le ressenti. Par contre, les pierres naturelles correspondent aux paroles reliées à l'être profond : elles seules peuvent faire monter l'énergie et l'amener à pénétrer les cieux.

Ils dirent : « Faisons-nous un nom, ne soyons pas dispersés sur toute la terre » (Gn 11,4). La véritable unité que donne la perception du son intérieur semble trop belle pour être vraie, c'est pour cela aussi que ceux qui y travaillent ont du mal à l'atteindre, et ne réussissent pas à pénétrer les cieux. Ne pouvant supporter le silence et son élévation, ne pouvant entendre sa mélodie, ils ne peuvent même plus s'entendre entre eux ; ils retombent dans la dispersion du bavardage mental, du babillage, et le canal central qui unit terre et ciel (la tour) s'obture.

Dans le récit des sept trompettes jouées par les sept prêtres le septième jour pour faire s'effondrer les murailles de Jéricho, on peut voir aussi un écho de la pratique du son intérieur. Jéricho représente le corps subtil, en particulier son axe central, non encore éveillé. Il faut d'abord pratiquer le silence, pour que la force du son subtil augmente progressivement comme une eau qui s'accumule. C'est ce que Josué conseille au peuple : « Ne criez pas et ne faites pas entendre votre voix (qu'il ne sorte pas un mot de votre bouche), jusqu'à ce que je vous dise : « Poussez un cri de guerre ! » (Jos 6, 10). Ensuite, il faut tourner autour de l'axe central, jusqu'à ce que l'énergie-son se mette à y jaillir avec la puissance de ce cri de guerre longuement préparé. Le corps deviendra unifié dans ses sept centres, on parviendra à la complétude de la conscience unifiée, qu'elle soit du corps ou du son intérieur évoqué par la répétition des sept, et ainsi Israël pourra parvenir à la capitale Jérusalem, correspondant en yoga à la tête, car Jéricho, l'axe central auparavant bloqué, n'y fera plus obstruction.

Le rassemblement autour du Nom, c'est-à-dire du son intérieur, est à la fois ascension, joie et lumière. Ainsi Tobie dit en évoquant la reconstruction du Temple sur le mont de Jérusalem dans la joie : « Une vive lumière illuminera toutes les contrées de la terre ; des peuples nombreux viendront de loin de toutes les extrémités de la terre séjourner près du saint Nom du Seigneur Dieu » (Tb 13, 11).

Les silences de la Bible : inertie, énergie, défi

Ce sont les trois thèmes qu'André Neher a choisis pour étudier le silence dans la Bible. Neher a été professeur à l'université de Strasbourg et s'est installée ensuite à Jérusalem où il est décédé en 1988. Avec sa grande connaissance de la culture de la Bible, mais aussi des Midrash traditionnels qui la commentent, il est parti à la recherche des silences de la Bible comme un « moissonneur de gerbes oubliées ». Il écrit en préliminaire de son ouvrage : « Ce livre est fait pour rompre la parole par le silence. La Bible n'est-elle pas, en effet, le Livre de la Parole, par excellence ?... La lecture, plutôt la relecture du texte biblique, saisi dans sa naïve spontanéité, s'est avérée être une lecture, non plus de la parole, mais du silence[318]. »

Il y a dans la Bible un silence de l'inertie, relié au néant, et un silence de l'énergie, relié à l'être, ainsi qu'un silence de défi, relié au « peut-être ». Une expression exprime bien le silence de Dieu : *haster panim,* « cacher sa face ». Dans ce sens, le silence est une invitation à aller au-delà des formes, même celle de la face de Dieu : « Dans la Bible, le silence de Dieu répond sans jamais conclure[319]. »

Il est vrai que la Bible oppose un peu facilement le silence des idoles : « Elles ont une bouche mais ne parlent pas » (Ps 115, 5-7) au dialogue avec le Dieu vivant. Dans l'expérience de la *bhakti* hindoue, le culte de la statue est précisément un support utile pour établir un dialogue vivant avec la divinité, d'innombrables mystiques de cette voix sont là pour en témoigner.

Quand YHWH a en fini d'avoir parlé et créé pendant six jours, après avoir établi le jour et la nuit, il s'est tu et vit que tout ceci était bon : il se place ipso facto au-delà des opposés jour-nuit, et même parole-silence. Il y a du bon dans le jour comme dans la nuit, dans le clair comme dans l'obscur, ainsi que dans la parole comme dans le silence.

Dans le symbolisme biblique, trois jours, c'est la durée pour que le silence puisse mener à une régénération. Lors de l'épreuve d'Abraham, l'*aqéda,* où Dieu lui demande de sacrifier son fils Isaac (Gn 22), il reste trois jours en silence. Le prophète Osée aussi (Os 6, 2) sait se retirer en silence. Par contre, dans l'histoire de Job, le silence de Dieu est prolongé de façon incompréhensible : il est tellement douloureux et scandaleux que Job se demande s'il ne serait pas plutôt celui du démon.

Le prophète Jérémie, dans le *Livret contre les faux prophètes* (Jr 23, 9-40) critique le bavardage des faux prophètes qu'il compare à de la paille. Ils prennent leurs rêves pour la réalité divine. Par contre la vraie prophétie est comme le blé, et c'est une parole qui vient du silence.

Nous avons vu que le mot *dabar* avait une grande variété de sens. Comme le son du silence qu'on écoute, la prière répétitive, ce qu'en Inde on appelle le *mantra,* correspond à ces sens divers : bien sûr il s'agit d'une parole, elle est un *objet* de concentration, une *réalité* subtile, et finalement aussi une *révélation* du divin.

Dans le livre d'Ézéchiel (3, 26-27), « Dieu dit : Je ferai coller ta langue à ton palais, tu sera muet ; tu ne seras plus pour eux celui qui réprimande. Et lorsque Je te parlerai, Je t'ouvrirai la bouche et tu leur diras : “Ainsi parle le Seigneur YHWH...”. » Il est intéressant de noter que le fait de coller sa langue au palais est la technique traditionnelle connue dans tout l'Orient pour amener le mental au silence. On sait que le langage non seulement externe, mais aussi interne, est lié à des mouvements de la langue plus ou moins forts. En ramenant la pointe de la langue vers le haut, voire vers l'arrière jusqu'à toucher la luette du palais (la *kechari moûdrâ* du yoga), on bloque ces mouvements possibles et, par là même, on fait taire le mental verbal. De même la convergence oculaire des yeux vers le haut et le dedans aide à freiner le mental imaginé, et d'ailleurs les deux techniques sont souvent pratiquées simultanément. Il est à noter que cette pratique semble se répandre maintenant dans le monde entier, par exemple grâce à l'enseignement du Falun Gong, ce mouvement religieux qui a été suffisamment important pour faire trembler la dictature de Pékin et faire rêver à la démocratie le peuple chinois opprimé depuis un demi-siècle.

Leur groupe était présent au sommet mondial sur le développement durable en Afrique du Sud à Johannesburg. Voici ce qu'en dit un témoin : « Ils invitent les curieux à mettre en pratique leurs préceptes. C'est chose faite avec un Africain de passage qui s'essaie à cette danse lente des énergies. Il suit attentivement les conseils du maître : *Just relax,* et “touche au palais avec ta langue”... [320] » Je ne sais pas si la prophétie va renaître après deux mille cinq cents ans, mais il est certain que les gens continuent à coller leur langue au palais pour se rapprocher du silence mental et être un peu plus en contact avec le divin...

On l'a dit, le Sinaï a été, plutôt qu'une théophanie, une théo-acousie, car Dieu s'y est manifesté plus par le son que par l'image. Le silence permet de réunir dans sa matrice les paires d'opposés, non pas un ici-bas et un au-delà dans le futur, mais un ici-bas et un ici-haut dans une même expérience présente. Le silence de Dieu, comme celui de la nature, est fécond : le Seigneur dans les amandiers veille à l'accomplissement de sa parole (Jr 1, 11). La parole de Dieu s'accomplit quand elle est perçue par l'homme, le son du silence n'attend que quelqu'un pour écouter : à ce moment-là la conscience fleurira et donnera du fruit en son temps, tout comme la branche de l'amandier. L'écoute de l'homme et le silence du divin sont pareils à deux cordes parallèles : quand elles vibrent à l'unisson, la connaissance se manifeste.

Le Cantique des cantiques s'ouvre sur le verset suivant : « Chant des chants qui est à Salomon. » Pourquoi cette expression ? On peut la comprendre de différentes manières [321]. Dans une interprétation mystique, le « Chant des chants » est celui qu'il y a au-dessus de tous les chants, et qu'est-ce qui règne en maître au-dessus de toutes les mélodies, si ce n'est le silence ? Si on entend par « Chant » le chant du Nom de Dieu, comme la prière du cœur par exemple, sa perfection vient quand elle se récite spontanément au-dedans. À ce moment-là, elle tend à devenir pratiquement continue et se fond presque dans le son du silence. *Shelomo,* c'est-à-dire la « paix », et le silence sont les deux faces d'une même pièce. Les mots même *Shelomo* (Salomon) et « silence » ont une certaine consonance. Cette écoute du silence est une voie de pratique spirituelle ; en Inde on l'appelle le *laya-yoga,* le « yoga de la dissolution ». On entend par là la disparition des représentations mentales du pratiquant dans la vibration fondamentale du silence. Alors que la récitation du Nom de Dieu est une pratique commune à l'Inde et à la Bible, l'écoute du silence semble être une voie particulière au yoga ; mais est-ce bien sûr ? Que pouvaient donc bien faire concrètement les prophètes de l'Ancien Testament et les moines chrétiens quand ils « montaient au désert », si ce n'est écouter le silence ? S'ils n'en parlaient pas en temps que tel, c'est justement parce que sa présence dans la solitude était évidente, ils baignaient dans cette atmosphère, leur contemplation « nageait » dedans comme le poisson dans l'eau ; de même, il suffit de dire : « Je respire », il n'y a pas lieu d'ajouter : « de l'air ».

Dans le commentaire du Zohar sur le Cantique, on fait justement parler Élie à propos du silence : « Aussi une louange supérieure à toutes les autres fut adressée au Roi qui possède toute la paix, pour que tout soit dans la joie en haut et en bas. Il est écrit "Cantique" (Ps 65, 1) et il est marqué "Pour toi le silence est louange", etc. (verset 2). Le roi David savait par l'Esprit-Saint que ce "cantique" était destiné à être révélé dans le monde, il dit donc : Le cantique destiné à être révélé est "pour toi le silence", il est silencieux car il n'est pas permis de révéler cette louange, mais cette louange et ce cantique seront révélés quand "Elohim sera à Sion" (*ibid*) lorsque le Temple sera bâti, lui qui correspond au Temple d'en haut, (l'écoute du silence au niveau de la tête) alors "c'est pour toi qu'on accomplit le vœu" [322]. »

« Rends-moi le son de la joie et de la fête » (Ps 50, 10)

Parce que le son intérieur amène à l'unité, au non-deux, il peut révéler cette joie cachée en nous qui est notre vraie nature. Nous l'avions oubliée, mais maintenant nous nous en souvenons, c'est pour cela que le Psaume dit non pas : donne-moi, mais : « rends-moi ». Nous savons au fond de nous que nous avons eu cette joie. Quand ? J'aurais tendance à dire comme le narrateur dans les Evangiles : *In illo tempore,* « En ce temps-là », dans ce temps en dehors du temps... La perception du son subtil efface les crispations physico-spirituelles à cause de l'absorption de l'attention qui y est associée. C'est pour cela que le Psaume continue (v. 12) : « ... et tout mon mal, efface-le ». Dans la mesure où le son subtil est toujours là, présent dès qu'on pense à l'écouter, on peut dire qu'il est au-delà du temps, qu'il est toujours neuf, et c'est aussi à lui que le Psaume nous conseille de revenir quand il nous dit : « Chantez au Seigneur un chant nouveau » (Ps 96, 1). Il s'agit du chant éternellement nouveau que Dieu se chante à lui-même en nous. À ce moment-là, la conscience habituelle du corps entre en quelque sorte en fusion, et elle s'élargit aux dimensions du monde entier, c'est sans doute pour cela que le Psaume continue : « Chantez YHWH, toute la terre. »

Cette extension universelle que donne spontanément la dissolution dans le son (ce qu'on appelle *laya* en yoga, nous l'avons vu) est joliment évoquée dans un Psaume qui est aussi une prière matinale : « Mon cœur est prêt, ô Dieu — je veux chanter, je veux jouer ! Allons, ma gloire, éveille-toi, harpe, cithare, que j'éveille l'aurore » (Ps 108, 2-3). L'éveil de l'instrument entraîne automatiquement l'éveil de l'aurore, l'engagement dans l'attention au son intérieur est cet instrument qui fait naître la lumière dans âme, qui éveille l'aurore. La conscience qui naît de l'écoute de la mélodie intérieure est joie pure. On peut se souvenir à ce propos du nom que Sarah a donné au fils enfanté dans sa vieillesse : Isaac, *Itshaq,* « il rit ». Annick de Souzenelle propose comme traduction pour Gn 1, 26 : « Dieu a fait un rire pour moi, et quiconque sera dans l'écoute rira pour moi. » Cette écoute est la fécondité même, son enfant pourrait s'appeler « rire », ou « sourire » : c'est là le miracle permanent de la fertilité partagée entre Dieu et l'homme.

L'écoute non duelle

« J'écoute, que dit Dieu ? Ce que dit Dieu, c'est la paix » (Ps 85, 9). On ne peut être plus clair : plutôt qu'essayer de se concentrer sur la perception de phrases supposées divines pour être éclairé intérieurement, avec tous les risques de construction mentale que cela comporte, autant se centrer directement sur la Paix, et le son intérieur permanent qui la traduit dans le domaine sonore. C'est une voie sûre.

L'association de la conscience au son subtil doit être aussi étroite que celle du petit enfant à sa mère. Ainsi, il est écrit : « Je tiens mon âme en paix et silence comme un enfant contre sa mère » (Ps 131, 3). L'oreille a une forme féminine, et elle peut être fascinée par le son du dedans autant que l'épouse par l'époux. Quand l'expérience de l'être devient intense, il n'y a plus qu'un chant sans parole, un chant de silence. À propos de Moïse par exemple, un maître hassidique, Baer de Loubavitch, affirme : « Le degré de silence qu'avait atteint Moïse ne pouvait s'exprimer que par un chant sans paroles[323]. »

Dans la Bible, Sion et le Nom de Dieu sont étroitement associés. Du point de vue spirituel, on pourrait y voir une analogie avec la pratique d'écouter le son du silence au point (*bindu* en yoga) qui se trouve au-dessus de la tête, ce qu'on appelle chez les Sants « sa vraie demeure » (*nizi ghar*) ; depuis que le temple de Sion a été détruit, il n'y a plus de prêtre pour murmurer le saint Nom une fois par an dans le Saint des saints. Peut-être est-ce à notre avantage, car cela nous pousse à rechercher ce Nom qui est continûment chuchoté dans notre Saint des saints intérieur, à devenir grand prêtre de notre propre silence. Et pour cela il n'y a qu'une seule qualification qui soit requise : l'écoute.

C'est le moment de rappeler le verset de Psaume qui a sans doute le plus de poids à propos de l'écoute du silence : « Arrêtez, et sachez que moi, Je suis Dieu » (Ps 46, 11). Il est intéressant de considérer les mots latin et grec utilisés pour dire : « arrêtez ». La Vulgate dit : Vacate, c'est-à-dire « faites la vacuité », nous voyons que nous approchons de l'expérience centrale du bouddhisme. Quant aux Septantes, elles disent σχολάσατε, *scholasate,* avec cette racine *schola* de « se mettre à l'école » : le silence est le maître, la conscience est le disciple, et l'écoute est la seule pédagogie requise. Le résultat de cette pratique est la connaissance de Dieu, le texte grec dit γνώτε, *gnôte,* avec cette racine de la connaissance spirituelle, la « gnose » au sens large et en sanskrit le *jñana.* Le psalmiste continue à faire parler le Seigneur en ces termes : « Exalté sur les peuples, exalté sur la terre ! » L'arrêt du mental amène à la connaissance de l'identité du je individuel, moi, du Divin personnel, Dieu, et du monde, exalté sur les peuples, exalté sur la terre dans un même Soi, dans un même « Je suis » éternellement présent qu'on atteint par la connaissance, qu'on l'appelle *gnosis* ou *jñana.*

La prière juive certainement la plus connue, le *Shema Israël,* est tirée du Deutéronome : « Écoute, Israël, le Seigneur est Un » (Dt 6, 4). On peut faire remarquer que *Shema* est proche de *sheva* qui signifie « sept », le chiffre de la plénitude : l'écoute est en soi un accomplissement. *Shema* s'écrit שמע, terminé par un *aïn* qui signifie aussi « source » et « œil », tandis que *shem* signifie « nom », et dans notre interprétation le son intérieur : le *Shema* peut donc être compris comme une invitation à écouter en nous le murmure de la source de l'Unité qui s'écoule sans cesse au fond du silence. On pourrait dire aussi dans une perspective non duelle que quand l'écoute devient parfaite, elle n'est plus différente ni d'Israël ni de l'Un : tout est Un.

Le Son primordial dans la Cabbale

Il nous faut à présent donner brièvement une idée des conceptions de la Cabbale à propos du son intérieur. Une source disponible depuis peu à ce sujet est le commentaire du Zohar sur le Cantique des cantiques, traduit par Charles Mopsick[324]. On retrouve clairement la conception du *bindu,* le point suprême où résonne le son fondamental, en général évoqué par l'*aleph* : « Trente-deux sentiers sortent de la Torah, ils sont le secret des dix paroles (l'ensemble des dix *séphirot*) et des vingt-deux lettres de la Torah, tous ont émergé du Point suprême (la *séphira Hokhmah*)... Et le א aleph, mystère de toutes les lettres, atteint le secret de l'Un[325]. Le י, yod, est aussi assimilé au point suprême dont toutes les lettres de l'alphabet sont sorties. Il est comme un principe mâle qui passe par la *séphirah Hokhmah* et « descend » dans la *séphira Binah* ou il pénètre la lettre ה, *hê,* de forme féminine. De cette union provient le monde, on parle à ce niveau de voix silencieuse et de fleuve profond[326]. » Nous avons vu que dans l'enseignement des Sants en Inde, une des manières les plus courantes de désigner le son intérieur est le « fleuve de vie ». Dans une interprétation complémentaire, on dit que le Point suprême se manifeste d'abord par le מ, le *mêm,* qui reste fermé puis s'ouvre sous forme de ה *hê*[327]. On peut remarquer qu'en sanskrit, la nasalisation du *m* se représente en fait par un point au-dessus de la lettre.

Le *aleph,* א, répand ses quatre branches dans les quatre directions de l'espace, et suggère ainsi que le son fondamental pénètre tout ; plus précisément, ces quatre directions sont associées à quatre lettres, deux masculines qui sont le point supérieur (lė *holam,* qui signifie le *o*) et le י *yod* qui est presque comme le point, et deux féminines, le מ, *mêm,* qui est un carré fermé et le ה *hê* qui est un carré ouvert vers le bas. On peut ainsi recomposer à partir du son fondamental le vocable *Om* cher au yoga. Les quatre branches de l'*aleph* qui s'étendent dans les quatre directions de l'espace pour indiquer la propagation et l'omniprésence du Son essentiel font penser aux quatre têtes de Brahma en Inde. Il s'agit, nous l'avons vu, du dieu créateur qui préside en même temps à la proclamation des Védas dans toutes les directions de l'espace.

Dans un chant du Zohar, on compare l'itinéraire intérieur à la montée d'une jeune fille qui va rejoindre son père et on dit que lorsque la fille monte par toutes les lettres combinées, la lumière de la sagesse se dévoile[328]. On retrouve l'idée de base du yoga tantrique qui répartit les cinquante lettres de l'alphabet sanskrit dans les pétales des six premiers lotus (*chakras*) et qui évoque finalement par le « lotus aux mille pétales » le son du silence au-dessus de tout cela. Le vrai silence naît de la fusion de toutes les lettres, en d'autres termes l'extase — par sa surabondance — rend muet.

Nahman de Braslav insistait sur la nécessité quasiment thérapeutique de la joie, qu'il reliait particulièrement à la capacité de percevoir ce qu'il appelle le « chant profond ». Il disait : « Quand joie et chant profond sont abîmés, la maladie s'empare de l'homme. » C'est lui qui disait aussi : « Il est interdit d'être triste[329]. »

La joie provenant du son intérieur est associée à l'union des canaux droit et gauche et au mariage intérieur, comme nous l'avons dit pour le yoga. Le Zohar le mentionne assez clairement quand il décrit avec un symbolisme anthropomorphique le divin en se référant à la tradition du Shiur Qoma, où l'on décrit Dieu sous forme humaine. Il s'agit d'un ésotérisme à la limite de l'orthodoxie juive qui, elle, proscrit évidemment les représentations de Dieu sous forme humaine. Ce que le Zohar dit sur les « oreilles du roi » est tout à fait intéressant dans notre perspective : « Les oreilles du roi : lorsque la grâce est présente, que la mère nourrit et que la lumière du vieillard sacré flamboie, la lumière des deux moitiés du cerveau, et la lumière du père et de la mère s'animent. Toutes (ces forces) s'appellent cerveau du roi et s'enflamment ensemble ; c'est ainsi qu'elles sont nommées oreilles de Dieu car les prières d'Israël sont alors entendues et c'est (le moment) de l'éveil au bien et au mal. Au cours de cet éveil s'animent les seigneurs des ailes (les anges) qui perçoivent toutes les voix de l'univers ; ils se nomment tous les oreilles de Dieu[330]. » Après la rencontre des canaux vient une expansion du corps subtil et du son intérieur bien au-delà du corps : elle est exprimée ici par la perception des anges qui entendent toutes les voix de l'univers et sont comme les oreilles de Dieu.

On peut répéter le Tétragramme, mais cela doit être fait en secret, *in pecto*. Moïse Cordovéro, un éminent cabbaliste de l'Espagne de la Renaissance, écrit : « Si quelqu'un veut répéter le Tétragramme, il doit le faire les lèvres closes, afin que l'air ne sorte pas de sa bouche. Ce nom ne doit en aucun cas être exprimé, mais modulé avec le larynx et la langue. Chez les adeptes, cette méthode est appelée l'"avalement du Nom divin"[331]. »

Des auteurs chrétiens inspirés par la Cabbale comme Jacob Boehme (1575-1624) considèrent que la Parole de Dieu « est identique au cœur de Dieu en tant qu'essence de toute chose : c'est le grand mystère (*mysterium magnum*) enchâssé en toute chose... La chute d'Adam a pour résultat la perte de la parole essentielle[332] ».

Abraham Aboulafia, dont les exercices pratiques de Cabbale font penser au yoga, était d'avis que les noms divins n'avaient pas de pouvoir en eux-mêmes mais que cela dépendait de l'usage adéquat qu'on en faisait. C'est la transformation de conscience qu'ils engendrent qui donne lieu aux pouvoirs. D'autres cabbalistes sont au contraire d'avis que les noms divins ont une puissance absolue en soi. On retrouve les mêmes discussions en Inde à propos de la valeur à donner aux mantras et aux paroles védiques.

Les analogies entre les conceptions des Védas et de la Torah ont bien été mises en évidence par Barbara Holredge[333]. En résumé, il y a une substance sonore fondamentale qui est la première manifestation de l'Absolu (*nirgouna Brahman*). On l'appelle *shabda-brahman* dans les Védas et cela correspond au « Je suis celui qui suis » dans la Bible, Nom d'où découle toute la Torah. Puis cette Parole-sans-parole se concrétise progressivement en force créatrice (au niveau de *Hokhmah*) et se dédouble en couple masculin-féminin (au niveau de *Binah* dans la Cabbale, et du *bindu* dans le tantrisme) pour donner lieu d'abord au langage, et ensuite à la création. Ainsi, le projet de création est déjà tout entier inclus dans cette masse sonore primordiale qu'est le *shabda-brahman,* ou la Torah en tant que Nom de Dieu ou Parole de Dieu.

Les *séphirot* sont comme des haut-parleurs qui transmettent le Nom imprononçable, la vibration fondamentale à différents niveaux du corps et de la création. Par la méditation, on peut rassembler leurs « longueurs d'onde » différentes, leurs timbres variés en une symphonie guidée par la baguette du chef d'orchestre, c'est-à-dire l'axe central du corps.

Un auteur du XXe siècle a bien exprimé en un langage poétique l'importance mystique de la perception directe du Son fondamental. Il s'agit de Martin Buber dans *Je et Tu* : « Le monde "ordonné" n'est pas l'ordre du monde. Il y a des moments où aucune cause n'est énoncée, mais l'ordre du monde apparaît, devient présent. Alors on saisit au vol le son dont le monde "ordonné" est la notation indéchiffrable. Ces instants sont immortels, car ce sont les plus fugitifs ; on n'en peut retenir aucun contenu, mais leur vertu s'intègre à la création et à la connaissance de l'homme, des effluves de cette vertu pénètrent dans le monde "ordonné" et le dégèlent et le liquéfient à nouveau. C'est l'histoire de l'individu, c'est l'histoire de l'espèce[334]. » Le pouvoir dissolvant du son (*laya-yoga*) est exprimé ici clairement par Buber. Il suggère aussi de façon assez explicite la présence du son intérieur au niveau du front, ainsi que sa disparition éventuelle si la personne n'a pas le niveau de conscience suffisant : « Ô visage plus seul que l'astre de la nuit, ô doigt vivant posé sur un front insensible, ô voix dont le bruit va mourant[335] ! »

Chapitre 7

Le Verbe, vibration du silence divin

Vers une redécouverte de l'écoute du son intérieur dans la tradition chrétienne

Que ceux qui ont des oreilles pour entendre entendent !

Mc 4, 23

Nous avons déjà mentionné qu'en français, en latin et dans les langues romanes, les termes « verbe » et « vibration » se ressemblaient. En fait, le verbe, étant un son, implique nécessairement une vibration. Nous allons voir comment appliquer cette notion de base ainsi que tous les éléments que nous avons vus jusqu'ici pour une meilleure compréhension de la fonction du Christ comme Verbe de Dieu et maître oublié de l'écoute du son du silence. Nous pouvons déjà mentionner que pour traduire « Parole de Dieu », les Évangiles grecs n'emploient pas seulement le terme λογος, *logos,* mais aussi le terme ρηματα, *rhêmata,* de *rhéô,* « couler ». N'importe quelle oreille grecque peut ainsi entendre derrière ce mot « les choses qui coulent ». C'est le moment de se souvenir que la tradition des Sants désigne d'habitude le flot continu du son intérieur par l'expression le « fleuve de vie audible ». Certains pourront reprocher d'utiliser certaines notions de l'Inde comme celle du *nâda-yoga* pour développer des points de mystique chrétienne ; mais il faut se souvenir combien la théologie a bénéficié par exemple des apports de Platon et d'Aristote dans l'Église grecque, puis à l'époque médiévale en Occident. Pourtant leur pensée ne devait rien a priori au christianisme, puisqu'elle l'a précédé de quelques siècles.

Verbe extérieur, Verbe intérieur

Les chrétiens acceptent volontiers que Dieu et son Verbe ne fassent qu'un, c'est même une notion au cœur de leur tradition. Ce qu'il y a de plus nouveau pour la plupart d'entre eux, c'est de méditer sur le Verbe directement comme vibration du silence divin, ce dernier correspondant au Père. En effet, ils ont tendance à associer immédiatement le Verbe à la forme humaine de Jésus et risquent ainsi de perdre de vue, ou d'oreille faudrait-il dire, ce que nous appelons le Verbe intérieur. Pour parler simplement, nous pourrions dire que le Christ a deux visages, le visage intérieur tourné vers le Père en silence, et le visage extérieur qui nous regarde et s'exprime à travers les Évangiles. Il dit clairement : « Qui est de Dieu entend les paroles (*rhêmata*) de Dieu, si vous ne les entendez pas, c'est que vous n'êtes pas de Dieu » (Jn 8, 47). Une interprétation spirituelle de ce verset, c'est que Jésus essaie de nous initier, de nous ouvrir l'oreille au flot sonore (*rhêmata*) intérieur, mais si malgré tout nous nous refusons à l'entendre, il n'y peut rien, tout Sauveur qu'il est ; par contre, si nous le percevons, nous pourrons alors pénétrer de facto dans l'intimité entre le Père et le Fils : l'écoute du silence est une fondation solide pour la contemplation trinitaire.

Pour prendre une analogie grammaticale, on pourrait parler de la différence entre les verbes d'action et d'état. La tradition exotérique chrétienne a pris grand soin d'étudier, d'analyser le « Verbe d'action », c'est-à-dire Jésus tel qu'on le perçoit à travers ses actions et paroles explicites dans les Évangiles, mais a quelque peu relégué au second plan le Christ comme « Verbe d'état », c'est-à-dire comme vibration subtile qui provient du Père que personne n'a vu —, et on pourrait ajouter : que personne n'a entendu. Cela dit, il se peut que cette pratique soit là, discrète, au cœur de la mystique chrétienne, bien que pour certaines raisons elle n'ait pas été explicitée en tant que telle. Le Père et le Fils sont comme deux pôles reliés par un courant d'amour, la limite qui les sépare est en fait difficile à tracer ; d'une façon analogue, celui qui perçoit le son subtil est à la fois séparé et immergé dans ce son sur lequel il focalise son attention. En termes trinitaires, on pourrait dire qu'il faut laisser la place à l'Esprit. En résumé, le Père a créé le monde par la Parole, mais il a engendré le Fils dans le silence ; en effet, de quel utérus le Verbe aurait-il pu sortir si ce n'est de celui du silence ? Comme disait saint Irénée, « du silence primordial naît le Logos[336] ».

Le Verbe avant la Création : le Prologue de Jean et le Nom au-dessus de tout nom

Jean commence son Évangile par : « Au commencement était le Verbe, et le Verbe était en Dieu, et le Verbe était Dieu. » On sait bien que ce commencement dont parle Jean, comme celui de la Genèse, est au-delà du temps. On peut donc naturellement se demander ce que devient le flot de l'articulation verbale quand le temps est suspendu : en fait, il s'arrêtera en une sorte de bruissement vocalique continu qui ne sera guère différent du murmure du silence. Ainsi, l'écoute de celui-ci est un instrument de choix pour une contemplation tout auditive du Verbe d'avant la Création, du Verbe du commencement. On pourrait dire que le Verbe qui peut être verbalisé n'est pas le Verbe véritable.

Maître Eckhart disait en une formule souvent citée, car elle exprime à mon sens une sorte de fondation de la mystique chrétienne : « Le Père n'a dit qu'une Parole, à savoir son Fils, et dans un silence éternel, il la dit toujours. L'âme aussi doit l'entendre en silence[337]. » Il s'agit donc d'une génération continue, nous sommes très proches de l'expérience du « fleuve de vie audible » dont parlent les Sants avec leur héritage de la tradition mystique de l'Inde. Le lecteur comprend sans doute mieux maintenant ce que je disais plus haut : l'expérience du son intérieur est là bien présente au cœur du christianisme, simplement elle est exprimée avec des termes un peu différents. Une analogie qui me vient à l'esprit quand je médite sur la Trinité est celle du Sablier cosmique : le Père représente la moitié supérieure, la partie céleste ; le Fils qui s'est incarné, comme condensé dans un corps humain et donc dans le temps, pourrait correspondre à la gorge du sablier, au flot de sable parfaitement régulier ; et l'Esprit qui est responsable de la diffusion du Divin dans le monde, à la moitié inférieure. Le flot de sable ne cesse pas un instant de s'écouler, et de ce mouvement naît un certain son, qui est en fait la résonance de l'instant.

Malgré le genre neutre en latin (*verbum*) et masculin en grec, malgré surtout l'incarnation masculine de Jésus, on peut dire que le Verbe, la Parole a un aspect féminin non négligeable, relié à la Sagesse de l'Ancien Testament, *Hokhmah,* qui est aussi féminine en hébreu, et associé également à la *Sophia* des spéculations gnostiques postérieures. Nous n'avons pas la place de développer ce point ici, mais il s'agit d'une notion d'exégèse bien connue[338]. Remarquons seulement que cela nous rapproche de l'Inde où nous avons un principe originel masculin ou neutre, le Brahma ou Brahman, émettant une vibration féminine qui est une sonorité, une voix fondamentale, la déesse Vâc dont le nom, nous l'avons signalé, a la même racine que *vox* en latin et donc « voix » en français.

Revenons-en au fait que le verbe qui peut être verbalisé n'est pas le Verbe véritable : c'est dans ce sens-là aussi qu'il faudrait à mon avis comprendre Paul quand il nous parle du Christ auquel on a donné un Nom au-dessus de tout nom (Ph 2, 8-9). Un nom, dans la mesure où il est articulé, est nécessairement dans le temps. S'il est au-delà du temps, ce Nom deviendra un son pur, parfaitement lisse et régulier, irréductible à tout nom articulé, explicité, extérieur quel qu'il soit. Cela dit, il peut y avoir une sorte de pont entre ces deux entités. Quand la prière répétitive, comme la prière du cœur, par exemple, est suffisamment pratiquée, on ne la récite plus, elle se récite d'elle-même en soi. Elle s'intègre au rythme de la respiration et aux battements du cœur. Elle devient une sorte de pulsation intérieure, et nous avons vu que le son subtil pouvait être de deux types, continu comme la flûte, la conche, etc., ou pulsatile comme les clochettes, la vinâ ou autre. Ce son pulsatile pourrait être appelé le Nom intérieur intermédiaire, le Nom intérieur complet étant caractérisé par un son subtil complètement continu. On pourrait dire que le Nom extérieur ou intérieur intermédiaire nous aide à développer la concentration, mais le Nom intérieur nous met directement dans un état d'arrêt du mental.

Dans cet état, le Divin peut se manifester sans intermédiaire et totalement, d'où ce qualificatif de Nom intérieur complet.

Le mot « verbe » a deux significations : d'un point de vue grammatical, il dirige l'action en train de se faire ; en tant que terme général signifiant « parole », il représente une pensée et une conscience qui se mettent à résonner de façon audible : le son du silence est « verbe » dans le double sens du terme ; action continue, résonance continue d'une conscience sous-jacente. On peut dire que le Verbe a trois naissances : la première est avant la naissance de la lumière, si l'on suit la version de la Vulgate par saint Jérôme pour le Psaume 110 (109) 3 : *Ante luciferum genui te,* « Avant l'apparition de la lumière je t'ai engendré ». C'est la traduction qu'a méditée le christianisme pendant quinze siècles, bien que le texte actuel de la Bible de Jérusalem soit : « À toi le principat au jour de ta naissance. » La seconde naissance du Verbe est dans la crèche le jour de Noël, et la troisième dans le cœur du fidèle. Dans notre interprétation, on pourrait dire que cette dernière survient de façon expérientielle quand le contemplatif se met à percevoir le son subtil du silence. En fait, le Verbe est toujours là, les trois naissances n'en font qu'une, on pourrait surtout dire que le Un n'a pas de naissance.

Si on veut s'unir au Père à travers le Verbe en tant que vibration d'un silence parfait, il faut aiguiser, affiner de façon non moins parfaite cet instrument qu'est notre écoute : c'est un des sens possibles du conseil que donne le Verbe lui-même : « Soyez parfaits comme mon Père est parfait. » Quand on comprend cette parole divine, *rhêmata,* comme le fleuve de vie sonore, on peut faire une lecture rafraîchie de ce verset souvent médité du discours de la Cène : « Si quelqu'un m'aime, il gardera ma parole et mon Père l'aimera et nous viendrons en lui et nous nous ferons une demeure chez lui » (Jn 14, 23).

Le son intérieur n'est pas différent du Fils : n'est-il pas étonnant que *Son* en anglais signifie précisément « Fils » ? Encore une coïncidence, on pourrait dire que le fils a « la voix de son père »... Maître Eckhart disait : « Le Verbe de Dieu est au fond de l'âme comme une source tranquille[339] » et aussi, commentant le début du Prologue de saint Jean (« Au commencement était le Verbe, et le Verbe était en Dieu, et le Verbe était Dieu ») : « Eh bien ! Pour qu'un homme entende cette parole dans le Père, en qui tout est tranquille, il faut qu'il devienne lui-même absolument tranquille et qu'il se détache de toute image et même de toute forme[340]. » On pourra penser que c'est réduire la notion de personne que de l'associer trop étroitement au son du silence : mais en réalité, nous avons vu que le mot même « personne » fait référence historiquement au masque qui servait de résonateur pour amplifier la voix dans le théâtre antique, l'instrument par lequel le son passe et résonne, *per-sonne.* Ainsi, ce n'est pas le Son qui est une réduction de la personne, mais plutôt la personne qui est une condensation du Son.

Le sens général du terme *logos* en grec est « discours », mais aussi, et surtout depuis Héraclite, « principe », « loi universelle », et c'est a priori à cause de cette signification que les premiers chrétiens ont choisi de désigner le Christ sous ce nom[341]. Il y a aussi d'autres sens qui peuvent être intéressants quand on rapproche le *Logos* du Son intérieur : par exemple « raison d'être », et par extension, tout simplement « être ». Du point de vue de la communication du Père vers l'humanité, le *Logos* qui la rend possible représente à la fois la raison d'être et l'être du Père. Dans le domaine auditif, lorsqu'on écoute le son du silence, celui-ci envahit tout, il n'y a que lui, il est donc normal qu'il soit associé à cet Être, *Logos,* qui nous permet d'entendre l'Absolu, le Père. Nous avons vu que les Évangiles parlent souvent des paroles du Christ comme *rhêmata,* faisant allusion ainsi plus au flot du fleuve de vie sonore (*rhéô,* « couler ») qu'à la « logique » du *Logos* trop facilement reprise dans une structure « théologique » à la façon grecque.

Nous savons ce que nous dit le Verbe à nous, les hommes, grâce aux Evangiles ; mais Lui, que dit-il au Père, si ce n'est : *Abba* ? On peut interpréter ce nom comme la conscience de l'origine une, évoquée par la lettre *a* qui commence à aller vers le monde de la dualité (le deux correspondant au *b,* qui est lui-même redoublé, car la dualité a une tendance spontanée à reproduire de la dualité) pour finalement revenir au Un. C'est l'histoire du Fils depuis son incarnation jusqu'à son ascension. C'est la caractéristique du son du silence qui vient de l'Absolu et qui y ramène immédiatement quiconque veut bien l'entendre. Il y a d'abord l'être, et ensuite vient le son de l'être ; nous avons vu dans le chapitre sur le « Je suis celui qui suis » que des auteurs de la *devotio moderna* comme Henri de Pomerio et Heimeric de Campo (XVe siècle) interprètent le début du *Notre Père* de la façon suivante : « Notre Père qui es aux cieux que ton Nom soit sanctifié[342]. »

La première qualité du Père est l'être pur, la seconde se manifeste par la « sanctification du Nom dans le ciel », c'est-à-dire dans notre interprétation la perception du son subtil qui est tout aussi céleste qu'intérieur. « Que ton Nom soit sanctifié » signifie : que la vibration de ton Silence résonne haut dans le ciel de ma conscience, cette vibration est déjà sainte en elle-même, mais qu'elle puisse devenir sanctifiante pour moi. Puisque nous parlons du *Notre Père,* nous pouvons mentionner la manière dont ceux qui pratiquent l'écoute du son intérieur comprennent « donne-nous notre pain de chaque jour ». L'attention au son est une nourriture, une manne de chaque instant, comme l'alimentation, elle procure un plaisir au moment même, et vigueur et bonne santé à plus long terme.

Aristote, entre autres, emploie parfois le terme *logos* pour dire « en guise de » : par exemple *én pharmakou logoi,* « en guise de médicament ». En fait, le chant intérieur est là, bien présent en nous « en guise de Dieu », c'est ce déguisement sonore qu'Il prend pour se révéler à nous. À la fin de l'Apocalypse, le *Logos* est présenté comme un chef de guerre monté sur un cheval blanc et dont le manteau est trempé dans le sang. Son apparition est reliée à une expansion sonore maximale, quand par exemple Jean décrit un Ange debout sur le soleil criant d'une voix puissante à tous les oiseaux qui volent au zénith : « Venez, ralliez le grand festin de Dieu » (Ap 19, 11-13-17). Pour parvenir à percevoir clairement le *Logos*-son intérieur, il faut devenir comme lui, c'est-à-dire purifier ses forces instinctuelles (monter le cheval blanc) et se concentrer sur la mélodie intérieure avec passion, ce qui est évoqué par le manteau trempé dans le sang. On retrouve là le sens du mot *surati* dans le vocabulaire des Sants : il désigne l'attention intense au son intérieur, mais signifie littéralement bonne (*su*) passion (*rati*). À ce moment-là, en suivant le fil ascendant de l'écoute, la conscience s'élève jusqu'au-dessus de la tête et devient aussi brillante qu'un Ange debout sur le soleil.

De même que le Verbe est une lumière qui brille dans les ténèbres, et que les ténèbres n'ont pas saisie (Jn 1, 5), on peut dire qu'il est aussi un son qui résonne dans le vide : saurons-nous le saisir ? Eckhart dit que le véritable abandon à Dieu signifie que même dans l'épreuve, on trouve une pointe de lumière[343] ; même dans un silence qui peut a priori paraître angoissant, on trouve le bruissement d'une conscience, d'une présence ; est-elle en nous, est-elle en dehors de nous ?

On dit de quelqu'un d'éloquent qu'il a le « verbe vibrant », mais c'est à mon sens une vérité de La Palice, car le verbe, étant un son est toujours vibrant, le verbe est fondamentalement vibration. Paul écrit dans la doxologie à la fin de son Epître aux Romains : « À Celui qui a le pouvoir de vous affermir conformément à l'Evangile que j'annonce en prêchant Jésus-Christ, révélation d'un mystère enveloppé de silence aux siècles éternels » (Rm 16, 25). Tout se passe comme si le mystère était un point central, avec autour une première enveloppe de silence et une seconde sphère correspondant à la Vibration de ce silence, au Verbe qui lui permet d'être perçu par l'oreille de notre cœur sous forme de son subtil.

En conclusion de cette partie, j'aimerais mentionner une réflexion de Raimon Panikkar dans son petit ouvrage sur la Trinité : « Le Dieu des Oupanishads ne parle pas, il n'est pas le Verbe, il est l'Esprit[344]. » C'est vrai, mais on pourrait compléter en disant que le Dieu des Oupanishads vibre, il est le *Om,* et en ce sens il a aussi quelque chose à voir avec cet aspect du Verbe que nous avons appelé ici le Verbe implicite ou intérieur.

Jésus et la pédagogie de la Parole-Silence

Jésus veut enseigner quelque chose, mais il se plaint du peuple en disant : ils ont beau regarder et ne voient pas, ils ont beau entendre et ne comprennent pas (Mc 4, 12) Cela peut aussi être interprété comme le fait qu'on entend constamment le son subtil, la voix d'en haut, mais qu'on ne comprend pas son importance comme voie d'accès au Divin, que l'on n'est pas capable de l'écouter. Pourtant le principe de cette contemplation auditive n'est pas compliqué, il pourrait être résumé en disant que « la voix est la voie ». C'est là-dessus que le Christ attire notre attention dans le même passage qui suit la parabole du semeur : « Prenez garde à ce que vous entendez ! De la mesure dont vous mesurez, on mesurera pour vous, et on vous donnera encore plus. Car celui qui a, on lui donnera, et celui qui n'a pas, même ce qu'il a lui sera enlevé » (Mc 4, 24). Il y a une sorte de bonne addiction à la joie intérieure en général, et à l'écoute du silence en particulier. Certains s'en éloignent et vivent dans leur surdité spirituelle aussi isolés que sur une île déserte, d'autres au contraire s'y plongent et reçoivent de plus en plus. Ce n'est pas une injustice, c'est une loi du monde intérieur.

Si les Évangiles étaient un chant, et que je devais trouver une « basse continue » pour l'accompagner, je choisirais cette parole de Jésus : « J'ai joué de la flûte et vous n'avez pas dansé. »

La flûte dont joue Jésus correspond à ce *rhêma,* ce flot sonore issu du silence qui peut de temps à autre prendre la forme d'une parole. Non seulement nous n'avons pas dansé, mais nous n'avons même pas été capables d'écouter, ne serait-ce que pour une minute continûment, le jeu de la flûte. Si des misères nous arrivent, à qui le devons-nous ? Il faudrait que notre conscience soit associée au son de la flûte intérieure aussi étroitement qu'un danseur est enlacé à la danseuse, à ce moment-là la fête pourrait être complète.

Une expression de l'Évangile de Luc est intéressante, utilisée par Zacharie dans son cantique, le *Benedictus* : « Béni soit le Seigneur, le Dieu d'Israël... Il a érigé la corne du salut dans la maison de David, son serviteur » (Lc 1, 68-69). Cette corne de salut peut évoquer le chofar qu'on sonne le jour du Grand Pardon, dans un des moments certainement les plus impressionnants de l'année liturgique juive. Le chofar peut à son tour évoquer à l'intérieur deux conduits spécifiques : le premier physique, cette trachée-artère qui permet de soutenir l'émission sonore, et l'autre subtil qu'on pourrait appeler l'artère-colonne, dans le dos un peu en avant de la colonne vertébrale, qu'on appelle *sushumna* en yoga[345]. Le premier conduit permet d'exprimer les émotions habituelles par des « cris sonores », mais le second donne voie aux émotions spirituelles sous forme de « cris silencieux ». On pourrait dire que Dieu ne se soucie guère des cris sonores qui, peut-être même, lui cassent les oreilles, mais qu'il préfère, qu'il entend bien plus distinctement les « cris silencieux » qui lui touchent le cœur. C'est une interprétation possible de cette corne de salut intérieure que Zacharie semble avoir entendue et qu'il considère comme la bénédiction du Seigneur. En fait un texte sacré est comme un diapason qui donne la note de base, et les interprétations comme des harmoniques : tous n'entendent pas les mêmes harmoniques, mais tous ces harmoniques sont déjà contenus dans le texte.

Pour en revenir au chofar, nous pouvons nous interroger sur le lien entre le son et le Grand Pardon : l'effet d'un son prenant comme celui du chofar est à mon sens de paralyser le mental, d'y « faire un blanc » comme on dit parfois. Les mouvements mentaux en général basés sur des microtensions corporelles sont stoppés, il se produit une dissolution intérieure qui est aussi une forme d'absolution. Le son pénètre tout, il est comme un don du centre d'émission sonore à chaque fibre du corps, un don qui passe par chaque cellule, de ce fait il est aussi par-don : exprimé en d'autres termes le son, quand il est sacré, prépare le Grand Pardon.

On pourra objecter à cette idée que le silence est au cœur de l'enseignement de la Parole dans l'Évangile, le fait que le mot « silence » n'y apparaisse guère. Je répondrai : c'est parce que le silence est silence qu'il n'aime pas faire parler de lui ; il préfère rester implicite. C'est le moment de rappeler l'injonction du Christ, si importante pour lui qu'il la répète deux fois à peu de distance : « Que ceux qui ont des oreilles pour entendre entendent ! » (M 4, 9, répété au verset 23).

Les silences de Jésus

On parle souvent de ce que dit Jésus dans les Évangiles, mais nous pourrions nous intéresser pour quelque temps à ce qu'il ne dit pas, à ses silences. Dès sa naissance, on ne nous mentionne pas qu'il ait crié ou pleuré, ni que Joseph ou Marie se soient lancés dans de grands commentaires. Il semble qu'eux aussi soient demeurés dans le silence, comme les bergers, ce qui a permis au chant des anges d'être entendu. « Enfant », *in-fans,* signifie « celui qui ne parle pas ». On peut interpréter cela en disant que l'adoration de l'Enfant-Jésus par les trois Rois n'était pas tant destinée à celui qui ne parlait pas qu'au fait même de ne pas parler, c'est-à-dire qu'elle était offerte au Silence fait chair.

La vie cachée de Jésus, ainsi que les quarante jours — ce qui signifie on le sait les « nombreux » jours qu'il a passés dans le désert —, correspondent à des silences. Même dans sa vie de prédication, on nous dit que Jésus se retirait la nuit pour prier. En s'incarnant, il a accepté que son corps physique ait besoin du bain de l'eau, on pourrait de même dire qu'il a accepté que son mental et corps subtil aient besoin de bains de silence pour se rafraîchir et se régénérer régulièrement.

Sans être grand psychologue, on peut s'apercevoir que le mental ordinaire est en grande partie préoccupé par les relations affectives, en particulier de couple, et la politique. Qu'est-ce que dit Jésus des relations de couple ? Pratiquement rien, il se contente de répéter que l'homme et la femme sont appelés à ne faire qu'une seule chair, ce que les Juifs savaient de toutes façons déjà. C'est une forme de discrétion et de silence. Il en va de même pour la politique, dans laquelle ses fidèles zélés voulaient bien sûr l'entraîner. À part ses efforts pour s'en dégager tant qu'il a pu et le célèbre « Rendez à César ce qui est à César », il n'en dit pratiquement rien, c'est aussi une forme de silence vis-à-vis d'une cause importante de bruit mental pour la grande majorité des êtres humains. Il voulait probablement ne pas augmenter l'activité dispersante de la plupart des gens et que les fidèles trouvent par eux-mêmes comment appliquer dans leur vie les principes spirituels qu'il leur enseignait.

Mis en face de la femme adultère, il garde un silence qui s'abstient de condamner, et quand il parle, c'est pour pardonner (Jn 8, 6-11). Lors de la dernière Cène, il déclare à ses disciples : « J'ai encore beaucoup à vous dire, mais vous ne pouvez pas le porter à présent, mais quand il viendra, lui, l'esprit de vérité, il vous introduira dans la vérité tout entière » (Jn 16, 12-13). Par délicatesse de pédagogue, il évite de trop en dire pour ne pas heurter et s'efface librement dans le silence afin de laisser la place à l'Esprit qui parle au-dedans. La même nuit un peu plus tard, au Jardin des oliviers, il pratique le silence de sa volonté propre en disant : « Mon Père, s'il est possible, que cette coupe passe loin de moi ! Cependant, non pas comme je veux, mais comme tu veux » (Mt 26, 39). Devant le Sanhédrin, il répond aux accusations du grand prêtre de façon plutôt laconique, et le renvoie à lui-même : *Su eipei,* « Tu l'as dit » (Mt 26, 64). Même attitude en face de Pilate : après avoir simplement répliqué aux accusations par : « Tu le dis », « Jésus ne répondit sur aucun point, si bien que le gouverneur était fort étonné » (Mt 27, 14).

S'il y a bien une journée qui a été silencieuse dans l'itinéraire du Christ, c'est le Samedi saint. Le passé vient de se passer, le lendemain ne sera que demain, seul demeure le silence du tombeau, la présence du présent. Le matin de la résurrection, l'absence du corps dans le Sépulcre est aussi une forme de silence, celui de la chair et de la forme physique. Le *Noli me tangere,* le « Ne me touche pas » dit à Marie-Madeleine (Jn 20, 17) suggère le silence des sens subtils qui voudraient se raccrocher à une image habituelle de Jésus mais doivent aller au-delà vers le silence des représentations. Cela est confirmé par l'Ascension, qui est l'ultime silence des formes, et en est aussi l'ultime sublimation.

En contrepoint de tous ces silences de Jésus on peut aussi prêter une oreille attentive au silence de Marie. Elle ne parle qu'en quatre occasions : l'Annonciation (Lc 1, 34), la Visitation (Lc 1, 46), les retrouvailles avec Jésus dans le Temple (Lc 2, 48) et les Noces de Cana (Jn 3, 5). En dehors de ces moments-là, elle a gardé le silence, « elle conservait avec soin toutes ces choses les méditant en son cœur » (Lc 2, 19), elle était à la fois cachée dans, nourrie par et finalement identifiée au silence-présence. Elle est le silence qui devient Verbe, elle est cette mélodie muette qui se souvient de sa nature divine, en cela aussi elle est le modèle de la contemplation chrétienne. Comme le dit un moine du mont Athos : « On a beaucoup médité sur les paroles de Jésus, mais peu ont compris son silence. »

Un Invisible qui n'est pas inaudible

Jésus dit : le Père, personne ne l'a vu. Certes, il est un Dieu caché, *Deus absconditus,* mais on peut malgré tout l'écouter, il est un *Deus audibilis* autant que *mirabilis,* un Dieu merveilleusement audible. Dans son entretien avec Nicodème, Jésus parle du souffle de ceux qui sont nés de l'Esprit et de son omniprésence d'une façon qui évoque le son intérieur : « Ne t'étonne pas si je t'ai dit : Il vous faut naître d'en haut. Le vent souffle où il veut, et tu entends sa voix, mais tu ne sais pas d'où il vient ni où il va. Ainsi en est-il de quiconque est né de l'Esprit » (Jn 3, 8). Comme nous l'avons dit souvent, la vibration fondamentale est complètement libre, elle n'a pas de lieu, elle est *a-topos,* elle résonne aussi bien au-dedans qu'au-dehors. Ce n'est pas par hasard que les renonçants (*sannyâsis*) errants de l'Inde choisissent de l'écouter en se concentrant sur le *Om* intérieur.

Toute la parabole du semeur et les commentaires qu'en fait Jésus lui-même font allusion au *Logos,* dont un sens peut être le son intérieur. Il est comme une graine qui sera capable de pousser si rien ne l'étouffe, si elle n'est pas recouverte par les broussailles bruyantes du mental, par les distractions et finalement le manque d'attention (Mt 4, 20). De fait, le son subtil devient de plus en plus omnipénétrant par la pratique, de même que le grain de sénevé, quasi invisible, devient une plante si grande que les oiseaux du ciel peuvent s'y abriter. Les oiseaux figurent les mouvements du mental, ces pensées qui trouvent en fait leur véritable repos quand elles sont comme protégées par les branches du silence. Grâce au soleil d'une écoute attentive et à l'eau de l'amour, la graine de conscience peut devenir arbre de réalisation. C'est le moment de se souvenir de la parole de Paul : « Quoi qu'un homme sème, il le récoltera » (Ga 6, 17). Ailleurs il dit que la foi vient de l'écoute (*akoê*) et l'écoute de la Parole (*rhêma*) du Christ. La Bible de Jérusalem traduit *akoê* par « prédication », mais précise en note qu'il s'agit en fait bien d'« écoute », ce qui va dans le sens de notre interprétation. Quand l'écoute du courant sonore (*rhêma*), qui est une pratique suggérée par Jésus, devient continue, la foi est stable car basée sur l'expérience personnelle.

Lorsqu'une femme dit à Jésus : Heureux le sein qui t'a porté, il répond : « Heureux plutôt celui qui écoute la Parole de Dieu et la garde » (Lc 11, 28). En effet, la personne qui écoute la mélodie secrète est plus que la mère du corps du Christ, elle devient une avec son esprit. On pourrait dire qu'elle est réellement sur « la même longueur d'onde » que Lui. Dans le texte grec, il est écrit : *Ménoûn makarioi hoi akouontés ton logon toû théoû kai phulassontés.* Répétons que dans notre interprétation le *Logos* correspond à la Vibration fondamentale perceptible sous forme de courant sonore continu au fond de nous-mêmes. Signalons qu'en grec le verbe *akouô* peut signifier à la fois « écouter » et « entendre[346] » : il semble donc raisonnable de traduire par « écouter » quand Jésus mentionne son *logos,* terme qui est aussi devenu son propre nom, c'est-à-dire qui évoque sa vraie nature. On ne peut imaginer pouvoir nous approcher de celle-ci sans avoir une attention complète, c'est-à-dire aussi une écoute aiguisée. Même son injonction devenue quasi proverbiale « Qui a des oreilles pour entendre entende ! » (Mc 4, 9) serait mieux traduite à mon sens par : « Qui a des oreilles pour écouter écoute ! » car dans le domaine spirituel tout est question de conscience, que ce soit celle de l'esprit, du cœur ou de l'oreille. En latin, *audire* peut avoir aussi le double sens d'« entendre » et d'« écouter ». Il est intéressant de voir que pour dire par exemple dans les Psaumes : « *Ô Dieu,* écoute ma prière ! » la Vulgate mentionne : *Domine, exaudi orationem meam.* Le verbe *ex-audire,* « écouter hors de », a donné « exaucer », c'est-à-dire réaliser une demande. On peut dire, pour en revenir à la pratique du son subtil, que le simple fait d'écouter celui-ci signifie aussi qu'on l'« exauce », c'est-à-dire qu'on le réalise, qu'on en perçoit la vraie nature. Le son intérieur est la prière que l'Absolu adresse à l'homme en lui demandant de l'écouter, de l'« ex-aucer » et de se souvenir de Lui.

En Jean 5,24, Jésus déclare : « En vérité, en vérité je vous le dis : celui qui écoute ma Parole et croit en Celui qui m'a envoyé à la vie éternelle et ne vient pas en jugement, mais il est passé de la mort à la vie. » Cela appelle plusieurs commentaires. Déjà, le début de cet enseignement de Jésus en grec : *A*μην, αμην, λεγω νμιν *Amen, amen, lego humin,* traduit en général par « en vérité, en vérité je vous le dis » utilise en fait deux fois le mot *Amen.* Ce terme fait référence non pas à une vérité abstraite, mais à la base absolue du Vrai et du Bon, il exprime aussi la vibration sonore fondamentale. De même en Inde, quand une phrase commence par une sonorité similaire, *Om,* elle est considérée comme sacrée, comme sculptée à partir de la substance sonore originelle, elle devient comme un mantra védique. Le mot utilisé ici pour Parole est *Logos,* qui est aussi le Son. Quel est l'effet de l'écoute de ce Son ? Croire en « Celui qui m'a envoyé », c'est-à-dire cette Présence qui est la source à la fois du *Logos*-Christ et du *Logos*-Son, en d'autres termes l'Absolu. La personne qui pratique ainsi est au-delà du jugement, *crisis* dans le texte grec, c'est-à-dire de la dualité de la louange et du blâme, des critiques et en fait des crises en tous genres.

La stabilité du son intérieur n'est plus perturbée par le bruit que fait le mental des autres. Il vibre dans un éternel présent, et le fruit de son écoute est aussi éternellement présent : « Celui qui croit en celui qui m'a envoyé a la vie éternelle... il est passé de la mort à la vie. » Le verbe *metabebeken* est au parfait : « est passé », c'est-à-dire que l'action est déjà accomplie, et que son résultat est là bien présent maintenant. C'est pour cela que Jésus continue ainsi : « Amen, amen, je vous le dis, l'heure vient — et c'est maintenant — où les morts entendront la voix du Fils de Dieu, et ceux qui l'auront entendue vivront » (Jn 5, 25). La perception ici et maintenant de la mélodie secrète est effectivement une résurrection : la personne qui était enfermée dans ce silence de mort que représente la surdité spirituelle se met à entendre comme un bruissement de brise dans les feuillages, c'est le signe de la vie qui renaît. La caractéristique du son intérieur, c'est qu'il est toujours là, il ne peut nous être retiré sauf de par notre inattention. Ne serait-il pas l'écho sonore de cette meilleure part qu'a choisie Marie, ainsi qu'un moyen de s'en souvenir à l'instant même ? En effet, Jésus a dit à la sœur de celle-ci : « Marthe, Marthe, tu te soucies pour beaucoup de choses ; pourtant il en faut peu, une seule même. C'est Marie qui a choisi la meilleure part : elle ne lui sera pas enlevée » (Lc 10, 42).

Dans la parabole des vierges folles et des vierges sages, on nous dit : « Au milieu de la nuit un cri retentit : « Voici l'époux ! Sortez à sa rencontre ! » (Mt 25,6). Ce cri est toujours crié silencieusement ; si nous savons garder avec nous l'huile de l'attention, il y a possibilité de l'écouter à tout instant : cela ne tient qu'à nous.

Ceux qui pratiquent l'écoute du silence peuvent comprendre la demande du *Notre Père* : « Donne-nous aujourd'hui notre pain de chaque jour » comme le fait d'être toujours présent à ce son essentiel qui nous nourrit jour après jour quand nous y faisons attention. En cela, on peut aussi le rapprocher de la manne. On se souvient qu'il ne fallait pas conserver celle-ci, sauf dans une jarre au Temple, juste en face du Saint des saints (Ex 16, 12-14) : la jarre suggère le corps où la manne du Son fondamental est toujours disponible, pour peu qu'on soit présent et que notre conscience soit purifiée (être en face du Saint des saint). À ce moment-là, l'effet de l'écoute transcende le temps : YHWH donne ces instructions dans le but de la « préserver pour les générations » (Ex 16, 13).

Dans le discours de la Cène, Jésus dit à ses disciples : « La parole (*logos*) que vous entendez n'est pas de moi, mais du Père qui m'a envoyé » (Jn 14, 24) et un peu plus loin : « Maintenant vous êtes purs à cause de la parole (*logos*) que je vous ai dite. Demeurez en moi, et moi en vous » (Jn 15, 3-4). Jésus se définit ici comme un écho de l'Origine, écho qui a l'avantage d'être audible par l'oreille de notre cœur humain. Il nous initie à l'écoute du son subtil qui purifie, ne serait-ce que parce qu'elle arrête le mental. Celui-ci mène finalement à l'expérience d'écoute non duelle, où l'on ne sait plus bien si c'est nous qui percevons le *Logos*-Son, ou si c'est Lui qui nous perçoit. L'initiation sonore que confère Jésus est aussi bien exprimée lorsqu'il dit dans le même discours : « Je vous appelle amis, car tout ce que j'ai entendu de mon Père, je vous l'ai fait connaître » (Jn 15, 15). Ceci peut sembler en contradiction avec ce qu'il déclare au chapitre suivant : « J'ai encore beaucoup de choses à vous dire, mais vous ne pouvez pas le porter à présent », mais c'est en fait compatible avec l'idée d'initiation : celle-ci ouvre à une méthode en vue de la connaissance fondamentale, après c'est à nous de la pratiquer dans toutes ses dimensions.

Ceux qui ont une approche cartésienne sont peut-être gênés par le fait que je passe sans cesse de la notion de son à celle de silence ; mais c'est justement ce paradoxe qui permet la révélation d'une conscience plus haute. L'Évangile de Thomas nous dit : Si on vous demande : quel est le signe que le Père est en vous, vous répondrez : « C'est un mouvement et un repos » (logion 50). Dans le domaine auditif, mouvement signifie son et repos veut dire silence.

Deux notions sont associées dans les mots latins et, de façon plus générale, dans les conceptions traditionnelles : *nomen,* le « nom » et *numen,* le « pouvoir ». En sanskrit, on pourrait y voir une certaine relation avec *nâda,* le « son » et *prâna,* l'« énergie ». Le Père est associé au Silence primordial, le Christ Verbe de Dieu exprime le *nomen,* le versant sonore, et l'Esprit, la dynamique de l'énergie divine — on parle souvent de *dunamis* à son propos dans le texte grec des Évangiles — manifeste le *numen,* le versant énergétique, le feu, et la lumière. Une contemplation trinitaire dans un yoga chrétien simple pourrait être de se représenter le Père comme le point d'origine (*bindu*) d'où résonne le Son fondamental (*nâda*), c'est-à-dire le Fils, et d'où rayonne également la lumière non moins fondamentale (*prakâsh*), c'est-à-dire l'Esprit.

Dans une autre pratique, on pourrait méditer sur la Trinité comme un point ou une corde d'instrument de musique qui vibre dans l'axe central du corps, le manche de l'instrument étant analogiquement relié à la colonne vertébrale et la caisse de résonance par exemple à l'espace du cœur subtil. Un point ou une corde qui oscille le fait entre deux positions extrêmes et autour d'un centre. On pourrait associer les pôles extrêmes au Père et au Fils, et le centre qui les unit à l'Esprit. De leur relation, de leur vibration naît l'amour, la vie et ce son subtil que nous pouvons cependant percevoir. La vibration divine provient d'une seule corde, et la conscience de l'homme n'a qu'une oreille, celle du cœur, pour la percevoir. Certains pourront être gênés par cette analogie entre la Trinité et l'instrument de musique, la trouvant trop matérielle ; mais elle ne l'est pas plus que l'analogie avec la colombe ou la langue de feu, et je suis de plus de l'avis de Coleridge qui soutient que la vraie musique vient d'au-delà et va au-delà des limitations de l'être humain. Nous avons déjà mentionné sa réflexion : « La meilleure sorte de musique est ce qu'elle doit être : sacrée [347]. »

Les paroles de Jésus sont comme la pointe de l'iceberg, la masse de celui-ci correspond à son silence. Pierre fait une différence entre la Parole éternelle et l'Evangile qu'il prêche : l'herbe se dessèche et la fleur tombe, mais la Parole du Seigneur demeure pour l'éternité. C'est cette Parole dont la bonne nouvelle (Évangile) vous a été portée (1 P 1, 25). Si on interprète Parole par Son fondamental — et nous avons vu qu'il y avait beaucoup d'arguments en ce sens — la « bonne nouvelle » inclut alors l'enseignement de l'écoute du silence. L'Esprit-Saint a lui aussi à faire avec ce Son. Pour la messe de la Pentecôte, on reprend en chant grégorien le texte du livre de la Sagesse : *Spiritus Domini replevit orbem terrarum, et hoc quod continet omnia scientiam habet vocis,* « L'Esprit du Seigneur remplit l'univers, et Ce qui contient tout possède la connaissance du Son » (Sg 1, 7) ; le texte grec des Septantes parle de *phônê,* qu'on traduit d'habitude par « voix » mais qui peut aussi bien se traduire par « son. ». La traduction par « science de la voix » n'a d'ailleurs guère de sens : de quelle science pourrait-il s'agir ? L'Esprit ne se mêle pas d'orthophonie... En réalité, la conscience divine est à la fois englobante comme le silence et intime comme la connaissance et sa mélodie secrète.

Venons-en maintenant à l'Apocalypse dont le nom signifie, rappelons-le, Révélation. On pense d'habitude d'abord aux visions, mais il faut savoir qu'il y a aussi toutes sortes de phénomènes auditifs qui se sont révélés à l'oreille de Jean lorsqu'il contemplait les vérités éternelles sur l'île de Patmos. Les voix qui parlent à Jean peuvent clamer comme une trompette (Ap 1, 10) ou comme le tonnerre (8, 11). Les sept trompettes des anges entraînent toutes sortes de désastres (ch. 8 et 9), elles sont agrémentées du grondement des sept tonnerres (10, 3) rendu encore plus terrible, dans le même verset, par un ange qui rugit comme un lion. On imagine l'aigle en général comme un oiseau serein et planant au-dessus de la mêlée, mais dans l'Apocalypse, lui aussi se met à crier (8, 13), pris par l'épidémie sonore qui envahit le ciel. La voix du Fils de l'Homme est comme la voix de grandes eaux (1, 15). Cela peut sembler en contradiction avec la voix d'un fin silence que percevait Élie à l'Horeb : il n'en est pas ainsi à mon sens ; en effet, nous avons vu dans la description des dix sons classiques selon le yoga qu'il en existe certes de doux (flûte, vînâ, clochettes), mais de violents également (tonnerre, etc...). Le timbre des sons varie en fonction de l'état intérieur de celui ou celle qui les écoute, il n'y a que soi-même qui puisse faire l'expérience du son intérieur instant après instant. En ce sens, Jean dit que quand le héros de sa vison qui s'appelle « Fidèle » et « Vrai » apparaît, il voit inscrit sur lui un nom qu'il est seul à connaître (Ap 19, 11-12). Du point de vue de notre interprétation, la fidélité à son nom, à sa vocation propre est aussi perception de sa vraie nature et du vrai son de l'origine qui est continûment présent, bien que masqué en général par les bruits du mental. Tout cela ne veut pas dire qu'il n'y a pas de place pour le silence dans le livre de la Révélation. Quand, après l'ouverture des six sceaux et la vision des élus au ciel, l'Agneau ouvre le septième sceau, « il se fit un silence dans le ciel, environ une demi-heure » (8, 1). Celui-ci arrive à point nommé, car que pourrait-il y avoir de plus céleste que le ciel, de plus paradisiaque que le Paradis, si ce n'est un silence pleinement conscient ?

La symbolique du Christ comme poisson en rapport avec le silence dans l'Église antique

Un des symboles les plus courants du Sauveur dans l'Eglise ancienne était le poisson. En effet, poisson se dit ιχΘυς, *ichthus* en grec, ce qui est expliqué comme une abréviation de *Iêsous Christos Théou Uios Sôtêr,* « Jésus-Christ Fils de Dieu, Sauveur ». Il peut paraître étonnant qu'on ait choisi comme allégorie de la Parole, du Verbe divin l'animal le plus silencieux qui soit, le poisson. Ne dit-on pas « muet comme une carpe » ? On se serait attendu plutôt à un lion qui rugit, comme ces lions de Sarnath qui rugissent dans les quatre directions de l'espace et qui évoquent l'expansion du message bouddhiste. Cependant, ce paradoxe s'éclairera si l'on se souvient de la distinction importante que nous avons établie entre Verbe extérieur et Verbe intérieur.

Le message du Christ devait être exprimé discrètement à l'époque des catacombes, et il n'est pas si étonnant que les chrétiens aient pris comme symbole un animal sous-marin. Certes, le poisson est un aliment, mais il suggère la vie et la sagesse des origines qui enseigne par et dans l'infinité océanique du silence. Il est le germe des mers, celui qui donne sa fécondité aux espaces abyssaux. De même, le nom du Christ rend vibrant et fécond le fond de l'âme. On pense à ces mantras très courts, en général d'une syllabe, qu'on appelle en Inde *bîjas*, les « germes », qui sont associés à une divinité particulière. Le poisson était aussi une nourriture de tous les jours comme le pain pour les peuples du pourtour méditerranéen, de même la pratique du son intérieur peut devenir le pain quotidien, il faudrait dire le poisson quotidien qui nourrit la conscience.

La mitre épiscopale a une forme de bouche de poisson tournée vers le haut, c'est une symbolique bien connue qui indique la relation particulière entre l'évêque et le Christ. Par sa position même, elle indique comme point d'origine du Verbe intérieur, du son du silence l'espace au-dessus de la tête, nous retrouvons là une réalité subtile qui a été bien exprimée dans la notion de *bindu* (point, le plus souvent au-dessus de la tête) comme origine du *nâda* (son) dans le yoga. Nous avons vu qu'il y a même une Oupanishad « tardive », c'est-à-dire remontant au premier millénaire de l'ère chrétienne, qui s'intitule Nâda-bindu Oupanishad. Ce point est aussi une charnière entre le monde d'en haut et le monde d'en bas, entre le Silence céleste et ces paroles qui parlent à notre cœur.

Dans l'Antiquité, le baptême consistait en une immersion complète dans une piscine. Le mot même « piscine » évoque en latin l'endroit des poissons. Par son plongeon, le néophyte devient au moins pour un temps identifié au poisson, c'est-à-dire au Sauveur : plus que d'une l'imitation de Jésus-Christ, c'est une identification à lui. Quand on a la tête sous l'eau, il se passe à mon sens au moins deux changements importants : la manière dont on entend les sons est tout à fait différente, ils paraissent plus envahissants, plus omniprésents, on les ressent aussi bien à l'extérieur qu'à l'intérieur du corps, on a le sentiment de se dissoudre non pas tellement dans l'eau que dans ce son répandu dans l'eau ; par ailleurs, si on reste un peu sous l'eau, on est en arrêt respiratoire, et ceci ne manque pas de provoquer une réaction de l'organisme sans doute liée entre autres à la libération d'endorphines ; celles-ci ont pour fonction de libérer les dernières énergies possibles de l'organisme pour échapper à la noyade mais elles ont aussi l'intérêt de déclencher une euphorie, un sentiment de dissolution du corps qui fait qu'on oublie toute souffrance et tout malaise. L'ensemble de ces facteurs aide à une « libération du péché », pour suivre le langage employé dans l'initiation chrétienne.

Les premiers chrétiens se réfugiaient dans les catacombes pour échapper aux persécutions des Romains ; nous avons mentionné que l'univers souterrain, comme l'univers sous-marin, est un espace où la perception des sons est différente, le son du silence lui-même y est beaucoup plus massif et vibrant, comme si la densité même du milieu qui nous entourait nous renvoyait un silence tout aussi dense. Actuellement encore, ceux qui cherchent réellement à se mettre au diapason, sur la même longueur d'onde, que le *Logos*-Son intérieur, doivent se réfugier dans les catacombes de la contemplation auditive pour résister à l'agression de légions innombrables de bruits. Parmi eux, le bruit religieux provenant de sermonneurs en tout genre n'est pas le moindre, ni le moins facile à éviter.

Puisque nous nous intéressons à l'écoute du silence dans le christianisme antique, nous nous devons de mentionner les nombreux liens qui unissent le Christ et Orphée. Certains historiens disent que c'est à cause de ces similarités que le message chrétien a été si facilement adopté par le monde grec. Nous avons déjà mentionné l'histoire d'Orphée dans le premier chapitre, nous pouvons maintenant réfléchir brièvement sur la notion de mystère. Les candidats à l'initiation aux mystères étaient des mystes, c'est-à-dire littéralement des « muets », qui se préparaient dans le silence à recevoir l'enseignement suprême d'Orphée ou du Christ. Ils étaient comme des poissons privés de parole attendant d'être attrapés par ce pêcheur qu'est aussi le Christ ; il utilise le *Logos,* ce son perçu simultanément à l'intérieur et à l'extérieur, à la fois comme un appât au-dedans et un filet au-dehors ; grâce à cela, il arrive à capturer ce « poisson » qu'est le pratiquant de l'écoute du son.

On ne parle pas de la descente aux enfers dans le Nouveau Testament, mais pourtant c'est devenu ensuite un article du credo.

Il y a là une influence certaine de l'orphisme sur le christianisme, tout en reconnaissant ce que ce symbolisme a d'universel. Du point de vue corporel, on comprendra que le son d'un silence paisible et lumineux éveillé dans les centres supérieurs se répand progressivement jusqu'aux centres inférieurs où il apaise et soulage leurs cris de frustration et de colère, d'où finalement la libération d'un enfer qui est à la fois mental et bien réel — le sien propre.

Si on essaie de traduire littéralement les deux noms les plus courants du Fils de Dieu dans le christianisme grec, *Christos-Logos,* il nous faudrait sans doute parler d'« Onction sonore ». Dans notre interprétation, le simple fait de s'appliquer à l'écoute du son intérieur a l'effet calmant d'une huile médicinale qui adoucit et relaxe toutes sortes de crispations et de contractures. Les mystères orphiques ont aussi des liens avec l'enseignement de Pythagore. Mentionnons simplement que la première phase du noviciat dans cette école consistait en cinq ans de vœux de silence complet. Sachant cela, il n'est pas étonnant que les disciples aient pu développer une perception fine du son intérieur qu'ils appelaient dans leur vocabulaire la « musique des sphères ». Ces sphères étaient situées, rappelons-le, dans les « cieux », c'est-à-dire du point de vue yoguique dans la tête au niveau du front, du vertex (le sommet) et au-dessus.

Les moines, témoins du silence

Les premiers moines du désert vivaient immergés dans le silence comme des poissons dans l'eau. C'est peut-être pour cela entre autres qu'ils n'ont pas cherché à en théoriser la pratique. La devise d'un des premiers moines du désert, Arsène, était : *Fuge, tace, quiesce,* « Fuis, tais-toi et sois en paix[348] », le silence extérieur n'étant bien sûr considéré que comme une préparation au silence intérieur. « témoin » est le sens premier du mot « martyr ». À l'époque où l'Église a cessé d'être persécutée et où donc la gloire du martyre n'était plus facile à obtenir, les moines ont expliqué qu'ils montaient au désert pour recueillir les palmes d'un autre martyre. Réfléchissons à cela : nous pouvons admettre facilement que le silence soit un des témoignages les plus directs de l'Absolu, mais est-ce pour autant qu'il doit être un martyre ? Il a peut-être quelque chose de cela pour un débutant, car il s'agit d'une discipline austère, mais une fois qu'on est entré assez sur la voie de son écoute, une libération authentique de la souffrance survient. Le réel martyre pour les moines n'est sans doute pas le fait de pratiquer le silence, ils s'y trouvent plutôt au paradis, c'est de réaliser que si peu de gens dans le monde perçoivent l'utilité de leur silence de moines et du silence pour eux-mêmes. Même le clergé qui s'adonne à la prédication a du mal à comprendre ce silence monastique. Il y a à ce propos une histoire bien connue des Pères du désert que les Chartreux d'ailleurs ont tellement aimé qu'ils l'ont mise dans leurs Constitutions : « Un hôte de passage s'apprête à quitter un Ancien dans le désert d'Égypte. Il lui dit : “Je pars aller voir le métropolite d'Alexandrie, as-tu quelque message à lui communiquer ?” L'Ancien répliqua : “Comment serait-il édifié par le sens de mes paroles, s'il ne l'est pas par celui de mon silence ?” »

À peu près à la même époque, la solitude avait aussi un appel puissant pour un néoplatonicien comme Plotin : « Le Un est comme un son qui remplit le silence de l'espace (littéralement *hérêmia,* la « solitude »). Tout homme qui prête l'oreille en un point quelconque de cet espace recevra le son à la fois tout entier et non tout entier[349]. » En effet, puisque le son est partout, un point de l'espace ne peut être le son tout entier, mais comme il est le même partout, chaque point de l'espace contient malgré tout ce son tout entier. Il n'y a pas à choisir théoriquement entre parole et silence, comme le disait sagement Abba Poemen à qui on demandait laquelle des deux possibilités était la meilleure : « Parler pour Dieu, c'est bien, se taire pour Dieu, c'est bien aussi. »

Le moine est celui qui, par la récitation de l'office divin, pratique la « manducation de la parole », pour reprendre l'expression de Marcel Jousse. Celle-ci est naturellement suivie par la rumination des pensées, puis l'assimilation dans le silence. C'est ainsi que la nourriture matérielle des sons se transforme en pure conscience. La Règle de saint Benoît est dans l'ensemble assez concise, mais elle consacre un chapitre entier au silence, sous le titre évocateur de « De taciturnitate »... Il ne faut pas comprendre par cela qu'il faille être taciturne au sens moderne du terme, c'est-à-dire maussade, mais plutôt qu'il faut avoir le regard et l'ouïe tournés vers le silence du dedans. Les Cisterciens ont intensifié la pratique du silence dans la vie monastique : ils l'allient avec le travail manuel ; pendant longtemps ils ont beaucoup utilisé un langage de gestes pour mieux respecter le silence de la bouche. Ce silence permet de percevoir clairement la vibration du Verbe, entraînant une montée de l'énergie intérieure comme nous l'avons vu dans le yoga avec le *nâda-bindu.* Saint Bernard dit par exemple : « Le Verbe est venu en moi plus d'une fois. Je suis monté à la partie supérieure de moi-même et plus haut encore là, où siège le Verbe[350]. »

Je connais une sœur bénédictine qui a choisi de pratiquer cette voie de l'écoute du silence dans son monastère de la campagne française, et c'est pour elle que m'est venu d'abord l'idée de cet écrit. Elle a eu une vocation tardive et n'a pas été satisfaite du moule religieux de son couvent insistant exclusivement sur la dévotion. Elle a eu une conversion soudaine par l'expérience d'une rencontre avec Dieu. Voici ce qu'elle m'écrit : « Le mot "rencontre" ne convient pas, mais il n'y en a pas d'adéquat. Après celle-ci, je ne m'intéresse qu'à Lui et je n'ai aucune "dévotion" : ni chapelet ni mariologie, etc. Ma pratique est ou de m'asseoir ou de marcher, de faire en moi silence par les moyens que vous connaissez (attention au souffle ou attention aux battements de mon cœur — ou attention à ce qui rentre de silence dans mon oreille) et, dans ce repos, d'attendre la présence de mon Dieu, "arrêtez, et sachez que je suis Dieu" (Ps 46, 11). » Influencée par les écrits de moines du désert comme Isaac le Syrien, elle m'a envoyé en partage une ou deux citations de ce dernier : « Aime le silence plus que tout, car il te donne de porter du fruit. La langue est incapable de l'expliquer. Efforçons-nous d'abord de nous taire. C'est par le silence que va naître en nous ce qui conduira au silence. Que Dieu te donne alors de sentir ce qui naît du silence. Si tu agis ainsi, je ne saurais te dire quelle lumière se déversera sur toi[351] », « le silence est le mystère des siècles à venir[352]. Cette même sœur bénédictine qui pratique l'écoute du silence et en nourrit son âme m'a aussi envoyé certaines strophes du *Pèlerin chérubinique* d'Angélus Silésius[353] sur le sujet :

C'est dans le silence que l'on loue Dieu
Imagines-tu, pauvre de toi, que le cri de ta bouche soit la louange qui convienne à la Déité silencieuse ? (239)

Se taire, c'est entendre.
La Parole retentit en toi plus que sur d'autres bouches.
Que tu te taises devant elle, aussitôt tu l'entends. (299)

Les instants où l'on entend Dieu parler.
Lorsque tu penses à Dieu, alors tu l'entends en toi :
Si tu te tais et garde le silence, il parle sans arrêt. (330)

Dieu entend même les muets.
Homme, s'il ne t'est pas possible d'honorer Dieu en Lui demandant grâce en paroles,
Tiens-toi devant lui rien que muet : Il t'exaucera, c'est certain. (297)

Penses-tu dire le Nom de Dieu dans le temps ? On ne l'énonce pas même en une éternité[354].

Pétrarque a consacré tous ses dons littéraires et sa grande connaissance des textes classiques à un livre sur la vie solitaire dont il a fait lui-même l'expérience à la Fontaine du Vaucluse, dans ce lieu naturel chargé d'énergie où il y a la résurgence de la Sorgue. Il est intéressant de voir qu'à la fin de ce Moyen Âge qu'on dit fermé et intolérant, il avait une grande admiration pour les brahmanes de l'Inde, de quoi faire réfléchir ceux qui, dès qu'ils voient une forme de spiritualité à l'air un peu l'étranger, crient à la secte. L'extrait ci-dessous me touche particulièrement puisqu'il décrit la vie des ermitages en Inde, et j'ai préparé ce texte dans l'un d'entre eux, en Himalaya : « Ces brahmanes sont, dit-on, extraordinaires par la continence et la pureté de leur âme, et tout à fait dignes de vénération pour leur mépris des richesses et leur silence sans faille. C'est dans le silence et non pas, à l'instar de beaucoup, dans les contes de vieilles bonnes femmes que leurs oreilles se récréent le plus. Ce silence n'est pas troublé par les cris des hommes ou par des chansons profanes, mais par le chant des oiseaux et par le son des hymnes, la seule chose à laquelle ils exercent leur langue. Tous leurs désirs, tous leurs espoirs sont uniquement placés dans les fins dernières. Leur nourriture est constituée d'herbes et de baies... leurs maisons sont construites à l'aide de branches d'arbres... ils se désaltèrent aux sources[355]. » Un disciple de Mâ Anandamayi que je connais bien a passé dix-sept ans en Himalaya, menant à peu près ce genre de vie très proche de la nature. Pendant une période, il a fait retraite dans une région des montagnes qu'il ne connaissait pas et il y a trouvé la solitude naturelle particulièrement pure et belle. Il a exprimé ce sentiment à Mâ qui s'est mise à sourire et a juste dit : « C'est normal, il n'y a pas là-bas d'êtres humains pour polluer. »

Avant d'étudier plus en détail quelques grands mystiques chrétiens à propos du silence, nous allons achever cette partie sur la tradition du silence dans le christianisme par des réflexions de Grégoire de Nysse. Il dit dans sa *Vie de Moïse,* en parlant de l'ascension de celui-ci vers le mont Sinaï au son des trompettes : « La trompette céleste correspond à l'admirable harmonie du monde publiant la sagesse qui éclate dans l'univers et raconte la grandeur de la gloire de Dieu... N'est-ce pas là une trompette puissante, qui enseigne de façon claire et retentissante ?...Celui dont l'oreille du cœur est purifiée perçoit ce son — j'entends par là la contemplation de l'univers d'où sort la connaissance (gnose) de la puissance divine — et par lui est conduit à pénétrer en esprit là où est Dieu. Ce lieu est nommé "ténèbre" par l'Écriture[356]. »

Grégoire Palamas : de la lumière au son incréé

Grégoire Palamas a vécu comme moine au mont Athos au XIVe siècle. Il est connu pour avoir défendu les pratiques hésychastes, en particulier les pratiques corporelles en vue d'obtenir la paix de l'esprit contre les attaques d'un intellectuel laïque professeur de philosophie à la cour de Constantinople, un certain Balaam. Il a aussi beaucoup médité sur la lumière du mont Thabor. Il distingue deux aspects dans cette lumière, celle qui est essence et celle qui est énergie ; la première est transcendante, mais on peut cependant s'acheminer vers elle via la seconde. Ce qu'il dit de la lumière essentielle peut être transposé au Son fondamental d'une manière simple et directe, et permet de renouveler notre vision, ou notre écoute des choses et de l'approfondir : « La lumière (le son) du Thabor n'était pas une hallucination... mais restera pour l'éternité, et a existé depuis le début[357]. »

« Quand tous les saints s'accordent à qualifier cette lumière de divine (ce son divin), comment osez-vous (il s'adresse à Balaam, le critique acerbe des hésychastes) la considérer étrangère à la divinité, en l'appelant "réalité créée" ou "symbole de la divinité" et en prétendant qu'elle est inférieure à l'Intellect (au sens médiéval du terme, c'est-à-dire l'intuition supérieure capable d'expérience du Divin)[358] ? » Voici une déclaration qui réjouira l'oreille et le cœur de ceux qui suivent la voie de l'écoute du silence : « Cette lumière (cette sonorité) mystérieuse, inaccessible, immatérielle, incréée, déifiante, ce rayonnement, cette résonance de la nature divine est à la fois accessible à la perception des sens et la transcende. »

Il s'agit d'une clarification importante qui a aussi été établie en Inde. Dans le domaine du son par exemple, on distingue souvent d'une part le *Omkar,* la syllabe *Om* qui désigne le son intérieur certes, mais qu'on peut quand même percevoir de façon subtile, et d'autre part le *prânava,* qui est le Son fondamental qu'il n'est pas possible de percevoir comme un objet. On peut simplement vibrer avec lui, car il n'est pas différent du Soi, c'est-à-dire du Sujet pur. On fait aussi le même genre de distinction entre *anâhata,* le son subtil mais audible, et *nâda,* le son originel : on peut le « devenir » en se mettant à vibrer à son diapason, mais on ne peut vraiment le prendre comme objet d'audition. *L'anâhata* mène au *nâda* quand on réussit à purifier progressivement les bruits mentaux et même des mouvements de l'intuition supérieure. Il en va de même lorsqu'on se dirige vers la lumière au-delà, Denys l'Aéropagite dit : « Une telle union aux lumières d'en haut a lieu grâce à une cessation de toute activité de l'intellect[359]. »

Le Palamite reconnaît à sa manière le lien entre lumière et son que nous sommes en train d'indiquer, en évoquant la « conversation » avec Dieu : « Cette lumière (du Thabor) céleste infinie, en dehors du temps, éternelle... La forme sans forme de la tendresse divine déifie l'âme et la rend digne de converser personnellement avec Dieu[360]. » Pour continuer notre parallélisme entre lumière et son, qui est en quelque sorte une contemplation du Thabor sonore, nous pourrions méditer sur un des Proverbes de la Bible qui dit : « À tout jamais la Lumière resplendit » (Pr 13, 9) ; sur le plan auditif, cela donnerait : À tout jamais le Son résonne. Après tout ce que nous avons dit, nous nous retrouvons en pays connu. Dans le domaine de la vision, les théologiens, en particulier orthodoxes, ont très bien pu accommoder la lumière incréée et sans forme avec le culte de l'icône. Par contre, dans le domaine de l'écoute intérieure, il semble que la méditation directe sur le Son fondamental ait été facilement recouverte par une préoccupation plutôt exclusive avec les paroles explicites des Écritures, au risque de tomber dans une sorte de logolâtrie. J'entends *logos* ici dans le sens du verbe extérieur comme nous l'avons défini auparavant. Il ne s'agit pas d'être « logoclaste », les paroles sont nécessaires, mais il faut seulement s'apercevoir qu'il y a une certaine dose de « logolâtrie » qui voile la vibration d'un silence plus fondamental. Grégoire de Naziance exprimait cette nécessité du dépassement de la parole à l'issue de quarante jours de silence qu'il avait observés à l'occasion d'un carême : « Aujourd'hui je fais entendre ma voix ; j'ouvre mes lèvres que le silence tenait closes et tu trouveras en moi une cithare prête à chanter. J'ai sacrifié intérieurement mon intelligence à l'Intelligence, mon verbe au Verbe[361]. »

Eckhart et le maître-silence

On appelle Eckhart maître à juste titre ; cependant, quand on le lit attentivement, on a ce sentiment que son maître à lui a été le silence. Ses formules mêmes vont éclairer les différentes facettes de ce thème central. Sa démarche est d'emblée apophatique : « Là où tout emploi d'un nom est exclu, c'est là que l'âme connaît le plus purement de tout[362]. » Le silence des noms va jusqu'au silence des Personnes trinitaires : « Cet Un unique est sans mode et sans propriété. Pour que Dieu le pénètre de son regard, il faut qu'il soit dépouillé de tous ses noms divins et des propriétés des Personnes... Là, il n'est en ce sens ni Père, ni Fils ni Saint-Esprit et cependant il est un Quelque chose qui n'est ni ceci ni cela[363]. »

On peut relire une réflexion fondamentale du Thuringien sur l'éternel présent en mettant en parallèle lumière et son comme nous l'avons fait plus haut avec Grégoire Palamas : « (Après avoir parlé de la puissance de l'âme qui est joie et printemps éternel)... dans cette puissance, Dieu est comme dans l'instant éternel. Si en tout temps l'esprit était uni à Dieu dans cette puissance, l'homme ne pourrait pas vieillir, car l'instant où Dieu fît le premier homme, l'instant où le dernier homme disparaîtra et l'instant où je parle sont égaux en Dieu : ils n'y sont qu'un seul et même instant. Or, voyez, cet homme demeure dans une seule et même lumière (résonance) avec Dieu ; c'est pourquoi il n'y a en lui ni souffrance ni succession, mais une même éternité ; cet homme, vraiment, ne peut s'étonner de rien et toutes choses sont en lui de manière substantielle ; aussi ne reçoit-il rien de nouveau des choses à venir ni d'un accident quelconque ; car il habite dans un présent qui, toujours et sans cesse, est nouveau[364]. » Ces paroles d'Eckhart résonnent d'elles-mêmes dans la profondeur de l'âme, elles sont à elles-mêmes leur propre commentaire.

L'âme peut « faire sa percée » en Dieu. Elle dépasse alors les relations des Personnes pour pénétrer dans les « silencieux déserts[365] ». Eckhart cite saint Augustin à propos de l'oreille du cœur : « Mon âme, sois sourde, dans l'oreille de ton cœur, au tumulte de la vanité. Entends le Verbe[366] » C'est l'égalité silencieuse du mental qui permet au Divin de se répandre joyeusement en nous : « Dieu et, si joyeux en cette égalité que, en Lui-même, il transfuse complètement sa nature et son être dans cette égalité. Il éprouve la même joie que celui qui fait courir un cheval sur une lande verte, là où elle est bien plate et égale. » Le son du silence n'est arrêté par rien, en cela il est expansion, en cela il est Dieu. Ailleurs, le Thuringien reprend cette question de l'élargissement de conscience en faisant une condition *sine qua non* de la croissance spirituelle : « Celui qui n'est pas grand n'obtient rien, quoi qu'il fasse. »

Gardons présent à l'esprit le lien déjà souvent fait entre le Verbe et le Son intérieur pour mieux comprendre cette formule eckhartienne : « Quand l'âme est vide du temps et du lieu, alors le Père y envoie son Fils. » L'absorption complète dans le Son intérieur stoppe le mental, ainsi, on ne peut même plus concevoir ce qu'est le temps ou le lieu. De plus, cette mélodie secrète étant omniprésente, elle ne peut être associée à un lieu particulier, ou si c'est le cas, c'est seulement pour la commodité de la méditation. Un grand thème de la pensée d'Eckhart, c'est que le Verbe est continûment engendré au fond de l'âme, comme une source intarissable, comme un printemps éternel : « Dieu verdoie et fleurit... Le Père éternel engendre sans cesse son Fils éternel[367]. » Quand il y a continuité dans l'écoute du son subtil, l'âme est unifiée à elle-même et à l'Absolu (le Père), elle est toute pénétrée de la vibration et devient finalement elle-même vibration (fécondité de la naissance du Fils au-dedans). L'union complète du Père, du Fils et de l'Esprit se poursuit dans le temps comme l'union de trois filaments suffisamment longs forme un fil qui peut se dérouler à perte de vue.

On dit dans les Psaumes : « Qui T'écoute ne sera pas confondu ». En effet, Dieu est un Son unique que nous écoutons avec une oreille unique, l'écoute en elle-même est unification et clarification, l'inattention et la négligence mènent à la confusion, voire à la mort. Saint Bernard, en un jeu de mots bien connu entre *amat et animat,* disait : « L'âme est plus là où elle aime que là où elle anime. » Comme nous l'avons souvent fait remarquer, la concentration sur le son qui pénètre l'intime de nous-mêmes est une œuvre d'amour. L'âme est plus dans le silence qu'elle écoute que dans tous ces bruits mentaux auxquels elle a de moins en moins envie de faire attention. On peut rapprocher la fine pointe de l'âme (le *summum mentis,* le « sommet de l'esprit » dont parle Richard de Saint-Victor et qu'Eckart évoque par l'« étincelle de l'âme », *scintilla animae* ou *das fünkelin der sêle)* de ce point *(bindu)* au sommet du corps subtil en yoga d'où rayonnent à la fois le son et la lumière.

L'absorption dans le son intérieur permet d'oublier tous les bruits vains de l'ego ; en cela elle développe la véritable humilité et « l'homme humble et Dieu ne font qu'un[368] ». Dans l'Exode (20, 10), on nous dit que le peuple s'adresse à Moïse ainsi : « Parle-nous, toi, car nous ne pouvons entendre Dieu. » On pourrait interpréter cela comme une demande d'initiation à la pratique de l'écoute du son du silence, une pratique qui n'est pas si facile a priori pour quelqu'un qui n'en a pas entendu parler avec quelque détail. En fait, on peut dire que c'est le son essentiel lui-même qui est une sorte de maître, de Moïse intérieur nous transmettant sans cesse l'initiation au « Je suis celui qui suis ».

Il y a un lieu en nous où la vibration du silence devient soudain clairement perceptible. Une fois qu'on l'a atteint, on s'exclame avec Jacob : « Dieu était là, et je ne le savais pas ! » (Gn 28, 16). Le son intérieur ne peut être passé, car aussitôt qu'on cherche à s'en souvenir, on se met à l'entendre ici et maintenant. De même, il ne peut être futur, car aussitôt qu'on cherche à l'imaginer, on l'entendra également. Cela fait penser à une réponse d'Augustin qu'Eckhart a aimé citer : « Tu me demandes ce qu'est la vie éternelle ? Interroge et écoute la vie éternelle elle-même[369]. » En d'autres termes, il est plus facile pour Augustin d'avoir une expérience, un avant-goût de la vie éternelle par l'écoute pure plutôt que par quelque forme qu'elle peut éventuellement revêtir.

Eckhart avait fait une allusion claire à la possibilité de vision non duelle qu'il a traduite par une formule bien connue disant en substance que l'œil par lequel l'âme voit Dieu est ce même œil par lequel Dieu voit l'âme. Nous en arrivons maintenant à une formule centrale du maître rhénan, bien que moins connue, exprimant cette fois directement ce que nous avons évoqué sous le terme d'écoute non duelle : « Qui veut entendre le Verbe de Dieu doit s'être entièrement laissé : dans le Verbe éternel, ce qui entend est identique à ce qui est entendu... cet homme se tient dans la connaissance de Dieu et l'amour de Dieu, et ce qu'il devient n'est pas autre chose que ce que Dieu Lui-même est[370]. »

« La mélodie qui défie tout poème » : amour et silence chez les béguines

Hadewijch d'Anvers qui a vécu vers le milieu du XIIIe siècle, est une des plus anciennes des Béguines à avoir écrit, et une des premières femmes à avoir composé de la poésie en moyen-néerlandais. Les béguines ne suivaient pas la clôture et les règles conventuelles habituelles, elles souhaitaient être libres d'elles-mêmes et expérimenter Dieu sans intermédiaire et sans pourquoi (*sonder waeromme*). Vers 1320, on estimait qu'il y en avait environ deux cent mille rien qu'en Allemagne. Elles étaient inspirées par l'esprit de l'amour courtois qu'elles ont su canaliser vers le plus haut but qui soit, le Divin. Hadewijch aimait reprendre des mélodies populaires et composer sur leur rythme des textes de poèmes mystiques, mais elle avoue que finalement l'intensité d'amour submerge ses dons poétiques qui pourtant n'étaient pas négligeables.

Fierté d'amour me veut si ferme en lui
qu'enfin de lui je reçoive
nature nouvelle et qui dépasse le sens :
mélodie qui défie tout poème[371].

Elle exprime les jeux infinis du son intérieur et du silence en une formule dense et transparente comme le diamant : « c'est lorsqu'il (le divin) s'en va qu'il est le plus proche. Son silence le plus profond est son chant le plus haut. » On retrouve la notion classique en yoga d'audition du son intérieur dans les centres supérieurs. Parce que le son subtil est en nous, il est infiniment proche, mais parce qu'il se répand partout, il est aussi infiniment loin, en cela, il nous fait toucher la réalité divine que cette autre béguine, Marguerite Porète qui a vécu environ un demi-siècle après Hadewijch, appelait tout simplement le « loin-proche ». Comme le dit un autre mystique de la même école dans un poème en parlant du Divin fondamental : « C'est un lieu silencieux qui s'écoule indéfiniment[372]. »

Le son intérieur a en commun avec l'amour spirituel et la nature au printemps, un renouvellement constant :

Que Dieu donne le sens nouveau
D'un amour plus constant et plus noble
Que le goût nouveau donne une vie nouvelle
Comme l'amour peut le donner dans sa propre fraîcheur ;

L'amour est puissante et nouvelle récompense
De ceux dont la vie se renouvelle pour lui seul[373]. »

Le silence est gage de liberté, et nous avons vu que les béguines aimaient se définir par leur liberté : « C'est cette simplicité déserte et sauvage qu'habitent dans l'unité les pauvres d'esprit : ils n'y trouvent rien, sinon le silence vide » (*ledigkeit* est traduit ici par « silence vide » mais pourrait aussi l'être par « vacuité ». Tout se passe comme si le son intérieur était l'écho d'un cri silencieux se répercutant sur une falaise vide).

Influencé par Hadewijch, Ruysbroeck a vécu deux siècles plus tard près de Bruxelles, dans le monastère de Gruental, la « vallée verte ». Il a écrit *Les noces spirituelles*[374] où, à la manière de Maître Eckhart, par qui il a aussi été influencé soit directement, soit indirectement, il tend à la vision non duelle : « Il n'y a de place ici pour rien d'autre qu'une éternelle contemplation où l'on fixe la Lumière à l'aide de la Lumière et dans la Lumière. » Si on remplace de nouveau ici Lumière par Son, on aura une bonne évocation de ce que peut être l'écoute non duelle.

On pourrait dire de cette écoute intérieure ce que saint Bernard disait de l'amour : « La mesure de l'écoute, c'est d'être sans mesure ». Un autre cistercien, Alred de Riévaux, comparait le monastère à un château fort, dont l'axe central, le donjon, serait le silence. Par ailleurs, la prière brève a le pouvoir de pénétrer les cieux[375], quel ne sera donc pas le pouvoir du son subtil qui consiste en une série d'« articulations » tellement brèves qu'elles se fondent les unes dans les autres pour former un courant sonore lisse et continu ?

Julienne de Norwich, qui vivait au XVe siècle en Angleterre, a certainement eu un éveil du son intérieur quand elle relate dans le langage de son époque l'expérience suivante en parlant d'elle à la troisième personne : « Le Bien-Aimé lui-même réjouis et console sans cesse ses ami(e)s qu'il estime tant, avec modestie et courtoisie, grâce à la mélodie merveilleuse d'un amour illimitée et à son beau visage. Cette expression glorieuse de la déité remplit complètement tous les cieux de joie et de félicité[376]. »

Jean de la Croix : à l'écoute du chant serein des Sirènes

Parmi les grands mystiques chrétiens, c'est à mon sens Jean de la Croix qui parle le plus clairement du son subtil et de ses bénéfices. Pour lui, il y a un lien direct entre absorption dans l'écoute et union mystique, entre le son et le mariage intérieur. C'est quand le mental est pacifié qu'on peut percevoir le son intérieur, c'est quand l'ego est fasciné par l'écoute comme par une Sirène qu'il est aspiré dans l'abîme du dedans et devient vraiment serein. Jean de la Croix commente les vers « Par les lyres harmonieuses et le chant si doux des Sirènes[377] » de la façon suivante : « L'Époux compare ce bonheur au chant de la Sirène. Au dire de la fable, les sirènes chantent d'une manière si charmante et si délicieuse qu'elles ravissent celui qui les entend et provoquent à tel point son amour que, transporté, il oublie tout le reste. De même, les délices de cette union charment et ravissent une âme au point de l'arracher, comme par enchantement, à tous les assauts et à toutes les persécutions[378]... »

La Sirène est poisson en bas et femme en haut, et elle vit dans l'océan. Elle indique bien le pouvoir de transmutation de l'amour spirituel de l'animal (poisson) à travers la femme pour aller vers l'Absolu (l'océan). Ce processus a pour fil directeur un son par lequel on est comme hypnotisé. La mélodie silencieuse se perçoit dans « une solitude pleine d'ondes sonores pour les puissances spirituelles qui, vides de toute forme, de toutes représentations naturelles, sont aptes à recevoir spirituellement dans les flots d'harmonie le concert éclatant des excellences de Dieu[379]. »

Ce genre d'expérience était connu également de Thérèse d'Avila qui était en lien avec Jean de la Croix : « Tandis que j'écris ces lignes, je fais attention à ce qui se passe dans ma tête, à ce grand bruit dont j'ai parlé en commençant. Il me semble que se trouve en elle une foule de fleuves abondants et dont les eaux se précipitent (rappelons qu'en sanskrit, *nâda* signifie son, grondement, et *nada* un grand fleuve qui produit ce genre de son), une foule de cris d'oiseaux et de sifflements. (Et ce bruit), je l'entends non pas dans les oreilles mais dans la partie supérieure de la tête où réside, dit-on, la partie supérieure de l'âme. Je me suis longtemps arrêtée à cette considération parce qu'il me semblait que le grand mouvement de l'esprit vers la région supérieure se faisait très rapidement. D'ailleurs, en dépit de tout ce tumulte, ce trouble ne m'empêche pas de me livrer à l'oraison... au contraire, l'âme est tout occupée de sa quiétude, de son amour, de ses désirs et de sa claire connaissance[380]. »

Dans l'avant-dernière strophe de son *Cantique spirituel,* Jean de la Croix revient au son subtil quand il parle du « chant si doux de Philomèle ». Philomèle signifie « celle qui aime la musique », et dans la mythologie correspond à une Nymphe qui avait été un jour poursuivie par un dieu saisi de lubricité. Pour éviter de se faire violer, elle a demandé l'aide de Zeus qui l'a transformée en cigale. L'écoute de la mélodie intérieure aide à la transmutation paisible de l'énergie, ce qu'on perçoit mieux en prenant connaissance de la strophe entière :

Voici le souffle de la brise
Le chant si doux de Philomèle
Le bois avec ses agréments
Au milieu de la nuit sereine
Quand la flamme consume et ne fait point de peine[381].

Le souffle de la brise évoque les courants de sensations qui circulent dans le corps, la fraîcheur des bois et de la nuit indique que celui-ci est apaisé. L'attention est absorbée par l'amour de la mélodie intérieure (Philomèle), ce qui amène à une ascension régulière et tranquille de l'énergie subtile dans le corps « la flamme consume et ne fait point de peine ». Il y a en fait deux mélodies qui s'enlacent l'une à l'autre comme l'arbre et la liane : « Le "souffle de la brise" apporte à l'âme la douce voix de son Bien-Aimé, et elle y répond par une douce jubilation. C'est cette double mélodie qu'elle nomme "le chant de Philomèle" » ; « L'Époux lui dit "ta voix est pleine de douceur" (*Sonet vox tua in auribus meis, vox tua dulcis* [Ct 2,14], non seulement pour toi et pour moi, parce que ne faisant qu'un avec moi, tu fais retentir pour moi et avec moi ta voix de douce Philomèle[382]. » On retrouve ainsi les grands thèmes vus précédemment, avec le lien entre son, ascension énergétique et mariage intérieur menant à une écoute non duelle où l'on ne distingue plus guère celui qui écoute de celle qui est écoutée, et vice versa.

Le bruissement entendu au-dedans nous met directement en contact avec la substance divine sous-jacente : « Ce divin murmure qui pénètre dans l'oreille de l'âme et qui est purement substantiel découvre de grandes vérités sur la divinité et découvre quelque chose de ses mystérieux secrets[383]. » Il est une connaissance immédiate qui s'exprime sur le plan sonore.

Jean de la Croix parle aussi de Philomèle comme « rossignol », *ruiseñor.* On peut comprendre ce terme en faisant une étymologie peut-être simplement poétique, mais qui a de toutes façons une valeur à son niveau : *rui,* comme *ruido,* évoque le « bruit », le « son », et *señor* est le « seigneur ». Quand le « seigneur du son » est éveillé en nous, l'énergie peut s'élever paisiblement comme une flamme par une nuit sans vent, et chaque chose est à la place où elle doit être.

Dans les strophes 14 et 15 du *Cantique spirituel,* Jean parle de la mélodie silencieuse et de la solitude sonore. Ce sont deux notions équivalentes et voici ce qu'il en dit : « Toutes les créatures, soit dans leur ensemble, soit dans leur individualité, ont un rapport avec Dieu, et chacune raconte dans son langage ce que Dieu est en elle. De toutes ces voix, il se forme pour l'âme un harmonieux et très suave concert, qui surpasse tous les concepts et toutes les mélodies de la terre.

« Nous lui donnons le nom de "mélodie silencieuse" parce que, nous l'avons dit, c'est une connaissance calme et paisible, sans bruit de voix. On y goûte tout à la fois les douceurs de l'harmonie et le repos du silence. Elle nous dit que son Bien-Aimé est lui-même cette "mélodie silencieuse", parce que c'est en lui qu'elle jouit de cette harmonie toute spirituelle[384]. » On retrouve ce que nous avons vu dans la littérature des Sants en Inde, l'attention auditive qui est l'amante s'unissant au Bien-Aimé qui est le son ; c'est une façon d'allier le *nâda* et le *bhakti-yoga,* l'écoute et la dévotion.

Juste après, Jean de la Croix explique ce qu'on entend quand on parle de chœurs célestes : « Nous avons déjà dit que Jean dans l'Apocalypse (Ap 14, 2) entendit en esprit les voix d'un grand nombre de musiciens qui tiraient de leurs cithares des mélodies ravissantes. Il s'agissait d'un concert spirituel, et non de cithares matérielles. Jean recevait une certaine perception des louanges que les bienheureux donnent continuellement à Dieu, chacun suivant sa gloire spéciale, ces louanges forment une mélodie, puisque les élus ayant reçu des dons différents, chacun d'eux fait entendre une louange qui lui est propre, et ces innombrables voix se réunissent dans une harmonie d'amour, qui produit l'effet d'un véritable concert[385]. »

Le son intérieur est lié certes à l'absorption dans l'amour, mais aussi à l'expansion et au jaillissement d'une énergie considérable, rapprochée traditionnellement du fleuve[386] : « Ces fleuves retentissants du Bien-Aimé produisent dans l'âme comme un fracas, une voix spirituelle qui couvre tous les bruits et toutes les voix de la terre, qui surpasse toute autre voix et tout autre bruit... Ce n'est pas assez de comparer cette voix au roulement des fleuves, c'est quelque chose comme le redoutable fracas du tonnerre. Et cependant, c'est une voie toute spirituelle qui n'a rien des vibrations atmosphériques, ni des incommodités qu'elles produisent. Elle inonde l'âme de majesté, de puissance, de délices et de gloire. C'est une voix tout intérieure, mais d'une portée immense, qui produit une admirable impression de force et de grandeur[387]. »

Ézéchiel avait lui aussi senti le pouvoir d'ascension et d'expansion de la voix subtile, il la décrit semblable au son du Dieu Très-haut (Éz 1, 24) : « Cette voix est infinie parce que c'est ici Dieu même qui se communique, en faisant retentir sa voix dans une âme ; mais il se proportionne à chaque âme, donnant à sa voix le juste degré de puissance qui convient à chacune, en sorte qu'elle est comblée de délices et de gloire[388]. » Le son a aussi un pouvoir de dissolution tout autant que la vision divine, Jean cite Daniel dans ce sens : « Seigneur, ta vue a relâché la jointure de mes os » (Dn 10, 16).

Le son subtil est comme un point infime au centre de l'être, mais il suffit à hypnotiser et paralyser le mental et la faculté d'expression : « *Y dejame muriendo un no sé qué que dejan balbucien-*

do », « Et m'a laissé en train de mourir, un je-ne-sais-quoi qui m'a fait balbutier », dit Jean dans un de ses poèmes.

Le saint est mort en décembre 1591 à l'âge de quarante-neuf ans ; son dernier travail d'écriture avait été de réviser quelques années auparavant le texte de *Vive flamme d'amour.* Nous avons vu que cette flamme est associée dans l'avant-dernière strophe du *Cantique spirituel* au chant de Philomèle, c'est-à-dire au son intérieur. Mon intuition, c'est que Jean de la Croix, s'il avait pu vivre quelques années de plus, aurait écrit un livre entier centré sur le Son intérieur de même qu'il en a rédigé un sur la Flamme d'amour.

Le monde du silence *et les méditations d'un pasteur suisse*

Dans notre évocation de certains auteurs chrétiens à propos du son intérieur, nous en arrivons maintenant à Max Picard, dont *Le monde du silence*[389] a été publié 1948, juste après la conflagration de la seconde guerre mondiale. Il était pasteur en Suisse protestante et s'était lié d'amitié avec le poète Rainer Maria Rilke. Par ses méditations, il en arrive spontanément à des notions très proches de celle du *nâda* dans le yoga, venant renforcer l'idée que le silence est comme un océan où viennent confluer les fleuves des diverses cultures. Cependant, son point de départ a été bien différent du yoga.

Au lendemain de la seconde guerre mondiale, il voulait comprendre en profondeur pourquoi des millions de gens s'étaient laissé hypnotiser pendant une douzaine d'années par le bruit de la propagande nazie. Ses réflexions ne manquent pas d'à-propos de nos jours encore, où le bruit de l'actualité et de la presse est plutôt envahissant. En bref, il expliquait que les auditeurs des nouvelles à la radio de son temps (maintenant c'est plutôt à la télévision ou sur l'Internet) souffraient d'une sérieuse fragmentation de l'esprit. Cela a entraîné une sorte de peur du morcellement de type schizophrénique, et pour se rattraper à quelque chose et essayer de retrouver une sorte de pseudo-unité rassurante, ils se sont concentrés sur un dictateur et une idéologie simpliste. Sous une forme atténuée, on retrouve ce phénomène dans les démocraties aussi où le grand public a du mal à adopter des hommes vraiment nouveaux et est satisfait de revoir sans cesse les mêmes politiciens, ce qui lui donne la réassurance d'une pseudo-unité.

Picard réclame aussi le droit au silence pour les rêves, le droit de les laisser reposer en eux-mêmes dans leur pureté sans les polluer par toutes sortes d'interprétations : « L'analyse psychanalytique des rêves représente l'occupation du monde onirique silencieux par le bruit[390]. »

Il décrit l'hyperexcitation mentale moderne qui nous éloigne de l'être en parodiant Descartes et en disant : « *Cogito, ergo non sum* », « Je cogite, et donc je ne suis pas »... Il propose avec un certain humour d'organiser des « petites minutes de silence » non pas pour un cher disparu comme on le fait d'habitude, mais pour ce silence lui-même qui est en train de disparaître : nous le tuons instant après instant avec la mitrailleuse de notre bruit mental.

L'expérience du silence ne peut être qu'au présent : « Quand le silence est présent, c'est comme si rien d'autre n'avait jamais existé[391] », mais elle transcende en fait le temps : « Dans ce silence, l'homme est relié aux générations passées et futures. » Si l'essence de la religion est de relier, comme on le dit souvent, le silence sera essentiellement religieux. Il est aussi éminemment maternel, puisqu'il est à l'origine de tout, il est une mère enceinte qui accouche de paroles[392]. Picard a l'intuition claire du *nâda* en même temps que le Verbe chrétien quand il dit : « C'est comme si derrière le silence il y avait la Parole absolue à travers laquelle le langage humain évolue... le silence est comme le souvenir de cette Parole[393]. »

En tant que chercheur spirituel, notre pasteur n'a pas manqué de souligner le lien entre amour et silence : « Aphrodite, la déesse de l'amour, est sortie de la mer, la mer du silence... Il n'y a que l'amour qui puisse accroître le silence en parlant[394]. » Le ressentiment opère dans le mental comme une forme de bruit, il n'y a que le vrai silence qui puisse être vrai pardon. Les gens primaires ont une frayeur non négligeable du silence, au point qu'ils parlent de « silence de mort ». Cependant, si on sait écouter la vibration de l'amour au sein de celui-ci, la mort de la mort surviendra et on bénéficiera d'un silence de vie. L'amour est le maître du silence : « Le colosse tout entier du silence est là, dans l'attente de son maître comme un animal obéissant[395] », cet amour même permet de le transformer en offrande : « Dans le silence, l'homme est plus disposé à rendre au Créateur cette parole dont il l'a reçue en premier lieu. C'est pourquoi il y a quelque chose de sacré dans presque chaque silence[396]. »

Dans le langage authentique, on est conscient d'être une résonance du silence. Quand le discours est basé sur le silence de l'ego, il est toujours neuf, toujours joyeux. En effet, « une grande part de la mélancolie qui saisit le monde actuellement vient du fait que l'homme a rendu les paroles esseulées en les séparant du silence[397] ». On imagine bien notre pasteur absorbé en méditation dans ses montagnes suisses quand il a cette belle formule : « Le langage est comme un nuage brillant sur le lac placide du silence[398]. » Ce n'est pas seulement le vrai langage, mais aussi la vraie musique qui entretient un rapport intime avec le silence : « La musique est un silence qui en rêvant a commencé à résonner[399]. » Comme la relation d'amour, le silence est un test : « Ce n'est pas l'homme qui fait passer un test au silence, mais c'est le silence qui teste l'homme[400]. »

En tant que chrétien, Picard regrette que le monde ne soit pas plus attentif au silence des moines, un silence qui mériterait de se faire entendre. Pour Kierkegaard, le remède aux maux profonds de notre société est de « créer du silence. Amenez les êtres humains au silence. La Parole de Dieu ne peut être entendue dans le monde bruyant d'aujourd'hui. Et même si elle était proclamée bruyamment avec toutes sortes d'amplificateurs pour être entendue au milieu des autres bruits, elle ne serait plus alors la parole de Dieu. C'est pourquoi, créez le silence[401] ». L'expression de Kierkegaard est certes bien intentionnée mais elle peut prêter à confusion. En fait nous n'avons pas à créer le silence, mais nous avons seulement à retirer les bruits qui le recouvrent, comme on enlève les herbes aquatiques qui flottent à la surface d'un étang pour en découvrir l'eau.

C'est dans le silence que l'union des contraires devient naturelle : « Il n'y a pas d'autres phénomènes où la distance et la proximité, la séparation et l'instantanéité, l'inclusion totale et la particule soient unies autant qu'ils se trouvent l'être dans le silence[402]. » Celui-ci a une qualité essentielle d'être au-delà de contraires qui fait penser au Soi de l'Inde : « Le pouvoir de la substance du silence peut modifier les contradictions qui lui font la guerre. La substance du silence est la médiatrice entre les polarités incompatibles[403]. » On pourrait dire que le bruissement immobile du Silence manifeste l'être, alors que le vertige tourbillonnant du mental est relié à l'irréalité. Platon disait : « L'être entretient le même rapport au devenir que la vérité avec les imaginations[404]. »

Il semble que Picard ait bien senti cette félicité répandue dans l'espace dont nous parle la Taittiriya Oupanishad quand elle dit : « C'est en obtenant l'essence qu'on devient bienheureux ; car en fait, qui pourrait respirer, qui pourrait vivre s'il n'y avait cette félicité (*ananda*) dans l'espace ? » (II, 7). De son côté, Picard écrit : « Il y a un aspect non mesurable dans le bonheur : celui-ci ne se sent chez lui que dans l'ampleur du silence[405]. » C'est aussi cette ampleur qu'il évoque dans ce beau paradoxe par lequel nous terminerons : « Le ciel est le bord supérieur du silence. » En effet, qui pourrait ignorer que le ciel n'a pas de limite ?

Le grégorien, ou les jeux du chant et du silence

Les moines sont censés mener une vie relativement silencieuse, et beaucoup le font effectivement. Cependant, environ sept fois par jour, ils vont au chœur et chantent. J'ai pratiqué pendant neuf ans le chant grégorien dans un chœur, et je m'aperçois mieux rétrospectivement que son attrait spirituel était lié pour moi à cette sorte de continuité qu'il avait avec le son du silence. Dès le début de la journée liturgique, on entame le chant des matines par l'invocation *Domine, labia mea aperies, et os meum annuntiabit laudem tuam,* « Seigneur ouvre mes lèvres, et ma bouche annoncera ta louange ». Il s'agit d'entrée de jeu d'un beau paradoxe : au moment même où l'on quitte le silence physique, on demande la grâce du silence de l'ego. Ce n'est pas nous, c'est Dieu qui ouvre nos lèvres.

Il y a plusieurs autres silences qui sont comme enchâssés discrètement dans la pratique du grégorien. Le chant des Psaumes sur une corde de récitation en général unique est une forme de silence mélodique, celle-ci renonce à se développer, à trop s'exprimer pour pouvoir tout simplement laisser parler le texte des Psaumes. Et quand elle se développe vraiment, c'est dans le mélisme, et elle est alors accompagnée d'un « silence consonantique ». Le mélisme est formé à partir de l'arrêt de la récitation sur une voyelle et du développement de celle-ci de façon purement mélodique. Il s'agit donc d'un silence consonantique masqué par l'éloquence vocalique et mélodique. Tout se passe comme si les cloisons des consonnes étaient soudain abattues et que tout l'espace soit libre pour un essor mélodieux. On a le sentiment de toucher l'essence du mot, et cela est rendu possible par une forme de silence, une forme de repos.

Le grégorien, comme les musiques traditionnelles et jusqu'à nos jours la musique de l'Inde, fait un large usage des formules. Il y a une certaine créativité dans le développement de la ligne du chant, mais celle-ci est régulièrement mise au repos grâce à l'apparition, au développement tranquille et à la dissolution dans la suite de la mélodie, d'une formule bien connue. Ces silences temporaires de la créativité contribuent de façon non négligeable à la paix grégorienne. Ils représentent des silences au sein du son, et font remonter de façon subtile de notre mémoire ancienne et enfouie le souvenir lumineux du chant du silence.

Le mouvement d'*arsis* et de *thésis* (montée et descente) qui est une constante de la mélodie grégorienne n'est pas différent de l'élan de la vie elle-même : jailli du son du silence et y retournant tôt ou tard, il représente la boucle de l'existence — et la boucle du son.

La forme habituelle d'un chœur grégorien est en un demi-cercle qui s'ouvre en direction de l'autel, l'autre demi-cercle qui continue de façon subtile à chanter après le chant, c'est le silence.

Le chant est enveloppé dans son propre écho comme l'enfant dans le sein de sa mère ; de la même façon, l'écho est à son tour enveloppé de silence. La voûte de l'église est pareille à un diaphragme, et au-dessus on devine une pulsation presque imperceptible : tintement de quelque campanile, ou battement de cœur d'une mère ?

Certains disent que l'ornementation plutôt complexe du grégorien s'est développée lorsque les chanteurs écoutaient l'écho de leur propre récitation sous les voûtes des églises. Que cette théorie soit justifiée historiquement ou non, le simple fait qu'elle ait été émise suggère la fécondité, l'importance créatrice qui est contenue dans cette transition entre son et silence. De même qu'une pierre qui fait des ricochets de plus en plus rapprochés finit par couler dans les profondeurs, de même l'écho de l'écho de l'écho du chant finit par sombrer dans l'abîme lumineux du Divin.

Les finales de mots en *m,* grâce à la mise en valeur des neutres et des accusatifs fréquents dans les textes, permettent de revenir en douceur au son du silence : c'est associé en Inde, rappelons-le, au *Om,* donc aussi à cette vibration du *m* qui se dissout dans le silence comme les dernières vibrations d'un gong qu'on vient de frapper. Dans la montée du son, le *m* qui vibre dans la partie nasale du visage représente en quelque sorte le dernier stade, après lequel l'intérieur s'ouvre naturellement vers l'extérieur, et l'ascension du chant débouche dans le silence de l'Autre. Au début, on a facilement conscience de l'écho du grégorien dans le silence, perceptible juste après la fin du chant ; ensuite, on réalise que c'est le grégorien lui-même dans son ensemble qui est un écho du silence.

Pensées entre deux silences

Les formules brèves restent proches du silence, comme les jeunes pousses de la terre-mère dont elles sont à peine séparées.

Le son du silence : leçon du silence...

Le silence sans amour est plutôt sec ; l'amour sans silence risque bien d'être éphémère.

Le Son intérieur est l'écho d'un cri silencieux se répercutant sur une falaise vide

Le son du silence jaillit de toute part comme une pluie d'orage poussée par le vent. Et c'est cette pluie qui nous lave à grande eau, comme si nous étions des brins d'herbe couverts de poussière.

Entre le chant des oiseaux et celui des cigales, il y a beaucoup d'appels amoureux qui viennent ponctuer le calme de la nature. Et si le son fondamental était la demande affectueuse de notre nature propre ? Nous laisserions-nous séduire ?

Les mots semblent amers quand on a goûté à la douceur de ce courant de vie sonore qui s'écoule comme le miel.

En notre époque de pléthore d'informations et de déluge de mots, il faut savoir faire comme Noé au moment du grand Déluge, et rentrer dans une Arche de silence.

Chacun a faim d'une chose ou d'une autre : l'ermite, lui, est affamé de silence.

Quand nous sommes seuls dans la nature et écoutons avec attention, arrive un point où nous ne savons plus si c'est nous qui dévorons le silence ou si c'est lui qui nous dévore.

Notre tête est une cathédrale, et les tympans en ornent les portes d'entrée de chaque côté. On y donne continûment un concert spirituel gratuit, mais qui pense à rentrer et s'y asseoir un petit moment tranquillement pour l'écouter ?

Celui qui sait écouter le chant du silence goûte à la moelle du monde, il savoure l'univers.

Les sons représentent des perles, la vibration du silence est le fil qui les relie.

Certains métaux, lorsqu'ils sont refroidis à une température proche du zéro absolu, deviennent des super conducteurs. Le mental est en fait une forme de métal ; il laisse passer pratiquement sans résistance aucune l'énergie du Soi, lorsqu'il approche du silence absolu.

La communication est associée en général à l'abondance des paroles, la communion, elle, à la surabondance du silence.

Les parsis de Bombay exposent leurs morts dans des « tours du silence » jusqu'à ce que les oiseaux du ciel finissent de les dévorer. Dans la tour du silence intérieure, il y a un corps en train de disparaître, celui de l'ego, l'énergie descendue d'En haut en efface les dernières traces.

Certains ont l'habitude de se réveiller au son de la radio qui leur sert de réveille-matin, au lieu de s'asseoir et de s'éveiller progressivement par l'intériorisation. Ils oublient que le réveil est une machine, alors que l'éveil est divin.

Le mental est réellement la « folle du logis ». Par la douche froide du silence, on peut l'assagir considérablement. Le moyen peut paraître primitif, mais il est efficace pour guérir à la racine même une tendance dissociative.

La musique est une modulation du son du silence. Elle peut parfois être magique, cela ne serait-il pas dû à ce son du silence sous-jacent qui agit en tant que Grand Magicien ?

On peut soulager par le rire des tensions gênantes qui peuvent survenir pendant un temps de silence ; mais le méditant apprend à les dissoudre à leur racine par un simple sourire.

Les expériences du pratiquant par exemple de za-zen transcende les barrières du corps et de la durée pour permettre par exemple une union avec le maître spirituel : même posture, et, qui sait ? même satori. *Ces expériences sont analogues à la conquête d'un château fort : elles nous font traverser les douves du temps et les murailles des corps séparés pour atteindre l'unité au sein de ce donjon central qu'est le silence.*

Le Son essentiel est la fois la tonique et la dominante : il nous revient de trouver notre note juste, notre place précise entre les deux afin de donner naissance à un accord parfait, de faire en sorte qu'au moins l'accord final de notre existence soit parfait.

Prendre le temps d'un soupir, pour que puisse se manifester au fond de soi le soupir du non-temps.

La perception de voix intérieures peut nous mettre sur des voies de traverse, mais l'écoute du silence ne le peut guère. En effet, celui-ci est l'écho du but, comment y parvenir pourrait-il nous égarer ?

Voilà qui est bien étrange : les juifs parlent du Nom, les chrétiens du Verbe, et cela fait deux mille ans qu'ils s'excommunient mutuellement : qui leur apportera le « complément d'objet » direct ou indirect qui donnera sens à cette longue coexistence du nom et du verbe ?

Ce dont l'homme moderne a le plus besoin, c'est d'un espace de silence pour pouvoir écouter le silence de l'espace. Il n'a pas à aller le chercher loin, il est déjà là, présent, au fond de son propre cœur.

Notre mental joue à se projeter constamment dans le passé ou l'avenir ; mais avec l'écoute du son intérieur, ce jeu devient impossible, car dès qu'on s'en souvient, qu'on écoute ce son, il est là, complètement présent. Il ne peut être l'objet de mémoire ou d'anticipation.

Le son du silence n'est arrêté par rien, en cela il est expansion, en cela il est Dieu.

Le vrai sens de l'épisode de la tour de Babel n'est pas la punition d'un Dieu jaloux et ombrageux à propos de ses prérogatives. Il signifie simplement que notre babillage mental ne pourra pas atteindre le firmament du silence. Seule le pourra notre quiétude, elle fera d'ailleurs alors plus que toucher le ciel, elle s'unira à lui. L'axe de la tour de Babel aurait dû être le silence, mais comme il était absent, tout l'édifice s'est effondré dans le verbiage.

« Entendement » est un beau terme qui en est venu à désigner « compréhension » et « conscience » ; mais on peut se demander alors où est passé l'entendement de ceux qui n'entendent pas le Son intérieur ?

Quand on entend un son extérieur, on dit qu'on y prête l'oreille, mais pour le son intérieur, il faut lui « donner » son oreille, l'oreille subtile bien entendu.

Le son intérieur est un fil qui nous mène hors du labyrinthe du mental. Sa résonance nous montre le chemin, c'est le moment de dire : Mieux vaut résonner que raisonner...

Il faut être un peu fou, ou au contraire très sage, pour tendre l'oreille à ce silence qui est au cœur du Vide, pour savoir savourer la moelle de l'espace.

Le son essentiel peut être cri silencieux ou danse immobile, mais il est de toutes façons toujours disponible pour être perçu immédiatement.

Le silence unit les contraires, il n'y a que lui qui supporte les chants du monde, il réconcilie en son sein le présent et le passé ainsi que l'Orient et l'Occident.

Quand, dans une conversation, un silence subit survient, on dit qu'un ange passe. Le méditant apprivoise l'ange silence et lui apprend patiemment à demeurer plus longtemps.

« Être sur la même longueur d'onde » avec quelqu'un signifie qu'on réussit à bien communiquer avec lui. Quand on écoute le son du silence, on se trouve sur la même longueur d'onde que l'Absolu.

La continuité du Son intérieur n'est pas différente de celle du souffle de vie. Ne laissons pas la Parque de l'inattention le trancher.

Pour bien s'entendre avec soi-même, bien s'entendre soi-même.

Il y a au-delà de la personne un courant de conscience qui n'est pas personnel. Percevons directement la façon dont il résonne.

Il existe au-delà des consonances, dissonances et résonances en tous genres une Sonance pure dont tous les chants et tous les langages ne représentent qu'un écho.

Dans le silence, on entend une poussière de son qui est aussi poussière d'absolu.

Écouter le son subtil de l'espace, c'est communier à la moelle du monde.

Les pensées concises sont comme des poissons volants qui font des bonds hors de la mer du silence pour s'y replonger de suite.

Il y a un lieu, quelque part en nous, où le son subtil s'évapore en silence. Y demeurer.

Cette pensée dont nous sommes si fiers est en fait constituée de lambeaux d'idées empruntées de ci de là et cousues plus ou moins au hasard comme un habit d'Arlequin. Par l'écoute du silence, nous ne sommes plus ni Arlequin, ni Pierrot, ni Pantalon, ni Colombine, et enfin, le carnaval du mental peut cesser.

Les gens du monde sont en charge de devoirs d'état ; l'ermite n'a qu'un devoir, celui d'être.

Le monde subtil est une forêt étrange où il y a une multiplicité d'arbres qui pourtant ne portent qu'un seul fruit, il y a abondance de symboles qui indiquent tous l'Absolu, il y a une grande variété de sonorités qui ne sont cependant que l'écho d'un seul son.

Quand on arrive devant une immense plage déserte, on a instinctivement l'envie de courir. De même, à l'entrée d'une grande période de silence, l'âme n'a qu'un désir : se précipiter vers le but.

Quand on regarde le corps de profil par la droite, on peut distinguer la forme de deux « s », *déjà par le rond du crâne, à l'arrière le creux de la nuque et l'arrondi du dos, puis par ce même arrondi, suivi du creux lombaire et du sacrum qui repart vers l'arrière. C'est comme s'il y avait inclus dans la morphologie même de la colonne, les deux silences, le grand Silence du monde, du Soi universel, et le petit silence du mental, du soi individuel. Étirer la colonne pour avoir une bonne méditation, c'est faire confluer en un même courant ascendant le grand Silence et le petit, le Soi et le soi, comme les deux aiguilles de l'horloge à midi juste.*

De même que les étoiles ne gâchent pas l'obscurité de la nuit mais l'embellissent, de même les sons de la nature n'abîment pas le silence d'un ermitage mais le rehaussent.

La mélodie de silence n'est pas monotone mais unitonale. Elle n'est pas l'écho de l'ennui mais la résonance de l'Unité.

On passe par de multiples états d'âme mais il s'agit de ne pas les commenter, de les laisser tels qu'ils sont, de « laisser les états d'âme en l'état » si l'on peut dire. À ce moment-là, l'expérience de l'être pur surgira spontanément.

Le bruit que fait un avion qui passe le mur du son est dû au fait que les ondes sonores qui se dirigeaient vers l'avant se retournent subitement vers l'arrière. De même notre écoute, d'habitude projetée vers l'extérieur, symboliquement « vers l'avant », peut revenir soudain « vers l'arrière ». C'est ainsi que l'on passe le mur du son du silence.

Assis à l'intérieur de lui-même, le solitaire : un trait d'union entre sol et soleil.

L'attention à la subtilité du son intérieur aide à subtiliser l'attention elle-même — au double sens du terme : la rendre plus fine, mais aussi la dérober à ses objets de préoccupation quotidiens, le corps, les petits soucis habituels, etc.

On dit parfois du sage à la vision pénétrante qu'il « voit de l'autre côté du miroir ». De même, le méditant qui pratique l'écoute subtile perçoit de l'autre côté de ce mur qu'est la surdité au son du silence.

On peut percevoir des correspondances entre les sons et les couleurs ; personnellement, je « vois » le timbre le plus courant du son intérieur comme un blanc un peu métallique. C'est aussi la couleur de la moelle des os, cela n'est pas étonnant car la vibration du silence réside à l'intérieur de tout, c'est la moelle du monde.

Les fidèles des grandes religions vénèrent des paroles divines, les passionnés de musique adorent des mélodies qu'ils disent divines aussi mais pourtant les Oupanishads affirment : « Ce n'est pas ce qu'on entend mais ce par quoi on entend qui est le Brahman — et non ce que les gens adorent. »

Muni d'une vue aiguisée, on peut déchiffrer un texte écrit en filigrane ; avec l'audition subtile, on peut écouter la mélodie du silence « chantée en filigrane ».

Il y a deux types d'énergie ascendante bien distincts : celle qui monte par l'avant vers la bouche est plutôt perturbatrice, par contre celle qui s'élève à l'arrière à travers la colonne est dynamisante. La première est comme un haut-le-cœur, la seconde semble nous dire : « Haut les cœurs »...

L'ego s'ennuie quand il n'a rien à faire et cherche à tuer le temps ; mais quand on persévère dans la retraite et l'arrêt du mental, c'est le Temps lui-même qui tue l'ego.

Dans le langage courant aussi on peut trouver des signes de l'écoute non duelle. Par exemple, quand on dit : « Je suis tout ouïe », cela suggère qu'il n'y a plus de distinction entre celui qui écoute et l'écoute, d'où une expérience de non-dualité, aussi brève soit-elle.

Le signe de l'infini ressemble à des lunettes et effectivement, en écoutant le silence, on arrive à voir le monde à travers les lunettes de l'infini.

L'homme ordinaire a parfois du temps libre ; le silencieux, lui, devient de plus en plus libre du temps.

Réciter une prière répétitive, un Nom de Dieu, revient à articuler une succession de syllabes, comme la répétition des battements des ailes de l'oiseau qui s'élève. Mais on peut s'arrêter sur le chant ou l'écoute d'une voyelle unique, comme suspendue dans l'espace : à ce moment-là vient l'expérience de vol plané, de « voyelle planée » pourrait-on dire. Dans le langage des oiseaux d'ailleurs, « voyelle » peut s'entendre comme « voix du ciel » et en sanskrit svara *peut signifier à la fois « voyelle » et « ciel », tandis que* svarga, *littéralement « ce qui va au ciel », signifie « paradis ».*

Puissent les grandes orgues de la parole, résonnant à plein jeu et riches d'harmoniques, ne pas faire oublier la pauvreté lumineuse du silence.

Le son du silence est transparent mais il n'est pas interdit pour la méditation de lui donner une couleur vocalique et même de l'associer à une parole-clé, à un mot-semence : a *comme « abandon », ce lâcher-prise dans Suprême,* i *comme « immobilité », cette stabilité fondamentale dans le Soi,* o *comme « origine » ou « beauté »,* e *comme « évidence », cette clarté première de l'Absolu,* e *comme « crête », faîte ou Suprême,* un *comme Un ou comme* unum *en latin avec le même sens,* eu *comme le son de « Cela », un autre nom du Soi.*

Tout le monde a une idée de ce que signifie « illumination » : l'apparition d'une lumière qui éblouit soudain tout le champ de conscience ; mais je ne vois guère d'équivalent dans le domaine auditif, il faudrait peut-être parler d'« insonation », la survenue d'un son qui absorbe d'un seul coup toute l'attention.

L'écoute de la mélodie secrète nous entraîne dans une valse immobile et nous réalisons que pour les danseurs que nous sommes, la musique et la danse ne font qu'un.

La beauté du silence vient de la joie intérieure qui l'accompagne. Le Bouddha ou la Joconde nous fascinent non pas à cause de leurs lèvres closes, mais de leur sourire.

... un silence à perte d'écoute.

Dernières réflexions

« En plus de cela, mon fils, sois averti que faire des livres est un travail sans fin » : ces sages paroles de la fin de l'Ecclésiaste (12, 12), dont le ton même indique qu'elles représentent un certain accomplissement, vont nous amener à la conclusion de cet ouvrage basé sur un paradoxe : dire quelque chose sur le silence.

Ceux qui pratiquent de façon soutenue l'écoute du silence estiment que le son subtil les relie directement au Divin. Si on se rappelle que la religion est au fond aussi ce qui relie, cette pratique peut suggérer l'essence de la religion. En Inde, on peut distinguer deux stades dans l'évolution des conceptions à propos de la parole sacrée : la première, védique, à l'origine mais qui a encore un certain poids de nos jours, considère que les mots sanskrits ont une valeur et une efficacité absolues en eux-mêmes et qu'on ne peut les changer ; la seconde conception plus yoguique est déjà clairement présente cependant dans la Mandukya Oupanishad : le son est une échelle qui nous permet de monter vers le Soi, et à ce moment-là plus il est simple et mieux c'est, la pratique du *Om* donnant un modèle pour cette voie. Tout ce qu'on peut dire ne représente que des poteaux indicateurs, et les résultats intérieurs ne peuvent venir que d'une pratique.

Ramakrishna raconte l'histoire du jardin clos de murs qui contenait quelque chose de très mystérieux. Tous ceux qui grimpaient le mur pour voir de quoi il s'agissait passaient de l'autre côté et aucun ne revenait. Un jour, quelqu'un d'altruiste a décidé que, certes, il fallait aller voir par soi-même, mais aussi penser aux autres et revenir leur parler de qu'on avait vu. En prévision de tout cela, il s'est attaché une longue chaîne au pied, juste de la hauteur du mur pour ne pas glisser de l'autre côté. Il a pu monter au mur comme prévu, voir ce qu'il y avait de l'autre côté comme prévu, mais il est devenu muet : fin de l'histoire.

Dans la tradition juive, ceux qui voudraient avoir une référence pour pratiquer l'écoute du silence peuvent la trouver avec Élie, et Isaïe qui disait : « Je suis une voix qui crie dans le désert » (Is 40, 3). Dans le christianisme, Jean-Baptiste a repris cette expression : il faut comprendre que l'énergie pour être une voix qui crie dans le désert provient de la capacité déjà d'écouter la « voix qui crie dans le désert », c'est-à-dire le bourdonnement du silence. Cependant, c'est bien sûr le Verbe divin lui-même qui sera la principale inspiration du chrétien pour écouter la vibration silencieuse. C'est en fait une invitation pour passer du texte littéral à la « texture sonore » de ce qui est récité. Cette texture est en réalité constituée d'un fil unique qui n'est pas différent du son du silence. Entendre la Parole au-dessus des paroles, c'est découvrir le Verbe-vibration au-dessus des verbalisations, c'est sentir glisser, entre les doigts de l'écoute, le fil du silence.

Écrire ce livre a été pour moi comme une fête, une célébration de ce qui sous-tend la musique elle-même et la relie à l'Essentiel. Des interprétations diverses, des variations multiples ont jailli et fusé à propos de ce thème, mais il est maintenant temps de revenir au son intérieur, et d'écouter la mélodie du silence.

Point d'orgue

Il y a diverses voix qui se sont exprimées dans cet ouvrage, avec des harmonies et des dissensions, elles n'ont cessé de se poursuivre les unes les autres en formant des fugues, des contrepoints ou des chorals, mais il faut maintenant poser l'accord final, en souhaitant qu'il soit le plus parfait possible : non seulement accord entre les diverses voix, mais aussi entre l'auteur et ceux qui l'écoutent à travers et au-delà de l'écrit.

Le courant du son subtil résonne à la façon d'une basse continue au pédalier de l'orgue tandis que le chant de la vie se poursuit au manuel, nuancé d'un peu de hautbois ou de voix célestes. C'est aussi comme si le point d'orgue, de par sa forme, évoquait le cercle du soleil et la courbe du croissant de lune, réunissant en un signe final les couples d'opposés qui ont évolué sous forme de thèmes séparés auparavant. La pièce de musique elle-même, en se terminant, s'est pour ainsi dire condensée dans le point, et son écho se répand dans le silence, pareil au croissant de lune et à sa lumière subtile.

Le point d'orgue est une forme de point de suspension également : ce n'est pas seulement la musique, mais l'attention de l'auditeur qui est suspendue un moment, avant d'être comme résolue dans l'Absolu. Sous le point d'orgue il y a souvent des notes longues, qu'on appelle des rondes, le rond, le cercle suggère le Divin et l'Un : comme si l'accord de conclusion était en même temps une offrande finale de la multiplicité des voix à l'unité du silence.

Notes

Introduction

1. Jacques Vigne, *Le mariage intérieur,* Albin Michel, Spiritualités vivantes, 2001, première partie, chapitre 1.
2. Raimon Panikkar, *L'expérience de Dieu,* Albin Michel, 2002, p. 43.
3. *Ibid.*, p. 56.
4. Jacqueline Kelen, *L'esprit de solitude,* La Renaissance du Livre, Bruxelles, 2001, p. 43.
5. *Ibid.*, p. 24.
6. André Neher, *L'exil de la parole,* Seuil, 1972.

Première partie
Ermites en Himalaya

1. J. Kelen, *L'esprit de solitude, op. cit.*, p. 192.
2. *Bhagavâd-Gîtâ* 2, 16-18, 20, 29, traduction Guy Deleury, Imprimerie nationale, 1992.
3. Jacques Vigne, *Le maître et le thérapeute*, Albin Michel, Spiritualités vivantes, p. 158.
4. Seront disponibles chez l'auteur : Swami Jñanananda, Whitefield Hall, Barlow Ganj, 248122 Dehra-Dun UA.
5. Henri Le Saux (Swami Abhishiktananda), *Ecrits,* présentés par M.-M. Davy, Albin Michel, Spiritualités vivantes poche ; *Initiation à la spiritualité des Upanishads,* ŒIL, voir aussi son *Journal* (ŒIL) où il confie à la page blanche ses oscillations entre le pur védanta et sa formation monastique chrétienne traditionnelle, etc.
6. Voir entre autres *Sadhana* aux éditions Epi.

7. Vandana Mataji, *Nama Japa,* Motilal Banarsidass Delhi, 41 UA, Baungalow Rd, Jawahar Nagar New-Delhi 110007.

8. Vandana Mataji, *Shabd Shakti Sangam,* NBCLC Post Bag 8426 Bangalore 560084 Inde.

9. *Newsweek International,* 4 avril 2001.

10. Bhaïji, *Matri Darshan,* Terre du Ciel, 1996.

11. Vijayananda, *Un Français dans l'Himalaya,* Terre du Ciel, 1997.

12. Contact : Claude Portal, 12, rue Lamartine, 78100 Saint-Germain-en-Laye.

13. Michel Jourdan, *La vie d'ermite,* Albin Michel, Spiritualités vivantes, étudie la vie érémitique dans les principales traditions ; et le livre récent de Dominique du Moizon, *À la rencontre des ermites d'aujourd'hui,* Nouvelle Cité, parle des ermites actuels en France ; il en a dénombré environ trois cents.

14. Rûmî, *Odes mystiques,* Klincksieck, 1973, p. 93.

15. Edwar Lazar (éd.), *Tibet, The Issue Is Independence,* Full Circle Delhi 18-19 Dilshad garden GT Road, Delhi 110095 Inde.

16. Paul Brunton, *Ermite en Himalaya,* Éditions du Rocher, 2002.

17. Shibata, *Les maîtres du t'chan en Chine,* Maisonneuve et Larose, cité par Marc de Smedt, *L'éloge du silence* Albin Michel, Espaces libres, 1986, p. 225.

18. A.J. Hershel, *The Shabbath. Its Meaning for Modern Man,* Farrar, Strauss & Giroux, New York, 1951, 1978.

19. *Ibid.,* p. 24.

20. *Ibid.,* p. 16.

21. Aryeh Kaplan, *La méditation et la Bible,* Albin Michel, Spiritualités vivantes, 1993, p. 45.

22. Hershel, *op. cit.,* p. 82.

23. *Ibid.,* p. 55.

24. Sur le lien entre arrêt du mental et mariage intérieur, voir *Le mariage intérieur, op. cit.,* première partie.

25. Hershel, *op. cit.,* p. 100.

26. Patanjali, *Yoga sûtras,* I, 2.

27. Jacques Vigne, *Le mariage intérieur, op. cit.,* première partie.

28. *Ibid.,* chapitre 1.

29. Jean de la Croix, *Le Cantique spirituel B,* strophe 35, *Œuvres complètes,* Cerf, 1991, p. 1210.

30. M.-M. Davy, *L'oiseau et sa symbolique,* Albin Michel, Espaces libres, 1992, p. 63, 203, 216.

31. *Ibid.* p. 1374.

32. Guillaume de Saint-Thierry, *Un traité de la vie solitaire. La Lettre aux frères du Mont-Dieu,* trad. M.-M. Davy, Paris, 1940, p. 206-207.

33. *Dictionnaire de spiritualité,* Beauchesne IV, p. 938.

34. H. Bergson, *Les deux sources de la mystique et de la religion,* PUF, 1939, p. 30.

35. Cf. à ce sujet J. Vigne, *Le mariage intérieur,* ch. 2 et 3.

36. Bayhaqi, *L'anthologie du renoncement,* Verdier, 1995, p. 54.
37. *Ibid.*, p. 62.
38. *Ibid.*, p. 65.
39. Hakuin, *Lâcher les mains au bord du précipice,* trad. M. et M. Shibata, L'Originel, 1993, p. 50.
40. *Ibid.*, p. 59.
41. Hakuin, *Moi, bouilloire à portée de main,* L'Originel, 1991, p. 81.
42. *Ibid.*, p. 89.
43. Ryôkan, *Dewdrops on a lotus leaf,* de John Stevens, Shambala, Boston et Londres, 1996, p. 79.
44. *Ibid.*, p. 12.
45. M. Jourdan, *La vie d'ermite,* Albin Michel, Spiritualités vivantes ; voir aussi *Notes de ma grange,* Stock Plus.
46. M. Jourdan et J. Vigne, *Marcher, méditer,* Albin Michel, Espaces libres, 1997.
47. Dominique du Moizon, *À la rencontre des ermites d'aujourd'hui, op. cit.*

Deuxième partie
« Je suis celui qui suis »

1. Albin Michel, Spiritualités vivantes, 2001.
2. *Celui qui est,* édité par E. Zum Brunn et Alain de Libéra, Cerf, Patrimoines, 1986.
3. J. Vigne, « Nécessité du non-dualisme pour l'Occident », *Question de* n° 100, *Le* XXIe *siècle a commencé,* Paris, 1995.
4. M. Jourdan et J. Vigne, *Marcher, méditer, op. cit.*
5. Brunn, Libéra, *op. cit.*, p. 31, note 14.
6. *Ibid.*, p. 33.
7. Martin Buber, *Moïse,* 10/18, 1957, p. 64.
8. Brunn, Libéra, *op. cit.* p. 94.
9. *Ibid.*, p. 35.
10. André Neher, *L'exil de la parole, op. cit.*, p. 257.
11. *Ibid.*, p. 280.
12. *Ibid.*, p. 85.
13. *Ibid.*, p. 166.
14. *Ibid.*, p. 67.
15. Rûmî, *Odes mystiques, op. cit.*, p. 116.
16. Brunn, Libéra, *op. cit.*, p. 144.
17. Cité par David Godman, *God and Godhead,* The Mountain Path, 1994, vol. 3 & 1 et 2, p. 76, Ramanashram Tiruvanamalai 606603 Tamil-Nadu, Inde.

18. Brunn, Libéra, *op. cit.*, p. 159.
19. *Ibid.*, p. 152.
20. *Ibid.*, p. 155.
21. *Ibid.*, p. 154.
22. *Ibid.*, p. 160.
23. Martin Buber, *Récits hassidiques*, éd. du Rocher.
24. Martin Buber, *Je et Tu*, Aubier, Bibliothèque philosophique, 1963, p. 162.
25. *Ibid.*, p. 9.
26. *Ibid.*, p. 99.
27. *Ibid.*, p. 95.
28. *Ibid.*, p. 143.
29. *Ibid.*, p. 35.
30. *Ibid.*, p. 144.
31. *Ibid.*, p. 37.
32. *Ibid.*, p. 1.
33. *Ibid.*, p. 91.
34. *Ibid.*, p. 147.
35. *Ibid.*, p. 91.
36. *Ibid.*, p. 34.
37. *Ibid.*, p. 128.
38. Raimon Panikkar, *The Vedic Experience.*
39. Raimon Panikkar, *The Cosmotheandric Experience. Emerging Religious Consciousness,* Orbis Books, Maryknoll, New York, 10545, 1993 et Motilal Banarsidass, Delhi, 1998.
40. *Ibid.*, p. 127.
41. Raimon Panikkar, *L'expérience de Dieu, op. cit.*, p. 101-102.
42. R. Panikkar, *The Silence of God. The answer of Buddha,* p. 100.
43. R. Panikkar, *The Cosmotheandric Experience, op. cit.* p. 59.
44. *Ibid.*, p. 193.
45. *Ibid.*, p. 100.
46. *Ibid.*, P. 214-215.
47. Rabindranath Tagore, *Sadhana. The Realization of Life,* p. 97.
48. G.G. Scholem, *Les grands courants de la mystique juive,* Payot, 1973, p. 24.
49. Le Zohar, *Cantique des cantiques,* trad. Charles Mopsik, Verdier, 11220 Lagrasse, 1999, p. 96.
50. Jean de la Croix, *Vive flamme d'amour,* Seuil, p. 49, cité par Robert Kfouri, *Saint Jean de la Croix et la mystique hindoue,* Les Deux Océans, 1996, p. 63.
51. J. Vigne, « Nécessité du non-dualisme pour l'Occident, art. cit., et *Le mariage intérieur, op. cit.*, II, 3.
52. Jean de la Croix, *Œuvres complètes,* Cerf, 1991, p. 1422 (*Cantique spirituel,* 38 6).

53. Marguerite Porète, *Le miroir des âmes simples et anéanties,* Albin Michel, Spiritualités vivantes, 1984, 1997, p. 155.
54. *Ibid.,* p. 137.
55. *The Cloud of Unknowing,* Penguin, 1978, p. 165.
56. *Ibid.,* p. 170.
57. Douglas Harding, *Le procès de l'homme qui disait qu'il était Dieu,* Éditions du Relié.
58. Jean de la Croix, *Œuvres complètes, op. cit., Cantique Spirituel B,* 32 5.
59. Scholem, *La mystique juive. Les thèmes fondamentaux,* Cerf, 1985, p. 90.
60. Cité par Sawant Singh, *The philosophy of the Masters* (abridged), Beas, Punjab, 1973, p. 149.
61. A. Hershel, *The Sabbath,* Farrar, Strauss & Giroux p. 60.
62. Aryeh Kaplan, *La méditation et la Bible,* Albin Michel, Spiritualités vivantes, 1993, p. 41.
63. Jean de la Croix, *Œuvres, op. cit.,* p. 1360 (*Cantique spirituel B,* 26 14).
64. Hadewich d'Anvers, *Écrits mystique des béguines,* Seuil, Points Sagesses, 1954, p. 66.
65. Dom Jean-Baptiste Porion, *Hadewich, Lettres spirituelles,* Martingay, Genève, 1972, p. 138.
66. Hadewich, *op. cit.,* p. 182.
67. Abu Yazid Bistami, *Les dits de Bistami,* Fayard, L'espace intérieur, 1989, p. 114.
68. *Ibid.* p. 40.
69. J. Kelen, *L'esprit de solitude, op. cit.,* p. 227.
70. *Ibid.,* p. 104.
71. Jean de la Croix, *Œuvres complètes, op. cit.,* p. 256.
72. Annick de Souzenelle, *Le symbolisme du corps humain,* Albin Michel, Espaces libres, 1984, 1991, p. 297.
73. J. Vigne, *Nécessité du non-dualisme pour l'Occident* », art. cit.
74. Cité par Jung in *Mysterium conjunctionis,* Albin Michel, 1982, tome II, p. 165.
75. Rûmî, *Le Diwan de Shams de Tabriz,* Klincksieck, 1973.
76. Marinette Bruno, *Les dits de Lalleshvari,* Les Deux Océans, 1999, p. 92.

Troisième partie

L'écoute du silence

1. Marc Chevrier, « Lamentations d'un martyr du bruit », *Les mondes parallèles,* n° 16 févrıer-mars 2000. Je remercie le Dr Cyrus Irampur, spécialemen attentif au stress du bruit dans la société moderne, de m'avoir communiqué cet article

2. Marc de Smedt, *Éloge du silence, op. cit.*
3. Annie Pelouze, *Du cœur de l'oreille à l'oreille du cœur. Audition, écoute, entendement*, Dervy, 2002.
4. *Ibid.*, p. 10.
5. Dhvani, *Nature and Culture of Sound*, Editor SC Mmalik Indira Gandhi National Centre for the Arts, Delhi, 1999, p. 84.
6. M. de Smedt, *op. cit.*, p. 28.
7. Dr Tomatis, *L'oreille et le langage*, et de nombreuses autres publications depuis.
8. Annick de Souzenelle, *Le symbolisme du corps humain, op. cit.*, p. 358.
9. M. de Smedt, *op. cit.*, p. 81.
10. *Ibid.*, p. 76.
11. Peter Pannke *in* Dhvani, *op. cit.*, p. 14.
12. Catherine Clément, *La syncope*, Grasset, 1988.
13. Jean de la Croix, *Œuvres complètes, Le Cantique spirituel* B 14, p. 1202.
14. M. de Smedt, *op. cit.*, p. 16.
15. Pierre Grimal, *The Dictionary of Classical Mythology*, Blakwell Reference 1987 (en français, *Dictionnaire de la mythologie grecque et romaine*, PUF, 1951), article sur Orphée.
16. Albin Michel, Spiritualités vivantes, 2001.
17. *Ibid.*, en particulier le premier chapitre sur l'ascension intérieure.
18. Bernard Auriol, *La clé des sons. Éléments de psychosonique*, Erès, 1994, p. 207.
19. Jean de la Croix, *op. cit.*, p. 1424.
20. *Ibid.*, p. 1331.
21. Yann Brékilien, *La mythologie celtique.*
22. Cité dans *The Spiritual Heritage of Tyagiraj*, Ramakrishna Math, Mylapore, Chennai, 60004, Inde.
23. Dhvani, *op. cit.*, p. 92.
24. Olivier Messiaen cité par M.-M. Davy, *L'oiseau et sa symbolique, op. cit.*, p. 154.
25. Guy L. Beck, *Sonic Theology. Hinduism and Sacred Sound*, Motilal Banarsidass, Delhi, 1995, p. 219 : Beck a utilisé cette citation comme conclusion de son ouvrage qui est une bonne synthèse sur le son et la musique dans la tradition hindoue, par un musicien devenu indologue.
26. Trinh Xuan Tuan, *La mélodie secrète*, Fayard ; *L'infini dans la paume de la main. Entretiens avec Matthieu Ricard*, ainsi qu'un interview dans *Nouvelles Clés*, été 2000.
27. Jean During, *Musique et extase*, Albin Michel, Spiritualités vivantes (épuisé).
28. M. de Smedt, *op. cit.*, chapitre sur la bibliothèque de Babel, p. 113-131.
29. *Ibid.*, p. 241.
30. H.P. Blavatsky, *La voix du silence*, Éditions Adyar, The Theosophical Society Publishing House, 1889, 1982.

31. *Ibid.*, p. 2-3.
32. *Ibid.*, p. 40.
33. Silviane Le Menn, « Le silence », poème extrait de *Dans le droit fil de l'âme,* préface de Yann Brékilien, 1999, 29150 Dinéault, p. 227.
34. Bertrand Agostini et Christiane Pajotin, *Jack Kerouac. Itinéraire dedans l'errance,* Paroles d'aube, 1998.
35. Anne Ancelin-Schützenberger, *Aïe, mes aïeux !,* La Méridienne, DDB, 1993, 2001.
36. Maurice Bellet, *L'écoute,* Epi, DDB, 1989, p. 168.
37. *Ibid.*, p. 171.
38. *Ibid.*, p. 172.
39. *Ibid.*, p. 174.
40. *Ibid.*, p. 198.
41. M. de Smedt, *op. cit.*, p. 164.
42. Cité par Annick de Souzenelle, *Le symbolisme du corps humain, op. cit.*, p. 295.
43. Alfred Tomatis, *Écouter l'univers,* Robert Laffont, Réponses, 1996, p. 214.
44. Bernard Auriol, *La clé des sons, op. cit.*, p. 41. De nombreux éléments de cette partie sont tirés de ce livre très complet. Je remercie son auteur, non seulement de me l'avoir offert, mais aussi de me l'avoir fait parvenir en Inde par une amie commune.
45. B. Auriol, *op. cit.*, p. 84.
46. *Ibid.*, p. 58.
47. *Ibid.*, p. 161.
48. A. Tomatis, *op. cit.*, p. 222.
49. *Ibid.*, p. 90.
50. J. de Ajurriaguerra et Haecan, *Le cortex cérébral,* Masson, 1960.
51. A. Tomatis, *op. cit.*, p. 205 et 295.
52. *Ibid.*, p. 150.
53. *Ibid.*
54. Un chartreux, *Amour et silence,* Livre de vie.
55. Cf. les recherches de Rolf Kuentler que je mentionne dans le passage sur le *a* dans le bouddhisme tibétain (à propos du shivaïsme du Cachemire).
56. M.-M. Davy, *Tout est noces,* Albin Michel, Spiritualités vivantes, 1993, p. 196.
57. Dhvani, *op. cit.*, p. 19.
58. Julian Johnson, *The Path of the Masters,* Radha Soami Satsang, Beas, 143204, Amritsar, Punjab, Inde, 1939, 1997, p. 414.
59. Pétrarque, *La vie solitaire,* Rivages poche, Petite bibliothèque Payot, 1999, p. 229-230.
60. M. de Smedt, *op. cit.*, p. 122.
61. *Anandamayi seen by her devoteees,* Mâ Anandamayi Ashram, Bénarès, 1946, p. 61. Il s'agit d'une réponse donnée à Mme Basu, professeur de philoso-

phie à l'université hindoue de Bénarès et qui a elle-même écrit par la suite un volumineux traité sur la mystique.

62. Chandra Swami, *le chant du silence, op. cit.*

63. Madeleine Biardeau, *Théorie de la connaissance et philosophie de la parole dans le brahmanisme classique,* Mouton, 1964.

64. Motilal Banarsidass, 1995 pour l'édition indienne.

65. *Recherches sur la symbolique et l'énergie de la parole dans certains textes tantriques,* de Boccard, 1963 et une édition en anglais révisée sous le titre de : *Vâc. The Concetp of Word in selected Hindu Tantras,* SUNY Press, New York, 1990, et Sri Satguru Publications, Delhi, 1990.

66. Walter Ong, cité par Beck, p. 5 note 37.

67. G. Beck, *op. cit.,* p. 26.

68. *Ibid.,* p. 28.

69. *Ibid.,* p. 88.

70. A. Padoux, in *L'énergie de la parole,* Fata Morgana, 1994, citant le Rig-Véda, 10 114 8.

71. G. Beck, *op. cit.,* p. 212.

72. *Ibid.,* p. 182.

73. *Ibid.,* p. 31.

74. *Ibid.,* p. 67.

75. Une étude bien documentée de 667 pages aux éditions Verdier, 11220 Lagrasse, 1993.

76. Ces réflexions sur le mantra ont été inspirées par un texte écrit par un enseignant à l'université, pratiquant de la méditation transcendantale. Ceux qui aimeraient approfondir cette question peuvent le contacter à bernardh@mail.ru pour avoir ses textes sur le sujet.

77. Cité par J.-C. Marol, in *Le rire du sacré,* Albin Michel, 1999, p. 127.

78. A. Padoux, *op. cit.,* p. 15.

79. G. Beck, *op. cit.,* p. 46.

80. *Ibid.,* p. 43.

81. *Ibid.,* p. 47.

82. A. Padoux, *op. cit.,* p. 155.

83. G. Beck, *op. cit.,* p. 86.

84. Dhvani, *op. cit.,* p. 138.

85. Amulya Kumar Datta Gupta, *In Association with Mâ Anandamayi,* vol. II, 100, Shree Shree Ma Anandamayee Ashram Kankhal 249408 Hardwar UA Inde.

86. Jean Varenne cité par Beck, *op. cit.,* p. 92.

87. Robert Omstein, *The Right Mind. Making sense of the hemispheres,* Harcourt Brace, New York, 1997, p. 76.

88. À paraître, I, 2.

89. Voir par exemple l'édition de Tara Michaël, Fayard, L'expérience intérieure, n° 11 ou celle de Satyanandashram, 10, rue de Trévise, 75010 Paris.

90. G. Beck, *op. cit.,* p. 100.

91. Dhvani, *op. cit.*, p. 49.
92. Jean Varenne, *Upânishads du Yoga,* Gallimard, cité par Marc de Smedt, *L'éloge du silence, op. cit.*, p. 86.
93. G. Beck, *op. cit.*, p. 88.
94. *Ibid.*, p. 64.
95. Celui-ci a fait une thèse de doctorat sur la symbolique de l'énergie et de la parole dans certains textes tantriques en 1964, Paris, de Boccard, qu'il a révisé pour une édition anglaise intitulée *Vâc* à SUNY Press, New York, en 1990 et pour une édition indienne que nous utilisons, Satguru Publications, Delhi, 1992. Les œuvres indologiques de Lilian Silburn sont publiées principalement chez de Boccard.
96. A. Padoux, *op. cit.*, p. 125.
97. J. Vigne, *Le mariage intérieur, op. cit.*, I, ch. 1.
98. *Ibid.*, p. 142.
99. G. Beck, *op. cit.*, p. 123.
100. *Ibid.*, p. 151.
101. *Ibid.*, p. 287.
102. *Ibid.*, p. 237-238.
103. Lallâ, poétesse du Cachemire médiéval cité par L. Silburn, in *Vijñana Bhairava,* de Boccard, 1961, p. 89.
104. *Ibid.*, p. 106.
105. *Ibid.*, p. 95.
106. *Ibid.*, p. 382.
107. André Padoux, cité par Marinette Bruno, *Les dits de Lalla,* Les Deux Océans, p. 147.
108. *Ibid.*, p. 158.
109. Albin Michel, Spiritualités vivantes, 2001.
110. Lilian Silburn, *Vijñana Bhairava, op. cit.*, p. 49.
111. G. Beck, *op. cit.*, p. 170.
112. A. Padoux, *op. cit.*, p. 408.
113. A. Padoux, *op. cit.*, p. 154.
114. G. Beck, *op. cit.*, p. 137.
115. A. Padoux, *op. cit.*, p. 186.
116. Collectif dirigé par H.P. Alper, Albony, SUNY Press, 1989.
117. Marinette Bruno, *Les dits de Lalla op. cit.*, p. 54.
118. *Ibid.*, p. 89.
119. *Ibid.*, p. 42.
120. *Ibid.*, p. 76.
121. *Ibid.*, p. 75.
122. *Ibid.*, p. 84.
123. *Ibid.*, p. 85.
124. *Ibid.*, p. 76.
125. *Ibid.*, p. 94.

126. *Ibid.*, p. 51.

127. John Lemming, *Yoga and the Bible,* Allen & Unwin, 1963, un des meilleurs livres sur le sujet, réédité en 1997 par le Radha Soami Satsang, Beas, Punjab, Inde, p. 44.

128. *Ibid.*, p. 46.

129. J. Lemming, *op. cit.*, p. 125.

130. Radha Soami, *Mat-prakash,* Soami Bagh, Agra, 1989, p. 111.

131. Sawant Singh, *The Philosophy of the Masters,* Radha Soami Satsang, Beas, Punjab, 1973, p. 169.

132. Tulsi Saheb, *The Esoteric Meaning of Râmayana,* Soami Bagh, Agra, 1986, p. 7.

133. G.N. Das, *Love Songs of Kabir,* hindi, anglais, Abhiram Publications, Delhi, 1994, p. 95.

134. R.M. Tripathi, *Santmat : sâdhanâ aor siddhânt,* hindi, Saray govardhân C/43, Varanasi, p. 109.

135. *Ibid.*, p. 120.

136. Sawant Singh, *op. cit.*, p. 128.

137. Babaji Maharaj, *Words Divine,* Radha Soami Satsang, Beas, Punjab, 1981, p. 23.

138. *Ibid.*, p. 22.

139. Sawant Singh, *op. cit.*, p. 146.

140. Tulsi Saheb, *Biography and Poems,* Radha Soami Bagh, Agra, p. 47.

141. A. Padoux, *op. cit.*, p. 174.

142. Chandra Swami, *Le chant du silence, op. cit.*, p. 113.

143. *Ibid.*, p. 131.

144. S.D. Maheshwari, *Sant Sangrah,* Part 2, Soami Bagh, Agra, 1971, p. 84.

145. *Ibid.*, p. 93.

146. G.N. Das, *Love Songs of Kabir, op. cit.*, p. 152.

147. S.D. Maheshwari, *op. cit.*, p. 19.

148. J.R. Puri and K.S. Khak, *Sultan Bahau,* Radha Soami Satsang, Beas, Punjab, 1998, p. 100.

149. Kabir, *The Bîjak,* traduit par Linda Hess et Sukhdev Singh Motilal Banarsidass, Bénarès, Delhi, 1983, p. 99.

150. *Ibid.*, p. 73.

151. *Ibid.*, p. 111.

152. *Ibid.*, p. 31.

153. *Ibid.*, p. 119.

154. *Ibid.*, p. 32.

155. *Ibid.*, p. 33.

156. J.R. Puri, *op. cit.*, p. 123.

157. *Ibid.*, p. 95.

158. Sawant Singh, *op. cit.*, vol. IV, p. 146.

159. J.R. Puri, *op. cit.*, p. 102.
160. Kabir, *op. cit.*, p. 63.
161. *Ibid.*, p. 131.
162. S.D. Maheshwari, *Param Sant Tulsi Saheb biography and poems,* Soami Bagh, Agra, p. 31.
163. S.D. Maheshwari, *Sant sangrah, op. cit.*, p. 60.
164. J.R. Puri and K.S. Khak, *op. cit.*, p. 127.
165. *Ibid.*, p. 134.
166. *The Spiritual Heritage of Tyagiraj,* Ramakrishna Math, Mylapore, Chennai 600004, p. 110.
167. *Ibid.*, p. 592.
168. Cité par Sawant Singh, *The Philosophy of the Masters,* éd. complète, vol. IV, Radha Soami Satsang, Beas, 1967, 1997, p. 164.
169. *Ibid.*, p. 165.
170. *Ibid.*, p. 175.
171. *Ibid.*, p. 143.
172. G.N. Das, *op. cit.*, p. 89.
173. *Ibid.*, p. 73.
174. Dr Francis Lefébure, *Le Nom naturel de Dieu. Om et les mantras,* Editions Jacques Bersez.
175. *Ibid.*, p. 12 et 24.
176. F. Lefébure, *Le mixage phosphénique en pédagogie,* Éditions Jacques Bersez.
177. F. Lefébure, *Épanouissement cérébral par l'audition alternative,* Daniel Stiennon, 220, chemin des Rosiers, 30300 La Bastide d'Engras.
178. F. Lefébure, *Le Nom naturel de Dieu, op. cit.*, p. 35.
179. Marinette Bruno, *Les dits de Lalla op. cit.*, p. 72.
180. Keith Dowman, *Masters of Enchantment : The Lives and Legends of the Mahasiddhas,* Inner Traditions International, Rochester Vermont, USA, 1988, p. 77.
181. *Ibid.*.
182. *Tchaorassi mahasiddha ka jivankatha,* Department of Rare Buddhist Texts Central Institute for Higher Tibetan Studies Sarnath, Varanasi, Inde.
183. *Le chant des 84 Mahâsiddhas,* traduit du tibétain par Damyang Khandro Ahni, Éditions EWAM, 6, rue Corot, 75016 Paris, 1992, p. 49.
184. Signalons à ce propos la parution récente en français de l'ouvrage de Jean-Marc Vivenza, *Nâgârjuna et la doctrine de la vacuité,* Albin Michel, Spiritualités vivantes, 2001.
185. *An Anthology of Well-Spoken Advice on the Graded Path of the Mind,* vol. I, by Gueshe Ngawang Dhargyey Library of Tibetan Works and Archives, Dharamshala, Himachal Pradesh, Inde, 1982, p. 256.
186. Tsong-ka-pa, *The Yoga of Tibet,* The Wisdom of Tibet Series, introduction du dalaï-lama, traduction par Jeffrey Hopkins George Allen et Unzin, Londres, 1981, p. 155.

187. Gelsang Kyatso, *Clear Light of Bliss,* Wisdom Publications, Londres, 1982, p. 53.
188. Saraha, *Les chants de Libération,* in Edward Conze, *Buddhists Texts through the Ages,* One World Publications, Oxford, England and Research Publications-Rupa, Calcutta, Inde, 1999, p. 227.
189. *Ibid.,* p. 237.
190. Robert Thurman et Tad, *Wise Circling the Sacred Mountain,* Bantam Book, New York, 1999, p. 255.
191. Kerry Moran et Russell Johnson, *Kailas. On pilgrimage to the sacred mountain of Tibet,* Thames & Hudson, Londres, 1989, p. 58.
192. *Ibid.,* p. 95.
193. Swami Pranavananda, *Kailash Mansarovar,* Delhi, 1982 avec de nombreuses cartes et une étude géographique et historique précise de la région.
194. K. Moran, *op. cit.,* p. 121.
195. *Rational Zen. The Mind of Dôgen Zenji,* traduit par Thomas Cleary, Shambala, Boston et Londres, 1995.
196. Cité par J.-C. Marol in *Le rire du sacré, op. cit.*, p. 134.
197. Bernard Rérolle, *Le Japon du silence et la contemplation du Christ,* Centurion, 1991.
198. Cité par Vincent Paul Toccoli, *Le sourire immobile,* Éditions Dô, villa Pauline, 40, rue Vernier, 06100 Nice, p. 248.
199. *Ibid.,* p. 255.
200. Roland Yuno Rech, *La grande porte de l'éveil,* vol. I, p. 78, Éditions Yuno Kusen, 7, rue Villarceau, 75116 Paris.
201. *Ibid.,* p. 143.
202. Karlfried Graf Dürckheim, *Le Japon et la culture du silence,* Le Courrier du livre, 1985, p. 70.
203. *Ibid.,* p. 24.
204. *Ibid.,* p. 34.
205. *Ibid.,* p. 49.
206. *Ibid.,* p. 59.
207. K.G. Dürckheim, *Le son du silence,* Éditions du Cerf, 1989, p. 7.
208. *Ibid.,* p. 29.
209. *Ibid.,* p. 43.
210. Dôgen, *Rational Zen*, p. 224.
211. Cité par Marol in *Le rire du sacré, op. cit.,* p. 184.
212. Dôgen, *op. cit.,* p. 104.
213. *Ibid.,* p. 105.
214. *Ibid.,* p. 107.
215. *Ibid.,* p. 106.
216. *Ibid.,* p. 116.
217. *Ibid.,* p. 117.
218. *Ibid.,* p. 118.
219. *Ibid.,* p. 119.

220. *Ibid.*, p. 221.

221. Cheng, Wing Fung et Hervé Collet : 1. *Recueil de l'ermitage au toit de chaume ;* 2. *Le moine est de retour ;* 3. *Pays natal.* On trouve aussi chez cet éditeur le poète préféré de Ryôkan : Han Shan, *Le merveilleux chemin de Han Shan,* Éditions Moundarren, Chemin des bois, 78940 Millemont.

222. Ishigami-Iagolnitzer, *M. Ryôkan, moine zen,* CNRS Éditions, 2001, p. 150.

223. Ryôkan, *Dewdrops on a lotus leaf. Zen Poems, op. cit.*, p. 37.

224. *Ibid.*, p. 85.

225. *Ibid.*, p. 84.

226. Ishigami, *op. cit.*, p. 106.

227. *Ibid.*

228. *Ibid.*, p. 227.

229. *Ibid.*

230. *Ibid.*, p. 227, 229.

231. *Ibid.*, p. 224.

232. *Ibid.*, p. 197.

233. *Ibid.*, p. 156.

234. *Ibid.*, p. 132.

235. *Ibid.*, p. 207.

236. *Ibid.*, p. 78.

237. *Ibid.*, p. 179.

238. *Ibid.*

239. Cité par J.-C. Marol in *Le rire du sacré, op. cit.*, p. 158.

240. Tao-Te-King, chapitre IV.

241. *Tan Chung, the Chinese concept of Sound in Dhvani : Nature and Culture of Sound, op. cit.*, p. 108.

242. Rûmî, cité par P. Miquel, *Dictionnaire de spiritualité, op. cit.*, vol. XIV, p. 831.

243. Sawant Singh, *Philosophy of the Masters, op. cit.*, p. 127.

244. Rûmî, *Odes mystiques. Le diwan de Shams de Tabriz, op. cit.*, p. 319.

245. *Ibid.*, p. 148.

246. *Ibid.*, p. 128.

247. *Ibid.*, p. 166.

248. Hazrat Inanyat Khan, *The Mysticism of Music, Sound and Word,* The Sufi Message n° 2, Motilal Banarsidass, Delhi, publié aussi par Shambala, Boston et Londres, p. 67.

249. *Ibid.*, p. 311.

250. J.R. Puri et K.S. Khak, *op. cit.*, p. 105.

251. Rûmî, *op. cit.*, p. 51.

252. *Ibid.*, p. 94.

253. Cité par Puri, *op. cit.*, p. 105.

254. Tradition rapportée par Hazrat Inayat Khan, *op. cit.*, p. 202.

255. Puri, *op. cit.*, p. 97.
256. *Les dits de Bistami (shatahât)* », *op. cit.*, p. 65.
257. *Ibid.*, p. 64.
258. *Ibid.*, p. 80.
259. *Ibid.*, p. 81.
260. Rûmî, *Le Diwan*, cité par Puri, *op. cit.*, p. 90.
261. Rûmî, *Odes mystiques*, *op. cit.*, p. 257.
262. Cité par Puri, *op. cit.*, p. 94.
263. Cité par Hazrat Inayat, *op. cit.*, p. 87.
264. *Ibid.*, p. 79.
265. Rûmî, *Odes mystiques*, *op. cit.*, p. 280.
266. J. During, *Musique et extase*, *op. cit.*
267. *Ibid.*, p. 223-224.
268. *Ibid.*, p. 293.
269. *Ibid.*, p. 23.
270. *Ibid.*, p. 48.
271. *Ibid.*, p. 41.
272. L. Ramakrishna, *Panjabi Sufi Poets*, Ashajanak Publications, New Delhi, 1973 p. 86.
273. Cité par Puri, *op. cit.*, p. 123.
274. *Les dits de Bistami*, *op. cit.*, p. 41.
275. Rûmi, *Odes mystiques*, *op. cit.*, p. 228.
276. *Ibid.*, p. 232.
277. Cité par Puri, *op. cit.*, p. 101.
278. Rûmî, *op. cit.*, p. 41.
279. *Ibid.*, p. 19.
280. *Ibid.*, p. 245.
281. *Ibid.*, p. 227.
282. Cité par Puri, *op. cit.*, p. 112.
283. Cf. à ce sujet le premier chapitre de J. Vigne, *Le mariage intérieur*, *op. cit.*
284. *Ibid.*, p. 135.
285. Rûmî, *op. cit.*, p. 220.
286. Puri, *op. cit.*, p. 143.
287. Cité par Joseph Leeming, *Yoga and the Bible*, *op. cit.*
288. *Ibid.*, p. 122.
289. Rûmî, *op. cit.*, p. 287.
290. *Ibid.*, p. 159.
291. *Ibid.*, p. 107.
292. *Ibid.*, p. 233.
293. *Ibid.*, p. 236.
294. *Ibid.*, p. 193.
295. *Ibid.*, p. 66.

296. Bistami, *op. cit.*, p. 61.
297. *Rûmî, op. cit.*, p. 132.
298. *Ibid.*, p. 108.
299. *Ibid.*, p. 139.
300. Gray, *I and II Kings*, Londres, SCM Press, 1977.
301. Cerf, 1992, en particulier le chapitre 1 et l'annexe 1.
302. *Ibid.*, p. 218.
303. *Ibid.*, p. 37.
304. *Ibid.*, p. 144.
305. *Ibid.*, p. 59.
306. *Ibid.*, annexe 3, p. 222.
307. Annick de Souzenelle, *Le symbolisme du corps humain, op. cit.*, p. 362.
308. Masson, *op. cit.*, p. 48.
309. *Ibid.*, p. 15.
310. J. Vigne, *Le mariage intérieur, op. cit.*
311. Éditions du Relié.
312. J. Leeming, *Yoga and the Bible, op. cit.* Leeming était disciple de Charan Singh qui était de la lignée de Sawant Singh, un des enseignants spirituels très connu de l'Inde du XXe siècle. J'espère que ce livre sera un jour traduit en français.
313. Arieh Kaplan, *La méditation et la Bible, op. cit.*, p. 72.
314. Claude Vigée, *Dans le silence de l'Aleph. Écriture et révélation,* Albin Michel, Spiritualités vivantes. Il y a certainement dans ce livre des réflexions profondes sur le silence de l'origine, mais je dois avouer qu'écrivant en Inde, je n'ai pas eu la capacité de me procurer des sources françaises aussi largement que je l'aurais souhaité.
315. Ces réflexions sont tirées d'un DVD sur les lettres hébraïques et la création. Il est l'œuvre de Charles et Aline Mopsick. Charles est traducteur du Zohar et Aline a été inspirée dans ses peintures par la forme des lettres hébraïques. DVD disponibles chez les auteurs : C. et A. Mopsick, 8, cité Beauharnais, 75011 Paris.
316. A. de Souzenelle, *Le féminin de l'Être,* Albin Michel, Spiritualités vivantes, 1997, p. 213.
317. Rûmî, *Odes mystiques, op. cit.*, p. 29.
318. André Neher, *L'exil de la parole, op. cit.*, p. 6 et 8.
319. *Ibid.*, p. 57.
320. *L'Actualité des religions,* n° 42, p. 29.
321. J. Vigne, *Le mariage intérieur, op. cit.*, IVe partie.
322. Charles Mopsick, *Le Zohar. Cantique des cantiques,* Verdier, Les dix paroles (11220 Lagrasse) 1999, p. 72 ; Origène, *Homélies sur le Cantique des cantiques,* trad. Dom O. Rousseau, Cerf, *Sources chrétiennes,* n° 37, 1953, p. 60 ; *Le Zohar, op. cit.*, p. 42 ; *Ibid.*, p. 69 ; *Ibid.*, p. 73-74.
323. Baer de Loubabavitch, *Lettre aux hassidim sur l'extase,* Fayard, 1975, p. 110.

324. *Le Zohar, Cantique des Cantiques, op. cit.*
325. *Ibid.*, p. 112.
326. *Ibid.*, p. 172.
327. *Ibid.*, p. 183.
328. A. Kaplan, *op. cit.*, p. 15.
329. *Ibid.*, p. 18.
330. Zohar II, 122, 123, cité par Gershom Scholem, *La mystique juive. Les thèmes fondamentaux, op. cit.*, p. 71.
331. *Ibid.*, p. 111.
332. Cité par Guy L. Beck, *Sonic Theology. Hinduism and Sacred Sound*, Motilal Banarsidass, Delhi, 1995, p. 217.
333. B. Holredge, *in* H. Goodman, *Between Jerusalem and Benares*, SUNY Press, New York, 1994, p. 103-180, en particulier le tableau comparatif synthétique p. 160.
334. Martin Buber, *Je et Tu, op. cit.*, p. 55.
335. *Ibid.*, p. 71.
336. Raimon Panikkar, *L'expérience de Dieu, op. cit.*, p. 31.
337. Cité par le *Dictionnaire de spiritualité*, vol. XIV, p. 980, Beauchesne, 1980. Mentionnons aussi : *Maître Eckhart. Commentaire du Prologue à l'Evangile de Jean*, Le Cerf, 1989 et *Maître Eckhart. Métaphysique du Verbe et théologie négative*, Beauchesne, 1984, deux ouvrages auxquels a participé Alain de Libéra.
338. R.E Brown, *The Gospel according to John*, in *The Anchor Bible*, vol. XXIX, Doubleday, New York, 1966, p. CXXIV.
339. Maître Eckhart, *Sermons et traités*, traduits et présentés par A. Ancelet-Hustache, Seuil, 1971.
340. *Eckhart*, trad. par Alain de Libéra, Garnier Flammarion, n° 703, 1995, p. 340.
341. Cf. pour ce paragraphe l'article sur Verbe et Logos dans le *Dictionnaire de spiritualité, op. cit.*
342. Alain de Libéra et Emile Zum Brunn, *Je suis celui qui suis*, Cerf, Patrimoines, 1986, p. 166.
343. *Ibid.*, p. 143.
344. Raimon Panikkar, *Trinidad*, Obelisco, Barcelone, 1989, p. 58.
345. Voir à ce sujet dans mon ouvrage *Le mariage intérieur*, la section sur l'axe central dans le premier chapitre, consacré à l'ascension intérieure.
346. Chassang, *Dictionnaire grec-français*, Garnier-Frères, 1872.
347. Cité dans *The Spiritual Heritage of Tyagiraj*, Ramakrishna Math, Mylapore, Chennai 600004, Inde, 1981, p. 41.
348. Cité par Pétrarque, *La vie solitaire, op. cit.*, p. 138.
349. Cité par Pierre Miquel dans l'article sur le silence du *Dictionnaire de spiritualité*, vol. XIV, *op. cit.*, p. 831.
350. Cité par Annick de Souzenelle, *Le symbolisme du corps humain, op. cit.*, p. 169.

351. *34e discours ascétique, in* Isaac le Syrien, *Œuvres spirituelles,* trad. Jacques Touraille, DDB, Théophanis 1981, p. 213.
352. Isaac le Syrien, *Lettre 3,* p. 461.
353. Angélus Silésius (Johan Scheffler), *Le pèlerin chérubinique.*
354. Angélus Silesius, cité par J.-C. Marol, *Le rire du sacré, op. cit.,* p. 196.
355. Cité par Pétrarque, *La vie solitaire, op. cit.,* p. 230.
356. Grégoire de Nysse, *Vie de Moïse,* traduit par Jean Daniélou, *Sources chrétiennes,* n° 1 bis, 1945, 1955 § 168.
357. Grégoire Palamas, *The Triads,* éd. par J. Meyendorff, Paulist Press, USA, 1983, p. 76.
358. *Ibid.,* p. 74.
359. *Ibid.,* p. 34.
360. *Ibid.,* p. 106.
361. Grégoire de Naziance, cité par Pierre Miquel dans l'article sur le silence du *Dictionnaire de spiritualité,* vol. XIV, *op. cit.,* p. 835.
362. *Eckhart, op. cit.,* p. 239.
363. Anne Ancelet-Hustache, *Maître Eckhart et la mystique rhénane,* Seuil, Maîtres spirituels, 1991 p. 67.
364. A. de Libéra, *op. cit.,* p. 233.
365. A. Ancelet-Hustache, *op. cit.,* p. 72.
366. A. de Libéra, *op. cit.,* p. 461.
367. A. Ancelet-Hustache, *Sermons,* Seuil, p. 50 (sermon *Intravit Deus...*).
368. A. de Libéra, *op. cit.,* p. 308.
369. *Ibid.,* p. 368.
370. *Ibid.,* p. 296.
371. Hadewijch d'Anvers, *Ecrits mystiques des béguines, op. cit.*
372. Cité en exergue de Marguerite Porète, *Le miroir des âmes simples et anéanties,* Albin Michel, Spiritualités vivantes, 1997, p. 10.
373. Hadewijch, *op. cit.,* p. 82.
374. Ruysbroeck l'Admirable, *Œuvres choisies,* Aubier-Montaigne, 1947.
375. *The Cloud of Unknowing, op. cit.,* p. 105, aussi publié en français sous le titre *Le Nuage d'inconnaissance,* Le Seuil.
376. Chapitre sur Julian of Norwich in *Christian and Shaiva Mysticism,* éd. par Bettina Bäumer, Delhi, 1998, p. 300.
377. Jean de la Croix, *Œuvres complètes* traduites par Mère Marie du Saint-Sacrement Cerf, *Cantique spirituel* B, strophe 20 et 21, p. 1331. Nous suivrons la version B du *Cantique spirituel,* qui a été révisé par le saint lui-même. Il est intéressant de remarquer que c'est en Inde, dans les années 30, que les œuvres complètes de Jean de la Croix ont été traduites par Mère Marie du Saint-Sacrement. « L'Inde était son lieu d'enracinement », dit son biographe.
378. *Ibid.*
379. Jean de la Croix, *Le Cantique spirituel,* Cerf, p. 128, cité par Robert Kfouri in *Saint Jean de la Croix de la mystique hindoue,* Les Deux Océans, 1996, p. 72.

380. Thérèse d'Avila, *Le Château intérieur,* quatrième demeure, chapitre 1 cité par Lilian Silburn dans son commentaire du *Vijñana Bhairava* à propos du son intérieur, *op. cit.*, p. 89.

381. *Ibid.*, p. 1424.

382. *Ibid.*, p. 1428-1429.

383. *Le Cantique spirituel,* cité par Robert Kfouri, *op. cit.*, p. 73.

384. Jean de la Croix, *Œuvres complètes, op. cit.*, p. 1298.

385. *Ibid.*

386. Cf. le premier chapitre du *Mariage intérieur.*

387. Jean de la Croix, *Œuvres complètes, op. cit.*, p. 1289.

388. *Ibid.*, p. 1290.

389. Max Picard, *The World of Silence,* Henry Regnery Company Chicago, *op. cit.*, 1961. Il existe aussi une publication du *Monde du silence* en Suisse française (c'est même la première version que j'avais lue à l'époque, mais je ne me souviens plus de l'éditeur).

390. *Ibid.*, p. 83.

391. *Ibid.*, p. 1.

392. *Ibid.*, p. 8.

393. *Ibid.*, p. 29.

394. *Ibid.*, p. 84.

395. *Ibid.*, p. 39.

396. *Ibid.*, p. 33.

397. *Ibid.*, p. 22.

398. *Ibid.*, p. 23.

399. *Ibid.*, p. 11.

400. *Ibid.*, p. 1.

401. *Ibid.*, p. 232.

402. *Ibid.*, p. 1.

403. *Ibid.*, p. 53.

404. *Ibid.*, p. 67.

405. *Ibid.*, p. 59.

Table

Introduction 11

Première partie

ERMITE EN HIMALAYA

1. Portraits d'ermites 23

Nani Mâ 23
Prémananda 26
Jñananda 28
Vandana Mataji 30
Nirgunananda 31

2. Être seul avec le Seul : la vie d'ermite 35

Solitude et Absolu 35
Une existence intense 38
Contemplation et action 43
Transmettre 47
Le shabbat, ou l'ermitage hebdomadaire 49
Prométhée, l'enchaînement à la montagne et la pratique spirituelle 53
La tourterelle, évocation de la solitude et de l'amour dans le christianisme 56
L'ermite : universellement seul et seulement universel 60
Paroles de solitude 65

Deuxième partie

« JE SUIS CELUI QUI SUIS »
(méditations sur Exode 3,14)

Être et devenir : interprétations juives du Nom divin 74
Résurrection et expérience de l'Être pur : interprétations chrétiennes 77
Le Je et le Tu, ou les paradoxes non dualistes de Martin Buber... 81
Raimon Panikkar et l'expérience cosmothéandrique 85
Être en soi, être en paix 90
Peur de l'Être, peur d'être 97
« Qui est là ? — Personne ! » ou le mythe de l'individu 100
Amour et connaissance 109
Pensées 114

Troisième partie

L'ÉCOUTE DU SILENCE DANS LES TRADITIONS MYSTIQUES

1. Ce cœur qui bat au sein du silence 119

L'écoute au cœur du corps 125
Des mots qui nous parlent du silence 129
Ces mythes et mystères qui ne sont pas si muets 133
La ville d'Ys et autres récits 141
Le diapason invisible 143
La douce langue natale 147
Le mental : labyrinthe au miroir et vallée aux échos 151
Écoute et évolution 156
Son du silence et acouphènes 161
Pourquoi méditer sur le son du silence avec l'oreille droite ? 163
Amour et silence 170
Pensées 175

2. Le yoga, le son et l'ascension vers le silence vibrant de Brahman 178

Les Védas : le mariage de Brahma et de la Parole 179
Les Oupanishads : quand la flèche du Om touche la cible de Brahman 184
Le shivaïsme du Cachemire : à l'écoute de la pulsation primordiale 193
Lalleshvarî ou la spontanéité du son intérieur 201
Le mariage de la conscience et du son intérieur : les Sants et Kabir 203
Poésie et son du silence chez Kabir et les Sants 211
Le *Om* entre science et symbole 216

3. Vide des paroles et vacuité ultime dans le bouddhisme 222

Concentration sans répétition et son du silence : le yoga du Tibet 224
La tradition zen : le silence, moelle du corps subtil du maître 228
« Cacher sa lumière et effacer ses traces » : Ryôkan et la poésie du silence 236
« Le son le plus fort est celui du silence » : Lao-Tseu et la sagesse de quelques étymologies d'idéogrammes chinois 243

4. Écoute et éveil dans la tradition soufie 247

L'éveil de l'audition intérieure 247
Du Nom au Son : l'au-delà de la prière répétitive 251
Le baiser de Dieu à la flûte : amour et silence chez les soufis 254
Le minaret intérieur 255
« Mets le firmament sous tes pieds » : l'écoute non duelle 257

5. Élie : l'expérience au sein du Dieu-silence 260

La « voix d'un silence subtil » au centre du cycle d'Élie 260
L'Horeb, ou le mont de l'Épée 266
Élisée : la lyre et l'extase 271
Moïse et Élie : voie du Nom et voie du Silence 273
Élie dans les Évangiles 275
La tradition d'Élie continue 277

6. La Parole non-parole et la vibration du silence.................... 281
À l'écoute du Nom le plus intérieur dans la Bible

La vibration originelle : dans le silence de l'*Aleph* 284
Illumination sonore... 287
Le son comme pouvoir.. 289
« Dieu monte parmi les acclamations » (Ps 47,6) 292
Les silences de la Bible : inertie, énergie, défi 295
« Rends-moi le son de la joie et de la fête » (Ps 50,10) 298
L'écoute non duelle.. 299
Le Son primordial dans la Cabbale.. 301

7. Le Verbe, vibration du silence divin 305
Vers une redécouverte de l'écoute du son intérieur
dans la tradition chrétienne

Verbe extérieur, Verbe intérieur 306
Le Verbe avant la Création : le Prologue de Jean
et le Nom au-dessus de tout nom 307
Jésus et la pédagogie de la Parole-Silence................................ 312
Les silences de Jésus 314
Un Invisible qui n'est pas inaudible.. 317
La symbolique du Christ comme poisson en rapport avec le silence
dans l'Église antique 323
Les moines, témoins du silence 326
Grégoire Palamas : de la lumière au son incréé.......................... 330
Eckhart et le maître-silence 332
« La mélodie qui défie tout poème » :
amour et silence chez les béguines... 335
Jean de la Croix : à l'écoute du chant serein des Sirènes 338
Le monde du silence et les méditations d'un pasteur suisse 342
Le grégorien, ou les jeux du chant et du silence 345
Pensées entre deux silences.. 348

Dernières réflexions.. 357
Point d'orgue... 359

Notes.. 361

DU MÊME AUTEUR

Aux Éditions Albin Michel

Le Maître et le Thérapeute, 1991.
Éléments de psychologie spirituelle, 1993.
Marcher, méditer, en collaboration avec Michel Jourdan, préface de Jacques Lacarrière, 1995.
Méditation et psychologie : soigner son âme, 1996.
Le mariage intérieur en Orient et en Occident, 2001.

Aux Éditions Dervy

« Lumières du vide », in *Revue française de yoga*, n° 13 : « Passages, seuils, mutations », 1996.
« Ce que le vent disait aux rochers », in *La Vision transpersonnelle et la psychologie holistique*, Michel Random et Hélène Barrère, 1996.

À paraître

Inde intérieure, Éditions de la Renaissance, Bruxelles, 2002.
Être en soi, être en paix, en collaboration avec Michel Jourdan.

Site Internet

www.anandamayi.org/devotees/jv

La composition de cet ouvrage
a été réalisée par Nord Compo,
l'impression et le brochage ont été effectués
sur presse Cameron dans les ateliers
de ***Bussière Camedan Imprimeries***
à Saint-Amand-Montrond (Cher),
pour le compte des Éditions Albin Michel.

Achevé d'imprimer en mai 2003.
N° d'édition : 21571. N° d'impression : 032366/4.
Dépôt légal : juin 2003.
Imprimé en France